保险金信托操作实务

陈云　邓美姝　著

中国财经出版传媒集团
中国财政经济出版社
北京

图书在版编目（CIP）数据

保险金信托操作实务 / 陈云，邓美姝著. -- 北京：中国财政经济出版社，2025. 4. -- ISBN 978-7-5223-3551-3

Ⅰ. F275

中国国家版本馆CIP数据核字第20241P5S95号

责任编辑：马　真　　　　责任校对：张　凡
封面设计：卜建辰　　　　责任印制：史大鹏

保险金信托操作实务
BAOXIANJIN XINTUO CAOZUO SHIWU

中国财政经济出版社 出版
URL：http：//www. cfeph. cn
E-mail：cfeph@ cfemg. cn

社址：北京市海淀区阜成路甲28号　邮政编码：100142
营销中心电话：010-88191522
天猫网店：中国财政经济出版社旗舰店
网址：https：//zgczjjcbs. tmall. com
涿州汇美亿浓印刷有限公司印刷　各地新华书店经销
成品尺寸：175mm × 250mm　16开　31.5印张　493 000字
2025年4月第1版　2025年4月河北第1次印刷
定价：128.00元
ISBN 978-7-5223-3551-3
（图书出现印装问题，本社负责调换，电话：010-88190548）
本社图书质量投诉电话：010-88190744
打击盗版举报热线：010-88191661　QQ：2242791300

PRERACE 自 序

保险金信托：中高净值家庭由富到贵的价值选择

时光荏苒，转眼间已经过去了八年。

八年前，笔者与另外三个作者一起，写了人生中的第一本书——《大额保单操作实务》，这是国内第一本从法律属性、功能价值、架构设计等维度全方位阐述大额保单的书籍，也是一本跳脱营销讲保险的书籍，真正做到以法律为准则、以专业为基础、以实操为导向，给整个保险行业甚至是财富管理行业，带来了深刻的影响，在很长时间内都占据着各大电商平台保险实务类书籍销售的第一名，时至今日，依然对行业有着重要的影响。

四年前，笔者基于对时下财富风险的分析、专业化服务的思考以及多年实务工作的总结，与小伙伴们一起出版了国内第一套系统阐述私人财富的丛书，分别是《私人财富管理一本通：从保值增值到保全传承》《保险一本通：从普通保险到大额保险》《信托一本通：从理财信托到家族信托》，希望以此为契机，帮助财富管理从业者以及财富管理需求者构建起以“法税搭台，金融唱戏”的体系化思维与理念，尤其是希望财富管理的从业者们，能够在实务工作中坚守法治的底线，以正确的“三观”为底色，为不同的客群提供专业且个性化的财富管理服务。

如今，随着财富管理行业的不断发展，各类财富管理工具也在不断地创新，尤其是保险金信托，自2020年以来，可谓是发展迅速，无论是其业务形态，还是市场规模、参与主体，都有着长足的发展。笔者在过去的四年中，在保险金信托领域不仅有了新的思考，也为此做了大量的专项培训，同时还有着丰富的落地实操经验。

与此同时，在过去四年中，笔者发现，无论是这个业态中的从业者，还是有相关需求的中高净值客户，对于保险金信托的认知，都或多或少存在一定的偏差。比如，部分从业者对于保险金信托独立性的内在法理逻辑不是十分清晰，也有些从业者对于保险金信托不同模式下的优缺点了解得不是很全面，这可能导致两个不是很好的结果：一是由于不能掌握保险金信托的全貌而缺乏专业自信，在客户面前不敢轻易地谈起保险金信托，以至于不能充分地运用保险金信托这个工具解决客户所面临的诸多财富问题；二是由于对保险金信托认知较片面，但为了尽快促成业务的落地，在面对客户提出的相关问题时，容易出现一些片面性陈述甚至是误导性陈述，以至于给客户构建了一个不健全甚至是不合理的保险金信托架构，甚至有可能最终导致其财富管理需求无法得到满足。

对于中高净值客户来说，其对于保险金信托认知不全面，笔者认为完全是可以理解的，毕竟隔行如隔山，但让客户能够尽可能了解保险金信托的方方面面，并最终基于自己真实的情况，做出合理的财富决策，也是我们从业者需要做好的基础工作之一。

而且，站在中高净值客户的角度来说，如何将有限的财富既要用于当下的生活，也要用于未来的保障，更要实现财富的代际传承？尤其是当自己身故之后，如何能够确保有财富可以传承给后代？如何确保这些可以传承的财富能够真正让子孙后代合理使用，且最好是按照自己的意愿正向地使用？要想实现富过三代，财富能否覆盖三代？能否构建一个长周期的架构，在几十年、几百年甚至更长的周期中，都发挥正向的作用？以及如何确保这么一个长周期的架构始终有能够保障家人生活的财富？对于子孙后代的培养，如何既能兼顾物质的保障，也能够兼顾文化的培养？如何实现由富裕到尊贵的价值跃升？

很显然，保险金信托就是中高净值客户寻找的“由富到贵”的那个答案。有鉴于此，我们两位作者历时近一年时间，写下了这本关于保险金信托的专著，希望能够帮助从业者、需求者更为清晰地认知保险金信托，尤其希望能够帮助从业者构建起充分的专业自信，并在服务中高净值客户时，能够充分运用保险金信托的功能与优势，为不同类型的客户提供适合的保险金信托方案。

本书立足于业务实践，从实践中来，并最终到实践中去。因此全篇布局上也是从业务落地的视角展开，共分为四部分：

第一部分为需求分析篇，共两章，分别为新财富时代下的财富需求与财富风险。我国从2005年开始，才逐渐有了个人理财业务，时至今日，不过20年时间，在这期间，财富管理领域大致产生了三种模式：以资产增值为核心的投资模式、以资产保值为核心的理财模式、以保全传承为核心的财富管理模式。不同模式下所运用的服务思维及金融工具均有所不同，但无论哪种模式，也无论用什么工具服务客户，最重要的一定是找准客户的需求，需求找不准，无论看似多么完美的方案，都可能落得个“文不对题”甚至“南辕北撤”的结果。因此，我们在服务各类型客户时，尤其是通过保险金信托来服务客户，由于其比一般的工具更为复杂且多样，因而我们更应该通过分析其潜在财富风险，并结合其所处的家庭生命周期、财富生命周期和市场经济周期，来准确地识别和判断其面临的财富需求，并最终有针对性地提供财富解决方案。因此，剖析不同客户所面临的财富风险，并据此对其进行精准的财富需求分析，是财富管理的第一步。

第二部分是专业解析篇，共三章，分别是保险金信托的财富魅力、专业解析及其与其他财富管理工具的对比。要想提升在服务客户过程中的专业自信，就不能对专业知识仅仅是只言片语的学习，更不能是浅尝辄止的了解，而是要洞悉专业知识的全貌并掌握其内在逻辑。因此，这部分内容从保险金信托的境外起源到本土化发展，从保险的基本属性到信托的法理基础，从业务模式拆解到对业务条线上各个生态的意义与价值，从保险金信托自身的特征到与其他各类财富管理工具的横向对比分析，全方位地阐述保险金信托的专业知识，真正帮助大家夯实保险金信托的专业基础，提升专业自信。

第三部分为实操运用篇，共五章，分别是保险金信托的营销运用、实操运用典型案例、专业思考、异议处理和关键法条解析。将专业转化为业务，需要一定的方法，而第三部分就是为此帮助大家寻找的答案。从三个KYC方法中去分析客户所面临的个性化财富需求，从十大保险金信托的运用场景中去探寻保险金信托的客户边界，从八大实务的典型运用案例中去剖析实操中的具体方法和思路，从对于保险金信托实操业务中的六大专业思考中去评析方案的优劣，从十六个专题九十九个角度的异议处理中去解答实操中的常见问题，从三个维度六十六个点一百二十多条法条的解析中去掌握保险金信托背后的法理逻辑。其中九十九个异议处理是笔者在实务工作中经常碰到的一些问题的总结，希望能够帮助大家快速地解答实际工作中的各种疑难问题。

第四部分为工具指引篇，共两章，分别是KYC工具指引和相关合同及协议范本指引。保险金信托，一定程度上来说也可以称之为基于保险和信托相结合的法律工具，因此，在为客户构建保险金信托架构时，既要结合不同客户所能面临的具体情况，也要依据不同的需求搭配不同的法律协议，比如保险金信托在设立时一般都需要配偶签署同意函，但在后续对保险金信托的条款进行变更时一般不需要配偶同意，因此后续的这些变更就有可能会涉及侵害非委托人配偶的合法权益问题，因而对于配偶同意函中的内容设定，就会非常关键，并且后续若因此而产生一些纠纷，则对于该配偶同意函的性质认定，也可能会存在一些理解上的偏差，继而导致设立保险金信托的目的无法实现。因此既然要用保险金信托这个工具服务客户，那么对于其他法律协议就需要有一定的了解和掌握，这部分内容笔者列举了常见的二十个法律文本供大家参考。当然需要强调的是，这些范本绝非给予大家直接的建议，更不是适合所用场景的“万能钥匙”，而是向大家呈现这些法律协议一般的样子，让大家在与客户交流时，能够知晓其中的关键因素。在实务中，大家一定要结合所服务客户的具体情况进行有针对性的设计，必要时可以聘请专业的律师出具完整的相关协议。

希望这本书能够帮助广大读者全方位地了解保险金信托，如果您是这个领域的从业者，希望本书能够帮助您构建起保险金信托专业化服务的思维、视角与自信，并且能够针对不同客群的具体情况，设计不同的保险金信托架构，实现业务落地。如果您是保险金信托的需求者，希望本书能够帮助您抓住保险金信托的关键要素，完善保险金信托的架构，实现家庭财富管理的各种目标，并能够最终实现由富到贵的价值跃升。

虽然笔者已经尽己所能毫无保留地将保险金信托业务中所涉及的各方面专业知识和实操经验分享给大家，但一方面时代在不断发展，保险金信托也会随着时代的洪流不断地发展变化，另一方面笔者能力有限，有些地方或许思虑得不是很周全，有些问题的描述上也可能由于文笔有限没能完整地将意思表达清楚，恳请广大读者海涵并提出宝贵意见。

感谢中国财政经济出版社的尉敏老师和马真老师，对于本书的编排、修改与校稿，将近40万字的体量，需要付出极大的时间和精力进行编辑，感谢两位老师的大力支持和辛苦付出。

我还要感谢我的家人长期以来对我的支持与鼓励，尤其是我爱人，是她一个人承担着照顾两个孩子的重任，我才能有充足的时间在工作之余完成本书的写作，感谢她一如既往地包容我、支持我，也感谢她对这个家庭的付出。

最后，衷心地希望本书能够给每一位读者都带来一些有价值的启发，并能够帮助大家在实践中以保险金信托为中心，为客户提供专业化的财富管理服务，也希望本书能够在推动中国财富管理行业积极、健康发展的方向上，贡献一点微博的力量。

陈　云

2024年12月28日于北京

CONTENTS
目 录

·需求分析篇·

·专业解析篇·

·实操运用篇·

需求分析篇

第一章

新财富时代下的财富需求

过去数年，财富管理领域发生了巨大的变化，无论是从业者需要掌握的专业技能，还是高净值客户面临的财富问题与家族需求，抑或是国内国际上的政治、经济及法律环境，也都发生着令人眼花缭乱的变化。

过去数年，作为市场“香饽饽”的保险金信托，无论是其数量还是规模都有了突飞猛进的增长。

从客户角度来说，无论是中产客户还是高净值客户，已然将保险金信托作为重要的家庭财富管理工具。

从机构角度来说，无论是银行、保险公司、信托公司，还是第三方财富管理机构，都在不同程度地抢滩登陆。

从理财师角度来说，专业背景、从业履历以及客户基础的不同，让他们在这场财富盛宴中，有着不同的处境与收获。

随着疫情的结束，经济和生活逐渐回到正轨，虽然国际地缘政治有着极大的不确定性，但我们相信，在可预见的三五年内，既是至暗时刻下峰回路转的时期，也是飓风过岗后厚积薄发的时期，更是饱经磨难下苦尽甘来的时期。

环境已然发生变化，客户的需求必然有所不同，作为财富管理生态的从业者，我们是否为此做好了准备？

第一节 | 新财富时代下的财富管理需求

社会在发展，时代在变迁，财富管理也随着时代的发展而发生着从模式到内核的或多或少的变化。

严格意义上来说，我国是从2005年开始才有了个人理财业务，经过近20年的发展，从早期的单一地追求财富的增值，到如今更多地关注财富的安全与传承，不仅是财富管理需求和工具运用的变化，还是财富管理模式和理念的变化。

图1-1、图1-2展示的是招商银行与贝恩公司于2017年和2023年所发布的“中国私人财富报告”中关于中国高净值人群财富目标的变化情况，从中可以明显地看出，在2009年，高净值家庭的财富第一目标是创造更多的财富，而从2011年开始，保障财富安全就一直属于高净值客户的第一财富目标，而财富传承也从2013年开始一直排名第二位，直到2021年才退居第四的位置，这其中既有调研对象发生变化的原因，也有经过十几年的发展，部分家庭已经开始甚至有些家庭已经完成了财富传承。由此可见，财富安全和财富传承，始终是高净值客户的核心财富管理目标。

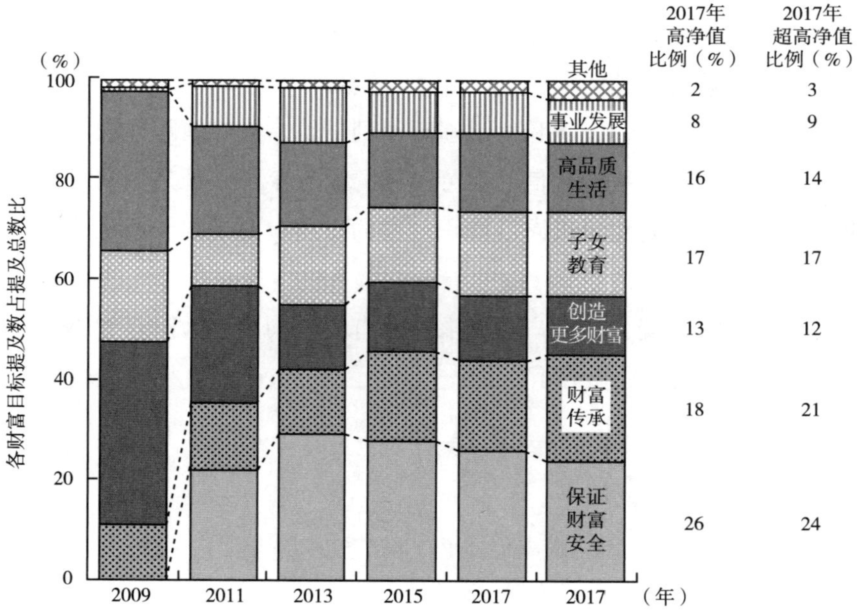

图1-1 2009—2017年中国高净值人群财富目标

资料来源：招商银行与贝恩公司《2017年中国私人财富报告》。

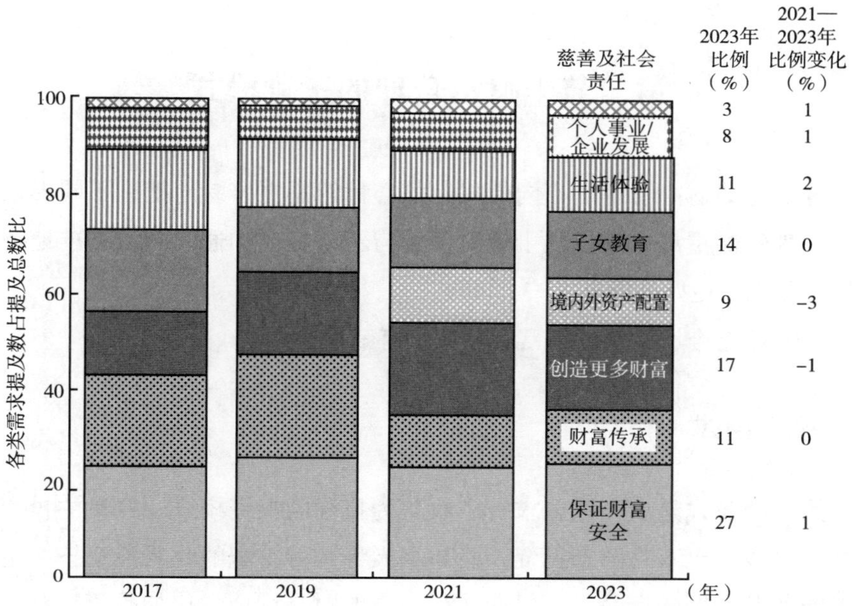

图1-2　2017—2023年中国高净值人群财富目标

资料来源：招商银行与贝恩公司《2023年中国私人财富报告》。

然而，对于中产及以下家庭的财富管理，一直没有相应的研究报告，所以我们很难窥探中产及以下家庭的财富需求的变化，但即便如此，我们依然可以从实务工作中的一些变化中，窥得中产及以下家庭的财富管理需求在发生着显著的变化。

比如说，保险金信托近年来的迅猛发展，究其原因还是在于其相对较低的门槛，吸引了大量的中产家庭纷纷入场。而保险金信托相对传统的保险产品而言，从财富管理角度来看，其具备独特的制度优势，能够帮助中产家庭实现比单纯的保险更多的财富管理目的。因此，我们可以从这个角度推导出中产及以下家庭的财富管理目标，也必然是随着时代的变迁而同步发生了一些微妙的变化。

有鉴于此，财富管理生态内的从业者及需求者，都有必要对自己的专业能力进行全新的升级，以适应不断变化的财富管理目标。

而这些专业能力的要求，可谓是包罗万象，不仅要对宏观经济环境、所采用的金融工具及法律制度、不同家庭的需求挖掘与分析有所了解，还需要对自身所从事工作的道德标准、不同状态下的理财模式、财富管理的流程与步骤有所掌握。

第二节｜财富管理的三种模式

分析总结财富管理的不同模式，核心目的是更容易地把握不同模式下财富管理的侧重点，也更便于理财师在与不同客群沟通时，更精准地把握其核心需求，更好地服务客户。

2005年至今，我国的财富管理大致有三种模式。

一、投资模式

第一种模式是单纯以追求资产收益为目标的投资模式。这里的投资不是社会投资，也不是国家投资，而是个人将其可支配的收入投资于一定的金融或者非金融的产品上，以期获得一定的财富增值，比如投资房产、投资股市、投资贵金属、投资债券、投资理财产品、投资基金、投资收藏品等。

在投资模式下，考虑的问题往往比较简单，比如投资产品的风险属性、投资者的风险偏好、市场的经济与法治环境等。用来衡量投资好坏的指标包括风险收益比、风险回报率等。前者指的是潜在盈利与可能亏损之间的比值；后者指的是投资者因为承担风险而获得的超过平均收益率的额外回报率，也就是风险回报的金额和原始投资额的比率。这两个比例越高，代表该产品越值得投资。

在投资中，最应该被铭记的一句话就是“投资有风险，入市需谨慎”，无论是什么类型的投资产品，无论是什么样的市场环境，也无论是什么水平的风险收益比抑或是风险回报率，都有着极大的不确定性，投资者在入场前需要慎之又慎。

举例来说，对于一些非标类的理财产品，比如固定收益类的信托、券商资管等，我们在投资之前就应该对其产品特性进行分析。在过去的工作中，我们也总结了一套自己的标准，时至今日，这套标准依然是有用的。

这套标准包括了6个大的维度和64个小的视角（见表1–1）。

表 1-1　　非标类产品评判标准示例

一级目录	二级目录	末级目录
融资主体	股东背景	公司股东背景
		成立时间
		公司实际控制人情况
		股东持股情况及股权结构
		关联方状况（母子公司、集团控股公司等）
	行业地位	行业排名
		区域地位
		公司是否有负面信息
		公司知名度和美誉度如何
	公司的财务情况	项目公司及关联方的财务情况
		资产负债表、营业收入及利润表、现金流量表
		资产收益率、流动比率、资产负债率等指标如何
		对外债权和债务情况
		近期的盈利情况等
	公司评级情况	是否有相关债项评级及主体评级并进行横向比较
		银行系统内评级及授信情况
项目分析	项目情况	项目具体情况及进展
		是否符合中央级地方政策导向
		横向比较同类项目
		压力测试，测算项目的盈亏平衡点，尤其是地产类项目
	其他还款来源	有无其他还款来源
		其他还款来源的可靠性分析
资金用途	使用方向	是用于正常经营还是借新还旧
		是流动性贷款还是项目贷款，若是流动性贷款结合其所有业务综合分析可能的投向
增信措施	是否有专业担保公司担保	是否有专业担保公司作担保
		是融资性的还是非融资性的担保公司
		一般担保责任还是连带担保责任
		担保公司背景和实力如何，是否为关联方
		目前评级
		担保公司注册资金及净资产情况
		在保余额情况
		代偿情况

续表

一级目录	二级目录	末级目录
增信措施	是否有第三方或集团或股东担保	是否有第三方担保或集团或股东担保
		担保责任
		担保人实际情况
		担保人未来的发展预测
		担保人所处行业分析
		所处行业发展情况
	抵押或质押物情况	是否有抵押或质押
		是否有重复抵押情况
		抵押物是否有专业评估公司估值及横向比较
		抵押率
		抵押物价值弹性及防范措施
		抵押物的流动性
	其他增信措施	是否为结构化产品
		劣后资金的出资人及与融资主体的关系
		优先劣后比
		劣后资金退出方式及获取超额收益方式和比例
平台分析	平台背景	股东及实际控制人
		企业性质及与项目方关系
		成立时间
		风控口碑及业内形象（信托公司）
		是否有负面消息
		管理团队
	资产情况	注册资本金、实收资本
		盈利情况、现金流情况
	过往经验	过往项目管理经验
		累计发行规模
		在运作余额
期限收益	产品期限	期限
		有无赎回机制及谁有赎回权
	收益率	横向比较
	收益分配方式	付息周期
		税务情况

第一个大的维度是融资主体。这是核心，如果融资主体不过关，这个项目就不可能通过。如何测量这个融资主体呢？我们通过16个视角进行分析，包括公司股东背景、成立时间、实际控制人情况、股东结构、关联方、行业排名、区域地位、知名度及美誉度情况、公司财务状况、短期内是否大规模提高注册资本金、公司评级及其他资信等，其中，比较难理解的可能是区域地位，我们主要考虑的是如果一家公司在当地有一定的社会地位，则地方政策和当地银行应该都会有所支持，当然这也不是绝对，“墙倒众人推”的现象也是屡见不鲜。而要想获得这些信息，其实并不难，启信宝、天眼、工商局网站等都可以找到蛛丝马迹。

第二个大的维度是项目分析。这是重点，毕竟再好的企业也需要合适的项目运作才能赚到钱。而这个维度我们从6个视角进行分析，包括项目的具体情况及进展，是否符合中央及地方政府的产业政策、压力测试其盈亏平衡点、其还款来源的可靠性等。

第三个大的维度是资金用途，分两个视角，是正常经营所需还是借新还旧，是流动性贷款还是其他，并结合其具体的财务报表进行分析，以确定真实的资金用途。

第四个大的维度是增信措施，至关重要，因为这相当于是最后的防线，我们采用了24个视角进行分析，包括是否有专业的担保公司及担保公司的具体资质、是否有集团或者第三方担保及其具体情况，是否有抵质押物及具体情况，是否有其他的增信措施，比如是否有结构化设计及具体的设置，优先级的退出机制等。

第五个大的维度是平台分析，比如理财型信托产品，其融资平台就是信托公司，包括平台背景、资产情况、过往经验等在内的11个视角。

第六个大的维度是期限收益，包括产品期限、收益水平及分配机制等在内的5个视角。

以上是我们自己设计的挑选非标产品的一套标准，当然，对于其他理财产品，也是适用的。举个简单的例子，e租宝事件很多朋友应该都有所耳闻，其大部分项目都是在融资之前的半年内有过大规模地提高注册资本金的行为，大部分是由之前的几十万元甚至几万元的注册资本金，一下子提高到几千万元甚至几亿元，这样做的目的无非就是提高企业资信，以方便融资，但试想一下，短期内已经提高了这么多注册资本金，为何还要通过

P2P的方式，再融资几百万元或者几千万元呢？中间肯定有问题，虽然现在分析多少有点事后诸葛的意思，但分析历史，不恰恰就是为了指导未来嘛。

二、理财模式

第二种模式是以资产配置为核心的理财模式，此种模式虽然其核心目的依然是以财富的保值增值为主，但其潜在的规划逻辑却与单纯的投资有所不同。理财所需要考虑的因素比投资更广泛，除了需要关注投资标的的风险属性、投资者自身的风险偏好、市场的经济与法治环境之外，还需要关注投资者家庭的风险承受能力、自身及家庭所处的生命周期、投资者阶段性的理财目标、量入为出的流动性需求、当前的财富存量与未来的财富增量、家庭的资产与负债等众多的内部和外部因素。

在理财模式下，首先就需要结合自身及家庭的情况，摸清家庭的财务状况，并在此基础上进行恰当的理财规划。衡量家庭财务状况的指标如表1–2所示。

表1–2　家庭财务指标

类别	财务指标	定义	参考值	释义
家庭偿债能力指标	资产负债率	总负债/总资产 ×100%	60%以下	衡量家庭资产结构是否合理。该值过高，若是长期摊还的房贷尚可接受，若是短期贷款则应立即进行减债计划，以免因为周转不灵，引发破产危机
	流动比率	流动资产/流动负债 ×100%	200%以上	流动负债=消费性负债+短期投资性负债（股票融资等），流动比率衡量家庭偿还短期负债的能力
	财务负担率	年本息支出/年可支配收入 ×100%	40%以下	超过40%很难从银行增贷，也会影响生活水平
家庭应急能力指标	紧急预备金月数	流动资产/月总支出 ×100%	300%—600%	反映家庭应对失业或紧急事故的能力。也即当家庭收入中断时，能覆盖几个月生活所需的备用金
家庭储蓄能力指标	总储蓄率	（总收入–总支出）/税后总收入 ×100%	30%以上	反映家庭控制开支和资产积累的能力
	自由储蓄率	（储蓄–固定用途储蓄）/税后总收入 ×100%	10%以上	自由储蓄率越高越宽裕，可用来满足短期目标或提前还债

续表

类别	财务指标	定义	参考值	释义
家庭宽裕度指标	安全边际率	（当前收入–收支平衡点收入）/当前收入×100%	≥20%	衡量当收入减少或者固定费用增加时，家庭有多大的缓冲空间
家庭财富增值能力指标	生息资产占比	生息资产/总资产×100%	50%以上	衡量家庭资产增值的潜力。年轻人应尽早利用生息资产来累计“第一桶金”
家庭成长性指标	资产增长率	资产增加值/期初资产×100%	10%以上	衡量家庭资产增值速度。年轻人资产基数小，资产增长率应较高
家庭财务自由度指标	财务自由度	年理财收入/年支出×100%	达到100%才能退休，合理的比率与年龄有关	反映家庭在财务方面的自由度 30岁以下：5%—15% 30—40岁：15%—30% 40—50岁：30%—50% 50—60岁：50%—100%

上述指标也可以概括分为三大类：资产负债类指标、收入支出类指标、资产成长类指标。

此外，理财的目的之一还包括将有限的可投资资产配置于不同的理财产品上，以期达到分散投资、分散风险的目的，正所谓“鸡蛋不放在一个篮子里”。

然而，现实中有很多人对于这句话的理解以及执行都存在着一定的误区。例如，有人理财，为了不把鸡蛋放在一个篮子里面，就买了很多基金，有股票型基金、混合型基金、债券型基金等，我曾经服务过的客户，有人手里持有将近100只基金，但凡有超过5年以上理财经验的朋友，大部分都碰到过这样的客户，他们的误区在哪里呢？那就是这些鸡蛋虽然没有在一个篮子里面，但这些不同的篮子，都挂在了同一根杆上，股市好比就是这个挂着不同篮子的杆，股市一旦不好，篮子再多，鸡蛋还是有可能被打碎，所以这是第一个误区，不把鸡蛋放在同一个篮子里，但不同的篮子却都在一根杆上挂着。

第二个误区，有人说了，我把钱分别投入股票、基金、阳光私募、信托、银行理财、PE、房地产、黄金、艺术品等上面，这样，既有不同的篮子，也有不同的杆子，必须承认，这样的配置策略要比前面的好多了，但这依然有个不大不小的误区，那就是这些杆都挂在了同一个屋檐下，一旦这个屋檐出现了问题，鸡蛋还是有可能保不住。那么这个屋檐是什么呢？是货币，是司法管辖区。只有将资产从不同的货币区域、不同的司法管辖区域的高度进行全球的配置，方能抵御单一市场带来的政策性、系统性等风险。

所以我们进行资产配置的基本原则是，要将装有不同鸡蛋的篮子挂在不同的杆上，并将不同的杆挂在不同的屋檐下。也许有人要说了，按照这个逻辑推导下去，不同的屋檐还有可能是处于同一个小区之内，万一这个小区毁了，鸡蛋照样保不住，有这个想法的朋友，我恭喜您，您已经领悟到了资产配置的精髓，但这个小区就好比是我们的地球，如果地球都毁灭了，小命都没了，鸡蛋存在的意义也就没有了，所以我们分散投资逻辑也是有边界的。

正所谓“你不理财，财不理你”，理财不分年龄、不分性别、不分贫富，大家都应该了解理财，都应该学会理财。当然，对每个人来说，因为收入高低不同，职业职位不同，所在环境不同，所以如何理财，需要从个人实际出发。不管怎么说，选择哪种理财方式，都要先保证生活不受太大影响。在获得基本安稳感的基础上，再考虑如何理财、如何投资、如何实现财富增值才是可取的。

比如说，通过家庭预算，平滑阶段性的收支不平衡，避免不必要的财务紧张，这是理财；对工薪阶层或者职场新人来说，每个月拿出几百块钱进行基金定投，达到强制储蓄、积少成多的目的，避免成为“月光族”，这也是理财；投资之前对市场环境和投资产品进行风险评估，避免盲目投资导致的不必要亏损，这也是理财。因此，理财虽然未必一定能够实现财富的增长，但不理财很大概率就意味着财务状况可能会越来越差，甚至影响到个人和家庭的生活和未来。

不同风险偏好的投资者，在资产配置的选择方面也是有所不同的，表1–3为我们过去为客户服务过程中经常使用的配置比例，供大家参考。

表1–3　　不同风险偏好下的资产配置

风险偏好	大类选择	配置比例	投资期限	配置举例
风险厌恶	固定收益类	30%	短	储蓄和国债
	类固定收益类	60%	中	结构性银行理财和信托产品
	浮动收益类	10%	中长	以混合型基金为主
	股权类	0	长	
风险偏好较弱	固定收益类	30%	短	储蓄和国债
	类固定收益类	50%	中	结构性银行理财和信托产品
	浮动收益类	20%	中长	以混合型基金和限定性券商集合理财为主
	股权类	0	长	

续表

风险偏好	大类选择	配置比例	投资期限	配置举例
风险偏好适中	固定收益类	20%	短	储蓄和国债
	类固定收益类	50%	中	信托产品
	浮动收益类	30%	中长	以阳光私募和股票型基金为主
	股权类	0	长	
风险偏好较强	固定收益类	10%	短	储蓄和国债
	类固定收益类	40%	中	信托产品
	浮动收益类	30%	中长	阳光私募、对冲基金、新三板等
	股权类	20%	长	PE
风险喜好	固定收益类	10%	短	储蓄和国债
	类固定收益类	30%	中	信托产品
	浮动收益类	30%	中长	阳光私募、对冲基金、新三板等
	股权类	30%	长	VC/PE、产业基金

注：仅为演示之用，并非理财建议。

三、财富管理模式

第三种模式是以满足整个家庭甚至是家族核心需求为导向的财富管理模式。

所谓财富管理，是以家庭为中心，依据家庭结构和所处的生命周期，深入了解和发掘家庭的需求，分析家庭财务状况和风险偏好，并考虑不同宏观经济环境下的市场表现和政策趋势，通过一系列的财富规划程序，制定家庭财富管理目标和计划，帮助家庭将不同形式的财富予以科学化管理，以实现家庭长期、全面、个性化的财富目标，所进行的一系列专业化的规划和科学化管理的过程。

财富管理与上述的投资和理财均有所不同，其核心考虑的因素始终围绕着家庭的需求进行，包括必要的资产流动规划、合理的消费支出规划、充分的子女教育规划、完备的风险保障规划、全面的家庭税务规划、周详的退休生活规划、合意的财产传承规划、科学的资产配置规划等。

（一）必要的资产流动规划

流动性规划，贯穿家庭财富管理的全过程，是为了确保家庭有足够的流动资产来支付计划中和计划外的费用，既不会因为准备不足而无法满足生活所需，也要避免因为准备过多而导致资产闲置，影响资产整体收益，其核心是保障个人和家庭生活质量和状态的持续稳定。此外，流动性规划也是为了临时性或者突发性的支出尤其是大额支出做好准备，减少甚至避免紧急处置资产而导致的损失。常规流动资产可以视家庭的基本情况而定，标准为3—6个月的家庭生活费用，而紧急备用金可以通过投资性资产的期限配置和动态管理实现。

（二）合理的消费支出规划

家庭消费支出规划是基于一定的财务资源下，对家庭消费水平和消费结构进行规划，以达到适度消费、稳步提高生活质量的目标。其核心在于合理安排消费资金，树立正确的消费观念，保持稳健的财务状况。家庭消费支出规划是理财业务不可或缺的内容，如果消费支出缺乏计划或者消费计划不得当，家庭很可能支付过高的消费成本，严重者甚至会导致家庭出现财务危机。

消费支出规划包括当前消费规划、未来消费规划和传承消费管理。当前消费规划主要是提前规划好近期的消费总额、控制支出、规范消费行为，起到“节流”的效果；未来消费规划主要包括家庭较大的消费，包括住房、家用汽车、教育、养老等；传承消费规划既是为了约束子孙后代的消费行为和习惯，也是为了不让财富成为后代努力的障碍，并尽可能让家族财富富过三代。

（三）充分的子女教育规划

所谓再“穷”不能“穷”教育，子女教育规划是家庭综合财富管理的重要内容，在各项规划中，应该给予优先考虑。一方面，教育是最缺乏弹性的，孩子到了一定的年龄就必然要接受相应的教育，往后推迟教育给孩子造成的影响不可估量，这是没有时间弹性；另一方面，教育金没有议价的空间，也难以延期交付，这是没有费用弹性。此外，从幼儿园开始，一直到大学毕业，不仅持续的时间长，而且各阶段的费用也非常高昂，并且不均衡。若不提早规划，很容易受家庭收入及其他变化的影响，有些影响甚至是致命的。因此，教育规划师为了保证您所关爱的子女能够获得足够的教育，在长达一二十年的受教育过程中，无论发生什么风险，至少能够从教育费用上，让您及您的家庭没有任何的后顾之忧，同时，也为了让这份保障能够更灵活地应对受教育过程中所出现的各种变化。

表1–4是我们在实务工作中，帮助客户计算教育费用的常用表格，借此表格，我们可以依据当前孩子的年龄和受教育情况，十分清晰地推导出未来还需要的教育费用情况，并据此在自己的能力范围之内提前做好规划，以保障孩子的教育不受外在因素的影响。

表1–4　教育费用测算表

项目	代码	数据	备注
子女现龄	A		
距离大学年限	B		19–A
距离继续深造年限	C		23–A
目前大学前费用总计	D		4年幼儿园，9年义务，3年高中
目前大学费用总计	E		4年总额
目前继续深造费用总计	F		依据实际预期而定
学费增长率	G	4.5%	参考通货膨胀率
目前教育金总额	H		D+E+F
实际教育金总额	I		D、E、F复合增长率之和
目前准备额度	J		实际准备额
差额	K		I–J

其中，需要特别说明的有两点，一是学费增长率的问题，表中的4.5%只是一个预估的概念，理财师在帮助客户实际测算时，可以依据当前或者当地的具体情况，进行相应的调整。二是实际教育总额（I）是考虑了学费增长之后的情况，而差额（K）却并未考虑折现率的问题，这是因为对于教育规划来说，我们宁可多准备一些，以应对不可预知的变化，而且即便教育金有富余，对于初入职场的子女来说，有一笔额外的费用支持也是非常好的事情。

（四）完备的风险保障规划

风险保障规划就是通过对风险的识别和衡量，提前采用必要且可行的手段和技术措施对风险加以处理或者防范的一系列方案，诸如购买保险或者设立信托，以便家庭在面临危难时能够得到援助，使生活能够得以正常维持。在实务中，一方面投资者可能对于自己所需要的保障是多少并没有一个十分清晰的概念，另一方面理财师在给客户配置保险时，其保费或者保额的设计，有些时候也很难让客户信服，给客户的直观感受就是为了自己的业绩，保费或者保额越多越好。在此我们给大家提供一个小小的思路，投资者可以以此自己测算保险的额度需求，理财师也可以以此更为精准地向客户传递保险的价值，表1–5显示了以人寿保险需求为例进行的测算。

表1–5　人寿保险需求测算

	项目	金额	说明
未尽责任	赡养父母		父母数 × 预计年数 × 每年生活费
	教育子女		依据子女年龄及预计受教育程度
	日常开支		除本人外家庭总开支
	家庭负债		车贷、房贷等
可用费用	配偶收入		年收入 × 工作年限
	目前储蓄		
	其他收入		具有持续稳定的其他收入
应有额度			未尽责任费用总额 – 可用费用

当然，上述测算只考虑了未尽责任一个维度，实务中我们可能还需要考虑财富保护和传承的需求，例如，若有遗产税，留下的遗产就会面临遗产税的问题，一方面既要为遗产税的应税税金作准备，另一方面也是希望在法律允许的范围内尽可能地减少纳税金额，此时对于人寿保险的额度设计，就需要充分地考虑遗产情况了。

（五）全面的家庭税务规划

在税法规定的范围内，在纳税行为发生之前，通过对经营、投资、理财等活动的事先筹划和安排，达到少缴税或递延纳税的目标，尽可能地获得“节税”的税收利益的一系列谋划活动。税务筹划具有合法性、筹划性、目的性、风险性和专业性的特点。

据福布斯全球税务负担指数显示，中国老百姓的税务负担排在了全球第二的位置，最高达45%的个人所得税只占我们税务负担的1/3左右，还有其他2/3左右的税是含在了各种商品或者服务的价格之中的增值税和消费税等。换句话说，月收入85000元以上的高收入人群，其收入的60%左右用于缴纳各种直接或者间接的税负。

另一个让我们不得不考虑进行税务筹划的原因就是遗产税了。遗产税是以被继承人去世后所遗留的财产为征税对象，向遗产的继承人和受遗赠人征收的税。据统计，世界上已有100多个国家和地区开征了遗产税。我国南京国民党政府曾于1938年10月正式颁布《遗产税暂行条例》，并于1940年7月1日起正式开征遗产税。

新中国成立后，遗产税也一直是我国的拟征税种之一。虽然时至今日，这一税种依然没有开征，但业内普遍预测征收时间已经越来越近了，因为国家在做着这方面的准备。从各种信息的全国联网，到各类资产的统一登记，都是在逐步地摸清个人名下的真实资产，这些准备工作做完之日，就是我国开征遗产税之时。而高达50%的累进税率，对于超高净值的客户来说，意味着他们将近一半的资产在其百年后交给国家，更为重要的是，继承者需要拿出现金来先交税，才能继承遗产。

2023年7月3日，国务院发展研究中心社会和文化发展研究部部长李建伟表示，应尽快研究出台遗赠税，弱化财富两极分化走势及其代际遗传对居民财产性收入差距的负面影响，一度引起了广泛的讨论。

当然，依法纳税是每个公民应尽的义务，但合法节税，也是公民可以享受的权利。

（六）周详的退休生活规划

退休后，由于收入锐减，如何保证能有自立、有尊严、高品质的退休生活，是每个人所重点关注并致力追求的。也有些人想要实现提前退休，将更多的时间和精力用来陪伴家人、享受人生，这就需要一方面从退休后的生活费用方面予以提前、合理地筹划，另一方面也要着眼于退休后的医疗、住房及旅游等角度，提前做好细致的规划。

另外，大部分人退休后收入都是断崖式下降的，虽然有一定的退休金，但其替代率严重不足，收入的锐减，带来的必然是生活品质的下降，而随着人均寿命的延长，需要为此准备的养老金以及伴生的医疗、养生等费用会变得越来越多，因此，一份周详的退休规划，必然能够帮助客户更好地规划养老生活。

（七）合意的财产传承规划

中国古话有着“富不过三代”一说，现实中也确实存在着大量“家道中落”的例子，而且由于家族长者的离世所引起的后代子孙争产纠纷，并导致苦心积累而来的财富逐渐消失的案例亦是比比皆是，同时亦不乏从事业高峰衰落导致家破人亡的教训，而这些，很大程度上因为缺乏一套可行的传承规划方案所致。

实际上，财富世代传承的问题不仅困扰中国的富人们，也一直是世界性的难题。葡萄牙也有“富裕农民—贵族儿子—穷孙子”的说法，德国用三个词“创造，继承，毁灭”来代表三代人的命运。因此，财富传承规划的目的在于帮助家庭设计一套可行的制度，以帮助家族凝聚人心、守护财富，并最终使家族成员和谐共处，家族企业永续经营，家族财富世代相传。

事实上，中国的改革开放已经过去了40多年，中国的“创一代”“富一代”也逐渐到了退休的年龄，如何将其辛苦创下的企业和点滴积累来的财富有效地传承给子孙后代，是一个重要而紧迫的问题，现实中不乏有子承父业数载之后企业易主或者倒闭的案例，相信这绝不是“创一代”们愿意看到的。

除此之外，财富传承规划，还有其他一些重要的目的，比如防败家子、防亲人反目、防意外流失。

败家子可以分为两种，既有由于能力不足而无法驾驭家族财富的，也有由于不务正业而不会合理利用家族财富的，无论是哪种情况，巨额财富如果不作规划地传承到这类接班人的手中，除了带来短期的物质享受之外，没有任何益处。财富损失事小，家族衰落事大。著名相声演员侯某文的突然病故不仅让亲情在财产争夺中变得不堪一击，更让逝者近4年未能入土为安；我国台湾经营之神王某庆家族的争产风波一度轰动海峡两岸暨香港、澳门，成为人们茶余饭后的谈资；而我国香港新鸿基郭氏三兄弟跌宕起伏的内斗，也再次证明一个不合理的传承安排将会给后代造成什么样的困境。另外比如地震、洪灾、马航370等意外事故，本就给个人及家庭带来了严重的创伤，若事先没有一个合理的规划，遇难者辛苦创造的财富极有可能成为散落在各地、家人并不知道的遗珠，意外事故带给家人尤其是年幼的子女和年长的父母除了失去亲人的痛苦之外，更多的是未来无依无靠的麻烦和痛苦。

（八）科学的资产配置规划

资产配置规划通俗来说就是将现金在不同期限、不同投资对象上进行配置，以获取与风险相对应的最优收益的过程。

资产配置在不同层面有不同含义，从范围上看，可分为全球资产配置、股权债券资产配置和行业风格资产配置；从时间跨度和风格类别上看，可分为战略性资产配置、战术性资产配置和资产混合配置；从资产管理人的特征与投资者的性质上看，可分为买入并持有策略、恒定混合策略、投资组合保险策略等。

买入并持有策略是指在确定恰当的资产配置比例，构造了某个投资组合后，在诸如3—5年的适当持有期间内不改变资产配置状态，保持这种组合。买入并持有策略是消极型长期再平衡方式，适用于资本市场环境和投资者的偏好变化不大，或者改变资产配置状态的成本大于收益时的状态，那些具有长期投资计划并满足于战略性资产配置的投资者往往选择这一配置策略。

恒定混合策略是指保持投资组合中各类资产的固定比例。恒定混合策略适用于风险承受能力较稳定的投资者。如果股票市场价格处于震荡、波动状态之中，恒定混合策略就可能优于买入并持有策略。

投资组合保险策略是在将一部分资金投资于无风险资产从而保证资产组合的最低价值的前提下，将其余资金投资于风险资产并随着市场的变动调整风险资产和无风险资产的比例，同时不放弃资产升值潜力的一种动态调整策略。当投资组合价值因风险资产收益率的提高而上升时，风险资产的投资比例也随之提高；反之则下降。因此，当风险资产收益率上升时，风险资产的投资比例随之上升，如果风险资产收益继续上升，投资组合保险策略将取得优于买入并持有策略的结果；而如果收益转而下降，则投资组合保险策略的结果将因为风险资产比例的提高而受到更大的影响，从而劣于买入并持有策略的结果。

上述三类资产配置策略是在投资者风险承受能力不同的基础上进行的积极管理，具有不同特征，并在不同的市场环境变化中具有不同的表现，同时它们对实施该策略提出了不同的市场流动性要求。

此外，不同的家庭，基于其不同的生命周期，其需求的类型和重点都是有所不同的，概括起来，财富管理模式下要做的就是四件事——创造财富、守护财富、享受财富、传承财富。而基于前面对于高净值客群的需求分析，守护财富和传承财富，显然是当下及未来一段时间内，财富管理工作的重点。

第三节 | 不同阶段的财富管理需求

财富管理需要考虑周期的问题，不同的周期，基于其具体情况的不同，所面临的财富诉求和目标亦有所不同。财富管理大致可以分为三种不同类型的周期，分别是家庭生命周期、财富生命周期和经济生命周期。三个不同类型的周期虽有各自的重点和逻辑，但相互之间并非完全割裂的，而是相互统一的，在实际服务客户的过程中，三种周期都需要加以考虑，最终为客户提供最适合其需求的方案。

一、家庭生命周期

人有生命周期，家庭也有，人有生老病死，家庭则包括形成、成长、成熟和衰退四个阶段。每个阶段都有不同的生活重点，需要考虑的规划重点也略有不同，如表1–6所示。

表1–6　　家庭生命周期

家庭周期	起始时间	家庭责任	财务状况	风险属性
形成期	结婚至第一个孩子出生	适应新婚，为人父母	储蓄少，大额支出多，财务压力大	资产少，年轻，抗风险能力强
成长期	至最后一个孩子6岁	养育子女，赡养父母	收入增加，支出较大且稳定	资产和家庭责任逐渐增加，风险偏好降低
成熟期	至最后一个孩子离开家之前	教育子女，赡养父母，安排养老	收入增加，支出减少	资产达到峰值，年龄增大，风险偏好进一步降低
衰退期	至夫妻均离世	退休养老、财富传承	收入锐减，支出增加	风险偏好最低

在家庭形成阶段，由于需要面临结婚、买房、买车、迎接宝宝等大事，所以对于消费支出的规划显得尤为重要；进入成长期以后，随着家庭责任的增加、孩子的成长及收入的多元化，风险保障规划、子女教育规划和税务筹划是这个阶段的重点；到了成熟期后，该尽的家庭责任已经差不多尽到了，这个时候退休规划则是首先考虑的因素；最后到了衰退阶段，即我们不得不面对要和这个花花世界说再见的那一天，这个阶段我们就要慎重考虑一生打拼下的事业或者点滴积累来的财富如何有效地传给子孙后代。

当然，每个家庭周期都不能孤立地作规划，而是各个规划都需要考虑，只是不同阶段的侧重点有所不同而已。除此之外，无论哪个阶段，我们都需要考虑流动性规划和资产配置规划，前者是保持家庭现金流、应付突发事件的必要准备，后者则是实现各个阶段各种规划的必要手段。

二、财富生命周期

一个完整的财富生命周期包含财富积累期、财富守护期和财富传承期三个阶段（见图1–3）。良好的财富管理视角必须涵盖完整的财富生命周期，不同的阶段，其财富管理的目标、重点和逻辑均有所不同，但每个周期又是相互联系的，只关注财富生命周期中的某一个阶段，对家族财富就难以良性管理。例如，只关心财富的积累而不关心财富的守护，任财富暴露在各种风险的风口浪尖上，财富很可能在“创一代”就消逝了，更别奢谈财富的传承了；只关注财富的守护而不关注财富的传承，就是积累了天量财富，恐怕也会消逝于“二代”之手；只关注财富的传承而不关注财富的积累，不能激发传承者的创新与创造活力，再多的财富也难以久远，所谓的家业长青就更谈不上了。成功的财富管理，虽然各有各的原因，但无不有完善的、长远的财富管理体系作为支撑。

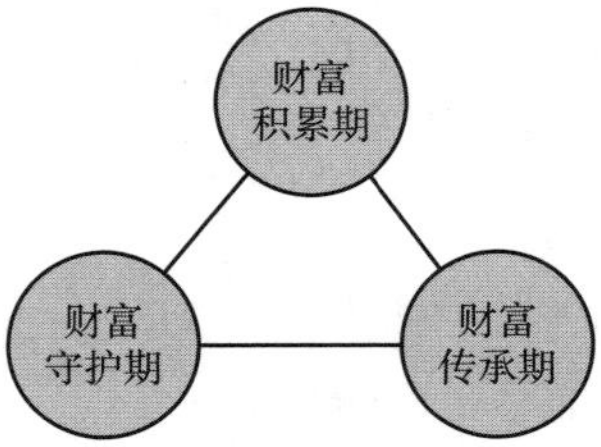

图1–3　不同的财富生命周期

（一）财富积累期

在财富积累期，核心目的就是尽可能地积累财富，这个阶段往往也是家庭生命周期中的形成期和成长期，对于部分中产及以下的家庭也有可能贯穿整个家庭生命周期。

这个阶段我们还可以视情况继续进行细分，以更精准地剖析客户的财富诉求，比如单身期的财富积累与家庭形成期和成长期就有所不同。

在单身期，一方面财富的积累更多的是无形财富的积累，比如自身能力的提升、培养未来赚钱的能力等；另一方面这个阶段也具有更大的风险承受能力，可以更为大胆地去追求资产的高速增长，哪怕为此承担较高的风险。

而在家庭的形成期和成长期，由于支出更多的来自家庭的责任和义务，更多的是刚性支出，所以这个阶段就要考虑有形财富的积累，将无形的个人能力尽量地变现为有形的财富，而且这个阶段的风险保障尤为重要。

当然，正如前面所言，在投资的过程中，也就是在追求财富积累的过程中，总免不了发生风险，这些风险有些是基于市场波动的风险，有些是基于流动性的风险，有些是政策变动的风险，有些是基于管理人能力的风险，有些是基于产品设计的风险，不一而足，但无论哪种风险，都是对财富积累的挑战，投资者务必要有充分的认识和判断。

（二）财富守护期

当财富积累到一定的规模后，再去单纯地追求财富的积累未必是可取的。例如，张三已经积累了超过1亿元的资产，为了追求高收益，可能会出现两种情形，一种是投资成功，资产由1亿元增加到2亿元，另一种是投资失败，资产由1亿元跌到5000万元，两种情形，哪种对张三的影响更大呢？或许不同的人会有不同的答案，但从理性角度来说，资产增加到2亿元，更多的只是数字的增加，而跌到只有5000万元，却会有切肤之痛。当然，如果你只有10万元，相比跌到5万元，涨到20万元或许是大多数人的追求。所以当我们的财富积累到一定程度之后，如何避免辛苦积累的财富遭受无妄之灾，比继续追求更多的财富，显然是更重要的事情。因此，守护财富是这一阶段的重点。

当然，这个阶段的财富风险除了投资风险之外，还要考虑债务风险、婚姻风险、法律风险、税务风险、意外风险等对财富造成的损失。

以债务风险为例，能积累到过亿元资产的家庭，大部分都拥有企业，而在企业经营的过程中，又极容易发生家企不分的情形，导致原本属于企业的有限责任，变成了由家庭无限承担，这样的案例在现实生活中不胜枚举。

依据所面临的财富风险的不同，财富守护的工具也是有所不同的，例如，面临投资风险，我们可以通过专业的分析和分散的配置来规避；面临法律风险、债务风险和婚姻风险，可以通过保险、信托、法律协议等方式提前做好资产的规划；面临税务风险，则需要在涉税事项发生之前，就通过各种工具进行综合筹划，若涉税事项已经发生，我们能做的就是依法纳税，并在法律允许范围内，享受一定程度的税收优惠。

（三）财富传承期

改革开放40多年来，中国的民营企业家用勤苦、智慧与胆识，创造了堪称世界奇迹的财富增长史。而对于很多民营企业家来说，其财富管理能力似乎赶不上财富增长的速度。在过去的几十年里，他们的重心主要聚焦在如何创造更多财富上面。但随着财富的累积、自身的逐渐老去、下一代的不断成熟，伴随着时代的不断变化，他们对于财富的态度也发生了变化，如何将辛苦积累的财富，以一定的方式传承给下一代，是当下需要思考的问题。事实上，从招商银行与贝恩公司联合发布的《中国私人财富报告》中可以看出，自2011年开始，中国高净值人群尤其是“创一代”企业家们开始意识到家族财富传承的问题。这充分反映出当前中国高净值人群的财富心态变化，部分高净值人士不仅看重通过各种方式保障今后高品质的生活，而且开始长远地考虑财富的代际传承。如果说过去三四十年考验的是企业家创造财富的能力，而往后一二十年或许更侧重于考验企业家传承财富的智慧。纵观最近几年发生的案例，因为“二代”无意继承家族企业、对家族企业经营不善、婚姻变故等因素造成家族企业保全或传承失败的案例比比皆是。甚至有些企业家因为没有提前做好规划，当意外发生时，往往导致家族陷入纷争，使得现实发生的情况与心中的期冀背道而驰。对于这样一个“创造了60%的国内生产总值，解决了80%的就业”的群体，做好财富的传承规划，从某种程度上说也是间接照顾了企业中成千上万的家庭。

在财富的传承期，首先要考虑清楚的就是传承的目的、传承的内容、传承的对象和传承的方式。不同的传承目的所采用的方式必然是不同的，例如，单纯的就是要把财富传承到下一代的，可以直接采用财富转移的方式或者遗嘱遗赠都可以；如果希望财富在传承的过程中避免不必要的纠纷，甚至还能带来财富的增值，那么可以通过保险的方式解决；如果希望财富能够在自己的掌控之下，让家族成员更合理地分配和享用财富，并希望避免未来烦琐的继承手续以及继承纠纷，那么保险金信托或者家族信托是更好的选择。

不同的传承内容，所采用的方式也会有所不同。如果传承的仅仅是物质财富，那么可以通过遗嘱、赠与、保险、保险金信托和家族信托等方式进行，但若希望同时还能传承家族精神财富，那么一个精心设计的家族宪章就显得尤为重要。

不同的传承对象也对传承架构提出了不同的要求。如果只是单纯地传给下一代，则相对比较简单一些，无论是用遗嘱、保险、保险金信托抑或家族信托都是可行的，但若还需要考虑“二代”“三代”甚至是“四代”以后，那么对家族信托进行更专业的设计就显得至关重要，而此时遗嘱和保险所能运用的空间已经不大了。

不同的传承方式也会反过来影响到传承目的、传承内容和传承对象。例如，保险在筹划遗产税方面具有很好的价值，但其更多的是针对传承现金类资产，并且只能针对已经出生的家族成员，遗嘱虽然能够照顾到尚未出生的家庭成员，但前提是必须为胎儿且出生时必须为活体，而且遗嘱虽然能够针对所有的财富形态，但由于遗嘱是在被继承人身故后才执行，所以必然会面临烦琐的继承手续以及有可能出现的继承纠纷，并有可能导致最终传承目的落空。而保险金信托和家族信托的传承目的非常宽泛，不仅可以筹划遗产税，还可以保护合法的财产，更可以让财富真正做到在“创一代”的掌控下，为家族成员所服务。保险金信托和家族信托的传承对象也更灵活，既可以是已经出生的家庭成员，也可以涵盖尚未出生的家庭成员而且不局限于是否为胎儿。

三、市场周期

现代经济学关于经济周期的定义建立在经济增长率变化的基础上，指的是增长率上升和下降的交替过程。经济周期的特点是国民总产出、总收入、总就业量的波动，它以大多数经济部门的扩张与收缩为标志。不同的行业在不同的经济周期会有不同的表现，在不同的经济周期可以通过选择不同的资产配置来趋利避害。在经济上升阶段，周期性行业会随着经济周期一起上升，这时候选择此类行业进行投资可以获取经济扩展带来的收益；在经济下降阶段，应该选择非周期性的行业投资，这些行业不会随着经济周期的下降而下降。除了要根据不同的经济周期选择不同行业进行投资，投资的资产种类也要根据不同经济周期进行调整。最著名的经济周期资产配置模型是“美林投资时钟”（the Investment Clock），如图1–4所示。

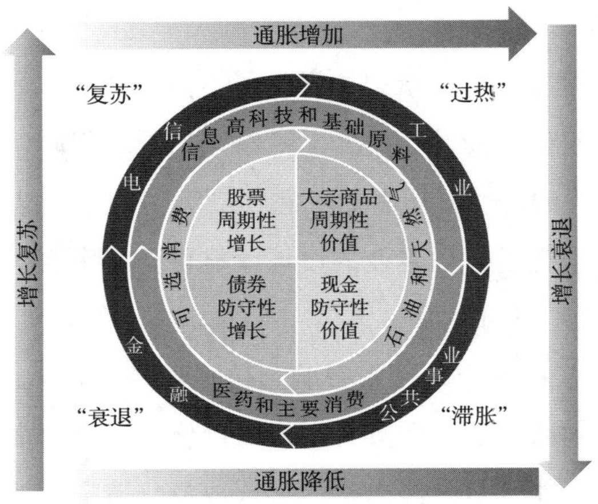

图1–4　美林投资时钟

美林投资时钟按照经济增长与通胀的不同搭配，将经济周期划分为4个阶段，如图1–5所示。

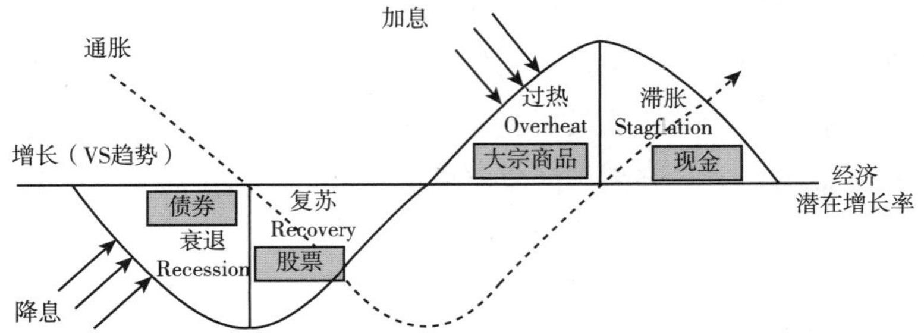

图1–5　经济周期的四个阶段

“经济下行，通胀下行”构成衰退阶段。在此阶段，通胀压力下降，货币政策趋松，债券表现最突出，随着经济即将见底的预期逐步形成，股票的吸引力逐步增强。

“经济上行，通胀下行”构成复苏阶段。在此阶段，由于股票对经济的弹性更大，其相对债券和现金具备明显超额收益。

“经济上行，通胀上行”构成过热阶段。在此阶段，通胀上升增加了持有现金的机会成本，可能出台的加息政策降低了债券的吸引力，股票的配置价值相对较强，而商品则将明显走牛。

“经济下行，通胀上行”构成滞胀阶段。在此阶段，现金收益率提高，持有现金最明智，经济下行对企业盈利的冲击将对股票构成负面影响，债券相对股票的收益率提高。

基于不同的市场周期，财富管理的逻辑和重点肯定也是不同的。在滞胀和衰退期更应该做好财富的守护和传承，而在复苏和过热阶段，可以更多地考虑财富的累积。

第四节｜私人财富管理的职业道德

在各自专业领域提供建议和服务的专家都需要遵守职业操守和监管法规。这些监管法规和行为规范在不同专业领域会各有不同，而作为理财师，应该遵循以下基本的执业道德和行为规范：

1.遵纪守法

理财师首先要遵守国家有关法律法规与社会公德，遵守所属机构的管理规定和道德操守准则。任何人、任何事都不能超越法律的范畴，遵纪守法是执业操守的基本底线。

2.正直诚信

理财师为客户提供服务时，不利用执业之便为自己谋取不正当利益，不欺诈、不夸大、实事求是，为客户谨慎、勤勉地提供财富管理服务；在执业过程中重信守诺，以诚待人，坚持在任何时候，对所有客户、所有事情、所有工作都实事求是，坚持做到言行诚实、主观诚实、客观诚实。

3.客观公平

诚实公平地提供服务，不受经济利益、关联关系和考核压力等影响而夸大或隐瞒事实；从客户利益出发，作出合理、客观的专业判断；及时披露其在提供服务过程中存在的利益冲突。

4.专业称职

理财师在其胜任的范围内为客户提供专业服务，并持续学习，不断维持与补充相关知识和技能；在尚不具备称职能力的领域，或聘请专家协助工作，或向专业人员咨询，或将客户介绍给其他相关专业组织与机构。

5.保守秘密

理财师为在工作过程中获取的所有客户信息保守秘密，除非客户书面许可与要求，否则理财师应对所有客户的所有材料严格保密，不向任何无权的第三方透露客户的任何信息。

6.恪尽职守

从业者应及时、全面、周到、勤勉地为客户提供专业服务，充分计划并监督实施；从业者须根据客户的具体情况提供并实施有针对性的规划建议；对向客户推荐的理财产品进行尽职调查；对下属向客户提供的私人财富管理服务进行监督管理。

7.职业精神

待人接物能体现行业的信誉，不诋毁同行；担当敬业，努力达成工作目标；坚定信念，不轻言放弃；乐观自信，不受眼前挫折影响。

第二章

新财富时代下的财富风险

中国改革开放40多年来，所取得的成绩举世瞩目，经济总量跃升世界前列，国民财富出现爆炸式的增长。在过去，万元户尚且凤毛麟角，亿万资产更是遥不可及；而如今，资产百万级家庭随处可见，十亿美元级富豪也不在少数。

2020年面对疫情的冲击和复杂严峻的国内外环境，我国率先在全球主要经济体中实现经济正增长，国内生产总值首次突破百万亿元人民币，逆势增长2.3%，成为全球经济阴霾下的一抹亮色。随后的几年，虽然饱受疫情影响，但中国的经济增长依然非常强劲，2021年国内生产总值增长8.1%，达到114万亿元人民币，2022年疫情反复，但国内生产总值依然增长了3%。

经济高速增长的同时，居民财富也迎来了快速增长，招商银行与贝恩资本发布的《2023年中国私人财富报告》显示，2022年中国个人持有的可投资资产总规模达到了278万亿元人民币，2020—2022年的复合增长率为7%（见图2–1）。

除了总规模，可投资资产超过1000万元的高净值人群数量也呈现强劲的增长态势，从2008年的30万人到2022年的316万人，与2020年相比增加了约54万人，年均复合增速由2018—2020年的15%降至2020—2022年的10%（见图2–2）。从财富规模来看，2022年中国高净值人群共持有101万亿元人民币的可投资资产，2020—2022年均复合增速为9%，人均可投资资产约3183万元，相比2020年有所下降（见图2–3）。

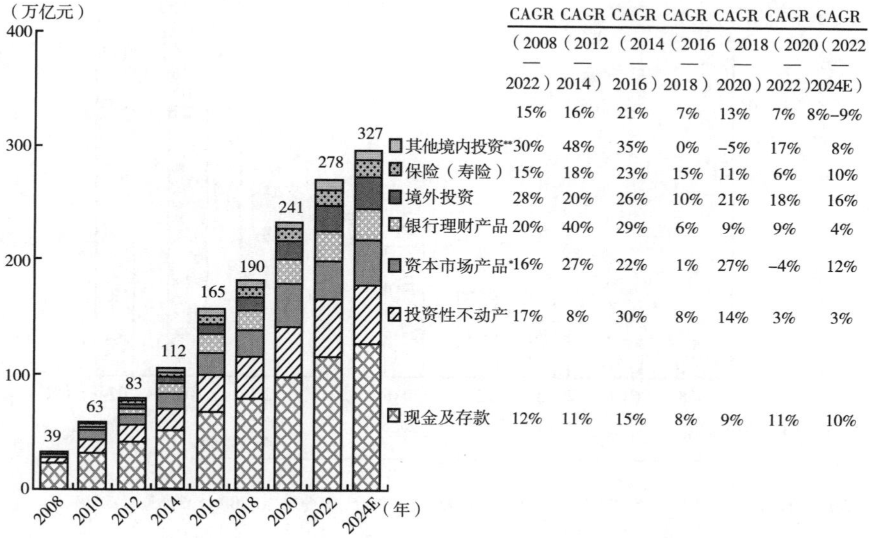

图2–1　2008—2023年中国个人持有的可投资资产总规模

资料来源：招商银行与贝恩资本《2023年中国私人财富报告》。

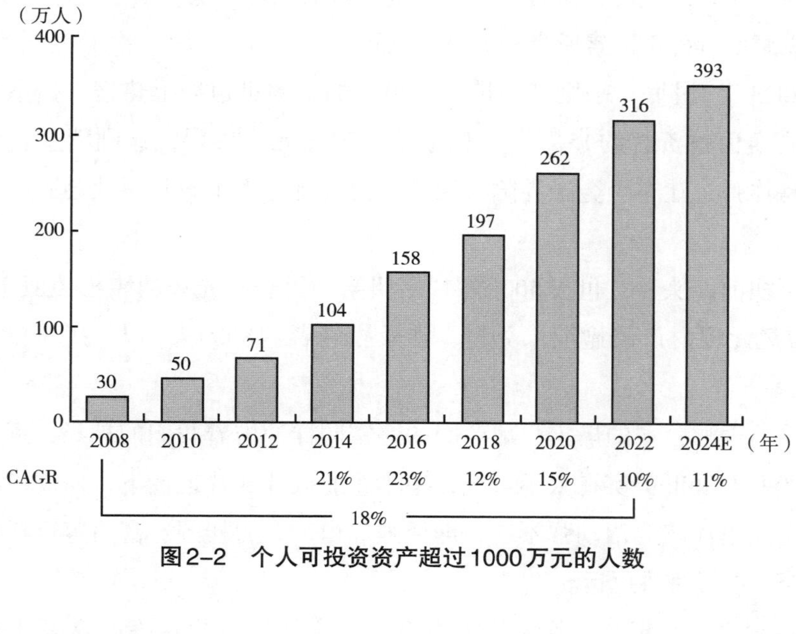

图2–2　个人可投资资产超过1000万元的人数

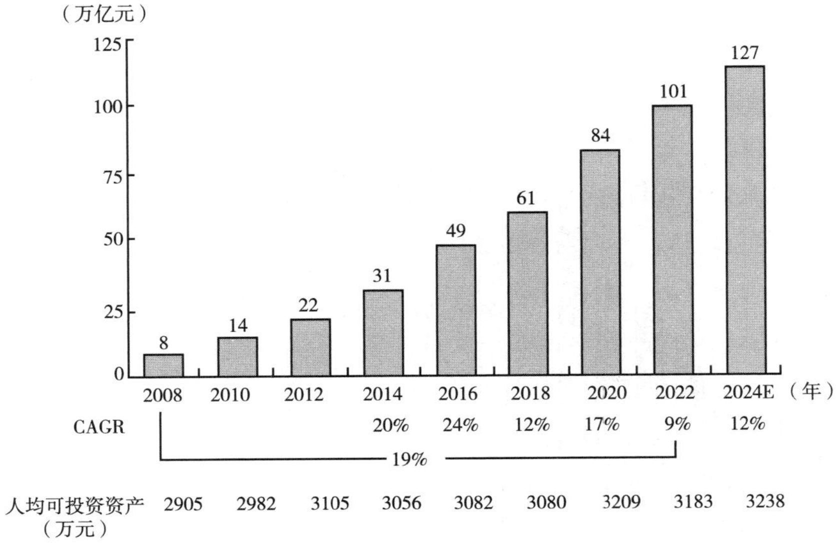

图2-3 高净值人群的可投资资产规模

随着财富的增长，财富家庭尤其是高净值财富家庭的风险也越来越大，这些风险是多维度的，既有传统的投资领域的风险，也有基于法律、税务、债务、婚姻等外部因素所带来的财富风险。

2023年7月底，一则“中植系爆雷”的新闻迅速冲上热搜，据悉其中涉及高净值投资者约15万人，总金额2300亿元人民币，这则消息就像一枚重磅炸弹，让整个金融界陷入混乱。投资者瞪大了眼睛，社会舆论如火如荼。

再往前，头顶“世界500强”“广州第一民企”光环的雪松控股爆雷，约200亿元理财产品逾期未兑付，涉及投资者约8000人，人均金额约250万元。

除了理财公司的爆雷，地产圈的爆雷同样冲击着我们的神经，近几年房地产业发展形势实在太不景气，中小企业成片成片地倒下，而规模稍大些的企业也深陷泥沼动弹不得，即便强如恒大、碧桂园、富力等这样的强势房企，同样难逃厄运。

除此之外，譬如A股天价离婚案、女主播巨额逃税案、富豪飞机失事案、实际控制人债务连带案、子女继承纠纷案等，无不彰显着财富风险的普遍性和严重性。因此，财富累积的同时，我们不得不正视财富的风险。

第一节｜婚姻风险

随着我国居民财富的不断攀升，离婚率逐渐升高，婚姻财富管理方面涌现出了各类严峻的问题，引起了社会的广泛关注。离婚导致的财产纠纷及财产损失事件不在少数，既有“富一代”劳燕分飞导致的巨额财产分割，也有“富二代”为短暂婚姻付出的高额代价。而对于部分高净值人群来说，由于他们或是企业股东，或是企业高管，又或是创业合伙人这样的关键角色，其自身婚姻状况的变化，不仅关系到自身财富的分割，而且在很大程度上关系到整个企业、股东以及员工的切身利益。因此，对于高净值人群来说，做好婚姻财富管理既可以使自身辛苦创造的财富得以有效保全，维护自身合法的权益，也使其背后的企业得以平稳经营，还能够促进一方经济的安宁。

婚姻本应是幸福的、美满的，但一旦涉及财产问题，可能情况会比我们想象中的要复杂得多。现实中，肯定有不少出于真爱的婚姻，而且应该是占大多数，但不可否认的是，依然会有小部分婚姻并不那么纯粹，或者因为婚姻问题导致财产受损失，或者因为财产问题导致婚姻出现波折。

例如，土豆网创始人王某与前妻的离婚诉讼案，发生在土豆网美国上市申请的关键时刻。虽然最终双方以700万美元“和解”，但是土豆网元气大伤，错过了上市最佳的“时间窗口”后一路走衰，最终与老对手优酷合并后退市，王某也不得不黯然离场。这样的结局无论是对王某还是其前妻，甚至是对土豆网本身来说，都不是一个好的结果。试想一下，如果不是在这个时间节点提出分割共同财产的诉讼，或者即便是前妻想要趁着这个关键时点提出分割诉讼以期获得更大的主动权，如果在满足前妻某些要求的前提下，能够有条件地将争议延到公司上市以后，那么对双方来说都会有一个更好的结果。土豆网能够在预期的时间上市，获得更好的市场定价以及市场地位，不至于因被竞争对手吞并而退市，王某也会有更好的机会管理经营土豆网，不至于被迫离开自己一手创办的企业，而对前妻来说，基于上市前的股权价值和上市后的价值，其请求分割的财产基础完全不可同日而语，在上市后分割共同财产，显然极有可能获得比700万元多得多的财富。

土豆网的案例大家都比较熟悉了，再来看一个大家不是那么熟悉的案例。为什么一场持续了30年的婚姻，在老父亲身故后，会被自己的亲儿子一纸诉状，请求法院宣告无效？为什么从12岁抚养到大的继子，会不承认继母的身份？为什么无微不至地照顾卧病三年的丈夫，最终却落得个无名无分的地步？

2016年11月17日，安徽省六安市金安区法院民三庭开庭审理了一起看似简单的婚姻效力案。本案原告冉某请求法庭确认父亲冉某峰与继母解某的婚姻无效。冉某提起诉讼的主要理由是冉某峰与解某系三代以内旁系血亲的表兄妹。

冉某于2016年9月6日提起诉讼，请求法院宣告解某与已故的父亲冉某峰之间的婚姻关系无效。冉某之所以提出诉讼，是因为同年7月底继母解某起诉自己，要求析产，也就是指财产共有人通过协议的方式，根据一定标准，将共同财产予以分割，而分属各共有人所有。他认为，自己的继承权将因此而受到侵害。

冉某峰于2016年5月20日去世。根据《最高人民法院关于适用〈中华人民共和国婚姻法〉若干问题的解释（二）》（已废止）的规定，夫妻一方或者双方死亡后一年内，生存一方或者利害关系人依据婚姻法第十条的规定申请宣告婚姻无效的，人民法院应当受理。

2016年11月17日，安徽省六安市金安区法院民三庭对本案进行了受理。结果却令人瞠目结舌。六安市金安区法院经过审理，支持了冉某的诉求，且立刻生效，不准上诉[①]。

法院对一个死者生前存续30年的婚姻判决无效，真的有足够的依据吗？

判决书这样写道：“本院认为：被申请人解某与冉某峰虽然领证结婚多年，但其双方系三代以内旁系姨表兄妹关系，双方结婚，违反了婚姻法关于禁止近亲结婚的规定，不符合缔结合法婚姻的实质要件，该婚姻不受法律保护。”

中国人民大学教授龙翼飞、中国政法大学教授夏吟兰、北京大学教

① 案例来源：《民主与法制》周刊，2017年第28期，记者：张志然。

授马忆南、中国人民大学教授姚辉等北京的法学专家，就本案的相关法律适用问题，已进行了认真的讨论和分析研究，并形成了法学专家论证意见书。

专家认为，《婚姻法》[已废止，现为《中华人民共和国民法典》(以下简称《民法典》)第一千零四十八条]规定三代以内旁系血亲禁止结婚，其立法目的是优生，保障后代健康、提高人口质量。而且，婚姻法规定的“三代以内旁系血亲”指的是自然血亲，不是拟制血亲，只有DNA鉴定才是科学的证据。冉某如要证明解某与冉某峰系三代以内旁系血亲关系，需要经过多项DNA鉴定，才能构成完整的证据链。而且，解某与冉某峰持有结婚证且共同生活30年，如无相反的证据，应认为婚姻有效。冉某举证不足，应当承担相应的法律后果。

根据记者当时在法庭现场旁听，冉某根本拿不出任何DNA的证据。

冉某叫来了冉某峰亲姊妹冉某颖出庭作证。她说自己可以证明冉某峰与解某是表兄妹关系，理由是解某的母亲是自己的二姨，即解某是冉某颖的表姐，是冉某峰的表妹。

另外，他拿出了冉某峰母亲李某秀的人事档案，试图说明冉某峰母亲和解某母亲是血亲关系。

可是，冉某峰的父亲已过世，母亲李某秀尚在世，但冉某峰也已去世，不可能与其生母进行DNA鉴定，也不可能与解某进行DNA鉴定。

在法庭上，当被告解某的代理律师询问冉某颖是否了解解某家庭时，她说很了解。而当解某代理律师问及她母亲李某秀生日、冉某峰去世日期、冉某峰与解某何时结婚等时间方面的细节时，她却都不清楚。她只是一再情绪激动地重复说，解某、冉某峰确实是姨表兄妹，“我从小就知道！”

据了解，解某与冉某峰从小相识，长大后二人各自结婚。后冉某峰离婚带一子冉某，解某丧偶带一女小解，二人于1986年登记结婚，建立了四口之家。婚后家庭和睦，共同哺育儿女，赡养老人，夫妻二人打拼创业，建立了亿万财产的公司。2013年6月，冉某峰患了癌症，解某一直陪伴照顾了三年，直到2016年5月冉某峰去世。

在开庭当日，解某一定要向法庭念自己手写的控诉状，在控诉状中她写道：“我这三十多年是什么？算什么？是保姆还是三陪？……自从2013年3月14日上午老冉被中纪委带走，直到他2016年5月20日去世，这一千多个日日夜夜我是怎么熬过来的……在他生病的时候，是我和女儿陪伴在他身旁，那时候为什么没人说我不是他老婆……”念着念着，解某泣不成声，血压飙升，不得不送到医院抢救。而原告冉某则气恼地嘟囔说“这里面很多都是不实的”，起身要求休庭。

正像解某在控诉状中所说，她为冉某峰做的事，如果不是夫妻，不是至亲，可以说任何人都做不到。这样的婚姻，真的只因为没有DNA证明的所谓的可能存在的表兄妹关系，就不被法律保护了吗？

据了解，冉某1990年5月由继母解某开始抚养，当时他已经12岁，却还在读小学五年级。解某设法让他参加了升初中的考试，安排在解某父亲曾经工作的学校读初中。夫妻二人一步一步将冉某辛苦抚养成人。

让继母与父亲曾经存续多年的婚姻无效，此举已直接导致冉某家族剧烈的震荡，让继母、姑姑当庭情绪失控、痛哭失声，带来了无数的痛苦和愤怒。其实这只是他设法继承父亲遗产的一个小铺垫而已。

解某起诉冉某要求析产的原因是，2016年6月17日，冉某拿出了一份声称是冉某峰所立的遗嘱。根据该份遗嘱，企业的经营权将归冉某所有，而且解某将不能分得夫妻共同打拼而来的企业的任何股份，只能分得冉某掌握股份的一半分红和若干房产。

不过，专家们在论证意见书中却认为，该遗嘱因缺乏法定的形式要件，属于无效遗嘱，不产生法律效力。倘若涉案遗嘱系冉某伪造，该遗嘱不仅无效，人民法院还可以酌情减少冉某应继承的遗产。

而且，专家们也已论证，就算解某与冉某峰之前的婚姻关系无效，解某依然依法享有分得冉某峰财产的权利。

《继承法》第十四条（已废止，现为《民法典》第一千一百三十一条）规定：“对继承人以外的依靠被继承人扶养的缺乏劳动能力又没有生活来源的人，或者继承人以外的对被继承人扶养较多的人，可以分给他们适当的遗产。”本案中，解某与冉某峰共同生活30余年，解某对冉某峰扶养较多，应当依法分得适当的财产。

可见，就算继母与父亲的婚姻确实被法院认定无效，就算已给家人制造了如此巨大的痛苦，只要法官能够做到依法办事，冉某的打算就未必不会落空。

解某收到本案判决书后，连夜给金安区法院写了一封公开信：“……我真想从这高楼一跃而下，用我微不足道的生命来抗争、来呐喊……各位尊敬的法官，你们也有父母亲人，假如你父母的婚姻莫名其妙地被宣判无效，你是否生气？……我不明白为什么你们法官会按照冉某的思路办案。难道就是因为他有权、有钱、有势，难道就是因为我和我女儿势单力薄，无依无靠？……我还想再问法官，老冉已逝，判决婚姻无效的目的何在，难道是帮助冉某争夺本该属于我的财产，还是想让老冉成为孤魂野鬼……”

这份令人咋舌的判决已经生效，冉某峰与解某曾经存续30多年的婚姻关系从7月13日起就正式等于从未存在过。这无论对生者还是死者，都是一个极为残酷的黑色幽默。

我们暂且不去讨论这个判决的合理性，单就站在冉某峰的角度来说，他是否愿意自己的婚姻被宣告无效？是否愿意看到至亲的儿子和深爱的配偶对簿公堂？是否愿意看到好好的家庭最终却支离破碎？

不仅冉某峰不想，而且对于所有中国人来说，估计都不想，法律如何规定的、财产如何分配，严格来说都不是最主要的，一家人和和睦睦、母慈子孝、兄友弟恭才是最重要的。

回到案例本身，如果冉某峰的婚姻没有被宣告无效，他留下的亿万财产该如何分配呢？首先夫妻共同财产一人一半，剩下的50%才是冉某峰的遗产，其法定的继承人为配偶、子女和父母，配偶还在，子女有两个，一个亲儿子，一个继女，父亲不在了但母亲还在，总共4个继承人，每人继承其中的四分之一，即50%的25%，冉某仅能继承12.5%。考虑到冉某峰母亲的遗产未来大概率也是由冉某来继承，那么此时相当于冉某能够继承的总额为25%的遗产。

但若冉某峰的婚姻被宣告无效，冉某的继承份额或许就不一样了。首先，冉某峰的财产中有一半因为30年的同居关系而归属于其同居女友（婚姻被宣告无效，不能称配偶，暂且以同居女友代之），剩下的一半由其法定继承人继承，由于婚姻被宣告无效，继女是否能够获得继父遗产的继承权，是个非常复杂的问题，实务中既有基于扶养关系的发生而享有继承权的判例，也有基于婚姻关系解除，而解除继子女与继父母之间关系的判例，本案中我们假设继女与继父之间的关系也一并“被解除”了，即此时冉某峰的继承人只有其母亲和儿子冉某两人。同时，考虑到法律规定“继承人以外的对被继承人扶养较多的人，可以分给他们适当的遗产”，解某在冉某峰患病期间，对其不离不弃的照顾，以及在30年的共同生活中，解某对冉某峰的扶养，依法可以分得适当的遗产，这个“适当”目前并没有统一的规定，但或许很难与法定继承权相提并论，我们暂且假设其能分得遗产的20%，剩下的80%就由冉某峰的母亲和儿子继承了，也就相当于儿子能继承财产总额的20%。考虑到冉某峰母亲的遗产未来大概率也是由冉某来继承，那么此时相当于冉某能够继承的总额为40%。

从12.5%到20%，或者从25%到40%，这或许就是冉某要起诉宣告其父与解某婚姻无效的核心原因。

如果冉某峰事先能够做好财产规划，无论他们的婚姻是否会被宣告无效，都不会影响他深爱的家人多得或者少得财产，那么其儿子冉某还会有宣告其婚姻无效的动机吗？进一步来说，如果冉某峰财产规划得当，是否可以正向地激励其亲儿子未来更积极主动、发自肺腑地照顾其深爱的遗孀呢？一家人从此是否会更加地团结友爱、守望相助，将家族荣光发扬光大呢？

除了上述问题之外，基于婚姻方面的财富风险或者基于财富引起的婚姻风险还有很多种类型，比如婚内资产与个人资产混同问题，如果婚姻持续足够长的时间，甚至是两人相濡以沫、白头偕老，混同与否无关紧要，但若是婚姻短暂，却因离婚而分走本属于自己的或者自己家族的财富，相信大部分人也未必愿意。

另外，关于夫妻共同债务问题，一方面，基于夫妻债务的连带，有可能让并不参与经营活动的配偶因此背负不明不白的债务，虽然《民法典》相比之前的《婚姻法》在这方面有了很多改进，但依然难以完全避免这种情况的发生，甚至是让配偶很难证明的“虚假债务”，由此给配偶造成巨大的困扰甚至是损失；另一方面，有时即便做好了夫妻财产规划，能够说清楚哪些是个人财产，哪些是共同财产，但若债务发生了连带，依然是需要用个人财产偿还共同债务。

我们来看个真实的案例。

2009年7月，徐某向北京某投资公司以某某饭庄名义借款60万元发展生意，借期6个月。

2010年4月，由于经营不善，徐某仍未能偿还全部欠款。徐某便和投资公司续签了借款合同，约定2010年10月初偿还欠款共计53.6万余元。

2010年10月中旬徐某仍未能偿还投资公司欠款。徐某便和妻子胡某商议，打算卖掉妻子名下的房子以便偿还欠款。但是妻子不同意。夫妻两人为此起了争执，徐某来到司法所要求法律帮助。

南苑街道司法所认为：根据《最高人民法院关于适用〈中华人民共和国婚姻法〉若干问题的解释（二）》的第24条规定（已废止），债权人就婚姻关系存续期间夫妻一方以个人名义所负债务主张权利的，应当按照夫妻共同债务处理。但是夫妻一方能够证明债权人与债务人明确约定为个人债务的除外。

该纠纷中，没有任何其他规定，可以认定为夫妻共同债务，因此在夫妻共同财产不足以清偿时，夫妻双方对此共同债务承担连带赔偿责任。

这种连带赔偿不以夫妻共同财产的范围为限制。虽然该套房屋为妻子胡某的婚前个人财产，但是作为共同债务中连带清偿债务义务人，其个人财产也应当用于偿还共同债务。

由于该案发生在《婚姻法》及其司法解释并非废止的时候，所以适用当时的法律规定，这个案例即便是当下发生的，由于徐某经营的是饭店，再加之其借款的金额并不算高，所以基本可以推断这是小规模的餐饮店，因此极有可能存在着饭店资产与家庭资产混同的情形，而且也极有可能家庭的主要经济来源是该饭店，所以该债务大概率依然会被认定为夫妻共同债务，夫妻两人都对此承担无限责任，因此偿还该贷款不仅是夫妻的义务，还是个人的义务，故需要以个人财产来偿还。

由此可见，从婚姻角度来说，其对财富的影响是多方面，反过来说，财富对婚姻也有着正反两面的影响。因此，我们需要做好婚姻财富的规划，不仅仅是为了守护财富的安全，更多地是为了守护婚姻的幸福，至少不让财富给婚姻带来负面的影响。

基于婚姻财富规划来说，守护幸福、守护爱情、守护家庭永远是第一位的。

第二节 | 传承风险

谈到家族财富传承，绝对不是简单地将财富由上一代传到下一代，而是涉及很多的问题，包括不同财富形态的传承方式，不同家庭的传承策略以及不同工具下的传承路径等，本节将重点为大家带来传承中所面临的一些问题以及给我们带来什么样的财富启示。

传承的风险类型有多种多样，既有没有规划或者规划不足导致的风险，也有基于遗嘱继承下的遗嘱效力以及令人头疼的继承权公证问题，还有代持的风险、姻亲与血亲的继承风险、隔代传承的问题、跨境传承的问题等。

一、没有规划或者规划不足的风险

中国人素有忌谈死的问题，认为过早地讨论死亡是不吉利的，也因此没有提前为自己安排身后事的习惯。随着中国人财富的不断累积，这种没有规划或者规划不足的情况，为家族财富的传承带来了极大的挑战。

例如，著名相声演员侯某文先生于2007年6月23日因病去世，由于其生前未对财产进行任何安排，突然去世引发亲属之间各种遗产争夺，至遗产分配问题解决之后，也就是距侯某文先生逝世三年九个月后，他的骨灰才得以安葬，其遭遇令人唏嘘！

再如，我国香港地区的新鸿基郭氏三兄弟跌宕起伏的内斗，也能够证明一个不合理的传承安排将会给后代造成什么样的困境。

还有国画大师许某庐遗产争夺案，为什么一个堂堂的国画大师，会在其逝世后没多久，引发母子之间的遗产争夺？这与规划不全有着很大的关系。

这些都是能够见诸报端的豪门争产的故事，还有很多普通家庭为“仨瓜俩枣”而打得不可开交的，难以一一列举。

中国的改革开放已经过去了40多年，那些凭借对于机会的把握而腰缠万贯的高净值人士，大多已经或者正逐步面临退休的问题，如果说过去是考验他们创造财富的能力，那么未来的一二十年，更多的是要考验他们传承财富的艺术。

二、遗嘱效力与继承权公证的风险

过去，很多人即便生前做了一些财产的安排，无非也就是立一个遗嘱而已，而通过遗嘱继承，面临很多的问题，其中最突出的有两个：一是遗嘱效力，二是继承权公证。

（一）遗嘱效力

由遗嘱效力引发的财产继承纠纷，可谓是不胜枚举。既有前文提到的国画大师许某庐案，也有香港华懋集团的世纪争产案，等等。

按照我国《民法典》的相关规定，遗嘱分为自书遗嘱、代书遗嘱、打印遗嘱、录音录像遗嘱、口头遗嘱和公证遗嘱六种类型。每一种遗嘱都有其需要特别注意的地方。

1. 自书遗嘱

自书遗嘱由遗嘱人亲笔书写并签名，还需要注明年、月、日。实践中的自书遗嘱有两个地方需要特别注意，一个是笔迹，若没有可供对比的笔迹，则自书遗嘱很容易被挑战；另一个是措辞，由于是自己书写，在有些意思表达以及用词方面，可能会引起不同的解读，甚至由于立遗嘱人错误的意思表示，导致遗嘱无法执行。

大部分关于遗嘱继承纠纷的理由都是笔迹问题，如国画大师许麟庐遗产争夺案，一方提交自书遗嘱，另外一方以笔迹不符为由予以否定，法院往往需要对笔迹进行司法鉴定。鉴定机构一般需要与立遗嘱时间相差不大的时间跨度内的遗嘱人笔迹作为对比检验材料。如果对比检材本身存在物理瑕疵或数量不足，则可能导致鉴定无法进行。因此，自书遗嘱的，最好能够时不时地留下一些笔迹，尤其是关于签名的笔迹，有条件的最好交由无利害冲突的第三方保管。

而由于用语不符合法律措辞，甚至与一般语法句法相左引发的纠纷亦不在少数，虽然法院审判中以尊重遗嘱人真实意思表示为原则，但如果遗嘱人表达得过于隐晦，也可能引发纠纷。比如华懋集团830亿元遗产归属案，就是因为龚如心女士生前订立的遗嘱在措辞方面存在一定的问题，才造成了华懋基金会到底是遗产的受益人还是受托人的不同理解。所以在书写自书遗嘱时应当尽量言简意赅、言辞准确，表述清楚遗嘱人身份、遗嘱时间地点、遗产权属、分配方案等关键要素。

2. 代书遗嘱

代书遗嘱一般在遗嘱人因病卧床或者年老体衰、不识字等情形下使用，要求有两个以上见证人在场见证，由其中一人代书，注明年、月、日，并由代书人、其他见证人和遗嘱人签名。需要特别注意的是，代书遗嘱包括其他需要有见证人的遗嘱，最重要的形式要求就是见证人的合法性，见证人的选任上要格外谨慎，除亲属、同学等典型的利害关系外，根据《民法典继承编司法解释一》第二十四条的规定，继承人、受遗赠人的债权人、债务人，共同经营的合伙人，也应当视为与继承人、受遗赠人有利害关系，不能作为遗嘱的见证人。另外还需要特别注意的是，继承人更不能作为见证人，被继承人立遗嘱的全过程，继承人都应当尽可能地回避。

3. 打印遗嘱

打印遗嘱应当有两个以上见证人在场见证。遗嘱人和见证人应当在遗嘱每一页签名，注明年、月、日。打印遗嘱如果有两页以上，遗嘱人和见证人都必须在每页上签名并注明年、月、日，也就是说遗嘱的每一页都必须至少有3个以上的人签字。不可图省事而只签最后一页，或者只在最后一页上签署日期。此外，在遗嘱上加盖骑缝章，在遗嘱骑缝处签名都不可行。

4. 录音录像遗嘱

以录音录像形式立的遗嘱，应当有两个以上见证人在场见证。遗嘱人和见证人应当在录音录像中记录其姓名或者肖像，以及年、月、日。需要特别注意的是，录音录像遗嘱必须在录音录像中完整地展示遗嘱人和见证人的姓名或肖像，并且清晰地表达姓名和年、月、日等关键信息，年、月、日必须完整且保持一致。

录像遗嘱还需要在拍摄前将镜头焦距对好，画面不能模糊。遗嘱人、见证人的上半身、全身影像应在镜头中有所反映，尤其是脸部图像需要清晰呈现。订立遗嘱时的全部环境场景也应有所体现。而且拍摄视频需保证完整性，使用一镜到底的方式进行录制，其间不要关机、不要暂停，当设备出现故障或拍摄中断时，应重新录制。录音录像经过拼接、剪辑后，效力将会受到影响。

5. 口头遗嘱

由于口头遗嘱具有易被篡改和伪造，以及在遗嘱人死后无法查证等缺点，法律对口头遗嘱的条件有着严格的规定。遗嘱人在危急情况下，可以立口头遗嘱。口头遗嘱应当有两个以上见证人在场见证。危急情况消除后，遗嘱人能够以书面或者录音录像形式立遗嘱的，所立的口头遗嘱无效。

6. 公证遗嘱

公证遗嘱是依公证方式而设立的遗嘱，在《民法典》实施后，公证遗嘱已经不再具备效力的优先性了，立有数份遗嘱，内容相抵触的，以最后的遗嘱为准。

办理公证遗嘱须由遗嘱人亲自到公证机关口述或书写遗嘱，公证人员要对遗嘱的真实性、合法性进行认真审查，在确认其有效性后，由公证员出具《遗嘱公证书》。经公证的遗嘱由公证员和遗嘱人签名并加盖公证机关公章，制成一式两份，分别由公证机关和遗嘱人保存。

当然，无论是哪种遗嘱形式，除了满足上述的一些形式要件之外，还需要满足一些实质要件，包括：

第一，立遗嘱人必须有遗嘱能力，必须在立遗嘱时是完全民事行为能力人，无民事行为能力人或者限制民事行为能力人所立的遗嘱无效，所以在订立遗嘱时，尤其是年纪比较大的人订立遗嘱，最好在立遗嘱前对行为能力进行司法鉴定，在确认具有完全民事行为能力后再订立遗嘱。

第二，遗嘱必须是立遗嘱人真实意思的表示，受欺诈、胁迫所立的遗嘱无效。伪造的遗嘱无效。遗嘱被篡改的，篡改的内容无效。

第三，遗嘱内容必须合法，遗嘱应当为缺乏劳动能力又没有生活来源的继承人保留必要的遗产份额，遗嘱也不得处分别人的财产，比如个人订立的遗嘱处置的却是夫妻共同财产。

（二）继承权公证

遗嘱继承中另一个突出的问题就是继承权公证了。

继承权公证是国家公证机构根据当事人的申请，依照法律规定证明哪些人对被继承人的遗产享有继承权并证明其继承活动真实、合法。继承权公证根据被继承人生前有无遗嘱分为依遗嘱继承、依法定顺序继承。根据《民法典》的规定：第一顺序继承人为被继承人的父母、配偶、子女，在没有第一顺序继承人时由第二顺序继承人祖父母、外祖父母、兄弟姐妹继承。

被继承人可以随时分配自己的遗产。也就是说，被继承人可以立多份遗嘱。至于这些遗嘱的效力，根据《民法典》的相关规定，被继承人所立的最后一份遗嘱效力最高。如果继承人拿着被继承人所立的其中一份遗嘱到相关部门，要求继承遗产，在这种情况下，相关部门如果贸然进行相关操作，很有可能损害其他继承人的权利。为更好地维护被继承人和继承人的合法权利，相关部门会要求继承人拿着遗嘱到公证部门进行继承权公证。由公证部门审查相关遗嘱的效力后，出具继承权公证书。

继承权公证需要所有涉及的继承人（无论其是否为遗嘱继承人）共同配合前往公证处进行继承权公证，领取继承权公证书后持该公证才能办理相关继承财产的过户。高净值人士资产总量较大、资产形态各异以及涉及继承人员较多且有可能有海外身份，因此在继承权公证中，只要有一位继承人对遗嘱分配不认可或不予配合，或者由于各种原因而联系不上，都有可能导致整个继承过程的中断，结果往往是亲人互相起诉到法院进行旷日持久的继承诉讼大战，长时间无法办理继承过户手续。有数据显示，在实践中，此类上诉平均审理期限为两到三年。

三、代持问题

所谓代持，顾名思义，就是代为持有。在法律的范围之内，签订了协议的代持具有明确的法律关系，能够得到很好的财产保护，也能避免一些不必要的纠纷。然而在现实中，由于各种各样的原因，很多代持并没有形成书面的协议，有些是为了保护个人隐私，也有些是基于亲人的情分或者哥们儿的义气，由此引起了一些不必要的继承纠纷。

例如，国内某知名影视公司，作为创始人的李某虽然没占多少股份，但其姐姐和妹妹却占了绝大部分股份，说没有代持恐怕没有几个人相信，也许是基于姐弟之间感情，貌似并没有代持协议，至少李某的妻子是没有见到过这样的协议。而最后的结局就是李某的姐姐和妹妹控制了李某辛苦打拼下的企业，而其结发之妻，却只能黯然退场。

看到这里，也许有人会说，至少李某创下的财富没有流落种姓之外，还在自己的亲姐姐、亲妹妹手里。表面上看，这没错，但往深了想，姐姐妹妹最后的继承人很有可能是李某的外甥、外甥女们，而李某自己有一个女儿，换句话说，由于特殊的原因，致使李某辛苦创下的财富很有可能归属了外甥外甥女，而自己的亲生女儿却享用不到，着实令人唏嘘。

此外，根据《公司法》的相关规定，股东的权利主要体现为资产收益权及参与公司重大决策和选择管理者的权利。隐名股东作为实际出资人，应实际履行股东义务并享受股东权利，名义股东配合实际出资人实施股东行为。但由于股东资格的认定以工商登记或内部的股东名册为准，故显名股东作为登记的主体，可以在未经实际出资人同意的情况下实施股权变更、转让等行为，所以在股权代持中，隐名股东存在一定的风险。

例如，名义股东滥用经营管理权、表决权、分红权、增资优先权、剩余财产分配权等权利，名义股东不按协议约定向实际出资人支付分红所得及其他相关收益，名义股东擅自转让或质押股权，因名义股东原因损害隐名股东份额的完整性和安全性等，这些行为都极有可能给隐名股东带来极大的风险。

除了股权的代持，还有不少房产的代持。近几年多地都出台了房产的限购政策，为了规避这一政策，就出现了不少借名买房的情况。从法律上来说，房产登记在谁的名下就是谁的，所以借名买房极易出现纠纷。即便能够证明购房款的来源，也存在被认定为仅是借贷关系的可能，在房价上涨时，被代持人可能会面临损失，而当房价下跌时，代持人也有可能会面临偿还贷款的风险。现实中，还有子女代持父母房屋，结婚后擅自在房本上增加配偶的姓名，离婚时房产被分割的情形。

王某年与王某国为父子关系，王某国在北京某大学毕业后留京工作，王某年与老伴儿在山西太原老家生活。

2005年6月，王某年与老伴儿商量后，计划用两人毕生积蓄220万元全款在北京购买一套房产，经老两口多次看房，从便于生活和就医的角度考虑，两人确定购买北京市东城区忠实里18号楼X单元502号房产（以下简称“502号房产”）。因王某国在北京生活，办理502号房产的相关手续比较方便，购买合同由王某国签署，房屋所有权也相应地登记在王某国名下。王某年为保障自身对502号房产的权利，特与王某国口头约定：王某国可以居住使用502号房产，但该房产的实际所有权归王某年及其老伴儿所有。未经老两口同意，王某国不得转移该房产所有权，如擅自转移该房产所有权，该行为无效，老两口有权随时要求办理产权过户手续且王某国应无条件予以配合。

王某国与赵某玲原为同事关系，后二人交往日渐频繁，感情逐渐升温，于2009年登记结婚，婚后共同居住在502号房产中。

因单位要求夫妻双方不能同处于同一个科室，赵某玲为了王某国的事业有更好的发展，主动放弃了原有的工作。王某国为补偿赵某玲在事业上所作出的牺牲，与赵某玲协商后将502号房产的所有权变更为夫妻按份共有，双方签订了《房屋所有权按份共有协议》及《夫妻更名申请》并依法向房产管理部门进行了变更登记，不动产登记簿中所有权人由王某国变更为王某国和赵某玲，各享有50%的份额，但二人都没有将此事告知王某年及其老伴儿，更谈不上征得老两口的同意。

2010年2月，赵某玲生育一女孩，随后赵某玲与王某国之间逐渐出现矛盾并愈演愈烈，双方多次因家庭琐事发生口角，严重的时候有肢体冲突并报警。因两人之间的矛盾实在难以调和，双方开始协议离婚，终因房产分割问题，双方未能达成一致。2011年8月赵某玲向北京市东城区人民法院起诉离婚，并要求对502号房产进行分割。

2011年9月，王某年无意中得知，王某国在未得到其与老伴儿同意的情况下，擅自变更了502号房产的所有权人。王某年认为502号房产由其实际出资，但其并没有将该房产赠予王某国的意思，只是借王某国名义购买，因此王某国擅自加名的行为应属无效。故于2011年11月向北京市东城区人民法院起诉王某国与赵某玲，请求法院判令二被告变更502号房产所有权的行为无效，并依据其与王某国之间的约定，确认该房产所有权归王某年及其老伴儿所有。

法院经审理认为，购买该房产时，王某国还在读书，不具有经济能力，王某年是购买该房产的实际出资人。但王某年的行为是将502号房产赠予王某国，因此王某国有权将该房产的所有权性质变更为夫妻双方按份共有，此时赵某玲也是该房产的权利人之一。现赵某玲不同意王某年的请求，故王某年以王某国和赵某玲在未经其允许的情况下将该房屋的所有权变更为两人按份共有，要求确认502号房产归自己所有，依据不足，最终判决驳回王某年的诉讼请求。

王某年不服，提起上诉，二审法院依法维持原判。

由此可见，哪怕是父母与子女之间的代持，也是有可能出现一些意想不到的风险。

不得不承认的是，当前代持尤其是股权代持行为屡见不鲜，但风险却不容忽视，无论是隐名股东还是名义股东，风险或来源于内部因素如未签代持协议、协议约定不明等，或来源于外部如违反法律强制性规定、代持资产被强制执行等。为更好地规避代持中的风险，理财师可以建议客户从以下方面着手：

第一，签署完善的代持协议，代持协议是认定实际出资人与名义持有人间关系的重要依据，只有明确了双方间的代持关系，实际出资人的权利才能得以确认。

第二，就代持的资产设立担保物权。在办理代持的同时，可以将代持的资产向实际出资人办理质押担保。这样就确保了代持人无法擅自将资产再向第三方提供担保或者出卖转让。

第三，为了防止代持人在实际出资人不知情的情况下擅自行使股东权利，如果条件许可代持协议应当告知公司的其他股东或者由其他股东在协议上书面认可。

第四，实际出资人保留所有针对公司投资的书面记录，并且投资的资金经过本人的账户中转。

第五，有关出资的转账凭证或交款收据等要完整无歧义，可要求名义持股人出具书面文件，确认实际出资人已出资金额和时间。

第六，最为关键的是，一旦发现自己的权利被侵害时，应尽快采取法律措施。

综上所述，股权代持行为已成为当下多发的模式，在不可避免的情况下建立股权代持关系时，实际出资人与名义股东之间应当将二者之间的法律关系性质、权利义务关系在不违反法律法规的情况下尽可能约定明确，避免不必要的纠纷产生。

四、血亲与姻亲

血亲和姻亲都是亲属，尤其是在全家和睦时，难分厚薄，不分亲疏，但仅从财产继承角度来说，如果不能提前做一些规划和安排，恐怕就要分厚薄、分亲疏了。

按照我国《民法典》的相关规定，夫妻一方身故的，首先基于夫妻共同财产，有一半是夫妻另一方的，剩下的一半，在其第一顺位继承人之间进行平均分配，第一顺位继承人为父母、配偶和子女。举例来说：

张三今年55岁，配偶李四54岁，双方父母都还健在，育有一子，未结婚。今年初一家三口开车外出遭遇车祸，张三和其子当场身故，李四在医院抢救三天后，亦撒手人寰，留下1000万元的家庭净资产，但没有任何身后事安排，张三家的财产该如何继承呢？

由于张三和李四都没有遗嘱等个人意愿的规划安排，只能按照《民法典》来继承，先来看法律的规定：

> 《民法典》第一千一百二十七条　遗产按照下列顺序继承：
>
> （一）第一顺序：配偶、子女、父母；
>
> （二）第二顺序：兄弟姐妹、祖父母、外祖父母。
>
> 第一千一百二十一条　继承从被继承人死亡时开始。
>
> 相互有继承关系的数人在同一事件中死亡，难以确定死亡时间的，推定没有其他继承人的人先死亡。
>
> 都有其他继承人，辈分不同的，推定长辈先死亡；辈分相同的，推定同时死亡，相互不发生继承。

按照上述规定，张三身故时，留下的1000万元家庭财产有一半也即500万元属于张三配偶李四的个人财产，剩下的500万元才是张三的遗产，在张三父母、张三配偶以及张三李四之子四人中平均分配，也即每人125万元。

其子身故时，只有李四一个继承人，也即从张三那继承来的125万元遗产，都由李四一人继承。

三天后李四身故了，此时李四的第一顺位继承人只剩下其父母，也即李四留下的750（500+125+125）万元的遗产，都由其父母继承。

张三身故后，其遗产总额为1000/2=500万元：

姓名	继承顺位	继承份额	获得资产
李四	第一顺位	25%	125万元
儿子	第一顺位	25%	125万元
张父	第一顺位	25%	125万元
张母	第一顺位	25%	125万元

儿子身故后，其遗产总额为125万元：

姓名	继承顺位	继承份额	获得资产
李四	第一顺位	100%	125万元

李四身故后，其遗产总额为1000/2+125+125=750万元：

姓名	继承顺位	继承份额	获得资产
李父	第一顺位	50%	375万元
李母	第一顺位	50%	375万元

由上述案例可以看出，张三家庭留下的1000万元遗产，只有25%归属于自己的血亲——父母，其余75%归属于自己的姻亲——配偶父母。由于张三和李四的父母都年事已高，最终继承他们财产的人，很可能就是张三和李四的兄弟姐妹了。而张三的兄弟姐妹与自己是血亲，李四的兄弟姐妹与自己只是姻亲。所以说，如果按照《民法典》来继承财产，姻亲与血亲之间，就会分薄厚、分亲疏了。

五、不同国籍的问题

拥有不同国籍的身份，在带来一些便利的同时，也给财富传承带来了一些挑战，除了需要面临跨境的麻烦和不便之外，还要面临不同国家和地区千差万别的税务及法律环境，尤其是在CRS（共同申报准则Common Reporting Standard，简称CRS）逐步实施并有越来越多的国家和地区参与进来的当下，财富传承更是变得异常的复杂，倘若不能提前安排好，轻则传承成本高，传承手续非常麻烦，重则无法传承甚至是失去财产。

以房产为例，在我们国家，土地是国家或者集体的，我们只有土地的使用权，但谈到对于土地上面的建筑物，比如住宅，可能很多人就会有误区了。

我曾经在不同的课堂上问过很多学员这样一个问题，我先提示大家这是一个挖坑式的提问，再提问：在我们国家，住宅的所有权期限是多久？想必很多读到此处的朋友脑海中闪过的答案都会是70年，哪怕是将这个问题抛给百度，搜索出来的答案绝大部分都是在讨论土地的使用期限。

我在课堂上提出这个问题时，大部分学员几乎异口同声回答的也是这个答案，然后我会再请大家思考一下，并再次提醒大家这是一个挖坑式的提问，此时有人就开始说了，也有可能是50年或者40年，当我说都不对的时候，有个别学员开始试探性地回答是永久的。没错，我国住宅所有权的期限是永久的，那些说是70年也好，40年50年也罢，谈的都是土地的使用权，但我问的是住宅的所有权。

为什么说住宅的所有权期限是永久的呢？我们可以从《民法典》中的相关规定得出结论。

> 《民法典》第三百五十九条　住宅建设用地使用权期限届满的，自动续期。续期费用的缴纳或者减免，依照法律、行政法规的规定办理。
>
> 非住宅建设用地使用权期限届满后的续期，依照法律规定办理。该土地上的房屋以及其他不动产的归属，有约定的，按照约定；没有约定或者约定不明确的，依照法律、行政法规的规定办理。

《民法典》规定了住宅用地使用权到期自动续期，如果房屋所有权是有期限的，一来这无异于是损害了个人的财产权利，二来《民法典》上述的规定就没有意义了。所以说，在我国，住宅的所有权期限是永久的。

随着经济的发展，财富的累积，我国很多高净值人士都有在境外买房置业，尤其是在普通法法系的国家或者地区，比如美国、加拿大、新西兰等国，而这些国家的住宅以及住宅下面的土地，其所有权都是永久的，这是一般性的规定。但有个例外，有可能导致在普通法法系下购买的房屋，其所有权期限变相的是有限的，而这个例外称为逆权侵占。

所谓逆权侵占，指土地或者房屋的非业主不经原业主同意，持续占用对方土地或者房屋超过一定的法定时限后，原业主的起诉时限即终止，该占用者可以成为该土地或者房屋的合法新业主。

在我国的香港地区，就发生了很多起逆权侵占的案例。例如，女租户逆权侵占物业案。该案例发生在2010年，九龙土瓜湾马头角道一房屋的业主从1973年起，以每个月600港元的价格将该房屋出租给女租客。业主按月上门收租11年（1984年）之后便再也没出现过，接下来的25年对该房屋“不闻不问”。女租户在联系业主无果之后，入禀高级法院要求获颁令成为该房屋业主。该房屋面积大概650平方英尺（约60平方米），被告也就是业主于1959年底以近2万港元购入，法院受理时估值约为200万港元！到现在，也没人知道原业主到底去了哪里，甚至原告跑去找其死亡证明都无果，变成了一个未解之谜。最终，法院判决女租客成为该房屋新的业主。

这样的案例不在少数，2011年梁姓男子与其妻子在1963年至1964年占用元朗练板村的一块地，法院甚至查看了从高空拍摄的图片及文件，显示该夫妇至少在此地居住了20年，故裁定梁氏夫妇胜诉。

当然要想通过逆权侵占的方式获得所有权，条件还是非常严格的，并非单纯的占用就可以，至少需要满足三个条件：

第一，要从法律上证明你通过各种方式联系原来的业主，但始终无法联系上，比如电话打通的记录、发送信函的记录、登报寻找的记录等。这么做的目的，主要是为了证明并非恶意、欺瞒地占有，而是在找不到原业主的前提下，不得不占有，是一种善意的行为。

第二，连续居住满一定的年限，我国香港地区是以12年为限，其他国家和地区也有12年的，也有5年的，但都需要满足一定的时限，并且在该时限内还需要表明新业主在努力寻找原业主。

第三，在此期间善意地管理房屋，比如修缮房屋、按时缴纳水电费用、房产税等。

满足上述三个条件后，尤其是满足连续的居住时间后，如果原业主依然没有出现，则可以拿着上述的证明材料，向法院申请变更房屋或者土地的所有权人。

因此，如果我国的高净值客户在内地购买的房屋，完全不用担心所有权会丢失的问题，但若是在普通法法系的国家或者地区购买了房屋或者土地，则一定要时常对该房屋或者土地进行管理，避免其他人通过逆权侵占的方式，拿走本属于你的财产。

当然，逆权侵占并不是鼓励大家去恶意占有别人的房屋或者土地，而是惩罚那些冒失的业主任由他们房屋或土地被第三者占用，不去收租甚至不闻不问，也是为了让社会资源不至于长期的闲置。

六、身后控制

作为财富的创造者，高净值人士普遍比较关注财富的控制，生前的控制自然不用多说，身后的控制亦是他们比较关注的。

一来辛苦创造的财富，如何能够富过“三代”，让更多的子孙能够得到照顾，既要让他们没有后顾之忧，也要让他们养成良好品德；二来巨额的财富留给后代，既要避免至亲之人为继承而反目成仇，也要避免别有用心之人的觊觎之心。

因此，作为财富创造者，始终保留对于财富的控制至关重要，当然，我们所谈的财富控制，并非让财富简单地控制在创富者手里，而是要通过一定的架构设计，让财富更合理地为家族成员使用，至少要避免家族后代因为财富而引起的一些负面问题，如挥霍、不思进取甚至是家族内斗。

除了对于辛苦创造的财富有所控制之外，其实对于子孙后代的教育与成长，亦施加以正向约束与激励，也是很多高净值客户的潜在需求，尤其是在其身故后，家族后代能够贯彻其生前的各项激励措施，尤其是对于家族文化的构建与传承。

七、隔代传承的问题

中国的老人素有“隔代亲”的传统，再加上有部分“富二代”的名声并不是那么好，导致有些“创一代”想要把自己辛苦创下的财富留给孙子辈的人，希冀他们能够将家族的财富尤其是家族企业继续经营并发展壮大。

然而，如果不能提前作好规划安排，这个愿望就容易落空，因为按照我国的《民法典》，孙子辈的人没有直接的继承权，只有一个代位继承权。

> 《民法典》
>
> 第一千一百二十七条　遗产按照下列顺序继承：
>
> （一）第一顺序：配偶、子女、父母；
>
> （二）第二顺序：兄弟姐妹、祖父母、外祖父母。
>
> 继承开始后，由第一顺序继承人继承，第二顺序继承人不继承；

没有第一顺序继承人继承的，由第二顺序继承人继承。

本编所称子女，包括婚生子女、非婚生子女、养子女和有扶养关系的继子女。

本编所称父母，包括生父母、养父母和有扶养关系的继父母。

本编所称兄弟姐妹，包括同父母的兄弟姐妹、同父异母或者同母异父的兄弟姐妹、养兄弟姐妹、有扶养关系的继兄弟姐妹。

第一千一百二十八条　被继承人的子女先于被继承人死亡的，由被继承人的子女的直系晚辈血亲代位继承。

被继承人的兄弟姐妹先于被继承人死亡的，由被继承人的兄弟姐妹的子女代位继承。

代位继承人一般只能继承被代位继承人有权继承的遗产份额。

而代位继承权，是在自己的子女身故的情况下，孙子女才能依照规定代位继承。天底下应该还没有哪位父母会为了让孙子女继承自己的财产而希望子女提前身故的，因此隔代传承在自然继承的范围内难以实现。

另外，可以通过遗赠的方式将财产给到孙子辈的人。但是遗赠有着不可忽视的局限。

第一，受遗赠人应当在知道受遗赠后两个月内，作出接受或者放弃受遗赠的表示，到期没有表示的，视为放弃受遗赠。而继承人则不同，继承开始后，继承人放弃继承的，应当在遗产处理前，作出放弃继承的表示，没有表示的，视为接受继承。所以受遗赠人到期确认很关键，存在着被放弃的可能。

第二，如果受遗赠人尚未成年，其受遗赠的财产，依然处于其法定监护人的实际控制之下，能否真正实现财富拥有者的意愿，不得而知。

八、遗产税

遗产税，不是个新事物。全球共有100多个国家和地区开征了遗产税，我国民国时期也有开征遗产税的历史，新中国成立以后，遗产税也一直是拟征税种之一，只是基于特殊的历史环境和居民财富的具体情况，一直没有开征。但改革开放已经40多年了，我国居民的财富规模、财富形态、财富分布，都已经发生了翻天覆地的变化，开征遗产税已经是迫在眉睫的事情。

但是至少在2025年之前，中国不太可能会开始征收遗产税。原因很简单，在我们的税务机关还没有从技术上掌握我国税务居民的财产状况之前，尤其是境外的财产状况之前，遗产税是不可能开征的。

而2025年以后，这些状况将得到很大的改观，因为我国税务机关对我国税务居民的财产掌握进度和力度，都在以比想象中更快的速度在推进。

对内，我国正在修订《税收征管法》，并已经着手建立个人收入和财产信息系统；对外，我国已经加入了CRS（Common Reporting Standard，共同申报准则），并与美国签订了在FACTA（Foreign Account Tax Compiance Act，《外国账户税收遵从法案》）背景下的合作备忘录，极有可能会有下一步更深入的合作。当这些工作都完成以后，我国税务居民在全球范围内的财产状况及收支明细，就尽在税务机关的掌握之下，清晰明了。

当然，征收遗产税，还需要一个重要的步骤——税收法定——制定关于遗产税的相关法律法规。虽然在最近的一两年内，国务院还没有制定与此相关法律的计划，但我们有理由相信，这个时间不会等得太久，也许5年，也许10年，但可以肯定的是，当前大部分高净值人士，应该都能见证到我国遗产税的开征。

2023年7月，在第十七届中国经济增长与周期高峰论坛上，国务院发展研究中心社会和文化发展研究部部长李建伟表示，规范财富积累机制，多渠道增加居民财产性收入。尽快研究出台遗赠税，弱化财富两极分化走势及其代际遗传对居民财产性收入差距的负面影响。这对缩小财富差距和财产性收入差距有比较大的作用。

此外，华夏新供给经济学研究院创始院长贾康在接受时代周报记者采访时也表示，遗赠税作为政策工具之一，对于避免贫富差距扩大、增加政府和社会公益事业的财力有一定的意义。

当然，按照法律的规定纳税是每个公民应尽的义务，但同样地，在法律的范围之内，利用一些合法有效的工具进行恰当的税务筹划，也是每个公民应该享有的权利。一方面，如何在法律范围之内让自己辛苦积累的财富尽量少交甚至不交遗产税；另一方面，如何为子孙后代提前准备足够的应税现金，尤其是在个人名下拥有巨额财富时，应该是每个公民需要提前思考并且进行筹划和安排的。

第三节｜债务风险

所谓债务风险，一般来说是指债务人到期无力偿还部分或者全部债务所造成的风险，包括对于债权人的风险、债务人的风险以及第三人的风险。在本书中，债务风险特指因债务人无法履行到期债务，而给其自身带来的特定风险，包括但不限于对债务人及其家庭未来生活的影响、对于债务人及其家庭成员人身的风险、对于债务人所经营企业发展的风险等。

私人财富管理的核心目的之一，就是在法律允许的范围内，帮助企业主客户提前筹划未来可能出现的债务风险，避免当下的经营成果被未来的债务风险所连累，往小了说是为了保护企业主及其家庭未来的生活不受影响，往中了说是为了给企业主备份一个东山再起的机会，往大了说是为了避免社会经济因企业经营的起伏而出现的剧烈波动，守护一方百姓的幸福。

当然，必须要重点强调，任何形式的恶意逃避债务都是不被允许的，我们既要保护债务人的合法权益，也不应故意损害债权人的合法权益，因此对于已有的债务问题，从私人财富管理的角度来说，能做的并不是很多，我们更多地是为了规避未来的债务对于当下财富的影响，仅此而已。

一、企业主债务风险的形成因素

为了更好地服务企业主客户，我们也有必要了解债务的形成因素，大体来说，主要有以下五个方面：

一是合同因素。合同是平等主体的自然人、法人、非法人组织之间设立、变更、终止民事权利义务关系的协议。合同是最常见的、最主要的债务发生的依据。例如，因买卖合同形成的债务，因借贷合同形成的债务等。

二是侵权行为。侵权行为是指不法侵害他人合法权益的行为。侵权之债是合同之债之外的另一种较为常见的债。例如，张三开车将李四撞上，那么对于张三应该向李四承担的相关赔偿，就是基于侵权行为产生的债。

三是不当得利。不当得利是指没有合法根据而获得利益并使他人利益遭受损失的事实，不当得利虽属既成事实但不能受到法律的保护，应返还不当利益给受损失的人。这种权利义务关系就是不当得利之债。其中，取得不当利益的人为得利人，是不当得利之债的债务人，负有返还不当得利的债务；财产受损失的人为受损失的人，是不当得利之债的债权人，享有请求受益人返还不当利益的债权。不当得利是一种法律事实，是债的发生根据。不当得利引起的债完全是基于法律的规定，而不是基于当事人的意思，因此，它不属于民事法律行为。

举例来说，张三因与李四之间的生意往来，时常往李四的账户进行汇款，某日不小心将本应该汇给李四的资金1万元误汇入与其没有任何交集的王五的账户，张三旋即向王五表示汇错了，要求王五返还，但王五拒不返还，那么张三即可向法院以不当得利之名起诉王五，要求王五返还误汇的1万元，此时，王五就基于不当得利的原因承担向张三返还1万元的债务。

四是无因管理。无因管理是指没有法定的或约定的义务，为防止他人利益受损而对他人的事务进行管理和服务的行为。所谓的无因管理之债，是根据法律规定，因发生无因管理事实而在管理人与本人之间形成的债的关系。其中，管理人负有将管理事实和情况告知本人，并将管理事务所得利益交付本人的债务，而本人则负有偿付管理人支出的必要管理费用、赔偿管理人损失的债务。无因管理之债属于法定之债，其构成不以当事人意思表示为要件，其内容须由法律具体规定。

举例来说，张三在公园里散步，看到一只走失的波斯猫，张三看小猫很可怜，就带回家照顾了几天。张三的这个行为就是无因管理。因为猫主人没有委托张三照顾小猫，张三也不是动物监管部门，没有法定的义务来照顾猫。此时，张三就是管理人，猫的主人就是被管理人，也就是本人。过了半个月，猫的主人找到了张三，此时张三有权要求他支付小猫在张三家的相关费用，比如猫的粮食钱、洗澡钱等。这部分费用就是“无因管理”之债。

五是缔约过失。缔约过失是指当事人一方在缔结合同过程中具有过失，从而致使合同不成立、无效或被撤销，有过失的一方当事人应当赔偿对方因信赖该合同能够成立或生效而所遭受的损失。

举例来说，张三有辆二手车想要卖出去，李四知道后计划以10万元的价格购买，约定第二天签合同过户，此时王五得知李四想要购车，就和张三说自己愿意以11万元的价格购买此车，但需要过一周才能签合同付款，由于未与李四签署合同，于是张三就口头同意将车卖给王五，并通知李四，但一周后王五却以各种理由不再购买此车，由此王五既就要承担缔约过失责任，需要向张三承担赔偿责任。

以上五种情形几乎涵盖了产生债权债务关系的绝大部分原因，而实务中基于合同因素和侵权因素导致的债权债务为主要的形式。

二、案例解析

中国大部分的民营企业主（包括股东身份），他们在全身心投入企业的经营管理时，往往忽略一个重要问题，那就是家庭财富与企业经营之间需要设立一道防火墙，否则，很有可能会导致企业牵连家庭，最后连最基本的家庭财富都失去保障。

比如，曾经的他，是台北喜来登酒店的门童，从底层的服务生到年营销额超过50亿元的老板，再到坐拥40亿元的“高富帅”，他用了17年的时光；随后的8年，从迎娶日本“白富美”到投资失利而破产，再到路边摆摊的小老头，以至最后，娇妻离去，胞弟跳楼，自己也因疾病而撒手人寰……从天堂到地狱，8年间他经历了人生的大起大落。他是台湾天禧旅行社创始人，他叫郭某利。

再比如，曾经的他，靠着6条神奇的土狗，成为身家数千万的富翁，在万元户尚且凤毛麟角的20世纪90年代，他是传奇；后来养鸡却遭遇禽流感，从云端跌落的他，负债千万。如今依靠母亲的炸香肠手艺，年入数百万，3年间还了上千万的债务，算得上是二次创业成功的典范。但由于事业的起伏，导致3个女儿的教育受到严重影响，面对采访的镜头，他留下的是无尽的遗憾和悔恨。他是长沙“非肠不可”创始人，他叫付某政。

他们放下身段从头开始的创业精神固然可嘉，他们能屈能伸淡泊名利的人生态度也值得鼓掌，亦有不少媒体为他们的经历而大唱赞歌。但我们更应思考，为何他们曾经如此辉煌，却又落魄至此？

商海的沉浮我们无法预知，但家庭的生活该如何保障？当我们老了、父母老了、孩子们老了，缺乏甚至丧失创造财富的能力时，如何让长时间的退休养老生活依然能够得到保障？

如果说生活的标准可以降低，退休的年龄可以延后，可是子女的教育却经不起波折，教育对于孩子的重要性已无须多言，如何保障子女的教育尤其是高品质的教育不受家庭经济变化的影响？

所有的这些，都需要我们用极富前瞻性的眼光未雨绸缪，在事业顺利或者风险来临之前，先行作好必要的家庭综合财富规划安排。尤其对于企业主来说，如何在企业的风险与家庭的财富之间，构筑起一道经得起时间和实践检验的“防火墙”，如何让前半生辛苦创造的财富真正为后半生的幸福生活提供充分的保障，如何避免未来企业的债务或者企业主个人的债务，对于当前家庭财富的影响，是很多家庭需要慎重考虑的问题。

三、企业主债务连带的情形

然而，现实中的情况却是，有太多的企业主，在企业经营的过程中，或主动、或被动地面临着一些风险，其中常见的风险主要有：

风险一：个人账户收取企业往来经营款，导致刑事、民事双重法律责任。

张老板拥有一幢商铺大楼，主要从事服装销售店铺出租管理生意，大约有200个经营小商铺租赁出去，他每月都有稳定的租金收入现金流。为了少开发票不交税，他便用女儿的名义在银行开立账户，并通知部分不要发票的商户将租金直接支付到女儿的银行账户中，几年累积下来，女儿的账户共收租金过千万元。

但张老板没想到，后来女儿女婿闹离婚起诉到了法院，女婿向法官说妻子名下还有千万存款，那是夫妻共同财产，坚决要求分割，而女儿告诉法官那是父亲公司的钱，不是自己的收入。

如此一来，父亲借用女儿账户收取企业往来经营款的行为被曝光在司法机关面前，如果法院发出司法建议书，或是女婿一气之下到税务机关举报，那么张老板将面临偷逃税的刑事责任，同时企业也面临债务偿还将由股东个人家庭承担连带责任的严重后果。

风险二：企业融资由股东个人或家庭承担无限连带担保责任，引发家财赔光后果。

民营企业在发展过程中，往往需要寻找资金支持，向银行或小微贷款公司借款是极为常见的，许多企业家在签订抵押借款合同时，可能都会面临借款方提出的要求：不仅企业大股东签字承担连带担保责任，还要求大股东配偶到场一并签字。这是一种比较严厉的附加条件。而且我们发现，有的企业的大股东这样做了，可是小股东却拒绝承担这样的风险。

如果企业在融资过程中，股东及配偶轻易地就在借款合同中承诺将来对企业债务承担无限连带责任，那么将来如果企业还款还不上，债权人也就是出借人是有权起诉到法院，直接冻结股东家庭中的所有财产的。如果企业家在借款时被迫承担连带责任，在借款前一定要提前采取一些防护手段，以应对不利情形的发生。

风险三：家庭财富无条件地为企业“输血”，导致企业一旦出现风险，则家财尽失。

企业主对企业爱惜如子，一旦企业缺钱，则会毫不犹豫地将家庭财产奉献给企业，为企业增资输血。我们且不管家庭财产以什么形式入到企业财务账户中，但以目前看到的案例来说也是令人叹息。

一位企业主与几个股东商量后，计划将企业扩大生产规模，因资金不够，他与妻子商议将家庭存款2000万元全部输送给了企业，但企业在扩大生产规模后却遇到外贸订单急速减少的市场变化，企业不得不将部分厂房车间关闭，恶性循环的结果是导致企业将部分资产转卖还债，但优先偿还的是银行借款和员工工资，最后家庭输送出去的2000万元当然也要不回来了。

企业不得已清算终止时，已经投入进去的家庭财产悉数败光。这对企业主的家庭来说，不异于重大打击。因此，建议企业主平常需要给家庭预留“一块自留地”，以确保企业不幸遇到意外困难时，家庭成员的生活还能有基本保障。

风险四：股东借款代替企业分红。

众所周知，企业赚的钱是属于企业的资产，并不属于企业主的资产，而企业主要想将赚取的企业利润拿到自己手里，一般来说都是通过分红的形式实现，但分红涉及比较重的税负，因此有很多企业主就通过向企业借款的形式来实际占有和使用企业的利润。

但这种方法依然会面临以下两个问题：

一是按照税务总局的相关规定，企业主向企业借款，超过一个纳税年度的未归还，也未用于企业的生产经营的，视同于为企业主的分红，需要缴纳企业所得税和个人所得税。

二是当企业发生债务的时候，企业主对企业的借款就成为企业主对企业的负债，尤其是当企业主频繁向企业借款的时候，就极有可能会造成企业法人人格的不独立，继而无形之中就将原本属于企业的有限责任，变成了家庭无限承担了，虽然从表面上来说省了一点税，但因此而背负着债务连带的巨大风险，似有得不偿失之嫌。

当然，家业、企业不分还有很多种表现，比如用企业资金购买家庭财产（尤其是不动产）、家族成员之间不同公司发生关联交易、企业虚假出资或抽逃注册资本，等等。一旦企业主忽略风险，未来可能会发生刑事责任、民事责任、行政处罚三重后果。

第四节｜法律风险

美国通用公司前总裁杰克·韦尔奇曾说过：法律风险是企业21世纪最大的风险，一般非商业的风险最终都将以法律风险的方式爆发出来。由此可见，重视并提前筹划和规避法律风险，是包括企业主在内的所有高净值客户未来的必修课，也是金融理财师需要重点掌握的专业技能之一。

法律风险是指在特定的法律环境下，当人们的作为或不作为与法律的要求或合同的约定相偏离时，行为主体就存在因违反法律规定或合同约定而承担不利后果的可能性，或由于未能充分利用法律所赋予的权利而承担不利后果的可能性，这些可能性就是法律风险。

法律风险的概念很宽泛，甚至可以说只要是法律有规定的地方，就会产生法律风险，比如前文所阐述的婚姻风险、传承风险和债务风险，某种程度上来说，也可以称为法律风险。为了统一概念，也为了读者理解，本书所阐述的法律风险，更多地是站在高净值客户尤其是企业主的角度，其所面临的诸多法律问题，并由此可能给高净值客户及其家庭所带来的诸多涉及财富、人生等方方面面的影响。

大体来说，高净值客户尤其是企业主客户，所面临的法律风险，主要可以分为三个类型：刑事法律风险、民事法律风险、行政法律风险。

一、刑事法律风险

刑事法律风险是指企业或企业家与刑法相关的可能违法行为造成的法律风险。一旦企业或企业家涉及刑事违法行为，将面临严重的刑事责任，包括巨额罚款、企业关闭甚至是牢狱之灾等后果。

可以说，刑事法律风险是悬在企业和企业家头上的一把“达摩克利斯之剑”，企业和企业家稍有不慎，就会面临巨大伤害甚至灾难。

企业面临的刑事法律风险归纳起来，大致可以分为四类：企业生产经营中的刑事法律风险、企业管理中的刑事法律风险、企业交往中的刑事法律风险和企业融资中的刑事法律风险。

而这四类刑事法律风险，依据《刑法》中的具体规定，大致有170多种，常见的有：非法吸收公众存款罪；职务侵占罪；拒不支付劳动报酬罪；虚开增值税专用发票罪、虚开发票罪；合同诈骗罪；集资诈骗罪；行贿罪；污染环境罪；非法经营罪；组织领导传销活动罪；侵犯知识产权罪；虚报注册资本罪、虚假出资、抽逃出资罪；强迫职工劳动罪、雇佣童工从事危重劳动罪；欺诈发行股票、债券罪；违规披露、不披露重要信息罪；内幕交易、泄露内幕信息罪；高利转贷罪；骗取贷款、票据承兑、金融票证罪；贷款诈骗罪；抗税罪；骗取出口退税罪；假冒专利罪；非国家人员受贿罪等。

1.企业生产经营中的刑事法律风险

比如企业在生产经营过程中，以不合格产品冒充合格产品，或者在没有经营许可的情况下，生产经营不被允许的产品或者服务，构成生产经营伪劣产品罪或者非法经营罪。

根据《最高人民检察院公安部关于公安机关管辖的刑事案件立案追诉标准的规定（一）》第十六条的规定："生产者、销售者在产品中掺杂、掺假，以假充真，以次充好或者以不合格产品冒充合格产品，涉嫌下列情形之一的，应予立案追诉：

（1）伪劣产品销售金额五万元以上的；

（2）伪劣产品尚未销售，货值金额十五万元以上的；

（3）伪劣产品销售金额不满五万元，但将已销售金额乘以三倍后，与尚未销售的伪劣产品货值金额合计十五万元以上的。"

本条规定的"在产品中掺杂、掺假"是指在产品中掺入杂质或者异物，致使产品质量不符合国家法律、法规或者产品明示质量标准规定的质量要求，降低、失去应有使用性能的行为；"以假充真"是指以不具有某种使用性能的产品冒充具有该种使用性能的产品的行为；"以次充好"是指以低等级、低档次产品冒充高等级、高档次产品，或者以残次、废旧零配件组合、拼装后冒充正品或者新产品的行为；"不合格产品"是指不符合《产品质量法》第二十六条第二款规定的质量要求的产品。

对本条规定的上述行为难以确定的，应当委托法律、行政法规规定的产品质量检验机构进行鉴定。本条规定的"销售金额"是指生产者、销售者出售伪劣产品后所得和应得的全部违法收入；"货值金额"是以违法生产、销售的伪劣产品的标价计算，没有标价的，按照同类合格产品的市场中间价格计算。货值金额难以确定的，按照《扣押、追缴、没收物品估价管理办法》的规定，委托估价机构进行确定。

按照《刑法》的相关规定，生产销售假冒伪劣产品的行为，最高可以判处无期徒刑，并可以处销售金额50%以上2倍以下罚金或者没收财产。

2. 企业管理中的刑事法律风险

而在企业管理中的刑事风险，典型代表就是虚开发票罪。虚开发票的立案标准可以说是非常低了，依据《最高人民检察院公安部关于公安机关管辖的刑事案件立案追诉标准的规定（二）》的规定：

第一，虚开增值税专用发票、用于骗取出口退税、抵扣税款发票案。虚开增值税专用发票或者虚开用于骗取出口退税、抵扣税款的其他发票，虚开的税款数额在1万元以上或者致使国家税款被骗数额在5000元以上的，应予立案追诉。

第二，伪造、出售伪造的增值税专用发票案。伪造或者出售伪造的增值税专用发票25份以上或者票面额累计在10万元以上的，应予立案追诉。

第三，非法出售增值税专用发票案。非法出售增值税专用发票25份以上或者票面额累计在10万元以上的，应予立案追诉。

第四，非法购买增值税专用发票、购买伪造的增值税专用发票案。非法购买增值税专用发票或者购买伪造的增值税专用发票25份以上或者票面额累计在10万元以上的，应予立案追诉。

第五，非法制造、出售非法制造的用于骗取出口退税、抵扣税款发票案。伪造、擅自制造或者出售伪造、擅自制造的可以用于骗取出口退税、抵扣税款的非增值税专用发票50份以上或者票面额累计在20万元以上的，应予立案追诉。

第六，非法制造、出售非法制造的发票案。伪造、擅自制造或者出售伪造、擅自制造的不具有骗取出口退税、抵扣税款功能的普通发票100份以上或者票面额累计在40万元以上的，应予立案追诉。

第七，非法出售用于骗取出口退税、抵扣税款发票案。非法出售可以用于骗取出口退税、抵扣税款的非增值税专用发票50份以上或者票面额累计在20万元以上的，应予立案追诉。

第八，非法出售发票案。非法出售普通发票100份以上或者票面额累计在40万元以上的，应予立案追诉。

需要特别注意的是，按照《刑法》的规定，涉及虚开发票的各项犯罪的，最高的刑罚为无期徒刑，并可处5万元以上50万元以下的罚金或者没收财产。

3.企业交往中的刑事法律风险

企业交往中的刑事法律风险，典型代表就是对国家工作人员行贿罪、非国家工作人员受贿罪和对非国家工作人员行贿罪。对国家工作人员行贿罪和对非国家工作人员行贿罪的犯罪主体既可以是个人，也可以是单位，单位实施的行贿，称为单位行贿罪。

单位行贿罪在客观方面表现为公司、企业、事业单位、机关、团体，为了谋取不正当利益，给予国家工作人员或者非国家工作人员，以财物，数额较大的，或者违反国家规定，给予上述人员以“回扣”“手续费”，情节严重的行为。

依据《最高人民检察院公安部关于公安机关管辖的刑事案件立案追诉标准的规定（二）》的规定，为谋取不正当利益，给予公司、企业或者其他单位的工作人员以财物，个人行贿数额在1万元以上的，单位行贿数额在20万元以上的，应予立案追诉。

按照《刑法》的相关规定，单位犯行贿罪的，对单位判处罚金，并对其直接负责的主管人员和其他直接责任人员，处3年以下有期徒刑或者拘役，并处罚金。但若是个人犯行贿罪的，最高可以处无期徒刑，并处罚金或者没收财产。

4.企业融资中的刑事法律风险

企业在融资过程中的刑事法律风险的典型表现就是非法吸收公众存款罪和集资诈骗罪。

依据《最高人民检察院公安部关于公安机关管辖的刑事案件立案追诉标准的规定（二）》第二十八条的规定：“非法吸收公众存款或者变相吸收公众存款，扰乱金融秩序，涉嫌下列情形之一的，应予立案追诉：

（一）个人非法吸收或者变相吸收公众存款数额在二十万元以上的，单位非法吸收或者变相吸收公众存款数额在一百万元以上的；

（二）个人非法吸收或者变相吸收公众存款三十户以上的，单位非法吸收或者变相吸收公众存款一百五十户以上的；

（三）个人非法吸收或者变相吸收公众存款给存款人造成直接经济损失数额在十万元以上的，单位非法吸收或者变相吸收公众存款给存款人造成直接经济损失数额在五十万元以上的；

（四）造成恶劣社会影响的；

（五）其他扰乱金融秩序情节严重的情形。”

依据《最高人民检察院公安部关于公安机关管辖的刑事案件立案追诉标准的规定（二）》第四十九条规定：“以非法占有为目的，使用诈骗方法非法集资，涉嫌下列情形之一的，应予立案追诉：

（一）个人集资诈骗，数额在十万元以上的；

（二）单位集资诈骗，数额在五十万元以上的。”

按照《刑法》的相关规定，非法吸收公众存款罪的最高刑为10年以上有期徒刑，并可处罚金，集资诈骗罪的最高刑为无期徒刑，并可以处罚金或者没收财产。

由此可见，企业主的刑事法律风险不容忽视，建立企业家法律风险防范机制，是对自己和家人的责任，也是对企业和社会的责任。

二、民事法律风险

民事法律风险是企业家们经常要面对的问题，其特点是风险的私法性。民事法律风险主要分为违约责任和侵权责任。因违反合同义务或者其他特定义务而承担的责任为违约责任，因违反法律规定的不得侵犯他人人身和财产的一般性义务而承担的责任为侵权责任。

民事法律风险是比刑事法律风险更容易发生的法律风险类型，它几乎涉及人民生活的方方面面，对于企业和企业主来说，民事法律风险贯穿企业生命周期的始终，从企业尚未正式成立的设立阶段到破产清算阶段，几乎都能看到民事方法风险的身影。

比如在公司发起设立阶段，发起人一般都需要先租赁办公场所，由此与房东签订的房屋租赁合同就可能存在相关的民事法律风险；有些出资人或者股东基于各方面的考虑，需要找人代持出资或者股份，即所谓的隐名股东和显名股东，也有可能对彼此造成一定的民事法律风险。

在企业经营过程中的民事法律风险就更为多样了，包括对外交往中所签署的各类合同所涉及的民事法律风险，用工过程中的相关民事法律风险，公司经营中的名誉、知识产权等侵害或者被侵害的民事法律风险等。

而在企业破产清算阶段，也有着诸多的民事法律风险。企业申请破产清算后，股东负有清算的义务，公司因故解散的，有限责任公司的股东、股份有限公司的董事和控股股东应在解散事由出现之日起15日内成立清算组开始清算，因未及时履行清算义务导致公司财产贬值、流失、毁损或者灭失，债权人有权主张其在造成损失范围内对公司债务承担赔偿责任；因怠于履行义务，导致公司主要财产、账册、重要文件等灭失，无法进行清算的，债权人有权主张其对公司债务承担连带清偿责任。

同时，清算组应当依法履行清算职责，勤勉、忠实履行职务，如果清算组成员在清算过程中，因不正确履职给公司债权人或公司造成损失的，清算组成员应依法承担法律责任。

并且，有限责任公司的股东、股份有限公司的董事和控股股东，以及公司的实际控制人在公司解散后，恶意处置公司财产给债权人造成损失；或者未经依法清算，以虚假的清算报告骗取公司登记机关办理法人注销登记的，债权人有权要求其对公司债务承担相应赔偿责任。

依据《民法典》中的相关规定，承担民事责任的方式主要有11种，包括停止侵害，排除妨碍，消除危险，返还财产，恢复原状，修理、重做、更换，继续履行，赔偿损失，支付违约金，消除影响、恢复名誉，赔礼道歉。以上这11种承担民事责任的方式，既可以单独适用，也可以合并适用。除此之外，人民法院审理民事案件时，除适用上述规定外，还可以予以训诫、责令具结悔过、收缴进行非法活动的财物和非法所得，并可以依照法律规定处以罚款、拘留。

需要特别注意的是，《民法典》中还规定了无过错责任的承担。

> 《民法典》第一千一百六十六条规定，行为人造成他人民事权益损害，不论行为人有无过错，法律规定应当承担侵权责任的，依照其规定。

所谓无过错责任，也称严格责任，是指行为人造成他人损害的事实客观存在，以及行为人的活动和所管理的人或物的危险性质与所造成损害后果是因果关系，而特别加重其责任，让行为人对损害后果承担法律责任，即由法律直接规定的行为人不论是否过错，直接承担责任的一种方式。

无过错责任原则是指损害的发生既不是加害人的故意也不是受害人的故意和第三人的故意造成的，但法律规定由加害人承担民事责任的一种特殊归责原则；它是一种基于法定特殊侵权行为的归责原则，其目的在于保护受害人合法权益，有效弥补受害人因特殊侵权行为所造成的损失。它与过错责任原则、公平责任原则共同构成现代司法制度中侵权民事责任的三大归责原则。

适用无过错责任原则时，不考虑行为人是否存在过错都推定其有过错，那么就需要承担相应的侵权责任。而在适用该原则时，必须在法律规定的范围内适用，也就是说不能随意扩大或者缩小其适用范围。

依据《民法典》的相关规定，适用无过错原则的情形主要有12种：

（1）无、限制民事行为能力人致人损害的；

（2）用人单位工作人员因执行工作任务致人损害的；

（3）提供劳务一方因劳务致人损害的，由接受劳务一方承担无过错责任；

（4）因产品存在缺陷造成他人损害的，由生产者和销售者承担不真正连带责任；

（5）机动车与行人、机动车与非机动车之间发生交通事故的；

（6）因医疗产品致人损害的；

（7）因环境污染致人损害的；

（8）高度危险责任中，由高度危险品的经营者承担无过错责任；

（9）饲养的动物致人损害的，由动物的饲养人、管理人承担无过错责任；

（10）因质量问题，建筑物倒塌致人损害的；

（11）在道路上倾倒、堆放、遗撒妨碍通行物的行为人承担无过错责任；

（12）其他应当承担无过错责任的情形。

而且，在适用无过错原则时，由被告就免责事由进行举证，实行举证责任倒置，它不同于过错责任中的“谁主张，谁举证”的举证原则。在适用无过错责任时，原告只要举出损害事实及损害事实和被告的行为之间有因果关系即可，再由被告就存在的法定免责事由进行举证，被告不能仅仅证明他已尽到了注意义务或没有一般的过失就可以被免除责任。

不过也要注意适用无过错责任原则时，也存在免责的情况，但此时免责的条件由法律规定。

具体来说，无过错责任免除的情形主要包括不可抗力、正当防卫、紧急避险、自愿实施紧急救助、受害人过错等。

《民法典》第一百八十条　因不可抗力不能履行民事义务的，不承担民事责任。法律另有规定的，依照其规定。

不可抗力是不能预见、不能避免且不能克服的客观情况。

第一百八十一条　因正当防卫造成损害的，不承担民事责任。

正当防卫超过必要的限度，造成不应有的损害的，正当防卫人应当承担适当的民事责任。

第一百八十二条　因紧急避险造成损害的，由引起险情发生的人承担民事责任。

危险由自然原因引起的，紧急避险人不承担民事责任，可以给予适当补偿。

紧急避险采取措施不当或者超过必要的限度，造成不应有的损害的，紧急避险人应当承担适当的民事责任。

第一百八十四条　因自愿实施紧急救助行为造成受助人损害的，救助人不承担民事责任。

第一千二百三十七条　民用核设施或者运入运出核设施的核材料发生核事故造成他人损害的，民用核设施的营运单位应当承担侵权责任；但是，能够证明损害是因战争、武装冲突、暴乱等情形或者受害人故意造成的，不承担责任。

第一千二百三十八条　民用航空器造成他人损害的，民用航空器的经营者应当承担侵权责任；但是，能够证明损害是因受害人故意造成的，不承担责任。

第一千二百三十九条　占有或者使用易燃、易爆、剧毒、高放射性、强腐蚀性、高致病性等高度危险物造成他人损害的，占有人或者使用人应当承担侵权责任；但是，能够证明损害是因受害人故意或者不可抗力造成的，不承担责任。被侵权人对损害的发生有重大过失的，可以减轻占有人或者使用人的责任。

第一千二百四十条　从事高空、高压、地下挖掘活动或者使用高速轨道运输工具造成他人损害的，经营者应当承担侵权责任；但是，能够证明损害是因受害人故意或者不可抗力造成的，不承担责任。被侵权人对损害的发生有重大过失的，可以减轻经营者的责任。

三、行政法律风险

企业是一个市场主体，在进行着各种各样的经营活动，也是一个行政管理的相对方，企业的各种市场行为、社会活动都要受到行政法律、法规、规章的规范和约束，企业也因此具有行政法上的权利和义务。有权利义务的地方就有法律风险，而行政管理范围非常广泛，按照最高人民法院关于行政案由的规定的分类，共有42个大类，包括公安、资源、城乡建设、工商、税务、质量监督、卫生、食品药品安全、农业、物价、环境、交通运输、海关、劳动等各个方面。一般来说，企业在经营中经常会遇到的风险主要集中在工商、税务、价格、环境等几大类。

（1）工商管理行政法律风险。违反登记管理规定、违反商标管理规定、违反不正当竞争管理规定、违反广告管理规定。

（2）税务管理行政法律风险：虚开或者介绍他人虚开发票、金额不符的发票、第三方公司代开发票等。

（3）价格管理行政法律风险。倾销；价格歧视相互串通，操纵市场价格，损害其他经营者或者消费者的合法权益；捏造、散布涨价信息，哄抬价格，推动商品价格过高上涨的。

（4）环境管理行政法律风险。违法排放污染物、不公开或者不如实公开环境信息等。

违反行政管理的相关规定，企业或者企业主所受到的行政处罚方式主要有：消除影响、没收违法所得、罚款、限制生产、停业整顿直至吊销证照、关闭，直接负责的主管人员和其他直接责任人员，还可能被处5日以上15日以下拘留，另外，因污染环境和破坏生态造成损害的，应当依照《民法典》的有关规定承担民事责任。

行政法律风险虽和刑事风险的法律规范不相同，但在一定条件下存在由行政处罚向刑事处罚转化的可能性与现实性。

第五节｜意外风险

风险，可以说是无处不在，无时不有，前面我们谈了婚姻风险、传承风险、债务风险以及法律风险对于高净值客户的影响，本节我们来探讨意外风险对于高净值客户的影响。

保险行业有这么一句耳熟能详的话，我们永远无法预知明天和意外哪个会先来。此话充分地体现了意外风险的不可预测性。当然，更进一步来说，那个有可能比明天先来的意外本身其实并不可怕，可怕的是意外风险所造成的伤害或者说其带来的后果，身处意外之中的人及其家人是否能够承受，这才是我们应该要重点考虑的。若事先没有一个合理的规划，更可能会给自己、给家人，尤其是年幼的子女和年长的父母更多的烦恼和痛苦。比如已经过去十几年的汶川大地震、近在眼前的巴以冲突等，多少个幸福的家庭瞬间支离破碎，有些意外的发生或许有迹可循，但基于普通大众而言，实在很难预测，更难谈规避意外本身。

因此做好意外风险的规划与防范，是高净值人群重要的财富管理诉求。当然，我们所说的规划与防范，并不是说要努力预测意外风险的发生，并尽量规避，这一点我们大部分时候实难做到，因此基于意外风险的规划，更多的是避免意外风险发生后对于家族成员、家庭财富所造成的二次伤害，让家庭无论经历什么样的意外风险，物质生活都不会因此而发生向下的改变。

然而，现实中此类由于意外风险导致家庭生活遭遇重大变故的案例，可谓是不胜枚举。

比如，我们前面在债务风险部分分析过的长沙付某政的案例就很说明问题。

付某政小时候在江西宜丰县长大。20岁来到长沙。书虽然读得不多，但勤奋且爱动脑筋。20世纪80年代，一个朋友留给他的6条小土狗，让他的人生发生了巨大改变。

起初，他并没有养狗的地方，后来发现望城有个地方建的别墅卖不出去，荒废在那。于是他就把6条小狗引到别墅楼顶，用几块板子把楼道拦住，就成了一个天然的狗圈，并且每天从岳麓山下一些学校的食堂收一些饭菜带给狗吃，几乎就是不要一点成本，就把狗养大了。3个月后，6条土狗让他赚了近200元，那时候他还在一家熟食厂工作，一个月的工资才二三十元钱。

此时，付某政觉得赚钱的机会来了。那时候长沙市面积还比较小，他就骑着自行车，在长沙市周边跑了几天，发现周围家禽养殖场清一色的是养鸡养猪的，但养狗的还没有一个，于是，就决定辞职养狗。

雷锋镇桥头村一处荒废的小学，成了付某政的养狗基地。刚开始势头发展得非常好，最多的时候，狗的数量达到了几千只。20世纪90年代，万元户都是凤毛麟角，但付某政已经通过养狗成了身价超2000万元的富翁。

事业的顺利，让付某政甚至签下了铁路部门上很多线路的广告制作牌，并且还承包下了北京一块荒地种植楠木。

然后，虽然6只狗给他带来了财富传奇，但是鸡的出现，却让他苦心经营的“财富帝国”顷刻间倒塌。

20世纪90年代末，超市渐渐兴起。付某政生产的狗肉也进入超市。此时有个朋友建议他改变单一的养狗模式，在现有养殖基地内同步养鸡，付某政觉得有道理。于是就在养殖场内养鸡，不过，问题也随之而来。

养殖公司的鸡肉和狗肉进入超市不久，他没有等来财富，而是等来了一个让其毁灭的消息，其生产的鸡肉被检查出了禽流感，甚至电视新闻里都点名报道了，此时，付某政不但要面临退货，而且根据合同要承担相应的赔偿责任，处理完这些问题一个月后，他的养殖场覆没了，楠木也卖掉用来赔钱。

打拼赚下的钱全部没了，还欠下了银行和私人的1200多万元的债务。后来他也试图改行东山再起，但并没有带来多大的改变。虽然后来通过炸香肠又赚回了不菲的财富，但当面对财富的镜头时，他还是流露出了无尽的遗憾，这些遗憾不是因为曾经辉煌的事业灰飞烟灭，也不是因为巨额的财富来了又去，而是因为事业的起伏对三个女儿的影响，他的大女儿计划好的出国留学，由于没有钱耽误了，二女儿学的新闻，三女儿学的艺术，最终都因为他生意的失败没有成才。

一句没有成才，道尽了多少父母的遗憾与不甘。

对于付某政来说，他永远都不希望禽流感的事情发生在他的身上，或许他也永远无法预测禽流感是否会发生在他的养殖场，然而由于此等意外事情发生，影响的不仅仅是他自己辛苦打拼下的事业和财富，还严重影响了他的身心健康，更严重地影响了他三个女儿的教育和成长，甚至可以说深度地、不可逆地影响了三个女儿的人生。虽然说即便付某政的事业不受影响，三个子女也未必就百分百地能够在各自所学的领域里面成才，但正所谓“父母之爱子，则为之计深远”，教育的意义就在于让子女的人生有更多的可能性，而付某政的三个子女，在应该接受最好教育的时候，却因为他生意上的挫折而遭遇变故，这对孩子的影响不可谓不严重。

如果付某政能够在事业顺利的时候，为三个女儿未来的教育做好充分的规划，或者从一开始就不打算让子女接受这么高品质且耗资不菲的教育，那么其事业的挫折也就不会对子女的人生造成如此重大的影响。毕竟，教育对于子女来说，无论是时间还是费用，都没有任何的弹性，所以，如果想要给子女以及其他子孙后代高品质的教育，那么就要从一开始给予其彻底的费用保障，保证无论发生什么外部的变化，都不会影响孩子获得应有的教育。

意外风险的发生除了可能导致子女教育受到严重影响之外，对于家庭生活的影响同样不容忽视。

小马奔腾，是一家以投资制作影视、演艺经纪、广告、新媒体、院线等多领域运营的娱乐传媒公司。其前身是成立于1994年的北京雷明顿广告发展有限公司。以2009年开始，小马奔腾对公司进行集团化架构调整并对资源进行整合，最终成立了北京小马奔腾文化传媒股份有限公司。

小马奔腾投资拍摄了非常多的影视作品，包括电影《机器侠》《花木兰》《武林外传》《功夫梦》《无人区》《黄金大劫案》《越光宝盒》《倾城》等；还有电视剧《历史的天空》《甜蜜蜜》《我的兄弟叫顺溜》《我是特种兵》和新《三国》等，一系列叫好又叫座的影视作品让小马奔腾成为业内具有很高信誉的影视文化公司。

然而，这一切都在2014年1月2日深夜发生了变化——公司创始人兼董事长李某因突发心肌梗死去世，年仅47岁。李某的突然故去，不仅让业内人士震惊，开始反思生命的脆弱，同时也拉开了电视剧中常有的桥段——姑嫂股权之争。

在李某刚刚故去的时候，小马奔腾的法人、董事长和总经理由李某的遗孀金某女士担任。而到了当年的11月，小马奔腾发布公告称，公司董事长、法人变更为李某的姐姐李某1女士，至此，姑嫂股权之争浮出水面。

此外，由于李某在世时与投资机构签署了“对赌协议”，约定小马奔腾在2013年12月31日之前上市，若上市失败，则李某需要回购投资机构手中的股权。很遗憾，李某并未如期地带领小马奔腾上市，自己也意外撒手人寰，最终的结果是，其遗孀不仅无法掌控李某一手创办的小马奔腾，更要在李某身故后个人承担着将近2亿元的债务，虽然金某女士几经上诉，主张该债务为李某个人债务，与自己无关，但根据2021年7月最高人民法院给出的民事裁定书显示，最高人民法院驳回了金某女士的再审申请。这就意味着，在创始人李某身故后，金某女士需要为这2亿元的债务承担连带清偿责任。

这也就意味着，李某辛苦积累的财富，其遗孀金某女士及其女儿无法掌控，更无法享用其中核心部分，但留下的债务，却需要金某女士来承担，至少从表面上看，何其不公！

而且，金某女士在未来的岁月中，要想偿还2亿元的债务，其难度不亚于登天，这也就意味着在金某女士的余生中，都需要背负着2亿的债务，对于其日常生活的影响，同样是沉重且深远的。

像付某政、李某这样的案例，无论是在我国还是世界其他国家和地区，无论是在当下还是过去，不说多如牛毛，至少也是比比皆是了，所以对于当下中国的高净值人群来说，做好意外风险的规划和防范至关重要，我们的底线是要让子孙后代的教育不因家族的变化而受到影响，对于一个家族来说，我们甚至可以说，教育在，希望就在。

第六节｜税务风险

提起税务问题，可能是最近几年无论是高净值客户还是中产家庭，无论是传统富豪还是财富新贵，无论是企业主还是高管，都普遍比较关心的话题，尤其是随着金税三期工程的完成以及金税四期的建设，由税务问题引起的财富担忧越发地引起了财富人士的关注。本质上，税务问题不仅是经济问题，还是法律问题，更是政治问题。因此做好税务筹划，避免税务风险，就显得至关重要。

所谓税务风险，一方面是企业或者个人的纳税行为不符合税收法律法规的规定，应纳税而未纳税、少纳税，从而面临补税、罚款、加收滞纳金、刑事处罚以及声誉损害等风险；另一方面是企业经营行为或者个人的经济活动适用税法不准确，没有用足有关优惠政策，多缴纳了税款，承担了不必要税收负担。实务中，前者出现的情形更多。

比如知名演艺明星范某某的逃税案，具体的过程笔者在此不再赘述，有兴趣的读者可自行网上搜索，但大家普遍只知道她被补缴税款、罚金、滞纳金等总计将近9亿元，却很少有人知道她到底偷了多少税。

网上公开资料显示，2018年江苏省税务局依据税法的相关规定，对范某某及其担任法定代表人的企业追缴税款2.55亿元，加收滞纳金0.33亿元；对其采取拆分合同手段隐瞒真实收入偷逃税款处4倍罚款计2.4亿元；对其利用工作室账户隐匿个人报酬的真实性质偷逃税款处3倍罚款计2.39亿元；对其担任法定代表人的企业少计收入偷逃税款处1倍罚款计94.6万元；对其担任法定代表人的两户企业未代扣代缴个人所得税和非法提供便利协助少缴税款各处0.5倍罚款，分别计0.51亿元、0.65亿元。由此可见，范某某补缴的税款其实只有2.55亿元，滞纳金也只有0.33亿元，而各类罚款合计高达5.959亿元，是补缴税款的两倍多。

当范某某被查之后，影视行业也在那一年迎来了史无前例的自查申报，各大影视公司及影视工作者纷纷对自己过往的行为进行自查，据新华社报道，截至2018年底，自查申报税款合计117.47亿元！

而在2021年被查的知名网络直播黄某（艺名薇某）的偷税案中，杭州市税务局稽查局依据法律的规定，对黄某追缴税款、加收滞纳金并处罚款，共计13.41亿元。其中，补缴税款7.03亿元，各类罚款和滞纳金合计6.38亿元。考虑到黄某从事的网络主播也不过两三年的时间，其偷逃的各类税款就已经合计超过7亿元，而其罚款金额几乎与偷逃税款金额相当，这个处罚不可谓不严厉。

当然笔者并不是质疑税务机关作此处罚的合理性，而是想要告诫广大财富人士，在税务面前，务必要慎之又慎，税务筹划必须合理合法，还需要经得起时间和实践的推敲，否则极容易给自己带来严重的涉税风险。不合理的税务筹划甚至本身就是偷逃税也许会带来一时的节税快感，但必将被其反噬，并最终承受更为严重的后果。试想一下，如果范某某和黄某没有能力履行该处罚，按照相关法律的规定，他们面临的将是牢狱之灾，而且由于数额巨大，刑期可能会很长。

这里就不得不提起曾经轰动一时的刘某庆偷税案例，该案甚至可以说是历史上最为轰动的中国演艺明星逃税事件，也是中国第一起由警方介入的明星偷税案。

2002年4月，经北京市地税局（当时国税地税尚未合并）查证，北京晓庆文化艺术有限责任公司（以下简称“晓庆文艺”）自1996年以来采取不列、少列收入、多列支出、虚假申报等手段偷逃巨额税款。

2002年5月，刘某庆涉嫌偷税的事情被媒体曝光，并不断发酵。而刘某庆在一次采访中也亲口向记者表示，涉事公司账号已被冻结，自己的电话、外出等都受到监控，公司有员工已被拘捕。2002年6月20日，刘某庆被公安局依法拘留，7月24日因偷漏税被正式逮捕。

2003年2月17日，对刘某庆逃税案调查结束，认定刘某庆及其公司偷逃税1458.3万元，不仅追缴税款，还加收滞纳金573万元。同时，北京市拍卖行对刘某庆及其公司担保的19套房屋进行公开拍卖，拍卖款用来抵扣刘某庆偷逃的税款。

2003年8月16日，刘某庆得以取保候审，盛名之下的刘某庆没能逃脱牢狱之灾，1年多后才出狱。

范某某和黄某偷逃税都超过了亿元却没有受到刑事处罚，而刘某庆“仅仅”偷税1000多万元，就承受着了一年多的牢狱之灾，为何会出现反差如此之大的结局？

之所以刘某庆会入刑，主要法律依据是1997年3月14日发布，1997年10月1日实施的《刑法》第二百零一条规定：

“纳税人采取伪造、变造、隐匿、擅自销毁账簿、记账凭证，在账簿上多列支出或者不列、少列收入，经税务机关通知申报而拒不申报或者进行虚假的纳税申报的手段，不缴或者少缴应纳税款，偷税数额占应纳税额的百分之十以上不满百分之三十并且偷税数额在一万元以上不满十万元的，或者因偷税被税务机关给予二次行政处罚又偷税的，处三年以下有期徒刑或者拘役，并处偷税数额一倍以上五倍以下罚金；

偷税数额占应纳税额的百分之三十以上并且偷税数额在十万元以上的，处三年以上七年以下有期徒刑，并处偷税数额一倍以上五倍以下罚金。扣缴义务人采取前款所列手段，不缴或者少缴已扣、已收税款，数额占应缴税额的百分之十以上并且数额在一万元以上的，依照前款的规定处罚。对多次犯有前两款行为，未经处理的，按照累计数额计算。”

也就是说按照《刑法》的这个规定，刘某庆的偷税行为，已经符合入刑的标准，并且并不具备刑事豁免的法律规定，因此刘某庆偷逃税的事情，不仅承受着行政处罚，还承受着刑事处罚。

而上述《刑法》第二百零一条在2009年《中华人民共和国刑法修正案（七）》中修正，该修正案在2009年2月28日发布，2009年2月28日实施。经修正后，《刑法》第二百零一条修改为：

“纳税人采取欺骗、隐瞒手段进行虚假纳税申报或者不申报，逃避缴纳税款数额较大并且占应纳税额百分之十以上的，处三年以下有期徒刑或者拘役，并处罚金；数额巨大并且占应纳税额百分之三十以上的，处三年以上七年以下有期徒刑，并处罚金。

扣缴义务人采取前款所列手段，不缴或者少缴已扣、已收税款，数额较大的，依照前款的规定处罚。

对多次实施前两款行为，未经处理的，按照累计数额计算。

有第一款行为，经税务机关依法下达追缴通知后，补缴应纳税款，缴纳滞纳金，已受行政处罚的，不予追究刑事责任；但是，五年内因逃避缴纳税款受过刑事处罚或者被税务机关给予二次以上行政处罚的除外。”

如果纳税人偷逃税后，接受税务机关的行政处罚，则可以免除刑事处罚，除非其5年内因逃避缴纳税款受过刑事处罚或者被税务机关给予二次以上行政处罚。而上述无论是范某某还是黄某，一来他们认罪认罚，接受了税务机关的处罚，并积极及时地补缴税款、滞纳金和罚款，二来他们也是在5年内被税务机关首次处罚，因此他们免予刑事处罚。但即便如此，依然需要引起财富人士足够的重视，偷逃税是禁区，无论什么时候都不应该踏足其中。

税务风险除了涉及个人所得税之外，其实还涉及遗产税。

说到遗产税，虽然我国目前并未开征这个税种，但它不是个新事物，全球共有100多个国家和地区开征了遗产税，我们民国时期也有开征遗产税的历史，新中国成立以后，遗产税也一直是拟征税种之一，只是基于特殊的历史环境和居民财富的具体情况，一直没有开征。但改革开放已经40多年了，我国居民的财富规模、财富形态、财富分布，都已经发生了翻天覆地的变化，遗产税的开征，也只是时间问题。当然，笔者认为，至少在2030年之前，中国的遗产税大概率是不会开征。原因很简单，一是我国税务机关还不能完全地从技术上掌握我国税务居民在全球的资产状况，当前虽然通过各种手段已经在不同程度上掌握了我国税务居民房产、不动产、股票、理财信托等资产类型，并且通过加入共同申报准则（CRS）已经一定程度上获得了我国居民在海外的部分资产信息，但对于开征遗产税的要求来说，依然是不够的；二是关于遗产税相关的法律制度目前是没有的，所谓税收法定原则，开征一个税种，必然是需要先在立法层面做好保障，然而一部新的法律从草案的起草，到各个部门的讨论修订，再到提交全国人大审议，最后到颁布实施，还需要很长的时间，而当下甚至没有官方层面的任何草案，所以遗产税短期内是不会开征的。

然而，短期内不会开征，并不意味着我们不需要去考虑，原因也很简单，一方面我国税务机关对我国居民的财产掌握进度和力度，都在以比想象中更快的速度推进；另一方面，按照国际惯例来看，应征收遗产税的遗产包括被继承人死亡时遗留的全部财产和死亡前5年内发生的赠与财产。我们虽然不知道遗产税会在什么时候开征，但我们同样无法预测什么时候会身故，因此在遗产税尚未颁布实施的时候，就做好遗产的筹划，方是上上之选。

此外，当遗产税开征之后，财富人士还需要思考一个不大不小的问题，继承人是否有足够多的现金资产来应对遗产税？如果继承人拿不出足够的现金资产，则可能会面临遗产被拍卖的情形，到头来，自己省吃俭用积累的财富，也没能给子女充分的生活保障。

也许有人会想到，那就在自己身故之前把资产过户到子女名下，这个办法一定程度上也可行，但并不完美，比如前面所言，按照国际案例，死亡前5年的赠与，一样要合并缴纳遗产税，我们如何能够知道赠与给子女资产的时间会比自己的死亡早5年呢？何况，一旦我们对资产失去掌控，在没有收入能力且极有可能因为年龄的增加而体弱多病时，自己有尊严的养老生活又该如何保障？

这个问题留给读者思考。

第七节｜败家子风险

《增广贤文》曰："兴家犹如针挑土，败家好似水推舟"。子孙后代败掉万贯家财的案例，在现实中可谓不胜枚举。中国自古就有"富不过三代"的魔咒；葡萄牙有"富裕农民—贵族儿子—穷孙子"的说法；西班牙也有"酒店老板，儿子富人，孙子讨饭"的说法；德国则用三个词"创造，继承，毁灭"来代表三代人的命运。

可见，子孙败家不仅是中国家庭的财富困境，还是世界性的财富难题。而形成这些风险的原因多种多样，既有自身主观的因素，也有外在客观的原因。"外因"也许我们无能为力，但"内因"却是可以加以避免的。

子孙败家的"内因"归结起来，无外乎两个方面：一个是子孙自己的问题，有些家族体现的是子孙能力有限，自身无法驾驭巨额的家族财富，有些家族则体现为子孙后代不务正业，不会合理利用家族财富，并最终导致财富的崩盘。另一个是"富一代"自己的问题，集中表现为没有给子孙后代提前设计和规划家族财富管理和传承、子孙后代教育和成长的模式，最终导致富不过三代的财富悲剧。

我们来看两个大家都非常熟悉的案例。

海鑫钢铁成立于1987年，是一家以钢铁为主业，集资源、金融、地产、儿童教育等行（产）业于一体的大型企业集团，为山西省最大的民营钢铁企业。2003年1月，创始人李某仓在自己的办公室遇刺身亡，其子李某会被迫中断了在澳大利亚的留学回到国内，不得不提前开始了他的企业家生涯。

十年时间，海鑫的钢铁生意日渐没落。有媒体报道称，2014年3月，海鑫钢铁未能偿还逾期银行贷款面临破产。根据此后公布的数据，海鑫钢铁集团涉及的债务风险敞口有150亿元到200亿元。仅民生银行在"海鑫系"的贷款敞口就超过30亿元。

从接班时排名位列全国民营企业50强，到破产重组，李某会用了11年。中间也有过辉煌，比如荣登山西最年轻的首富、年产值近百亿等。然而，最终还是走向了破产，这中间的原因既有外部经济环境及产业环境所致，也有自身的原因。

据报道，李某会接班前，海鑫钢铁当时主要由李某会的“五叔”李某虎帮助李某仓打理。但李某会接任后，先是将创业元老、海鑫集团副董事长兼党委书记辛某海调离权力核心。之后，李某虎也被巧妙地“赶走”。

随后，李某会请来了与自己关系最近的“六叔”李某杰，此后很长时间内李某杰都是海鑫钢铁的实际掌舵人。2009年之后，李某杰逐渐从海鑫的管理层消失。

之后，李某会的妹妹李某霞被海鑫集团内部认为是实际控制人，她控制着公司的财务大权。

此外，由于对经营钢铁企业缺乏兴趣，李某会将更多的时间、精力用在了二级市场的资本运作，并且将海鑫钢铁变成了其游戏资本市场的提款机，不断从海鑫钢铁抽血输向资本市场，然后很多资金消失于无形。

媒体报道称，频繁的人员变动，再加上李某会醉心投资业务无心企业经营，曾经盛极一时的海鑫集团在闻喜的总部逐渐变成了一个“空巢”，并最终成为了海鑫破产的原因之一。

如果李某仓没有遇害，或者能够提前规划好企业接班人计划，避免李某会仓促接班；即便仓促接班，也能保证在其无心经营企业时有个稳定的机制或者团队帮其经营决策，也许就能够避免海鑫集团的悲惨结局。因此，这个案例非常值得所有企业主借鉴和思考。

当今社会关于“富二代”的各种负面新闻早已充斥了大家的眼球。无论是“二环十三郎”，还是“我爸是李刚”；无论是在国内时的花天酒地，还是去国外后的纸醉金迷，这些无不折射出部分“富二代”在对待财富方面的随意，尤其有朝一日其完全掌握了父辈留下的财富后，随之而来的风险可能会更多。比如海翔药业的案例，就值得所有高净值客户深思。

2014年5月，一则“海翔药业易主：‘富二代’董事长4年败掉40年家业”的报道引来了市场的广泛关注。

位于浙江台州的海翔药业成立于1966年，前身是黄岩县海门镇日用化工厂，1980年更名为浙江省海门区化工二厂。之后几度更名和进行股权结构转换，最终成立浙江海翔药业股份有限公司，主营业务为化学合成医药原料药和精细化学品的生产，公司70%以上的产品出口海外，客户包括德国的巴斯夫和比利时的杨森。2006年12月26日，在创始人罗某鹏的带领下，成功在深交所中小板上市（简称：海翔药业，证券代码：002099）。从成立之初规模较小的乡镇企业到最终顺利挂牌上市，该企业历时40年，几乎等于一个人的半辈子。

罗某鹏的儿子罗某竑1997年大学毕业后进入海翔药业，曾在生产车间、研发中心、销售和质量管理等部门工作。2004年之前，先后担任公司总经理助理和副总经理职务。2004年4月，罗某竑当选为海翔药业董事。

2007年起，罗某鹏逐步退居幕后，罗某竑在2008年9月至2009年12月期间担任公司总经理，2009年4月当选为董事长。2010年9月，罗某鹏将其所持有的3480万股海翔药业股份转让给罗某竑，后者以24.67%的持股比例，成为海翔药业实际控制人。至此，"二代"罗某竑正式接班。

2013年10月15日，海翔药业停牌，停牌前的股价为6.69元/股。

2014年4月30日，罗某竑以3.8亿元的总价（单价为6.4元/股）清空了其所持有的5940万股海翔药业股份（占总股本的18.31%），罗家彻底退出经营了40多年的企业。

2014年5月6日，海翔药业复牌，开盘价为7.36元/股，如今伴随着股市的起起落落，复权后的股价截至2023年11月10日收盘价为51.27元/股，期间最高78.51元/股。

关于海翔药业易主的原因，可谓众说纷纭，既有"二代"因嗜赌而欠5亿元赌债被迫贱卖公司股份一说，也有他人设局的阴谋论，还有罗家出于投资规划及产业布局的考虑一说，等等。但无论是哪种说法，海翔药业易主已是不争的事实，也给我们留下了深刻的思考。

先来简单地算一笔账，如果罗家于两年后即2016年4月29日，以市价转让所有股份，其总市值应该是11.2亿元，比其两年前3.8亿元的转让价多了7.4亿元；如果是坚持到现在，其总市值应该是30.45亿元，而如果是按照期间78.51亿元的最高价，其转让总价应该是46.63亿元，相比之下更是差了42.83亿元，这对谁而言都是一笔巨大的财富。

试想一下，如果"二代"手里没有直接掌控公司股权，或者"二代"只享有企业经营权和/或者分红收益权，那么公司股权可能不会受其个人因素的影响。即使家族出于投资规划及产业布局的考虑，罗家在停牌期间一次性以低于停牌前的价格转让所有股份的行为还是让人充满疑惑，如果是哪个专业的投资顾问给出如此荒谬的投资建议，那么应该把他拉出去枪毙

5分钟才解恨。当年国际生物制药巨头拜耳公司斥巨资660亿美元收购另一巨头孟山都，足足溢价了44%，而马斯克2022年花费440亿美元现金收购推特，也是溢价了18%。

无论真相如何，此案对于已经或者逐步进入接班期的高净值家庭来说，值得借鉴和参考。

民族英雄林则徐有一句经典的名言：子孙若如我，留钱做什么？贤而多财，财损其志；子孙不如我，留钱做什么？愚而多财，益增其过。

当下很多财富管理人都将此话奉为圭臬，但笔者对此稍有不同看法。从激励子孙更好地自力更生的角度来说，或者说站在并未有太多财富管理工具的那个年代来说，此话确实是有一定的道理。但在财富管理工具十分发达的当下，林则徐的这句话却也有着一定的历史局限性。

道理其实也很简单，当我们有更多的财富管理工具，我们就能够对辛苦创造的财富作出比以往更为科学合理的管理和规划，也能够以更为有效的方式在保障子孙体面生活和激励其自力更生两方面保持恰当的平衡；能够让“贤”的子孙后代在“多财时”，不仅不会“损其志”，还能让其在追求自己的诗和远方时，没有眼前的苟且需要顾虑，从而拥有比普通人更多的成功机会；能够让“愚”的子孙后代在“多财时”，不仅不会“增其过”，还能以反向约束和正向激励相结合的方式，在保障其有着不辱家族的体面生活的同时，还能够减少其“作恶”的可能。

当然我们不能用当下的标准去评判200年前的民族英雄，只是对当代有些人士不合理地运用这句话提出不同意见而已。

“传承”看起来是一件事，但其实是两件事，一件是从上一代主动到下一代的“传”，一件是下一代肩负起的“承”，这两件事缺少任何一个都极有可能会导致传承的失败，而当下的中国，往往是两件事都缺乏，或者往往只考虑其一，这对于中国即将到来的财富传承高峰来说，必然是充满着风险与挑战，处于财富管理生态圈的人，都应该为此扛起属于自己的重任。

专业解析篇

第三章

保险金信托的财富魅力

中国的改革开放已经40多年了，居民的财富规模呈现指数级增长。招商银行与贝恩资本发布的报告显示，2022年，可投资资产在1000万元人民币以上的中国高净值人群数量达316万人，人均持有可投资资产约3183万元人民币，共持有可投资资产101万亿元人民币，2020—2022年年均复合增速为10%；并且预计未来两年，中国高净值人群数量和持有的可投资资产规模将以约11%和12%的复合增速继续增长。

从保险行业来说，2021年保险业人身险业务保费收入3.3万亿元，同比略降0.3%，行业增长承压。2022年人身险实现保费收入3.4万亿元，同比增长3.1%，行业回暖迹象初现。过去两年，从渠道端看，代理人队伍规模收缩、市场线下营销拓展难度加大，多重因素影响行业增长，保险公司通过发力银保渠道纾解代理人渠道压力；从产品端看，保险业回归本源成效进一步显现，保户投资款以及投连险独立账户新增交费均有明显下降，低风险偏好下，年金险、增额终身寿险新单保费有所提升。2020—2022年个人可投资资产中，保险规模的两年复合增速由2018—2020年的11%下滑至6%。

另外，2023年7月，监管部门对于保险公司进行窗口指导，要求保险公司在7月31日之前停售所有预定利率高于3.0%的传统寿险，以及预定利率高于2.5%的分红保险、最低保证利率高于2.0%的万能保险。于是各家保险公司在该日期之前狠狠地炒了一波“停售”概念，保费也在那个阶段呈现爆发式的增长，但退潮之后，保险行业也在重新思考未来保费增长的方向，如何通过保险的非政策性红利来服务客户，是接下来保险从业者必须要思考的问题。

2023年10月18日，金融监管总局下发了《关于强化管理　促进人身险业务平稳健康发展的通知》，强调了严格执行“报行合一”、不得大幅提前收取保费、科学制定年度预算防止激进发展大进大出等，旨在让保险行业平稳健康发展，但与此同时，对于保险的一线营销，还是带来了不小的展业压力和挑战，因此，保险从业者也急需更多的抓手，来为客户配置各类保险。

而保险金信托，无疑就是那个答案。

2023年3月，《关于规范信托公司信托业务分类的通知》下发并于6月1日起正式实施。“保险金信托”成为资产服务信托项下财富管理服务信托中的一项独立信托业务，体现出了清晰的监管战略导向。

所谓保险金信托，是单一委托人将人身保险合同的相关权利和对应的利益作为信托财产，当保险合同约定的给付条件发生时，保险公司按照保险约定将对应资金划付至对应信托专户，由信托公司按照信托文件管理。

这是2014年国内机构启动保险金信托业务以来，保险金信托第一次在官方正式文件中亮相。

从监管层对于保险金信托的定义中可以看出，保险金信托的本质就是保险+信托的物理组合，仅仅通过将保险的相关权利和对应的利益作为信托财产，使之与信托链接起来。具有“基石资产”属性的保险，与信托架构的独立性和灵活性就相得益彰，使得保险金信托在财富保障、财富运用和财富传承的基础上具备更多的财富管理的可能性。尤其是在保全、传承、养老、教育、医疗、慈善、特殊关怀等财富应用场景层面，具备更加丰富的功能性延展。

因此，要认识、理解和运用保险金信托，就要搞清楚，在财富管理视角下的保险和信托分别是什么，能做什么。

第一节 | 保险金信托的前世今生

要了解保险金信托，就必须先要知晓保险金信托的过去和现在，并在一定程度上展望其未来的发展。

与家族信托一样，保险金信托发源于英国，繁荣于美国。20世纪左右，美国保险机构就开始设立信托部门，经营保险金信托业务，目前已成为美国居民重要的财富管理方式。2001年我国台湾地区开始办理人寿保险信托业务。比较分析看，美国和我国台湾地区保险金信托业务都得到了较快发展，且信托机构、保险机构均可开展此类业务，主要以寿险为主要保险品种。但两者发展目的有差异，美国保险金信托主要用于避税，而我国台湾地区则更多用于财富传承以及养老。

保险金信托在美国、日本以及我国台湾地区都比较发达和成熟，通过了解这些地区的保险金信托业务状况，也许对我国的保险金信托业务有一定的参考。

一、美国的保险金信托

和家族信托一样，保险金信托虽然生根于英国，却在美国得到了快速的发展。在20世纪早期，美国保险公司就开始设立信托部门，并且兼营家族信托业务，其中又以保险金信托为主，目前保险金信托已成为美国居民重要的家族财富管理方式。

家族信托按照委托人是否可撤销分为可撤销家族信托和不可撤销家族信托，而美国的保险金信托也据此分为两类，即可撤销保险金信托（Revocable Life Insurance Trust，简称RLIT）和不可撤销保险金信托（Irrevocable Life Insurance Trust，简称ILIT）。但与家族信托的撤销不同，保险金信托的撤销与否是指保单的撤销与否，即投保人是否放弃保单的所有权，包括保单的现金价值、变更保单受益人、解除或转让保单等权利，而这些权利，实际上都转移给了受托人。

在美国，法律对作为遗产的人寿保险金课以重税，且免税规则严苛复杂。比如，若人寿保险中被保险人逝世时，对保险单所有权仍有控制，则保险公司所给付的保险金将会被包含在高昂遗产税的应税财产之中，继承人无法得到被保险人的全部保险金。

而不可撤销保险金信托具有合理规避遗产税的功能。投保人将保险单所有权转移给受托人，并以明确放弃变更受益人或改变契约内容权利的方式，提前使保险金请求权成为一种不可撤销且具有确定性的权利，并将保险金请求权作为信托财产，使其独立于被保险人的应税财产之外，实现合理规避遗产税的目的。

由此可见，不可撤销保险金信托由于保单的受益人即该不可撤销保险金信托拥有不可撤销的、法律上已经确定的未来收益，实现了保单与被保险人的完全分离，符合了美国税法关于死亡保险金免征遗产税的规定，能够帮助高净值家庭合理地规避遗产税，因此，其已经成为美国最常使用的遗产税筹划方式，也逐渐成为美国保险金信托的主导模式。

除了有筹划遗产税等优势外，不可撤销保险金信托也存有不足，主要表现为：

第一，不可撤销使得被保险人不能从保单的现金价值中受益，也不能从抵押保单以担保其债务中受益。

第二，因涉及税收筹划，因而往往要对保险金信托的架构设计、合同条款等因素进行一定程度上的定制，可能会产生相关的法律和税务方面的成本。

需要特别说明的是，在通过保险金信托进行税务筹划的时候，还需要注意两个方面的因素：

一是保费的支付规划。在美国，除了有遗产税之外还有赠与税，以第三人为受益人的保险，也有可能被认为是赠与而需要交赠与税。因此在交付保费的时候，需要进行合理的规划，避免赠与税或者降低赠与税的适用税率。

二是保单转移时间。按照美国税法的相关规定，如果是将已经成立的保单转移至家族信托而成立保险金信托，保险理赔金免税进入家族信托的条件之一是被保险人必须自保单转移之日起，至少存活3年。而如果是新购买的保单，则没有这方面的顾虑。

另外，在美国，家族信托的受托人既可以是机构也可以是个人，保险金信托的受托人亦然。但需要注意的是，被保险人不能成为受托人。主要原因在于，只有被保险人死亡了，保险理赔金才能进入信托并由受托人进行管理和运作，若被保险人同时是受托人，则意味着没有人对信托财产进行管理和运作，或者需要更改受托人。因此，在美国被保险人不能成为保险金信托的受托人。

二、日本的保险金信托

保险金信托在日本被称为生命保险信托，其设立目的在于防止浪费保险金，为受益人的利益而有效管理和运用保险金。

日本最早的保险金信托是1925年由三井信托公司推出，由此日本成为亚洲最早开展保险金信托业务的国家。随着人们对于财富管理和分配的个性化、多样化的需求不断增强，保险金信托在日本获得了巨大的发展。发展至今，保险金信托在日本已十分普遍，在银行窗口即可随时办理，这也得益于“简化型保险带动信托模式”流程的简便性，即信托委托人仅将保险金债权转让给受托人，保险的其他权利如保单解除权、保费缴纳义务等仍由委托人享有。

在这种模式下，委托人先签订保险合同，同时以保险金请求权作为信托财产签订信托合同，并将保单受益人变更为信托受托人，实现保险金请求权的转移。在保险金发生给付行为时，信托受托人领取保险金进行管理运用，此时保险公司与信托受托人之间的联系仅是资金划拨。

依据日本的《保险业法》第五条的规定，允许经营生命保险事业的保险公司经营信托业务。因此，在日本，保险金信托有两种模式，即保险公司为信托受托人和信托机构为信托受托人。

以保险公司为信托受托人是指，信托委托人同时也是保险投保人，而保险公司在承保的同时又担任信托受托人的身份，在信托设立后，由保险公司按照文件管理和运作信托财产。当然，保险公司只是同时兼具了两个身份，真正的经营上依然是分离的。

以信托机构为信托受托人指，保险合同签订后，委托人将保险金债权让与信托机构，也就是在保险发生赔付后，保险金的领取权利让与了信托机构，之后信托机构按照信托文件的约定管理和运作信托财产。目前，此种方式在日本更为普遍，而且日本有很多信托机构都作为信托受托人进行此类型的保险金信托业务。

三、我国保险金信托

（一）台湾地区的保险金信托

虽然我国台湾地区的家族信托业务起步非常早，但其保险金信托业务却相对比较滞后。台湾地区于1996年和2000年分别发布了“信托法”和“信托业法”，这也标志着台湾地区保险金信托业务开始走向规范发展的道路。2001年，万通银行向“财政部”申请开办保险金信托业务。此后，中央信托局与彰化银行等多家金融机构相继进入。2008年后，信托公司和保险公司都可以开始经营保险金信托业务。

台湾地区监管部门对于保险金信托业务给予高度重视并大力推广，制定了制式合同范本，主要是在保险合同中增加保险金划款信托专户批注，并鼓励金融机构向民众提供此类服务，目前台湾地区的保险金信托已覆盖至寿险、健康险、年金等众多险种。

台湾地区的保险金信托业务多为保险带动信托模式，即客户先签订保险合同，再由保险受益人或投保人作为委托人，以保险金作为信托财产签订信托合同。

按照保险金信托的受益人不同，台湾地区的保险金信托分为自益型保险金信托和他益型保险金信托。

自益型保险金信托，其委托人和受益人是同一人。最常见的是以父母为被保险人，子女作为保险受益人、信托的受益人和信托委托人设立保险金信托，当父母身故时，保险金汇入子女的信托账户。根据台湾地区的“遗产及赠与税法”的规定，由于保险及信托受益人都是子女，因此可以享受死亡保险金免交赠与税。

但此种方式有一个弊端，即子女作为信托的委托人，有权变更甚至解除信托，并且不受是否成年的限制，此时如果受到别有用心的监护人的误导，势必会影响保险信托设立的初衷，甚至无法实现信托目的。为了防止这种情况的发生，一般会在保险金信托中设立信托保护人，由父母信得过的第三人担任，从而约束子女的行为，保障人寿保险信托目的的顺利实施。

他益型保险金信托，其委托人和受益人不是同一个人。比如，以父母为被保险人和信托的委托人，子女为保险受益人和信托受益人设立保险金信托。这是针对自益型保险新信托的受益人不能合理管理信托财产而设立的，父母可以在信托文件中设定信托利益分配的条件及其他个性化的事项，并且由于子女不是信托的委托人，无权变更甚至解除信托，能够更好地保障信托目的实现，并可以据此实现财富的代际传承。

但这种方式也有弊端，那就是会增加税费成本。按照台湾地区“遗产及赠与税法”的相关规定，若信托合同中的委托人与受益人不一致，则视委托人将享有信托利益的权利赠与受益人，该信托行为属于赠与行为，需要依法缴纳赠与税。因此，在设立他益型保险金信托时，需要注意相关税法对于免税金额的规定，避免不必要的税收负担。

（二）我国大陆的保险金信托

我国的保险金信托业务始于2014年，经过近10年的发展，无论从规模还是业务模式抑或是运用场景，都发生了翻天覆地的变化，尤其是自2020年以来，随着科技的赋能，线上签约平台逐渐普及，大大地缩减了保险金信托的有业务流程。而伴随着监管文件的不断出台，业务模式也在创新中不断跟上，并逐渐成了中产级家庭的财富新宠。

后续章节将对此展开详细介绍。

第二节｜保险金信托视角下的保险再认识

关于保险和信托的具体分析，笔者在其他书籍中均有详细阐述，但为了能够让读者更好地阅读本书，并更好地理解保险金信托，接下来笔者将用两节的内容，从保险金信托业务的视角对这两个工具作一个简要分析，并进一步阐述其中的核心和关键，以让没有读过笔者其他书籍的朋友也能轻松驾驭本书。

一、保险合同的法律特征

保险合同是一种特殊的民事合同，除具有一般合同的法律特征外，还有一些特有的法律特征。

（一）保险合同是有偿合同

根据当事人取得权益是否需要付出相应的代价，合同可以分为有偿合同和无偿合同。有偿合同，是指当事人一方要享有合同规定的权益，必须向对方偿付相应的代价，买卖、租赁合同都是常见的有偿合同。无偿合同则是指当事人一方享有合同规定的权益，并无须向对方偿付相应的代价，赠与、无偿保管即是常见的无偿合同。

保险合同是有偿合同，投保人希望获得保障，将风险转移给保险人，让保险人承担风险的损失、提供相应的保障，必须向保险人支付相应的保险费作为代价；而保险人收取了保险费，则必须承诺承担保险保障责任。

（二）保险合同是有条件的双务合同

双务合同，是指合同双方当事人相互享有权利、承担义务的合同，可以简单理解为一方的权利是对方的义务。

保险合同中的被保险人，希望得到保险人对保险标的给予保障的承诺，在保险事故发生时，依据保险合同享有请求保险人支付保险金或补偿损失的权利，需要投保人承担支付保险费的义务；保险人享有收取保险费的权利，承担合同约定的保险事故发生时给付保险金或补偿被保险人损失的义务。

保险合同的双务性与一般双务合同并不完全相同，保险人给付保险金或补偿被保险人损失只有在约定的保险事故发生时才履行，因此保险合同是附有条件的双务合同。

（三）保险合同是附合合同

附合合同，是指合同内容不是由当事人双方共同协商拟定，而是由一方当事人事先拟就，另一方当事人只能作出是否同意的意思表示，而无权拟定的一种合同。

保险合同一般采用保险单、投保书或保险凭证等形式订立，保险条款由保险人事先拟定，双方当事人的权利和义务规定在保险条款中，投保人只能选择是否接受该条款，虽然投保人有时可以与保险人协商，增加一些特别约定条款（如加费、约定除外责任等），但并不能改变保险条款的基本内容，因此保险合同是典型的附合合同。

（四）保险合同是射幸合同

依据合同的法律效果在订立时是否确定，合同可分为实定合同和射幸合同。射幸合同，是指在订立合同时，合同的法律效果并不能确定，或者说合同当事人中至少有一方并不必须履行给付义务，只有当合同约定的条件具备或合同约定的事件发生时才履行，如彩票、抽奖等。

在保险合同关系中，保险人是否履行给付保险金或补偿被保险人损失的义务，取决于约定的保险事故是否发生。因此，保险合同在订立时，保险人是否履行相关义务并不确定，所以保险合同是典型的射幸合同。

（五）保险合同是最大诚信合同

任何合同的订立和履行，合同当事人都应当遵循诚实信用原则。

由于保险合同的双方当事人信息的不对称性，保险合同对诚实信用的要求远远高于一般合同，所以保险合同是最大诚信合同。一方面，订立合同时，投保人对保险人的询问及有关保险标的的情况应当如实告知，当保险标的危险增加时应及时通知保险人。另一方面，由于保险经营的专业性和复杂性，一般投保人很难具有相关专业知识，保险人在保险合同关系中处于有利地位，在订立保险合同时，保险人要向投保人说明保险合同的内容。因此保险合同比一般合同更需要诚信作为基础，保险合同是最大诚信合同。

二、大额保险的十大法律属性

大额保单，由于其额度比较高，必然意味着购买此类保险一定是为了实现某个或者某些特定的财富管理目的，而且本质上大额保单并不是某个或者某类具体的保险产品，因此我们换个角度，将之称为保险的法律架构，似乎更为妥当。既然将之称为保险的法律架构，意味着其必定会具备一些法律特征，笔者总结如下。

（一）一个中心

大额保单的第一个法律属性就在于其“保险姓保”的本质。而这个本质有三个内涵，一是保障性，二是补偿性，三是确定性，这也是大额保险相比其他任何财富管理工具而言，最核心、最有价值的优势所在。

保障性和补偿性想必大家都很熟悉，在此我们不作赘述。我们简单来看一下确定性。

我们常说，保险的作用在于，即便家庭遭遇不幸，生活也不会发生改变。这是保险在保障家庭生活方面的确定性体现，那么，保险在传承财富方面是否有确定性呢？答案是肯定的。

中国有句老话“富不过三代”，在现代化的今天，要打破这个魔咒其实还是比较容易的，这就好比将大象装冰箱一样，只需要三步：第一步一代千万富翁，第二步二代千万富翁，第三步三代千万富翁。

如何将这简单的步骤变为现实呢？利用保险的确定性。一代千万富翁的情况下，以自己为投保人和被保险人，二代为受益人，投保保险金额为千万的人寿保险，人的死亡只是时间问题，一旦一代驾鹤西去，二代就能拿到确定性的千万级别的理赔金，从而富过二代，以此类推，别说富过三代，富过N代也是非常容易实现的，至于受益人拿到这笔钱后，能否保障其终其一生的富裕生活，就是另外一个层面的问题，当然，如果一代不是千万富翁而只是百万富翁，那么保证代代至少百万富翁也是非常不错的状态。

（二）两个基本点

大额保单的第二个和第三个法律属性，是从大额保单的财产性属性角度剖析的，总结起来就是两个基本点，即大额保单的财产属性本质上只属于两个法律主体：理赔前属于投保人所有，理赔后属于受益人所有。虽然这两个基本点看似很简单，但在业务实际中，却极容易混淆。

首先，保险理赔前，其财产属性表现为保险的现金价值。保险现金价值是投保人解除保险合同或者符合法律规定条件时，保险人按照保险合同约定应退还的金额。而退还的这个金额，一般情况下都是给到投保人本人，因此现金价值属于投保人个人的责任财产。为什么是一般情况下呢？因为例外的情形是，当且仅当投保人对被保险人故意造成伤害时，保单的现金价值归属于被保险人或者被保险人的继承人。

所以在保险理赔前，保险的财产属性表现为现金价值，而现金价值在绝大部分情况下，都归属于投保人，即为投保人的责任财产，一旦投保人面临诸如债务、婚变、继承或者税务等问题时，其所拥有的保单现金价值就存在被强制执行的风险。由于现金价值与被保险人和受益人没有关系，所以在保险理赔前，被保险人和受益人面临的诸如债务、婚变、继承或者税务等问题时，并不需要对保单进行分割或者强制执行。因此，利用大额保险进行债务隔离、婚姻资产保全、定向传承、筹划遗产税等时，要想清楚主体是谁，并非简单地购买一个保险产品就理所当然地能够实现这些目的，而是需要依据具体的情况对架构进行合理的设计。

其次，保险理赔以后，其财产属性表现为保险的理赔金。而人寿保险的理赔金归属具有非常明确的法律规定，那就是属于受益人的个人财产。

因此，大额保险的受益人获得理赔金以后，作为其责任财产，就将受到诸如债务、婚变、继承或者税务等问题的影响。而由于此时实质上保险已经因为保险事故的发生而终止，原本属于投保人的现金价值也因此转化成了受益人的保险理赔金，所以投保人再面临诸如债务、婚变、继承或者税务等问题时，就不会牵涉保险理赔金了。

当然，保险理赔金作为受益人的财产也有例外，那就是当且仅当出现《保险法》第四十二条的情形时，保险理赔金将会作为被保险人的遗产。

综上所述，我们在设计保险的各种架构时，首先要认清楚保险财产属性的这两个基本点，然后再依据各主体之间的关系，进行科学合理的设计，方能实现特定的目的。

（三）三种隔离

大额保单的第四个、第五个和第六个法律属性可以总结为三种隔离，即隔离债务、隔离婚变、隔离遗产税。

财富的保全与传承过程中总是会面临很多的问题和挑战，比如债务连带、婚变分割、遗产税等，如何隔离这些问题，相信是每个高净值客户所关心的问题。保险就具备这些功能，但是保险也不是天然具备这些功能的，而是依据家庭具体情况及财富管理的具体目标，对保险结构进行一定的设计，才能实现隔离债务连带、隔离婚变分割、隔离遗产税的现实目的。

“欠债不还、离婚不分、诉讼不给、遗产税不交”，这几句话，相信绝大部分保险从业人员，甚至部分客户都听过。这几句话到底是对的还是不对的呢？单纯从这几句话来说，肯定是不对的，世界上没有哪种法律制度或者金融工具会支持我们欠债不还。但是，加上一定的前提，这几句话又具有实现的可能。比如可以通过一定的规划安排，让未来发生的债务不需要用我现在的资产去偿还，这个从技术上是能够实现的。再比如，夫妻一起打拼赚下的家业，劳燕分飞时要分割是应该，但是父母的财产赠送、传承给子女后，即便是子女的婚姻出现问题，也不用分割这部分财产，从技术上来说，也是完全可以实现的。

（四）四项特征

大额保单从家族财富管理的角度，还可以总结归纳出四个特征，分别为保险具有人身属性的特征、人寿保险财产不易混同的特征、人寿保险财产权可以灵活变更的特征以及人寿保险具有最大诚信原则的特征。

人寿保险具有人身属性的特征。人寿保险本质上是一种合同类型，但由于涉及被保险人、受益人等的人身权益，与一般的合同又有所不同，其受到的法律保护也更多。人寿保险的人身属性，是其能够隔离债务的法律基础之一，也是很多保险同仁与客户沟通保险避债功能时常用的理由之一。

但应该指出的是，单纯从这个属性的角度，保险是很难实现债务隔离的现实效果的，如前文所言，还需要依据具体的情况对保险的品种、结构进行合理的设计。

人寿保险财产不易混同的特征。大部分人寿保险产品都具有财产属性，其表现形式为理赔前的现金价值和理赔后的受益金。如前文所言，其财产归属具有非常明确的法律依据，不易产生混同。尤其是在婚姻财产保全方面，其具有得天独厚的优势。其他财产如金融资产，会随着婚姻的存续，极易发生混同，即便非金融资产的房产或股权，也存在其增值部分被视为夫妻共同财产的可能。当然，如果婚姻存续的时间足够长，感情足够好，混同与否其实影响不大，但若婚姻存续时间不长，甚至于感情的起点就是别有所图，那么保护好自己的财产就变得更为重要了。

人寿保险财产权可以灵活变更的特征。前文所言，无论是理赔前的现金价值还是理赔后的受益金，其归属都非常明确，而此处又将权益可变更作为人寿保险的特征之一，貌似前后矛盾，其实不然。前文所说的归属明确，是针对专属的对象，更确定地说是投保人和受益人这一法律地位，而具体谁是投保人或者谁是受益人，又可以通过一定的方式进行调整，这就是明确归属背后的权益可变更。这一特征尤其重要，因为通过保单进行前文所述的隔离债务连带、隔离婚变分割、隔离遗产税等目的，在很大程度上是基于权益的可变更。

人寿保险具有最大诚信原则的特征。保险金信托视角下的保险最大诚信原则与以往稍有不同，因为保险是保险金信托架构下的底层资产，如果诚信方面出了问题，尤其是投保人在投保时的最大诚信义务，避免后期保险人以违反该原则为由，拒绝理赔，从而影响保险金信托架构，甚至会影响财富管理目的能否实现。

三、大额保险的十大财富管理功能

大额保险既有着多样化的类型选择，也有着十大法律特征，这就意味着其必然具备十分丰富的功能，尤其是财富管理的功能，能够从多个角度，满足不同家庭个性化的财富管理需求。

（一）大额保险具有合法规避债务的功能

大额保险是否具有规避债务功能一直是最受关注的焦点之一。有人说能，也有人说不能，前面已经给大家分析过了，大额保险并不是天然就具备规避债务的功能，而是通过一定的结构设计，来实现特定的规避债务的目的。

比如，张三是企业主，以张三的名义购买的大额保险，或者在没有夫妻婚姻财产协议的情况下，以张三的配偶名义购买的大额保险，在保险事故尚未发生之前，是难以规避张三自身债务的。

而如果张三在没有债务问题之前，把购买大额保险所需要的资金赠与给父母，再以父母的名义，为自己购买大额保险，则在理赔前，是可以规避张三的债务问题，但此种情况下，张三父母的债务问题却无法规避。

因此，大额保险并不具备天然的债务隔离功能，而是要针对家庭尤其拟规避债务的当事人的具体情况，对保险结构进行灵活的设计，甚至在部分情况下，还需要与其他工具配合使用，以达到规避债务的现实目的。当然无论用什么方法，其底层逻辑就是要变更大额保险财产性权益的所有权人。

（二）大额保险具有合法保全婚姻财富的功能

婚姻财产保全规划，绝对不是简单地防止离婚时候的分割，相反，从某种程度上来说，正是为了巩固婚姻的基础，让感情无须或者少面临财富的诱惑，从而让婚姻更为美满幸福。

与隔离债务的功能相似，大额保险的婚姻财富规划功能也被广泛宣传和应用，同样地，由于大额保险其财产权益并不具有独立性，因此其婚姻财富保全功能，也并非天然就具备，依然是需要对保险结构进行具体的安排，甚至有时候还需要结合其他的工具，方能实现。

整体来说，大额保险基于婚姻财富规划来说，其具备两个核心优势，一是可以合理合法降低资产原值，从而更好地守护自己的财富，二是让自己处于一个进退自如的财富境地，既能够做到当感情无法挽回时，财富不受影响，也能够做到当感情得以挽回时，财富规划不会对当下以及未来的感情造成任何负面的影响。

除此之外，还有人常常认为保险规划婚姻财富的逻辑是让自己婚前的财产或者父母给子女的财产，永远归属于自己所有，与配偶无关。这个想法虽说没有什么大问题，但如此规划的时候，我建议大家首先问自己两个问题：第一，财富规划的核心目的是守护财富，还是守护幸福？第二，财富规划到底是为了不让配偶从中受益，还是为了避免当配偶不再是配偶时，还能从中受益？

方案本身没有对错，不同的选择下，可能就需要采用不同的规划思路。

（三）大额保险具有明确的财富传承功能

我国改革开放已经40多年，长时间快速发展的经济，造就了居民财富不断增加，现如今，无论是财富的形态、规模，还是财富的分布，相比于40年前，都已经发生了翻天覆地的变化。如何将财富准确地传承到子孙后代手中，并且让子孙后代合理享有财富并成为财富的主人，避免因巨额财富导致他们不思进取甚至祸起萧墙，是很多高净值客户必须考虑的问题。

财富传承的工具和方法有很多，比如没有规划的自然传承、稍有安排的遗嘱遗赠传承、灵活多变的家族信托传承、现金之王的大额保险传承等，各个工具和方法都有各自的优缺点。

没有规划的自然传承好处是没有额外的成本，但缺点太多：一是容易引起子孙争产，二是遗产税开征后需要缴纳高额遗产税，三是无法做到隔代继承，也就是说如果第二代是败家子，那么想给第三代更多的关爱是不可能的。因为按照《民法典》的规定，孙子辈的人是没有继承权的，而其代为继承权也只能在其父母死后才能享有。

稍有安排的遗嘱遗赠传承的好处是可以依据自己的意愿进行财富的分配，并且在生前对财产有较大的掌控，但也有几个弊端：一是遗嘱的真实有效性容易受到挑战；二是容易引起子孙争产反目；三是无法规避遗产税；四是遗赠的情况下，受遗赠人有2个月的时效限制，2个月内没有作出意思表示的，视为放弃继承；五是有时候需要对继承权进行公证，而这个公证有时候困难重重。

灵活多变的家族信托传承其好处比较多，既能隔离信托当事人的债务问题，也能免受其婚姻变动的影响；既能灵活地制定家族信托的条款，也能处置多样化的家族财富；既能精准地传承，也能规避未来有可能开征的遗产税等。但家族信托也有缺点：一是专业要求高，二是设立门槛高等。

现金之王的大额保险传承的好处在于既能够按照自己的意愿传承和分配财富，也可以合法地规避身前债务；既能够合理规避未来可能出现的遗产税，还能够为遗产税准备应税现金；既能够一定程度上引导子孙的成长，还能够避免子孙后代的争产；既能够精准地传承财富，还能够灵活地更改财富传承的对象和金额等。

举例来说，张三今年55岁，即将面临退休，两个孩子分别为18岁和25岁，有一个孙子，现有5000万元的金融资产打算进行精准传承，其中如果两个孩子都本分并且孝顺的话，每人分得30%，当前一个孙子留10%，剩下的平均分给未来的孙子女，如果未来没有其他孙子女，则都给这一个孙子。

如果张三现在将5000万元金融资产进行传承分配，一方面将对这些资产失去控制，不利于监督及约束子女的行为；另一方面若未来何时会有几个孙子女，不好把握，也就难以真正照顾到；再者现在的孙子还小，分配的财富也是由其父母作为监护人，倘若其父母发生挥霍的情况，则有可能这些钱最终难以真正为孙子所用。而如果采取遗嘱或者遗嘱的方式，生前倒是对财产有控制，但身后的就无能为力，既难以避免子女的争产，也难以避免挥霍。而为了规避这些问题，张三可以通过购买大额保险的方式，实现精准传承。

张三为投保人和被保险人，两个子女和一个孙子作为受益人，初始受益比例分别为30%、30%和40%，在此架构下，一方面若在张三有生之年有其他孙子女，则可以调整受益比例，比如还有三个孙子女出生，则将他们都新增为保险受益人，同时调整保险的受益比例为30%、30%、10%、10%和10%；另一方面如果张三的两个子女不够本分或者不孝顺自己，则可以随时调整甚至取消他俩的受益比例，从而实现不同情况下灵活切换，最终实现精准的财富传承。

（四）大额保险具有明确的收益锁定功能

打破“富不过三代”的历史魔咒，除了上文提到的明确传承之外，还需要有明确的收益锁定，让子孙后代能够在确定的时间获得确定的财产。而目前能实现这个功能唯一的工具就是大额人寿保险。

在设计人寿保险时，通常通过精算师根据当地人群的生命周期表和当时预计的利率水平来确定一个保险的预定利率。这个预定利率在终身寿险和年金保险中都会有所体现。再加上保险合同的合同属性及其长期性，导致保单一旦签订，其预定利率是不能变化的，因而就产生了人寿保险的收益锁定功能。比如在1996年，国内曾经出现过一批预定利率为6%的两全保险，当时银行的一年期存款基准利率高达10%以上。虽然当时保险的预定利率远低于银行存款，但在银行利率一路走低的情况下，保险的预定利率却被合同锁定了，就是现在来看，其持续被保险人一生的6%的复利收益率是非常高的。

举例来说，张三今年55岁，有2000万元的资产想留给两个子女，并希望自己百年后，两个子女都能拥有不低于2000万元的资产，以保障他们富足的生活。

张三该怎么办呢？存在银行或者购买安全性极高的国债，假设每年的收益率为3.5%，按照复利计算，需要21年才能实现资产翻倍，即两个子女能够每人拿到2000万元的资产。虽然每年的收益是明确并且非常安全的，但由于张三什么时候身故，却是极为不确定的，因此，张三的意愿最终能否实现，存在着很大的不确定性。而除了国债以外的其他任何投资工具，都面临或大或小的风险，不仅难以保证目的的实现，而且有可能面临本金的亏损。

而保险，恰恰就具备这样的功能。张三可以用这2000万元的资产购买大额终身寿险，以自己为被保险人，两个子女为受益人。以张三的年龄来看，保额在4000万元左右是完全可行的，而且，张三活得越久，未来两个子女获得的保险理赔金越多，这样不仅能够实现张三个人的意愿，子女也会希望张三长寿，而且对于构建家庭和谐氛围也是大有好处。

2000万元的投入，至少4000万元的产出，这样的收益锁定功能，没有任何一个金融工具能够与之相比。

除了终身寿险具有收益锁定功能，年金险同样具备这样的功能。

在高净值客户的财富规划中，建立一个安全且能长期持续稳定的现金流是必不可少的一环，这个现金流可以提供家庭的基本支出、教育费用、养老金、护理、医疗等，可以提前锁定家庭长期的生活品质。但除了保险以外，几乎没有任何一类资产可以做到安全、长期、稳定。

还是以张三来举例，假设其在55岁的年纪开始筹划60岁后退休的生活，他期望每年能有不低于50万元的生活费，直到生命的终点。除了保险以外，没有任何其他金融工具能够给予张三以白纸黑字形式的承诺。

（五）大额保险具有合理的税务规划功能

人寿保险作为社会的稳定器，无论国外还是国内，在税务上都是得到“特殊照顾”的。

首先，人寿保险理赔金在全世界各个国家基本都是免所得税的，就算美国这种单纯的人寿保险不能规避遗产税的国家，人寿保险理赔金也是可以免所得税的。而且人寿保险往往有杠杆，保费和保额间往往差别几倍甚至几十上百倍，一旦赔付，如此高的增值是不用缴纳一分钱税的，其税务规划功能可见一斑。

其次，大额保险的死亡理赔金一般由保险公司直接给付受益人，而不会纳入被保险人的遗产计算，因此在大部分的国家和地区，保单是可以规避遗产税的。

再次，在很多国家和地区，包括在美国，为了鼓励居民购买人寿保险，减轻社会保险的压力，增进社会和谐安定，购买人寿保险的保费都是可以在税前列支的。虽然我国现在这方面的政策还不多，但这是世界潮流。

最后，非常重要的一点，大额保险在遗产税筹划上还有着一个独特的优势功能，就是可以通过杠杆准备应税现金。

（六）大额保险具有合理的隐私保护功能

保护家庭及财产的隐私，一直是高净值客户所看重的，然而因继承而产生纠纷的新闻时常见诸报端，让很多高净值客户觉得信息保护不那么安全。远有香港华懋集团翁媳100亿元遗产争夺战和霍家兄弟300亿元遗产争夺战，近有国画大师许某庐母子20亿元遗产争夺战和柏联集团翁媳200亿元遗产争夺战，一个个富甲一方的顶级豪门，一个个触目惊心的天文数字，都在挑战着我们的视觉神经和窥探欲望，在感慨豪门深似海的同时，也不得不正视隐私保护的重要性，避免自己的家事成为别人茶余饭后的谈资。

保护好家庭及财产的隐私，有很多可以利用的工具，保险是其中之一。人寿保单的隐私保护功能可谓是贯穿于保险的始终，从购买前的决策到保险生效期再到保险赔付后，都可以做到很大程度上的保密。

（七）大额保险具有灵活的资金融通功能

大额保险的资金融通功能在国内外保险规划中都得到广泛应用，因为保单一般都具备现金价值，现金价值通过投保人对保单的任意解除权可以随时实现，属于投保人实际有效控制的财产，在国内外都可以通过保单抵押或质押进行贷款，实现资金的融通功能。

人寿保险公司的保单质押贷款业务给投保人提供了非常好的资金融通功能。它的特点是：

1. 贷款速度快，一般只需几天时间就可以完成贷款，远远超过银行贷款的效率。

2. 贷款比例高，一般都可以贷到保险合同现金价值的80%，现在有的产品甚至可以贷到现金价值的90%。

3. 贷款利息低，贷款利息一般都低于银行的实际贷款利率，更加远远少于其他融资渠道的利率。

4. 用款周期灵活，没有什么期限限制，可以随借随还，可以先还一部分，也可以全部归还，一般按天计息，可以进一步降低用款成本。

5. 还款压力小，一般都可以只还利息不还本金，还款压力小。

因此在保单的规划设计中，保单的资金融通功能是可以重点考虑的。至于保单贷款的其他操作问题，将在后面章节中详细阐述。

（八）大额保险具有灵活的投资功能

保险资金相对于其他资金，在投资方面有许多独特的优势，包括巴菲特在内的许多投资大鳄，都喜欢持有人寿保险公司的股权甚至控股人寿保险公司作为其投资组合的重要组成部分。

首先，人寿保险合同持续时间特别长，从投保人支付保费到保险人赔付，中间可能间隔几十年。因而保险资金一般都非常稳定，可以进行长期的投资安排，为资产管理提供了更多的主动权。

其次，保险资金的给付取决于合同的约定和风险的发生，因此一般不会出现所谓集中赎回或者挤兑现象，即使发生集中的风险爆发时间或者超大额的赔付，也有再保险机制作为缓冲。保险资金的这种稳定性也为资产管理提供了更多的主动权。

最后，保险资金实力一般都非常雄厚，而且有其他任何基金所不能比拟的持续现金流，这也为资产管理提供了更多的主动权。

保险中还有一种特殊的投资险种，就是投资连结保险。这种保险主要的功能就是投资，同时又兼具保险的特点。运用得当的话，在私人财富管理中可以起到很多非常独特的作用。

（九）大额保险具有个性化的移民规划功能

移民不是简单的居住地变更，也不是单纯的身份转变，更不是轻易的财产转移，而是涉及法律、税务、文化、习俗等一系列因素的改变，所以务必提前作好充分规划安排，尤其是涉及财产问题，更需要谨慎，一不小心，也许辛苦创下的财富，顷刻之间就可能有一部分甚至一半归属于他国政府，所以移民要事先作好财务方面的规划。而保险理赔金的免税待遇已经被国际社会广泛接受，因此，大额保险在移民规划中具有非常重要的作用，尤其是对于税制复杂、税率高且征税能力强、惩罚力度大的国家，移民前利用大额保险进行财务方面的规划，具有非常重要的意义。

（十）大额保险具有个性化的杠杆利用功能

人寿保险的杠杆功能是一个核心功能，这个功能也是人寿保险所独有的，几乎无法被任何其他的金融工具所代替。在财富管理实务中，人的疾病、伤残和死亡都会给财富带来不确定的损失，有的损失甚至是很难承受的。但这些风险的发生具有很高的不确定性，而一旦它们发生，则会对财富管理带来很大的不确定性，因此我们可以通过支付少量的保费作为代价，将这些损失转嫁给保险公司，将不确定的损失转换为确定的对价，以方便财富管理的安排。

同时，人寿保险的杠杆功能还可以变成财富的“放大器”，在实务中，特别是在境外，人寿保险的财富放大功能被更广泛应用。最具代表性的就是大额保险的保费融资。比如一个40岁的男性，趸交100万美元大概可以买到500万美元的保险金额，但这份保单我们只需要实际支付30万美元即可获得，剩余70万美元可以用保单质押贷款，私人银行的贷款利息2016年上半年仅为2%—3%。你只需要付出30万美元及每年支付1.4万美元的利息即可获得500万美元的保额。而这份保单本身还将产生收益，保单的收益目前一般在5%左右，除支付贷款利息外还可以有套利空间。这样我们就成功地将5倍的杠杆放大到了15倍以上，将30万美元放大到500万美元。而触发条件就是被保险人死亡，这被笑称为“人生命的IPO”。

四、大额保单的运用举例

（一）大额保单债务隔离案例运用

1.案例背景

钱总今年45岁，经营一家企业，目前总资产5000万元，负债2000万元，均属公司债务，与钱总个人无关，公司每年会有500万元的分红。女儿目前11岁，就读国际小学，妻子在家照顾家庭，双方父母均已退休。

人到中年，钱总不免思虑良多：一来孩子尚小，未来学业及成家都所需不菲，如何能够给女儿以彻底的保障；二来父母年事已高，如何让他们安享晚年；三来人到中年，身体必然不复年轻之勇，万一在事业受挫之时，再面临重大疾病，除了身体的折磨，高额的医疗费该如何保障；四来商场如战场，今天的成功如何保障明天的幸福，尤其是对于未来有可能发生的企业债务问题，如何不波及家庭的财产，不影响家庭的生活。

2.案例分析

能否通过保险的工具帮助钱总解决这些问题呢？答案是肯定的。我们可以通过年金保险、终身寿险、两全保险、重疾险、高端医疗险等一种或者多种保险产品来满足钱总的需求。本书力求客观公正，除非特殊需要，否则不体现也不涉及具体的保险产品名称，只强调保险本身的架构和功能。

一般的操作都是以钱总或者钱太太为投保人，因为很多时候只有钱总及其太太具备足够的保费支付能力，而如果这样安排，可能存在较大的风险。一方面，上述类型的保险，部分可能具有比较高的现金价值，前面我们已经分析了，现金价值属于投保人的责任财产，一旦投保人面临债务等问题，这部分财产很有可能会被强制执行；另一方面，钱总实际经营的企业存在较大的债务问题，其妻子作为家庭主妇，没有收入来源，一旦钱总负债，作为妻子很有可能需要承担连带责任，而且在现实的商业往来中，债权人很少会同意妻子不作为连带担保人。

3.方案设计

以钱总父母为投保人，钱总及/或太太为被保险人，女儿为受益人，配置保险。

如前文所分析，由于保险的现金价值属于投保人，即钱总的父母，即便未来钱总有债务连带问题，也无须用这部分资金来偿还，而作为受益人的女儿，无论是领取的年金保险受益金还是死亡保险受益金，都属于其个人合法财产，不需要承担父母的债务，因此能够规避钱总的债务问题。

当然，简单的架构，也意味着有一些无法避免的其他问题。

第一，钱总父母是否有足够的资产来购买相关保险，如果是要用钱总的钱，是否存在恶意转移财产的可能？

第二，如果钱总还有其他兄弟姐妹，作为投保人的钱总父母身故后，如何让这份保单不会成为父母的遗产？其兄弟姐妹是否会对这部分保险的现金价值提出权利主张？

第三，女儿还小，万一钱总夫妇不幸身故，高额的理赔金能否真正为女儿所用，以及能否帮助女儿养成良好的生活和消费习惯？

第四，虽然概率比较小，但如果年迈的父母婚姻出现危机，保单是否能够不被分割？一般情况下，如果作为受益人的子女未成年，会被视作夫妻双方对子女的赠与，而不会分割保单。本案例中，孙女作为受益人，是否同样适用，有待司法检验。当然，笔者倾向于相信，年迈的父母即便个人婚姻出现问题，也不会做出有损子孙利益的事情，保单得到保全的概率是非常大的。但如果极端情况下，万一父母就是协商不成，非得解除保单以分割现金价值，又该怎么办呢？

这些问题，都是以上简单架构所不能解决的，这个时候我们就需要配合其他一些工具了。

首先，钱总与父母签订一个附条件赠与协议，约定钱总赠与给父母的钱只能用于购买保险，并约定未经钱总同意，投保人不得退保，不得做部分领取，不得做保单贷款等，否则赠与无效。

其次，钱总可以找独立的会计师或者税务师，出具一份个人或家庭的资产报告，用以证明该赠与行为并没有侵害债权人的权益。虽然我国目前还没有个人或家庭的破产保护制度，但留有这样的一份资产报告，至少能够说明钱总赠与财产给父母时，不存在恶意转移财产的故意，能够在较大程度上做到真正的隔离。

最后，交完保费以后，父母可以出具一个公证遗嘱，指定在其身故后，保单相关权益由钱总及其女儿继承。

通过上述的设计，就能实现钱总规避未来可能出现的债务的目的，同时各种配套的法律措施还能帮助钱总实现其他多样化的财富管理目的，可谓是一举多得。

4.方案总结

正所谓世界上没有完美的事情，任何防范风险的架构本身就是一种风险，所以，上述架构也并非百分百的完美，依然存在无法解除的事情，比如保险公司不接受诸多的协议该怎么办？或者父母已经过了投保的年龄，甚至于父母已经不在世了，而子女还没有成年或者子女不孝顺，投保人又该如何选择？一系列的问题都需要后面更多的架构以及其他一些财富管理手段和工具来配合。

（二）大额保单婚姻财富规划案例运用

1.案例背景

王女士今年35岁，5年前孩子出生后，为了更好地教育孩子，也为了支持丈夫张先生的事业，她辞去了外企待遇优厚的工作，在家专心相夫教子，将家里打理得井井有条。张总由于没有任何后顾之忧，生意做得风生水起，积累了不少财富。王女士对张总百分百的信任和支持，加之生意上的事情都是张总在打理，所以家里大部分财产都由张总掌控。

半年前，张总招聘了一个年轻漂亮的女秘书，之后，经常以出差或者开会为由不回家，有时候甚至一两个星期都见不到人。王女士感觉有点不对劲，但苦于没有直接的证据，也是为了孩子着想，一直忍气吞声。

但有时候她也会忍不住地往不好的方面想，而且越想越感觉到害怕，其担忧主要有三点：

第一，孩子尚小，真要是离婚了，孩子怎么办？

第二，自己为家庭牺牲这么大，家庭大部分财产都不在自己的掌控范围之内，该如何是好？

第三，自己脱离社会这么多年，未来无论离婚与否，或者离婚后是否再婚，如何让自己未来的生活更有保障？

2.案例分析

王女士的上述担忧不无道理，尤其是在其并不掌握家庭核心资产的时候，一旦婚姻出现变动，丈夫是否会在自己不知情且很难找到相关证据的情况下，转移夫妻共同资产？抑或是否会有一些别有用心的负债，从而让自己处于进退两难的境地？又或者如果王女士的担心最终被证明是错误的，当前的一些想法尤其是基于财富的一些想法，是否会影响日后的夫妻感情？这些都是需要王女士在规划之前思考清楚的。

而且对于一个为家庭作出巨大牺牲和贡献却并不掌握家庭核心资产的家庭主妇来说，如何提高自己在婚姻中合法权益的下限，如何合理合法地守护自己的利益，如何进退由己地守护自己的家庭和幸福，甚至如何让你所怀疑的掌握家庭核心资产的配偶心甘情愿地配合你的计划，完成一些必要的财富规划，既是专业问题，也是心理问题。

3.方案设计

王女士的情况，在国内应该还是比较普遍的，尤其是对于私营经济非常发达的沿海一带。接下来，笔者将基于王女士并不掌握家庭核心资产的现状，以保险为出发点，帮助王女士寻求解决问题的方法。

（1）通过保险合理合法地实现婚内资产个人化。依据《民法典》的相关规定，一方因在婚后获得的人身损害赔偿等属于婚内个人财产。而诸如医疗险、重疾险、意外伤害险等的保险理赔，就属于典型的人身损害赔偿。

因此，王女士首先要做的就是以夫妻共同财产来为自己购买医疗险、重疾险和意外伤害险等，由于其理赔金属于婚内个人财产，如此一来，就相当于通过合理合法的方式，将属于夫妻共同资产的保费变成了属于婚内个人资产的保额，也就相当于提升了自己对于家庭财产的掌控力。

需要注意的是，所购买的上述类型保险产品，应该要尽量选择低现价甚至是无现价的，而且尽量选择趸交的形式。这样安排的好处在于：

其一，无论未来感情如何变化，甚至于家庭财富如何变化，至少自己后半生的医疗费用基本能够得到解决，这对于往后余生的生活来说，可谓是莫大的保障。

其二，医疗险、重疾险和意外伤害险，保费不会特别高，便于实现。一方面，比较容易说动让丈夫拿钱来购买，从而增加自己所掌控的家庭财富规模；另一方面，即便丈夫不愿意拿钱或者自己不愿意从丈夫那里拿钱，对于保费有限的此类保险产品来说，作为家庭重要成员，应该也是有支付能力的，而这笔财产本来也属于夫妻共同资产，此时通过保险的方法，就合理合法地变成了个人财产。

其三，如果选择期缴，一旦在缴费期内离婚，则意味着剩下的保费需要用个人财产来支付。

通过上述的安排，对于王女士来说就解决了未来至关重要的健康保障问题，当然，这样的安排，对于掌握家庭核心财富来说，力度还是非常有限，接下来就进行第二步的规划。

（2）通过保险架构设计实现婚内资产个人化。有了医疗险、意外伤害险、重疾险等打底之后，王女士还需要借助保险，既要保障自己未来的生活，也要进一步加强对于家庭财富的掌控力度。此时，年金险就派上了用场。

一方面，医疗险等只能是在保险事故发生后，将理赔金用于治病，对于日常生活所需的开支，帮助不是很大，而年金险的核心价值就是保障受益人的日常生活所需；另一方面，医疗险等保费有限，而年金险才能做大保费规模，真正满足王女士扩大对于家庭财富控制力度的需求。

基于此，可以建议以王女士为投保人和被保险人，以女儿为受益人，配置年金险，交费方式以趸交为宜，之后将投保人变更为王女士的父母。如此一来，若王女士婚姻得以挽回，则此架构能够保障未来家庭生活所需，无论丈夫在外经营企业效果如何，家庭生活的底线都不会太低，而一旦王女士离婚，由于保单在其父母名下，所以该保单也不需要用来分割，自然变成了对王女士离婚后生活的保障，对于王女士来说，可谓是进退自如。

为了保障架构的有效性，还需要注意以下几个因素：

第一，在将投保人变更为王女士父母时，一定要让丈夫知情，并且让他出具书面的投保人变更确认函。因为变更投保人，相当于王女士将本属于夫妻共同财产的保单现金价值，赠送给了自己父母，若丈夫不知情，由于金额比较高，远超过子女对父母赡养费的合理支出，容易引起丈夫对王女士恶意转移夫妻共同财产的怀疑，导致王女士成为婚姻中的过错方，从而在离婚析产中少分甚至是不分夫妻共同财产，如此一来，与王女士的目的就背道而驰了，所以这个问题一定要重视，切不可悄悄进行投保人变更。

第二，变更父母为投保人时，为了避免父母作为投保人的退保等风险以及身故带来的继承风险，王女士可以与父母签订定向赠与协议，约定父母不得退保、不得保单抵押贷款，也不得部分领取保单现金价值，同时父母出具一份遗嘱，约定父母身故后，该保单的所有权益只由王女士一人继承，该遗嘱最好进行公证。

第三，由于涉及金额比较大，即便在变更投保人时丈夫签署了变更确认函，也存在离婚时丈夫反悔的情形，但此时分割的只是保单的现金价值，在购买保险的初期，保单的现金价值是远远低于所交保费的，对于王女士来说，保费与现金价值的差额部分，相当于也是合理合法地变成了个人资产，同样能够帮助王女士增加对于家庭财富的控制。

第四，所交保费以家庭资产的10%左右为宜，不宜太高或者太低。若远超此标准，则丈夫未必会同意购买保险；若远低于此标准，则对于王女士来说，未必能够满足其需求。

（3）通过对子女的赠与加强对婚内资产的掌控力。以上两个步骤，虽然难以帮助王女士将家庭的核心资产悉数掌握在自己手中，但对于王女士而言，这是一个从无到有的质的飞跃，也是对其未来生活的重要保障。此外，王女士还可以基于对子女赠与的角度，进一步加强对婚内资产的掌控。

对子女赠与的方式可以有很多，比如直接给孩子开立银行账户，通过向银行账户存钱的方式进行直接的资金赠与，也可以以孩子的名义购买房产的形式进行赠与，但这些方式或多或少都会有一些弊端。

比如直接赠与现金，在感情出现危机之时，任何没有获得孩子抚养权的一方，都会担心另一方会挪用孩子的这部分资金，导致赠与目的无法达成。

再比如赠送房产，虽然能够避免被挪用，但一方面房产的变现比较困难，难以直接对孩子未来的教育和生活提供费用保障，另一方面当孩子成年后，具备了处置房产的完全民事行为能力，存在着挥霍败家的风险。

而借助保险的方式显然就能避免这些担忧。一方面，保单一般期限比较长，结构相对稳定，获得抚养权一方若要挪用这部分资金，需要先进行退保，无形之中增加了难度，实务中还可以通过其他一些配套措施来限制这个行为；另一方面，年金险最大的特点，就是在孩子教育、成家、创业等关键时期，给予其充分的物质支持，而且由于孩子不是投保人，不存在挥霍的风险。

所以对于子女的赠与，保险是最好的选择。

具体的操作是，以王女士为投保人，女儿为被保险人和受益人，投保年金险，交费方式可以期缴也可以趸缴，当然最好还是选择趸缴为宜。

与第二个架构相比，其不同的地方在于：其一，该架构下，可以不用变更投保人；其二，此处的被保险人和受益人尽量是子女。

如此一来，若王女士婚姻得以挽回，无论家庭环境如何变化，此架构能够保障未来孩子的教育、生活甚至是创业所需，孩子不至于输在物质的起跑线上。而一旦王女士离婚，此保单也有比较大的概率判定为是夫妻两人对于子女的赠与，而无须进行分割。

此时，夫妻两人的矛盾点，就会从对于财产的分割转移到对孩子抚养权的争夺上，在丈夫出轨、孩子尚小的情况下，王女士获得孩子抚养权的概率显然要更大一些，而一旦获得了孩子的抚养权，也就意味着掌控了为孩子所配置的该保单的财产权益，进一步实现了王女士控制家庭财富的目的。

第三节｜保险金信托视角下的信托再认识

信托，作为一种舶来品，其概念是非常宽泛的，按照我国《信托法》的定义，信托是指委托人基于对受托人的信任，将其财产权委托给受托人，由受托人按委托人的意愿以自己的名义，为受益人的利益或者特定目的，进行管理或者处分的行为。

从定义上来看，信托是一种财产的管理或处分行为，也是一种民事法律行为，其类型非常丰富，实务中也有不同维度的划分。

根据法律属性的不同，信托首先可以分为作为理财产品的集合信托计划和作为财富管理工具的家族信托；根据受托人身份的不同，信托可分为民事信托和商事信托；根据信托利益归属的不同，信托可分为自益信托、他益信托以及混合益信托；根据信托设立目的的不同，信托可分为私益信托和公益信托；根据委托人人数的不同，信托可分为单一信托和集合信托；根据委托人性质的不同，信托可分为个人信托、法人信托以及个人与法人通用信托；根据信托涉及的地理区域的不同，信托可分为国内信托和国际信托，或者在岸信托和离岸信托。

从我国的信托业务实践来看，我国信托的起步是以理财型的集合信托为主，逐渐发展到如今各种类型的信托百花齐放，呈现出一片繁荣景象，相关政策和业务模式也在实践中不断发展和完善。

一、从37号文到信托分类新规

2018年4月，中国人民银行、中国银行保险监督管理委员会、中国证券监督管理委员会、国家外汇管理局联合发布了《关于规范金融机构资产管理业务的指导意见》（以下简称《资管新规》），为行业的健康发展打下了坚实的法治基础。同年8月，银保监会下发了《关于加强规范资产管理业务过渡期内信托监管工作的通知》（以下简称“37号文”），其中明确指出公益（慈善）信托、家族信托不适用《资管新规》，并对家族信托业务进行了界定，且首次明确了家族信托的概念：家族信托是指信托公司接受单一个人或者家庭的委托，以家庭财富的保护、传承和管理为主要信托目的，提供财产规划、风险隔离、资产配置、子女教育、家族治理、公益（慈善）事业等定制化事务管理和金融服务的信托业务。同时还规定家族信托财产金额或价值应不低于1000万元，受益人应包括委托人在内的家庭成员，但委托人不得为唯一受益人。单纯以追求信托财产保值增值为主要信托目的，具有专户理财性质和资产管理属性的信托业务不属于家族信托，仍适用《资管新规》的相关规定。

这被认为是官方层面第一次出台关于家族信托的监管文件，也是第一次对家族信托进行正式的官方定义，可谓是意义重大。但37号文并未明确家族信托的监管细节，现实中依然有不少问题有待进一步完善，其中就包括对于不同类型的家族信托甚至是不同类型的信托采取什么样的监管标准等。

而且，无论从法律法规等规范性法律文件的界定层面，还是业务的实际操作层面，对于信托业务的分类总体呈现从不同角度进行不同情形的分类，看似面面俱到，实则有些混乱。

比如，在2001年实施的《信托法》中可以将信托业务简单地分为他益信托、自益信托，集合信托计划、单一信托，公益信托等分类维度；在2014年发布的《信托业务分类及编码》中，又将信托业务划分为9个大类、22个中类、19个小类；在2018年发布的《资管新规》中又存在“固定收益类”“权益类”“商品及金融衍生品类”“混合类”的分类模式；并在同年发布的37号文等中又提出了家族信托、公益（慈善）信托、服务信托、事务管理类信托以及单一类信托业务、集合类信托业务及财产权信托等分类口径；此外，各信托公司在经营管理实践中，往往以其展业涉及的信托财产的管理运用方式作为依据，在其内部制定了不同方式的分类，进而导致信托业务的分类存在繁杂且不统一的问题。

于是2023年3月20日，银保监会正式下发了〔2023〕1号文件《中国银保监会关于规范信托公司信托业务分类的通知》（以下简称《信托业务分类通知》），并于2023年6月1日起实施。

《信托业务分类通知》将信托业务分为3个大类、25个小类。其中，最大的一个亮点在于传统的资产管理信托业务仅有4种，而着眼于信托本源功能的资产服务信托业务却有19种之多，其中包括我们耳熟能详的家族信托、保险金信托和遗嘱信托等，这在一定程度上也可以看出未来监管的趋势，保险金信托也必将会迎来更大的发展机遇。信托公司信托业务新分类简表如表3–1所示。

表3–1　　信托公司信托业务新分类简表

信托业务	是否募集资金	受益类型	主要信托业务品种	
资产服务信托业务	不涉及	自益或他益	财富管理服务信托	家族信托
				家庭服务信托
				保险金信托
				特殊需要信托
				遗嘱信托
				其他个人财富管理信托
				法人及非法人组织财富管理信托
			行政管理服务信托	预付类资金服务信托
				资管产品服务信托
				担保品服务信托
				企业/职业年金服务信托
				其他行政管理服务信托
			资产证券化服务信托	信贷资产证券化服务信托
				企业资产证券化服务信托
				非金融企业资产支持票据服务信托
				其他资产证券化服务信托
			风险处置服务信托	企业市场化重组服务信托
				企业破产服务信托
			新型资产服务信托	
资产管理信托业务	私募	自益	集合资金信托计划	固定收益类信托计划
				权益类信托计划
				商品及金融衍生品类信托计划
				混合类信托计划
公益慈善信托业务	可能涉及募集	公益	公益慈善信托	慈善信托
				其他公益信托

（一）资产管理信托

资产管理信托是指集合资金信托计划（以下简称“信托计划”），依据《关于规范金融机构资产管理业务的指导意见》，按投资性质不同分为固定收益类信托计划、权益类信托计划、商品及金融衍生品类信托计划和混合类信托计划共4类。

1.固定收益类信托计划，是指信托计划投资于存款、债券等债权类资产的比例不低于80%。

2.权益类信托计划，是指信托计划投资于股票、未上市企业股权等权益类资产的比例不低于80%。

3.商品及金融衍生品类信托计划，是指信托计划投资于商品及金融衍生品的比例不低于80%。

4.混合类信托计划，是指信托计划投资于债权类资产、权益类资产、商品及金融衍生品类资产且任一资产的投资比例未达到前三类产品标准。

（二）资产服务信托

资产服务信托按照服务内容和特点分为财富管理服务信托、行政管理服务信托、资产证券化服务信托、风险处置服务信托和其他资产服务信托共5类。

1.财富管理服务信托。信托公司为自然人、法人及非法人组织财富管理提供的信托服务，按照服务内容及对象不同分为7类。

（1）家族信托。信托公司接受单一自然人委托，或者接受单一自然人及其亲属共同委托，以家庭财富的保护、传承和管理为主要信托目的，提供财产规划、风险隔离、资产配置、子女教育、家族治理、公益（慈善）事业等定制化事务管理和金融服务。家族信托实收信托应当不低于1000万元。受益人应当为委托人或者其亲属，以及慈善信托或者慈善组织，但委托人不得为唯一受益人。单纯以追求信托财产保值增值为主要信托目的，具有专户理财性质的信托业务不属于家族信托。

（2）家庭服务信托。由符合相关条件的信托公司作为受托人，接受单一自然人委托，或者接受单一自然人及其家庭成员共同委托，提供风险隔离、财富保护和分配等服务。家庭服务信托实收信托应当不低于100万元，期限不低于5年，投资范围限于投资标的为标准化债权类资产和上市交易股票的信托计划、银行理财产品以及其他公募资产管理产品。

（3）保险金信托。单一委托人将人身保险合同的相关权利和对应的利益作为信托财产，当保险合同约定的给付条件发生时，保险公司按照保险约定将对应资金划付至对应信托专户，由信托公司按照信托文件管理。

（4）特殊需要信托。信托公司接受单一自然人委托，或者接受单一自然人及其亲属共同委托，以满足和服务特定受益人的生活需求为主要信托目的，管理处分信托财产。

（5）遗嘱信托。单一委托人（立遗嘱人）为实现对身后遗产的计划，以预先在遗嘱中设立信托条款的方式，将遗产的管理规划规定在遗嘱中，包括遗产的管理、分配、运用及给付等，并于遗嘱生效后，由信托公司依据遗嘱中信托条款的内容，管理处分信托财产。

（6）其他个人财富管理信托。信托公司作为受托人，接受单一自然人委托，提供财产保护和管理服务。委托人应当以自然人合法所有的财产设立财富管理信托，不得非法汇集他人财产设立财富管理信托。其他个人财富管理信托的信托受益权不得拆分转让。其他个人财富管理信托实收信托应当不低于600万元。

（7）法人及非法人组织财富管理信托。信托公司作为受托人，接受单一法人或非法人组织委托，提供综合财务规划、特定资产处置、薪酬福利管理等信托服务。法人或非法人组织应当以合法所有的财产设立财富管理信托，不得以资产管理产品财产/资产服务信托财产或者以其他方式汇集他人财产设立财富管理信托，也不得通过向资产管理产品直接或间接转让财富管理信托受益权等方式帮助资产管理产品管理人以资产管理产品财产变相设立财富管理信托。除以薪酬福利管理为信托目的外，法人及非法人组织财富管理信托应当为自益信托。法人及非法人组织财富管理信托受益权不得拆分转让。法人或非法人组织财富管理信托实收信托不低于1000万元。

2.行政管理服务信托。信托公司作为独立第三方提供运营托管、账户管理、交易执行、份额登记、会计估值、资金清算、风险管理、执行监督、信息披露等行政管理服务的信托业务。按照信托财产和服务类型分为5类。

（1）预付类资金服务信托。信托公司提供预付类资金的信托财产保管、权益登记、支付结算、执行监督、信息披露、清算分配等行政管理服务，帮助委托人实现预付类资金财产独立、风险隔离、资金安全的信托目的。

（2）资管产品服务信托。信托公司接受资管产品管理人委托，为单个资管产品提供运营托管、账户管理、交易执行、份额登记、会计估值、资金清算、风险管理、执行监督、信息披露等行政管理服务，不参与资管产品资金筹集、投资建议、投资决策、投资合作机构遴选等资产管理活动。资管产品服务信托为资管产品提供行政管理服务，不得与《关于规范金融机构资产管理业务的指导意见》相冲突。

（3）担保品服务信托。信托公司作为第三方，受托管理担保物权，代表债权人利益，提供担保物集中管理和处置服务。

（4）企业/职业年金服务信托。信托公司依据人力资源社会保障部门颁布规则，受托管理企业/职业年金基金。

（5）其他行政管理服务信托。信托公司作为受托人管理其他特定资产，提供财产保管、执行监督、清算分配、信息披露等行政管理服务。涉及财产权信托受益权转让、发行等方式变相为委托人融资的信托业务，不属于行政管理服务信托。

3.资产证券化服务信托。信托公司作为受托人，以资产证券化基础资产设立特定目的载体，为依据金融管理部门颁布规则开展的资产证券化业务提供基础资产受托服务。按照基础资产类型和服务对象分为4类。

（1）信贷资产证券化服务信托。信托公司作为受托人，为按照《信贷资产证券化试点管理办法》开展的信贷资产证券化业务提供基础资产受托服务。

（2）企业资产证券化服务信托。信托公司作为受托人，为按照《证券公司及基金管理公司子公司资产证券化业务管理规定》开展的企业资产证券化业务提供基础资产受托服务。

（3）非金融企业资产支持票据服务信托。信托公司作为受托人，为按照《银行间债券市场非金融企业资产支持票据指引》开展的非金融企业资产支持票据业务提供基础资产受托服务。

（4）其他资产证券化服务信托。信托公司作为受托人，为其他依据金融管理部门颁布规则开展的资产证券化业务提供受托服务。

4.风险处置服务信托。信托公司作为受托人，为企业风险处置提供受托服务，设立以向债权人偿债为目的的信托，提高风险处置效率。按照风险处置方式分为两类。

（1）企业市场化重组服务信托。信托公司作为受托人，为面临债务危机、拟进行债务重组或股权重组的企业风险处置提供受托服务，设立以向企业债权人偿债为目的的信托。

（2）企业破产服务信托。信托公司作为受托人，为依照《破产法》实施破产重整、和解或者清算的企业风险处置提供受托服务，设立以向企业债权人偿债为目的的信托。

5.其他资产服务信托。信托公司经监管部门认可，依据信托法律关系开展的其他资产服务信托业务。

（三）公益/慈善信托

公益/慈善信托依据信托目的不同，分为慈善信托和其他公益信托两类。

1.慈善信托。慈善信托是指委托人基于慈善目的，依法将其财产委托给信托公司，由信托公司按照委托人意愿以受托人名义进行管理和处分，开展慈善活动的行为。

2.其他公益信托。除慈善信托以外，信托公司依据《信托法》开展，经监管部门认可的其他公益信托业务。

二、家族信托的三要素

设立家族信托，需要满足一些基本的要素，其中有3个是必不可少的，包括信托必须要有当事人、合法且确定的信托财产以及合法的信托目的。

（一）当事人

信托法律上的当事人只有3个，分别为委托人、受托人和受益人。

1.委托人

委托人是交付信托财产的信托当事人，按照信托法的规定，具有完全民事行为能力的自然人、法人或者依法成立的其他组织都可以成为委托人。需要注意的是，在《民法典》的体系中，已经没有了“依法成立的其他组织”的概念，取而代之的则是“非法人组织”，虽然《信托法》目前尚未修改，但为了保持语境的一致性，本书涉及这个问题时，除完整地引用法条外，其他地方统一使用“非法人组织”。

（1）委托人权利。按照法律的规定，委托人具有较大的权利，包括但不限于：

①信托管理事务的知情权。《信托法》第二十条规定，委托人有权了解其信托财产的管理运用、处分及收支情况，并有权要求受托人作出说明；同时，委托人有权查阅、抄录或者复制与其信托财产有关的信托账目以及处理信托事务的其他文件。

②信托财产管理方法调整的要求权。《信托法》第二十一条规定，因设立信托时未能预见的特别事由，致使信托财产的管理方法不利于实现信托目的或者不符合受益人的利益时，委托人有权要求受托人调整该信托财产的管理方法。

③损失救济权。《信托法》第二十二条规定，受托人违反信托目的处分信托财产或者因违背管理职责、处理信托事务不当致使信托财产受到损失的，委托人有权申请人民法院撤销该处分行为，并有权要求受托人恢复信托财产的原状或者予以赔偿；该信托财产的受让人明知是违反信托目的而接受该财产的，应当予以返还或者予以赔偿。前款规定的申请权，自委托人知道或者应当知道撤销原因之日起一年内不行使的，归于消灭。

④受托人解任权、辞任同意权和新受托人选任权。《信托法》第二十三条规定，受托人违反信托目的处分信托财产或者管理运用、处分信托财产有重大过失的，委托人有权依照信托文件的规定解任受托人，或者申请人民法院解任受托人。

⑤信托的解除权、对于受益人的变更权和受益权的处分权。《信托法》第五十条明确规定了委托人对于信托的解除权，第五十一条则规定了上述三项权利。

《信托法》第五十条，委托人是唯一受益人的，委托人或者其继承人可以解除信托。在委托人是唯一受益人的情况下，允许委托人享有随时解除信托的权利，在通常情况下并不会损害其他信托当事人的利益。并且委托人行使这个权利，没有前提条件，也不必征得受托人的同意，而且不需要有任何理由。

《信托法》第五十一条，设立信托后，有下列情形之一的，委托人可以变更受益人或者处分受益人的信托受益权：（一）受益人对委托人有重大侵权行为；（二）受益人对其他共同受益人有重大侵权行为；（三）经受益人同意；（四）信托文件规定的其他情形。有前款第（一）项、第（三）项、第（四）项所列情形之一的，委托人可以解除信托。

⑥信托财产或者信托受益权的归属权。当信托目的已经实现或者不能实现，但还剩余有信托财产的时候，委托人享有对于信托财产或者信托受益权的归属权。《信托法》的第四十六条和第五十四条都对此有着具体的规定。

《信托法》第四十六条，受益人可以放弃信托受益权。全体受益人放弃信托受益权的，信托终止。部分受益人放弃信托受益权的，被放弃的信托受益权按下列顺序确定归属：（一）信托文件规定的人；（二）其他受益人；（三）委托人或者其继承人。

《信托法》第五十四条，信托终止的，信托财产归属于信托文件规定的人；信托文件未规定的，按下列顺序确定归属：（一）受益人或者其继承人；（二）委托人或者其继承人。

归根结底，信托毕竟是由委托人设立的，目的也是实现委托人自身的意愿。因此，委托人除了拥有上述各项权利之外，还可以在法律范围之内，拥有其他诸多权利，比如特定情形下的信托财产管理的权利、追加信托财产的权利、增加信托受益人的权利、增加或者调整信托保护人或者监护的权利等。

当然无论何种权利的行使，都必须要在法律的允许范围之内，并且最好能够事先与受托人协商一致，将上述权利保留在信托文件之中。

（2）委托人义务。委托人除了享有上述的各项权利之外，也有一些需要遵循的义务，包括：

①信托财产来源合法。不只信托，全世界没有任何一个金融工具或者法律制度，会保护非法收入。因此，委托人必须履行信托财产来源合法的基本义务。

②信托目的合法。任何法律和制度，都不会保护合法外衣下的非法目的，信托亦然。作为一项财富管理制度，信托具有诸多的优势和功能，但若利用这些优势和功能达成非法的目的，则信托的效力很容易受到挑战。

因此，委托人必须履行的第二个义务就是要保障信托目的的合法。

③设立信托不得损害其他债权人的合法利益。《信托法》第十二条明确规定，委托人设立信托损害其债权人利益的，债权人有权申请人民法院撤销该信托。由于信托是委托人无偿地以自己的财产为受益人的利益而设立，受益人在信托关系中不付出任何代价而纯享利益，并且受托人也可以是受益人之一，因此，就有可能出现委托人为了逃避债务，将应当抵偿债务的财产设定信托，损害债权人利益。此种情形属于欺诈信托，债权人有权依照法定程序撤销该信托。

2. 受托人

可以这么说，受托人是信托关系中最重要的信托当事人，委托人的意愿或者说信托目的能否最终实现，很大程度上仰仗于受托人的专业管理能力和职业操守。《信托法》全文74条，其中有19条是专门针对受托人的相关规定，与之对比，《信托法》中专门针对委托人和受益人的篇幅，加起来也不过12条内容。而现代信托发源地的英国，其议会制定的最重要的信托法律甚至直接称为受托人法，即现行《1925年受托人法》和《2000年受托人法》，重点规范受托人的产生、职责和权利义务等。由此可见，受托人在信托关系中具有举足轻重的地位。

受托人是委托人设立信托的相对人，从委托人那里接受财产或者财产权的委托，负有按照信托文件的规定管理、处分信托财产的义务。从主体资格来说，由于受托人负有按照信托文件的规定管理、处分信托财产的义务，所以受托人应当是具有完全民事行为能力的自然人、法人。

细心的读者也许已经发现，与委托人的资格不同，受托人只能是具有完全民事行为能力的自然人和法人，并不包括非法人组织，这是为什么呢？

因为在信托活动中，受托人不仅需要以自己的名义管理和处分信托财产，更重要的是还要能够独立承担相应的民事责任。但依据《民法典》的相关规定，非法人组织仅具有以自己的名义从事民事活动的资格，并不具备最终承担民事责任的能力，因而其并不具备作为受托人的主体资格。

此外，依据《民法典》的相关规定，非法人组织的类型主要包括个人独资企业、合伙企业、不具有法人资格的专业服务机构等，比如律师事务所，这些机构都不能成为信托的受托人。

此外，虽然法律规定了自然人可以成为受托人，但在当前环境下，还难以实现，原因为：

第一，我国尚未建立完整的个人信托体系，以自然人为受托人，容易滋生道德风险。

第二，我国尚未完整地建立个人收入和财产信息系统，并且没有个人破产制度。个人名下的财产，哪些是自己所有的财产，哪些是受托的信托财产，存在区分的难度，容易冲击信托财产的独立性。

第三，如果说上述两个原因还可以在不以盈利为目的的信托活动中加以克服的话，那么在营业性的信托业务中，自然人成为受托人是法律所不允许的。

《信托法》第四条规定，受托人采取信托机构形式从事信托活动，其组织和管理由国务院制定具体办法。《信托公司管理办法》第二条规定：本办法所称信托公司，是指依照《公司法》和本办法设立的主要经营信托业务的金融机构。本办法所称信托业务，是指信托公司以营业和收取报酬为目的，以受托人身份承诺信托和处理信托事务的经营行为。

《信托公司管理办法》第七条规定，设立信托公司，应当经中国银行业监督管理委员会批准，并领取金融许可证。未经中国银行业监督管理委员会批准，任何单位和个人不得经营信托业务，任何经营单位不得在其名称中使用“信托公司”字样。法律法规另有规定的除外。

因此，在当下的中国法治环境下，无论是家族信托、保险金信托还是遗嘱信托，抑或是其他形式的信托，都应该是以持牌的信托机构为受托人更为合适。

（1）受托人权利。为了让受托人更好地履行受托人职责，法律赋予了其一些权利，包括：

①信托财产的名义所有权。虽然信托设立后，财产或者财产权进行了实质的转移到了受托人名下，但受托人只享有其中的占有、使用和处分的权利，并不享有收益的权利，所以说受托人只是获得了信托财产的名义所有权。

②信托财产的管理和处分权。《信托法》赋予了受托人对信托财产的管理和处分的权利。在符合信托目的的前提下，受托人可以依据自身的专业、经验等对信托财产进行相应的处理，我国《信托法》对受托人享有的这一

权利并没有施加任何强制性的限制，但也不反对委托人依据自己的意愿对此进行的限制，只要是在信托文件中有载明即可。

③报酬请求权。《信托法》第三十五条规定，受托人有权依照信托文件的约定取得报酬。信托文件未作事先约定的，经信托当事人协商同意，可以作出补充约定；未作事先约定和补充约定的，不得收取报酬。约定的报酬经信托当事人协商同意，可以增减其数额。

④辞任权。《信托法》第三十八条规定，设立信托后，经委托人和受益人同意，受托人可以辞任。本法对公益信托的受托人辞任另有规定的，从其规定。由此可见，受托人虽然拥有辞任权，但并不能够随意行使，而需要经委托人和受益人同意后，方可行使，并且在公益信托方面，还需要得到公益事业管理机构的批准。

除了上述核心权利之外，受托人在管理信托事务过程中还具有其他一些权利，比如信托财产不当强制执行的异议权（《信托法》第十七条）、信托财产优先受偿权（《信托法》第三十七条）等，而在自由裁量权信托下，受托人的权利更为广泛，包括了上述委托人权利中的大部分甚至是全部。

（2）受托人义务。与此同时，受托人亦需要遵循一些义务，包括但不限于：

①遵守信托文件的义务。信托文件是委托人意愿的具体体现，既包含信托目的，也有可能包含信托财产和信托事务管理的原则和方法，因此，受托人具有遵照执行的义务。《信托法》第二十五条明确规定：受托人应当遵守信托文件的规定，为受益人的最大利益处理信托事务。

②忠实义务。信托是基于信任而建立的，委托人基于对受托人的信任包含两个层面的信任，一是道德层面忠诚和信用的信任，二是专业层面谨慎和有效管理的信任。《信托法》第二十五条第二款明确规定，受托人管理信托财产，必须恪尽职守，履行诚实、信用、谨慎、有效管理的义务。

③分别管理的义务。《信托法》第二十九条明确规定，受托人必须将信托财产与其固有财产分别管理、分别记账，并将不同委托人的信托财产分别管理、分别记账。

④亲自管理的义务。《信托法》第三十条明确规定，受托人应当自己处理信托事务，但信托文件另有规定或者有不得已事由的，可以委托他人代为处理。受托人依法将信托事务委托他人代理的，应当对他人处理信托事

务的行为承担责任。

⑤记录、报告和保密的义务。《信托法》第三十三条明确规定，受托人必须保存处理信托事务的完整记录。受托人应当每年定期将信托财产的管理运用、处分及收支情况，报告委托人和受益人。受托人对委托人、受益人以及处理信托事务的情况和资料负有依法保密的义务。

⑥分配信托利益的义务。《信托法》第三十四条明确规定，受托人以信托财产为限向受益人承担支付信托利益的义务。

⑦清算义务。《信托法》第五十八条明确规定，信托终止的，受托人应当作出处理信托事务的清算报告。受益人或者信托财产的权利归属人对清算报告无异议的，受托人就清算报告所列事项解除责任。但受托人有不正当行为的除外。

3. 受益人

信托是为受益人的利益而设立的一种财富管理制度，因此受益人是信托关系中不可缺少的一方当事人。《信托法》第四十三条明确规定，受益人是在信托中享有信托受益权的人。受益人可以是自然人、法人或者依法成立的其他组织。

与委托人和受托人需要具备完全民事行为能力不同，受益人并不受此约束。其原因主要是受益人在信托关系中是纯享收益而无须付出的当事人，并且在信托设立的过程中，也可以不用参与。

另外，《信托法》第九条规定，设立信托，其书面文件应当载明受益人或者受益人范围。由此可见，设立信托时，受益人可以是尚不存在的，前提是只要能够在信托的存续期间内确定即可。比如尚未出生的孩子，委托人可以在信托中约定受益人为与自己有血缘关系的子女和/或孙子女，即便目前还没有子女或者孙子女，这样的信托也是有效的，但若委托人设定的受益人是“我的后辈”，由于“后辈”的范围在法律上没有界定，因此操作上无法确定，不属于是确定了受益人范围，因此这样的约定是无效的，信托也就不能有效成立。

由此可见，信托法对于信托的受益人几乎是没有限制的，原则上只要具有民事权利能力的人都可以成为信托受益人。

（1）受益人权利。虽然受益人是纯享受益而无须付出的信托当事人，但法律依然赋予了其一些权利，包括：

①信托利益分配权。委托人设立信托，就是为了实现受益人的利益，如果受益人不能享有信托利益的分配权，那么信托就变得毫无意义，因此受益人享有的信托利益分配权是其最基本也是最核心的权利。《信托法》第四十三条给予了充分的肯定：受益人是在信托中享有信托受益权的人。

另外，受益人对于受益权的取得并非天然形成，而是要以信托的生效为前提，某些时候还需要以信托文件的具体规定为前提。《信托法》第四十四条有明确规定，受益人自信托生效之日起享有信托受益权。信托文件另有规定的，从其规定。

②知情权、救济权、受托人解任权等与委托人共享的权利。《信托法》第四十九条规定，受益人可以行使本法第二十条至第二十三条规定的委托人享有的权利。由此可见，受益人在某些时候，拥有与委托人的一些权利，而且在实务中，如果信托架构下没有设置保护人的机制，那么委托人的大部分甚至是全部权利，都会在其身故后由受益人享有，这样能够在很大程度上监督受托人的行为，从而保障信托目的的实现。

③剩余信托财产归属权。《信托法》第五十四条规定，信托终止的，信托财产归属于信托文件规定的人；信托文件未规定的，按下列顺序确定归属：（一）受益人或者其继承人；（二）委托人或者其继承人。

委托人设立信托的核心目的是受益人的利益，所以当信托终止，信托文件对剩余信托财产的归属人未作明确规定时，将之归属于受益人是最符合委托人的意愿。而如果信托终止时，受益人已死亡，比如由于全体受益人都已死亡必然导致信托目的无法实现，从而信托终止，那么根据继承的一般原则，受益人取得该信托财产的权利应当由其继承人继承。

当然在实务中，一般都会对信托终止后的剩余信托财产作出明确的归属约定，以减少不必要的麻烦和纠纷。

④遗嘱信托受托人的选任权。《信托法》第十三条规定，设立遗嘱信托，应当遵守继承法关于遗嘱的规定。遗嘱指定的人拒绝或者无能力担任受托人的，由受益人另行选任受托人；受益人为无民事行为能力人或者限制民事行为能力人的，依法由其监护人代行选任。遗嘱对选任受托人另有规定的，从其规定。

（2）受益人义务。尽管受益人在信托关系中只是纯享利益的存在，既不需要付出任何法律行为，也无须参与信托的设立，但其依然需要承担一些基本的义务，包括但不限于：

①不得对委托人和其他受益人有重大侵权行为。尽管信托是委托人无偿地以自己的财产为受益人的利益而设立，受益人亦无须在信托关系中付出任何代价，但受益人要获得受益权有一个重大的前提，即受益人不得对委托人和其他受益人有重大侵权行为，否则委托人可以变更受益人甚至是解除信托。《信托法》第五十一条对此有明确规定，设立信托后，有下列情形之一的，委托人可以变更受益人或者处分受益人的信托受益权：（一）受益人对委托人有重大侵权行为；（二）受益人对其他共同受益人有重大侵权行为；（三）经受益人同意；（四）信托文件规定的其他情形。有前款第（一）项、第（三）项、第（四）项所列情形之一的，委托人可以解除信托。

②遵守信托文件的义务。信托目的往往是为了受益人的利益，而这个利益绝非简单的给与信托财产，在实务中，信托往往是为了照顾家族后代，或者让他们过着体面的生活，或者帮助他们培养好的习惯，或者支持他们完成某项使命等等，而分配信托财产只是手段。而从委托人意愿角度考虑，其也肯定是不止于把信托财产简单的分配给受益人，而是希望受益人能够合理利用信托财产，因此在信托合同中，往往会约定一些附带的条件，受益人只有遵守并达到特定的条件之后，才能获得相应的信托利益。

比如，在信托文件中可以约定，子孙后代只有考取重点大学，才能获得信托利益，或者才能获得更多的信托利益；再比如，在信托文件中还可以约定，子孙后代只有保持团结，并定期去家族长辈坟前祭拜，才能获得相应的信托利益，等等。

而上述第一项义务，恰恰就是受益人所需要遵守信托文件的底线。

除了上述3个基本的当事人之外，在一些具体的信托架构下，还存在着一些与之相关的关系人，虽然不是设立信托的必要因素，但在信托活动中依然发挥着重要的作用。比如作为一项财富管理制度的信托，其有可能设置保护人，用以代替委托人或者在委托人身故后，履行监督受托人、保护受益人的目的；在公益信托项下，不仅必须设置监察人，有时候还有可能需要设置执行具体公益项目的执行人；再比如，为了更好地管理信托财产，家族信托架构中也有可能需要设置投资顾问、证券经纪人等角色。

（二）合法且确定的信托财产

1.信托财产的确定性

信托关系以信托财产为中心而形成。按照信托法的规定，确定的、合法的信托财产是设立一项信托必须具备的要件之一。《信托法》第七条规定：设立信托，必须有确定的信托财产，并且该信托财产必须是委托人合法所有的财产。这里面包含3个层面的意思：

一是合法的。只有属于委托人合法所有的财产，在委托受托人进行管理、运用或处分过程中，财产权利明确，不存在导致信托无效或被申请撤销信托的情形，否则，信托关系不稳定，难以达到委托人设立信托的目的。特别是要防止恶意的委托人与受托人串通，利用信托从事侵占国家、集体或者他人财产的活动。

二是现存的。无论是财产还是财产权，都必须是委托人实际所有的财产，而将来可能取得的财产不能作为信托财产。

三是确定的。信托财产可以是一件财产，也可以是若干件财产，还可以既有实物财产又有无形财产。不论信托财产的种类如何，一项信托的信托财产必须具有确定性，受托人才能按照信托文件确定的信托财产管理方法，进行管理、运用或处分。

2.信托财产的法律性质

信托财产是指受托人因承诺信托而取得的财产。在法律上具体表现为：

一是信托财产是由委托人因一定的信托目的而转到受托人手中的财产，这种财产在信托成立后，委托人不能再直接管理运用。

二是受托人因承诺信托即信托依法设立而从委托人手中取得了委托其管理运用的财产，这种财产是以受托人名义为一定的信托目的管理运用的。

三是信托财产一旦形成，就与委托人未设立信托的其他财产相区别。

四是信托财产是以受托人的名义管理运用的，但又不属于是受托人自己所有的财产。

五是信托财产可以根据信托文件有形态上的变化。

3.信托财产的范围

信托财产既可以是财产也可以是财产权利，同时受托人因信托财产管理运用、处分或者其他情形而取得的财产，也属于信托财产。此外，在信托财产的种类上，它的范围限定在可以合法流通的财产。那些禁止流动的财产不能成为信托财产，限制流通的财产，在取得相关主管部门同意后，可以成为信托财产。

（三）合法的信托目的

信托目的是以信托财产为中心，影响信托关系的产生、存续、消灭的基本要素。设立信托是委托人的自愿行为，与一般民事商事法律行为一样，属于当事人之间的自主行为，可以由当事人在公平的情况下协商一致后设立，所以其目的具有广泛性，既包括单纯为了财富的增值，也包括为了照顾家庭成员以及子孙后代的生活，还可以是为了某项社会公益目的，等等，不一而足。但无论是什么目的的信托，其基本前提必须是合法的。按照信托法的规定，合法的信托目的，是设立一项信托必须具备的要件之一。《信托法》第六条规定，设立信托，必须有合法的信托目的。

1.信托目的的确定性

信托目的应当明确，使受托人可以非常清楚地明了应当遵循该宗旨履行其受托义务，同时，第三人也可以明白无误地了解该信托的意思表示。

2.信托目的的自由性和多样性

信托只要不违反法律、行政法规，不违背国家利益和社会公共利益，可以为委托人所希望达到的各种目的而设立。

3.信托目的受法律强制性规范的限制

信托行为必须受到法律、行政法规的强制性规范的限制，而且，信托法和有关法律规定了禁止性的规定，信托的设立行为不得违反。例如为逃避债务，将应当抵偿债务的财产设定信托，损害债权人利益的，属于欺诈信托，债权人有权依照法定程序撤销该信托。

此外，《信托法》第十一条规定了一些禁止性的信托目的，包括信托目的不得违反法律、行政法规或者损害社会公共利益，不得专以诉讼或者讨债为目的设立信托。

举例来说，在国外，设立一项信托禁止受益人结婚，是不可以的，因为这被认为限制了受益人的婚姻权，是违法的，但若只是禁止其与某类人结婚，则是被允许的。

三、家族信托的可行性分析

2023年上半年最火的信托事件可以说是张某家族信托被"击穿"了，这让我们吃瓜的同时，也对信托的可行性进行了深入的思考。

先来简单回顾一下张某事情的始末。

2013年8月至12月，CVC旗下的境外持股平台——甜蜜生活公司收购俏江南82.7%股权，鼎晖投资退出俏江南。张某则通过其境外持股平台盛兰控股持股13.8%，剩余股权由员工持有。

为买下张某在俏江南的大部分股权，从2013年12月到2014年6月，CVC陆续向张某在瑞士嘉盛银行香港分行设立的个人账户里转移约2.5亿美元。

拿到钱之后，张某开始设立离岸家族信托。

2014年2月2日，张某在英属维尔京群岛成立家族信托壳公司Success Elegant Trading Limited（成功高贵贸易公司，以下简称"贸易公司"），分别在瑞士信贷银行、德意志银行建立账户。此后半年里，张某先后将1.42亿美元转到瑞士信贷银行账户，之后又将其中的0.85亿美元转到德意志银行账户。

同年6月，张某又将贸易公司的全部股权转让给了在库克岛新成立的信托公司，从而完成了离岸家族信托——"成功高贵信托"，受益人为她的儿子汪某菲及其子女，托管人为亚洲信托（Asia Trust Limited）。

根据新加坡高等法院［2016］SGHCR3、［2022］SGHC278两份判决书，2014年9月22日，张某从上述瑞信信贷银行账户里转出300万美元，2015年2月10日又转出300万元人民币。在法庭问到这两笔钱的去向时，张某说：没有文件，也不记得了。同时，贸易公司似乎对张某转走这些钱并无异议，一直到7年后的2022年才出了一封律师信，向张某询问两笔钱的去向。此外，2014年11月26日，张某从上述德意志银行账户转出一笔钱用于在纽约购置一套房产，而该房产之前已经被纽约法院认定为属于张某的私人财产。

2015年3月6日，中国香港法院披露的一份资产冻结命令决定书显示，冻结资产申请的提出者是甜蜜生活集团，被告则包括张某、俏江南以及盛兰控股。

而早在2015年2月28日，即中国香港法院签发财产保全令之后、新加坡法院签发财产保全令之前，张某以“特急”速度从德意志银行账户转走了大约3600万美元。

在新加坡法院签发财产保全令，且德意志银行按照收到的保全令冻结了银行账户的两天后，张某的律师写信给德意志银行称“这个在贸易公司名下的账户属于张某”。而银行的内部邮件也表明，前述向瑞士信贷银行账户转账的目的，包括税务筹划和保护张某免受原告的潜在索赔。

据了解，在设立“成功高贵信托”之后，张某当时继续担任贸易公司的独任董事。同时，张某也是贸易公司在新加坡开设的两个银行账户的唯一授权签字人。

通过上述脉络，可以看出，张某的这个信托被击穿是正常的，不被击穿才是可怕的事情。

从逻辑上来说，如果法律允许我们任意通过一个架构或者一种工具就能随意地规避已有的或者潜在的风险，那是不是就意味着这个国家鼓励我们在任何情况下都可以欠债不还呢？这对于构建和谐、诚信的市场经济环境不啻于背道而驰了。

从实际上来说，张某家族信托之所以被击穿，核心问题在于委托人保留了过多的控制力。控制力和独立性，基于信托制度而言，其实是一对矛盾，虽然我们可以通过一些技术层面的设计，来实现这个矛盾的有机结合，但现实中大部分时候，委托人都不愿意放弃控制权，张某如此，之前盛传的“武汉中院强制执行国内家族信托”案例，同样如此。

而悲哀的是，当前国内大部分家族信托，包括保险金信托，都给予了委托人过多的权利，未来在某些特定的场合下，就极有可能实现不了客户当初设立信托的目的。之所以造成这样的局面，一方面可能是基于客户自身不愿意放弃控制权的客观事实，另一方面也是基于部分从业者并不专业的认知。

不可否认的是，境外家族信托数百年的发展历史，某种程度上来说，也是一部信托制度和信托文化不断完善、信托各方当事人及其他相关主体不断斗争的血泪史，我国的家族信托的发展，也是有可能要重走境外家族信托曾经走过的这些或曲折、或泥泞、或康庄的道路，但中国的家族信托，可以说是站在了巨人的肩膀上的，作为这个生态中的一分子，我们希望国内的家族信托能够少走弯路。

当然，从结论上来说，在我国当前的法治环境下，我们完全是可以实现家族信托真正意义的独立性。

说到家族信托的独立性，核心的其实就是信托财产的独立性，笔者时常是从四个维度来进行分析，一是信托财产独立于委托人，二是信托财产独立于受托人，三是信托财产独立于受益人，四是信托财产不被外部的相关主体申请强制执行。这些维度在笔者之前的书籍以及相关文章中，早有阐述。

本书笔者再换个角度，从立法、司法和执行角度，再次为大家分析信托财产独立性的法理基础。

1. 从立法角度看信托财产的独立性

从立法的角度上来说，早在2001年颁布实施的《信托法》中，就明确了信托财产的独立性，分别是《信托法》的第十五条、第十六条、第十七条、第四十八条和第四十九条，分别从独立于委托人、受托人、受益人和不被强制执行四个维度进行了详细的说明。其中除了独立于受托人不需要在信托文件中有特别的说明之外，其他几个方面都需要有特别的设置。需要特别注意的是，虽然这五个法条明确规定了信托财产的独立性，但现实中导致信托独立性受影响的，往往就是对这五个法条的理解或者执行不到位。

比如说独立于委托人，《信托法》的第十五条规定了三种情形，分别是委托人是唯一受益人、委托人是受益人之一和委托人不是受益人，有且只有当委托人不是受益人的时候，信托财产才具备完全独立于委托人的条件之一。

而信托要实现完全独立于委托人还需要具备另外两个条件是，一个是设立信托之时委托人并未负债或者该财产完全属于委托人个人所有，另一个是委托人没有保留对于信托财产或者信托事务任何形式上的影响甚至控制。但现实中，包括笔者接触的不少案例，往往是委托人要么是在有了相关财富危机的时候才会想起来通过信托的方式来规避，这在一定程度上可以称之为恶意逃避债务、逃避离婚分割甚至是逃避应交的税款，要么是对信托保持了过多明面上的控制，比如常见的委托人对于信托财产投资确定函、受益人或者受益权变更函等，或多或少都体现了委托人对于信托的控制力。

虽然从我国目前的法律环境角度来说，并没有明确的、直接的法律条文规定在委托人对信托有相关控制力的情况下，信托就不具备独立性，但信托作为一项民事法律行为，如果委托人保留了对于信托的控制，受托人虽然明面是以自己的名义在处理信托实务，但其本质却是以委托人的名义在处理信托实务，符合民法中关于委托关系的实质，而委托关系与信托关系的本质区别，就在于委托关系委托事项并不独立于委托人，因此当委托人保留了过多的控制时，其实质就是披着信托外衣的委托。

另外，从国外的一些实际判例来说，委托人保留过多控制力的信托，极易被判为虚假信托，从而并不独立于委托人，张某的案例既属于此种情形。

从立法的角度来说，还有一个可以为信托的独立性提供佐证。2022年6月24日，《民事强制执行法（草案）》（以下简称《草案》）公开向社会征求意见。在该《草案》的第一百条，明确规定信托受益权可以被强制执行，同时在第一百零一条中，也明确约定了依照法律、行政法规规定或者基于公序良俗不得执行的其他财产是不可被强制执行的。

什么是依照法律不得执行的其他财产呢？我们再看《信托法》第四十七条，“受益人不能清偿到期债务的，其信托受益权可以用于清偿债务，但法律、行政法规以及信托文件有限制性规定的除外”。

由此可见，《信托法》首先承认信托受益权是可以用来清偿到期债务的，这与《草案》第一百条的规定是一致的，不过与此同时，《信托法》也承认了信托文件有限制性规定的除外，也就是说如果在信托文件中明确约定了信托受益权不可以用来清偿到期债务，则从《信托法》的角度来说是承认其效力的，那么也就意味着其满足《草案》第一百零一条第七款规定的除外情形。总体来说，要想让信托的受益权不被强制执行，则需要在信托文件中明确约定受益人不得用受益权清偿其到期债务。

2. 从司法角度看信托财产的独立性

除了立法角度我们能够得出在满足一些基本条件的情况下，信托具备完整的独立性之外，从司法角度也能找到一些独立性的佐证。

2019年7月3日至4日，最高人民法院在哈尔滨召开了全国法院民商事审判工作会议，最高人民法院民二庭向社会公开了会议纪要并征求意见

（以下简称“九民纪要”）。

“九民纪要”第95条对由信托公司担任受托人的家族信托的风险隔离功能作出了明确规定，信托财产的独立性受法律保护；第三人原则上不得因其与委托人、受托人或受益人之间的纠纷要求对信托财产采取查封、冻结等保全措施；信托文件关于受益权不能用于清偿受益人债务的限制性规定，法院应予以尊重。

其原文是这样的：信托财产在信托存续期间独立于委托人、受托人、受益人各自的固有财产。委托人将其财产委托给受托人进行管理，在信托依法设立后，该信托财产即独立于委托人未设立信托的其他固有财产。受托人因承诺信托而取得的信托财产，以及通过对信托财产的管理、运用、处分等方式取得的财产，均独立于受托人的固有财产。受益人对信托财产享有的权利表现为信托受益权，信托财产并非受益人的责任财产。因此，当事人因其与委托人、受托人或者受益人之间的纠纷申请对存管银行或者信托公司专门账户中的信托资金采取保全措施的，除符合《信托法》第十七条规定的情形外，人民法院不应当准许。已经采取保全措施的，存管银行或者信托公司能够提供证据证明该账户为信托账户的，应当立即解除保全措施。对信托公司管理的其他信托财产的保全，也应当根据前述规则办理。

这是在司法领域第一次对信托的独立性做出的阐述，虽然“九民纪要”并非直接的法律条文，法官在审理相关案件时，亦不会以此作为法律依据，但该“九民纪要”对于法官认识和理解信托，从而作出更合理的判决，具有至关重要的作用。

因此，一个依据相关法律规定、满足相关法律要求而设立的家族信托，其独立性从司法角度亦是有一定的依据的。

3.从执行角度看信托财产的独立性

同样在2019年，最高院还发布了《关于在执行工作中进一步强化善意文明执行理念的意见》（以下简称《意见》），其中明确表示“信托财产在信托存续期间独立于委托人、受托人各自的固有财产，并且受益人对信托财产享有的权利表现为信托受益权，信托财产并非受益人的责任财产。因此，当事人因其与委托人、受托人或者受益人之间的纠纷申请对存管银行或信托公司专门账户中的信托资金采取保全或执行措施的，除符合《中华人民共和国信托法》第十七条规定的情形外，人民法院不应准许。”

从上述《意见》的规定可以看出，最高院对于各级人民法院在执行工作中涉及的信托财产及信托受益权的相关问题，给出了明确的指导意见，即除非符合《信托法》第十七条规定的情形之外，人民法院不应准许执行信托财产或信托受益权。这与前述所说的“九民纪要”的逻辑是一致的。

当然除了《意见》中规定的信托财产或信托受益权不得被强制执行之外，《民事强制执行法（草案）》也是对于信托受益权在执行层面的具体规定，都是从不同的角度对于信托财产的独立性作出了具体的规定。

由此可见，当前中国的法律环境已经足够实现我国家族信托的独立性，只是要想将这些独立性真正体现出来，还需要我们专业人士在结合客户具体需求的情况下，将法律逻辑落实到具体的信托文件之中。

四、境内外家族信托的比较

随着我国经济的不断发展，居民的财富积累也越来越多，大部分“富一代”“创一代”基本都已经或者即将面临退休的问题，随之而来的就是如何将其前半生辛苦创造的财富更好地传承给下一代，既要避免传承中的风险，也要尽量减少传承中的成本，家族信托被普遍认为是实现此双重目的的非常重要的选择。

在实践中，有不少高净值家庭选择了从法治基础到业务模式都相对更为成熟的境外家族信托，也有越来越多的高净值家庭选择了从服务机构到文化习俗都更为熟悉的境内家族信托。那么，境外家族信托和境内家族信托，到底有些什么样的区别？当高净值客户面临两种家族信托的对比时，该如何进行抉择？

笔者将从法律基础、信托类型、适应法律、税收政策等20个方面进行全方位的对比分析，希望能够给读者带来一些启示（见表3–2）。

总体来说，无论境外家族信托还是境内家族信托，既不是非此即彼的对立，也不是简单的一加一大于二，而是要依据家庭的具体情况，进行有针对性的选择，简而言之，适合且可执行的，才是好的。

表3-2　　境内外信托比较

类别	境内信托	离岸信托
法理基础	一物一权的大陆法系（社会主义法系）	二元所有权的英美法系（海洋法系）
适应法律	境内的法律法规（我国基于信托制度方面的法律法规还有待于进一步完善，目前以信托法及其他法规为主）	离岸地法律法规（各离岸地的法律法规虽然有所差异，但整体而言均比较成熟和稳定，很多地区既有信托法也有信托业法）
税收政策	不明确（有空间）	大部分地区都比较明确
争议解决	境内司法程序，较为方便	境外司法程序，较为复杂，律师费高
配套措施	有待于进一步发展和完善	具有较为丰富的配套措施和投资产品
财产属性	名义的委托，但可实现转移的效果	实质的转移
受托人监管	正规金融机构，国家金融监督管理总局，法律+行政双重监管	一般性商业机构，法律监督，由于地域和国情不同，识别和防范各种风险比较困难
资产形态	金融资产（现金+保单）为主，房产与股权均有落地	境外所有形态的资产，境内部分行业的股权及少部分的商业地产
信托期限	没有明确规定，理论上可无限期	除慈善信托外，大部分国家或地区对此都有限制，比如最长99年或者150年
设立程序	较为简便，容易理解	较为复杂，语言文化差异
其他	由于是在自己的文化体系和法律制度下，信托当事人对境内家族信托更容易理解和把控，且在面对突发事件时，能比较便捷地对家族信托进行修改	由于具有不同的文化背景及法律环境，信托当事人要完全理解和把控境外家族信托及对其进行灵活修改和日常监督具有更大的难度

五、家族信托实操运用举例

家族信托的功能与应用价值范围很广，美国哈佛大学斯考特教授对此有过非常精辟的总结，他说，信托的运用范围可以和人类的想象力相媲美，足可见家族信托的运用价值之广。当然，也有人说家族信托太“高大上”，不接地气。这或许对家族信托存在一定的误解。接下来，我们从财富保全与传承的角度，来看一下家族信托的具体运用。

（一）运用场景

对于财富保全与传承的现实应用的几种典型场景，总结如下：财产保护债务隔离；未雨绸缪生活保障；婚前保护婚后幸福；有序传承防止挥霍；财产传承预先安排；事业起伏化解风险；精准传承实现意愿；隐形之手世代控制；家族企业百年传承；远离继承纠纷和睦幸福；避免复杂继承程序。

上述的各种情形均是根据现实中各种实际案例总结而来的，举一两示例如下。

1.婚前财产保护

婚姻的不幸还伴随着财产的分割，尤其是面对第二次婚姻时，更是多了些许的顾虑。

案例：李女士今年35岁，事业小有成就，一家金融机构中层管理人员，有一个刚满4周岁的女儿，李女士两年前离婚，双方财产进行了分割。目前又处了个男友，且男友也有一个男孩，目前两人感情发展顺利，但对于结婚这件事，李女士有些惶恐和担心。就怕万一不合适，担心财产再次被分割，如何保护好自己的财产？男友是否会对女儿好好照顾？怎么才能保证女儿未来生活无忧？

2.避免复杂继承程序

超高净值人群的基本特征是：财富总量巨大、类型多样且分布在不同区域。但当他出现意外时，家人在继承其财产时就会面临诸多的问题。

案例：李总，今年55岁，曾经是一名公务员，改革开放后下海经商，由于很有商业眼光，抓住很多行业的发展机会，包括房地产等。除公司外还对各种金融产品均作了配置。李总家庭幸福，一儿一女，妻子相夫教子。全家对外事务均由李总全权负责。但不幸的是，李总遭遇车祸，当场死亡。全家悲痛万分的同时，更是遇到各种棘手问题，因投资品种广泛，家庭到底有多少财产？有些清晰的财产，涉及不同的区域，其继承手续又该如何去办理？更为麻烦的是，是否会有人带着孩子来认父，分割财产？

悲欢离合、家破人亡、家庭亲人之间因财富反目成仇，各种血淋淋的现实是一种警醒。上述只是发生在我们身边的典型事例。初看棘手，但如若通过家族信托工具提早作出规划安排，借助信托的安全隔离、信息私密、一站式管理、灵活设置安排等特征，上述苦恼都能迎刃而解。

（二）应用实例

1.客户基本信息

王总是一家民营企业的老板，身价数亿，企业经营情况受经济周期的影响时好时坏。王总和赵女士育有一女，今年16岁，刚自费出国留学，学习声乐专业。王总很重视孩子的教育问题，决定在企业经营累计盈利较多的时候，为女儿存一笔资金作为教育和生活储备金。同时，也给自己和妻子的生活做好充足的生活保障。

2. 客户诉求分析

（1）企业经营时好时坏，一旦企业出现破产危机，很可能对女儿的教育和生活产生影响，所以想提前规划，为女儿的教育和生活提供持续稳定的保障。

（2）为自己和妻子的生活做好充足保障。

（3）分配设置安排：优先满足女儿需求，待女儿组织自己家庭后，全家共享。

3. 方案设计：利用家族信托实现王总诉求

（1）委托人：王总。

（2）受益人：女儿、王总、赵女士。

（3）信托财产：现金、金融资产。

（4）信托期限：30年。

（5）信托架构：自益+他益信托。

（6）信托利益分配：女儿满25周岁前或已婚前（两个日期取较早者），女儿第一顺位，领取方式为生活费部分每季度定期定额给付，学费每学期给付，其他培训费用在额度范围内可随时申请给付；奖励和重大事项支付需申请分配。女儿满25周岁前或已婚后，王总和妻子、女儿共为同一级次受益人，定额定期分配、重大事项申请分配。

（7）信托财产管理：全权委托，根据风险属性和信托目的，确定投资范围须为稳健型产品配置。

《信托法》确立了信托财产的特殊地位，既区别于委托人的原有财产，也不属于受托人的固有财产，信托存续期间，信托财产具有独立性。通过设立家族信托能够有效避免王总女儿的教育金、生活费用等受企业债务波及。同时信托合同对受托人出现破产等情形时，信托财产的保管、新受托人的选任、信托财产及信托事务的移交都做了专门的规定，所以只要信托还存续，信托财产的独立性就贯彻始终。

第四章

保险金信托专业解析

没有做过保险金信托业务的朋友，或许觉得这个业务很神秘，很不好理解。其实不然，理解保险金信托，可以将之简单地理解为保险+信托的物理组合，通过保险受益人这个角色，一手连着保险，一手连着信托，如此而已。只是在不同的业务模式下，稍微有些结构上的变化，并由此带来一些功能上的差异。

本质上来说，保险金信托也是家族信托的一种，与股权家族信托、房产家族信托或者资金家族信托的区别在于信托财产的不同，股权家族信托的信托财产是股权或者股票，房产家族信托的信托财产是房产，资金家族信托的信托财产则为资金，而保险金信托的信托财产是与保单相关的财产权利。

在很长一段时间，无论是从业务层面还是监管层面，对保险金信托都没有统一的定义和标准，直到2023年的《信托业务分类通知》，才对保险金信托首次进行了官方层面的概括性总结，即保险金信托是单一委托人将人身保险合同的相关权利和对应的利益作为信托财产，当保险合同约定的给付条件发生时，保险公司按照保险约定将对应资金划付至对应信托专户，由信托公司按照信托文件管理。

第一节｜保险金信托概念与发展现状

一、保险金信托业务的概念与特征

基于种种原因，实务中要对保险金信托进行标准的定义，其实是一件比较难的事情，无论是前述《信托业务分类通知》中的对于保险金信托的概括，还是各家机构基于业务发展的需要对其给出的定义，都只是将其业务的一般性流程或者特殊标准进行了概括性总结，基本上都大同小异，但都未能指出保险金信托的本质特征。

笔者认为，对于保险金信托的定义，可以很复杂，也可以很简单。复杂的定义与当前实务中众多机构类似，将保险金信托的一般性流程概括性地总结出来，而简单的定义则是指保险金信托的本质。

常见的复杂定义类型有：

（1）保险金信托是单一委托人将人身保险合同的相关权利和对应的利益作为信托财产，当保险合同约定的给付条件发生时，保险公司按照保险约定将对应资金划付至对应信托专户，由信托公司按照信托文件管理。

（2）保险金信托是委托人以财富的保护、传承和管理为目的，将人身保险合同的相关财产性权利作为信托财产，当保险合同约定的给付条件发生时，保险公司将按保险合同的约定直接将对应保险金划付至对应信托专户。

（3）保险金信托是当家族信托的委托人购买大额保单后，设定家族信托为保单的受益人，即保险事故发生后，由保险公司将保险金直接交付给受托人，利用保险的杠杆性和确定性、信托的灵活性和独立性，确保保险理赔金能够按照委托人的意愿管理和使用，保障信托受益人的生活、学习所需，让保险披上信托的新衣，真正实现隔离风险、规避债务、保护隐私等功能。

而简单的定义则直击保险金信托最本质的特征，即保险金信托是以保险财产权益为依托的信托法律架构。由此简单定义，我们可以从中总结出保险金的两大特征：

第一，保险金信托具有聚宝盆和水龙头的特征。由于保险金信托是以保险财产性权利为依托，也就意味着其具备保险的诸多特征，比如在部分保险合同中，明确约定了最低结算利率，经过长时间的累加，能够帮助客户形成巨大的财富倍增效应，起到聚宝盆的效果。而有些保险产品，又能够在保险合同中明确约定按照一定的周期给予被保险人或者受益人确定的生存年金，直到身故，这就好比水龙头，让被保险人有着终其一生且稳定、确定的现金流。

当然，如果仅仅只有保险，这两个特征的价值是要打折扣的，比如倍增的财富是否能够被受益人合理利用、是否会给受益人带来额外的负担甚至是风险？确定的年金能够确保当代人的生活，但如何确保下代人的稳定？如何真正让子孙后代都能够有体面生活的保障？而保险金信托，恰恰是这些问题的答案，委托人可以提前在保险金信托合同中约定未来保险金的管理和分配方式，以确保倍增的财富真正用于家族成员的生活，并且还可以约定未来以保险金信托的名义为每一代、每一个家庭成员配置年金类保险，以保障每个家族成员的体面生活。

第二，保险金信托具有金钟罩和指挥棒的功能。单纯从保险的角度来说，其本身并不具备保险财产的独立性，无论是保险金信托常用的人寿保险、年金保险，还是其他的健康保险、意外伤害类保险，本质上来说都不具备财产的独立性。人寿保险和年金保险相信很多读者都能够理解，但对于健康保险和意外伤害保险为什么没有独立性可能会心存疑虑，毕竟现实中还没有见过谁的健康保险或者意外伤害类保险会因为债务问题被解除，或者因为离婚而被分割的。理由貌似很有说服力，但其实并不充分，现实中此类保险一般没有被解除的原因不在于其有独立性，而仅仅只是因为此类保单的现金价值相对比较小，少则几块几十块，多的也就几百几千而已，这么少的现金价值，即便把保单解除了，对于可能涉及的债务问题，也是毫无价值的。

我们举个极端案例来做个假设。

张先生前几年以自己为投保人，太太为被保险人购买了一份重疾险，保额500万元，今年保单的现金价值为50万元，太太当前身体健康，尚不构成保险理赔的问题。此时张先生欠了李先生50万元，很不幸李先生的太太得了疾病，急需50万元的治疗费用，但李先生家里因为各种原因实在没有其他钱了，而张先生家除了这个保单外，也没有其他财产。此时李先生将张先生告上法院，要求张先生解除重疾险，将其中的50万元现金价值拿出来偿还自己的债务，用以治疗自己的太太，大家觉得法院会支持李先生的请求吗？一边是用以保障被保险人未来的健康甚至是生存，一边是当下债权人家人的生存。我想这个选择并不会很难。

上述案例中的保险产品是否会有以及什么情况下会有，大家可以不用在意，这并不重要，笔者只是想通过这个极端案例来说明任何保险都不具备独立性这一结论。而现实中是否会因为债务问题被解除，本质上不是看它是什么类型的产品，而是看两个方面，一个是保险的架构如何，另一个是保险的现金价值如何。

而通过保险金信托，在特定的模式下，能够让理赔前的现金价值以及理赔后的保险金，都实现隔离风险的效果，类似于“金钟罩”，全面地守护财富的安全。

此外，单纯的保险也无法对保险金的给付进行特别个性化的约定，或者即便进行了约定，也会存在一些法律上的瑕疵，本书第八章将针对这个问题展开阐述。

由于保险金信托的本质就是信托的一种，通过对保险金信托合同个性化的设计，尤其是其中分配条款的设计，从分配事由、分配时间到分配金额、分配对象都依据每个家庭自己的情况，进行有针对性的设计，从而满足家庭个性化的分配需求，并且不存在权属上的任何瑕疵。因此，保险金信托就像“指挥棒”，家族哪里有需要，保险金信托的分配就指向哪里。

二、保险金信托的发展现状

普遍认为，我国的保险金信托业务始于2014年，但其实这个提法并不是很准确，严格来说是业务落地始于2014年，但早在2012年，包括笔者在内的很多专业人士其实就已经开始进行相关制度突破方面的研究，主要集中在两个方面的理论和监管的研究，一个是保险金如何进入信托的程序和监管问题，另一个是保险金信托的委托人到底是保险的投保人还是保险的受益人的法理和实操问题。

对于前者，刚开始寻求的突破是保险金先按照传统的方式进入保险受益人的个人账户，之后通过法律协议的形式再从保险受益人账户转入信托账户，但此种方式下，由于保险受益人存在着一定程度的不确定性，因此保险金信托需要等到保险事故发生、受益人确定后才能发起成立，而保险事故的发生短则数年、长则数十年，在这么长的周期里面，可能会有太多不确定性事情的发生，从而会影响保险结构，并最终影响保险金信托结构，因此这种方式刚开始讨论基本就被抛弃了，之后经过业内人士与监管层的不断沟通，逐渐才走通了由保险公司直付到信托账户的模式，这也是当前保险金信托业务统一的操作模式。

而对于后者，其讨论的根基一方面是基于期初对于保险金进入信托的程序所衍生出的新问题，这个问题伴随着保险公司直付到信托账户而得以解决；另一方面是对于保险金信托财产的性质认定。有人认为保险金信托的信托财产是保险金，而保险金属于保险受益人所有，因此保险金信托的委托人应该是保险的受益人，这个观点表面上看貌似没有问题，但其中存在一个致命的漏洞，那就是保险的受益人本身的不确定性。在保险结构中，保险的投保人或者被保险人都可以变更保险的受益人，因此在保险事故尚未发生之前，某个保险受益人对于保险金的权属在法律上是有瑕疵的，所以保险的受益人成为保险金信托的委托人显然不是个好的选项。而保险的投保人虽然并不能从法律上获得保险金的所有权，但对于保险金请求权是有决定权的，因此可以把保险金的请求权视作投保人的一项财产性权利，而信托财产既可以是财产也可以是财产权，因此由投保人成为保险金信托的委托人就变得顺理成章了。

当然，在这种情况下，一般都要求投保人不能再对保险的受益人进行变更，原因有两个：一是一旦后续对保险的受益人进行变更，意味着保险金不再进入信托，保险金信托也就会因为没有信托财产而归于无效；二是若投保人还有权利对保险的受益人进行更改，意味着以保险金请求权为依托的信托财产变成了一个无法确定的财产，这就不符合《信托法》中关于信托有效成立的基本前提。

时至今日，保险金信托业务在我国已经发展了10年的时间，在这10年中，可以把保险金信托业务大致分为三个阶段。

第一个阶段是2014—2019年，从业务的破冰落地到逐渐展开，从1.0模式到1.5模式，都有了很多的实践，并且对于2.0模式也有个别机构在进行尝试，呈现出的态势是各家机构大多基于业务的战略布局，宣传自己能做保险金信托业务，但实际能够落地的机构依然是少数。

第二个阶段为2020—2022年，三年疫情，不仅改变了我们的一些日常行为方式，而且深刻影响了财富管理的需求，无论是中产客户还是高净值客户，对于财富的保全与传承的需求，对于把财富真正用来保障家人生活的需求，可谓是有着井喷式的发展。再加之数字科技的赋能，让保险金信托业务在这个阶段有着巨大的发展。首先，业务模式出现了诸多的创新，不仅2.0模式得到了较快的发展，甚至还出现了不同标准下的2.5模式和3.0模式。其次，业务规模也是有着长足的发展，据公开数据统计，2019年全年的保险金信托业务仅为50亿元，而2020年新增规模突破200亿元，2021年更是达到了440亿元。而从服务机构的数量来看，包括保险公司、保险中介机构、信托公司、银行、三方财富管理机构等纷纷入场布局，能够为客户提供多元化的保险金信托服务，而且既对保险公司增强客户黏性、丰富服务内容、提升保险产品竞争力等方面发挥重要促进作用，也为信托公司回归本源业务、完善信托服务内容、丰富财富管理安排等方面提供有力支持。

第三个阶段从2023年开始，随着《信托业务分类通知》的出台，“保险金信托”被划分为“资产服务信托”中“财富管理服务信托”项下的一项独立分类业务，这标志着“保险金信托”业务正式得到了监管层面的明确认定，保险金信托业务也正式迎来了其监管身份，从此摆脱了相对比较尴尬的“黑户”，为未来保险金信托业务有序发展奠定了良好的制度基础。

三、保险金信托的未来

经过近10年的发展，我国的保险金信托业务不断成熟与完善，也越发地展示着其独特的财富管理功能与优势，这让整个财富管理生态看到了服务中高净值客户更多的可能性，也让部分机构看到了谋求业务转型、突破、升级的希望。

然而，我们也应看到，我国保险金信托与海外其他国家和地区的保险金信托发展仍有一定距离。这不仅体现在基于经验的不足导致的实操中的各种问题，还反映在一些基础性的制度建设有待于进一步发展和完善方面；

不仅体现在相关服务机构的整体业务服务流程和能力上，还反映在各家机构对业务的协同合作方面；不仅体现在产品和模式的创新与发展方面，还反映在专业人士的服务能力方面。而这些都在一定程度上制约了我国保险金信托业务的快速发展，也是未来保险金信托业务需求更快发展所必须要解决的问题。

比如，在基础性制度建设方面，我国保险金信托在法律框架与制度层面仍然存在缺陷，一些实践中的操作尚未得到法律法规层面的确认，如受托人资质与监管、保险金请求权能否作为信托财产、相关涉税问题如何处理等，都尚未有明确的法律规定。而海外保险金信托在法律框架、监管制度及市场引导层面都有我们值得借鉴的经验，有助于确保保险金信托业务发展的合规性、安全性和可靠性，保护投保人和受益人的权益。

再比如在保险产品的准入和场景化运用方面，我国当前的保险金信托还有待进一步发展，从产品准入角度来说更多的是以年金险和终身寿险为主，虽然有个别机构尝试将定期寿险和两全保险、投资连接保险放入信托中，但当前都还只是处于初步的探索阶段，落地实操的比较少。而海外保险金信托涵盖了丰富多样的保险类型和场景，如美国的保险金信托就从人寿保险信托（以定期寿险、终身寿险、储蓄型寿险或万能寿险及投资型万能寿险四大类型为主）延展到了慈善保险信托、残障者保险信托、最后生存者保险信托、住院保险信托、医疗保险信托等。我国台湾地区的保险金信托险种也很丰富，包括在该地区最成熟的人寿保险，以及伤害保险、健康保险等。因此，我国保险金信托业务仍有空间结合市场需求进一步拓展险种与场景，提供更加多样化和个性化的保险金信托产品，真正做到普惠于民。

我们要认真地学习、借鉴和总结境外金融方面的创新经验和模式，但也要依据社会主义的特色，考虑我国具体的基本国情、法律制度、文化习俗和客户需求，进行有针对性的创新和发展，切不可完全照搬其他国家和地区的经验。

保险金信托亦是如此，我们要在充分了解境外信托文化、信托理念的基础上，充分学习和总结境外保险金信托的监管标准、业务模式和服务流程，构建起符合中国具体情况的保险金信托业务标准，并在发展中不断完善，使保险金信托更好地服务于中国人民。

第二节｜保险金信托的业务模式

经过近10年的发展，我国保险金信托业务初步形成了三种模式：仅保险受益人为信托的1.0模式，即保险金模式；保险投保人和受益人均为信托的2.0模式，即现金价值模式；以及3.0模式。

除了1.0和2.0模式之外，3.0模式在实务中有两种不同的标准，一种是2023年逐渐被讨论的先信托后投保的模式，另一种是2021年以来逐渐就有的多保单模式。

此外，在发展的不同阶段，还分别衍生出1.5和2.5模式，下面我们来详细分析这些模式。

一、保险金信托1.0：保险金模式

所谓保险金信托1.0，是在投保人购买保险后，再与信托公司签订保险金信托合同，在被保险人同意的情况下，变更保险的受益人为上述已经设立的信托，在保险公司尚未给付保险金之前，保险的所有权包括现金价值都属于投保人所有，当发生保险合同约定的给付事由时，保险公司将保险金给付到指定的信托专户。其业务结构如图4–1所示。

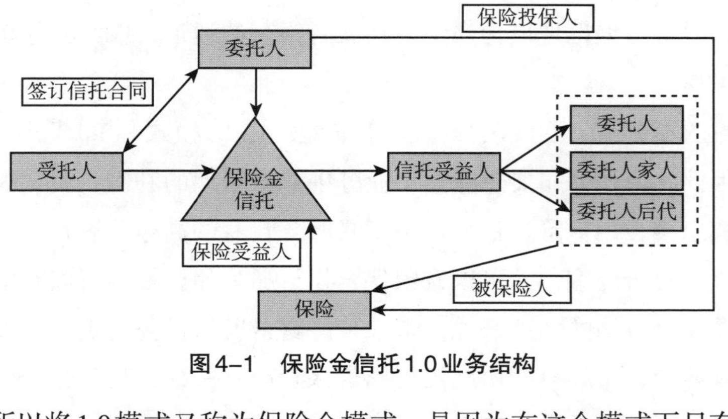

图4–1　保险金信托1.0业务结构

之所以将1.0模式又称为保险金模式，是因为在这个模式下只有保险的受益人变更为信托，也就是仅仅只有保险金最终进入信托账户，利用信托的独立性守护其安全，而在尚未理赔之前的现金价值，则依然属于投保人

所有，并不具有独立性，这也是保险金信托最早的模式。

在2014年落地保险金信托业务之初，所使用的保险产品是终身寿险，即只有等到被保险人身故之后，才有保险金进入信托账户，由受托人按照保险金信托合同约定，管理、运用和分配信托财产。而在保险合同漫长的有效期内，保险金信托账户基本都是处于一个“空户”运营的状态，这就造成了信托公司在度过了该业务的战略规划初期后，由于无利可图而逐渐丧失业务动力。与此同时，保险公司或者保险营销机构，却因为保险金信托业务的快速发展而赚得盆满钵满。

之所以造成如此利益失衡的局面，原因有两个。

第一个是由保险金信托业务两端的利润周期不同所致。保险金信托业务一边是保险业务，另一边是信托业务，保险业务的利润短期见效快并且相对比例高，而信托业务短期效益低，需要漫长的等待保险金进入信托才能通过资产管理去获取利润，因此信托端的利润需要时间足够长、规模足够大方能体现出来，而保险端的利润则具有短平快的特点。

第二个则是由保险金信托业务服务的客户群体所致。当前的保险金信托业务，绝大部分的起点都是保险公司或者银行，是保险公司或银行利用信托的制度优势和功能来促进保险产品的销售，实现其销售逻辑的升级，开发并满足中产以上家庭的保险需求，并最终提升保险配置的广度和密度，实现保险收入的增长。也就是说当前的保险金信托，实际上基本都是在服务保险公司或者银行的客户，而信托公司并未将这个工具主动地服务自身的客户，只是习惯性地成为保险公司或者银行的通道，成为其他机构服务客户的工具。

利益的不平衡，不仅在1.0模式下如此，在2.0模式和3.0模式下，同样如此。因此，信托公司要想在这个业务中兼顾短期的利润，就要跳脱出传统的通道思维，用保险金信托这个工具服务自身的高净值客户。毕竟，银行为了服务自身的客户，可以有银保合作，那为什么就不可以有信保合作呢？站在保险机构的角度来说，未来若能够帮助信托公司更好地以保险工具服务其客户，正如早期协助银行销售保险产品一样，是否会新增一片业务蓝海呢？

此外，早期的保险金信托业务，包括当前由部分机构推出的保险金信托业务，都要求投保人和被保险人要一致。其原因主要有两个。

一是当投保人与被保险人不一致的时候，若投保人先于被保险人身故，意味着保险的现金价值属于投保人的遗产，由其法定继承人继承，此时保单的所有权是属于其继承人所有的，而保险金信托的委托人又是原投保人，即被继承人，此时就会存在信托法上的障碍，即设立信托必须是委托人将自己合法拥有的财产或者财产权委托给受托人。而随着投保人的身故，保险的财产性权利的所有权人与保险金信托的委托人不一致，因此不符合保险金信托设立的法定条件，信托存在无效的风险。而即便保险设定了第二顺位投保人，但其结果依然是新的投保人与信托的委托人不是同一个人，依然存在上述的法律瑕疵。

二是在业务的早期，由于所使用的保险产品是以终身寿险为主，而终身寿险的被保险人可以单独行使保险合同的解除权，所以为了避免保险金信托因为保险的解除而解除，保险公司和信托公司往往就会要求投保人和被保人需要保持一致，毕竟从逻辑上来说，保险金信托的委托人就是保险的投保人，而委托人自己要解除保险金信托的概率显然更低一点，而非委托人的被保险人，可能会基于外部其他因素而行使保险解除权，这就导致保险金信托架构处于一个不稳定的状态，为解决这个问题，各家保险公司和信托公司纷纷要求投保人和被保险人必须是同一个人。

其法律依据主要是《最高人民法院关于适用〈中华人民共和国保险法〉若干问题的解释（三）》第二条的规定，被保险人以书面形式通知保险人和投保人撤销其依据保险法第三十四条第一款规定所作出的同意意思表示的，可认定为保险合同解除。

当然，随着业务的发展，这一要求也在逐渐被突破，一是因为随着业务规模的扩大，保险公司和信托公司并不会在意个别被保险人基于上述理由解除保险，损失几笔业务对保险公司或者信托公司的整体体量不会有影响，但是会因为制度的灵活性吸引更多客户的关注。二是因为投保人和被保险人虽然可能不是一个人，但基本上是一家人，被保险人解除保险合同，除非有情非得已的苦衷，否则无异于是损人但不利己，从逻辑上来说，发生此种情形的概率本就不高，所以实在没有必要为此专门设置限制条件。三是部分保险公司对业务进行了升级，在2.0模式下，完全不用考虑这个问题，因为投保人最终都会是信托公司，即便没有升级为2.0，几十年以后即便因为这个瑕疵而导致信托无效，但至少不会影响保险结构的效力。

起初的保险金信托由于主要是以终身寿险产品为主，所以也被称为死亡保险金信托，而到了2015年，就有机构创新性地推出的年金类产品也能进入保险金信托，称之为生存金保险金信托，有时候也被定义为保险金信托的1.5模式。这个模式的核心价值有两个。

第一是强化信托财产的确定性。死亡保险金信托虽然起步早，规模也大，但其有一个致命的弱点，那就是信托财产存在一定的不确定性。表面上看终身寿险的理赔只是早晚的事情，但保险合同中往往都会有免于理赔的事由，即被保险人在特定情况下的身故，保险公司并不承担理赔的责任，也就相当于保险金信托的信托财产有一定的可能性是没有的，这其实不符合设立信托必须要有确定的信托财产的法定条件。而生存金保险金信托则能弥补这个短板，毕竟保险公司给付生存年金，除了被保险人生存这个条件之外，并无其他除外事由，因此具有更大的确定性，更符合设立信托的必要条件。

第二是对于受托人的激励效果更直接。相比死亡保险金信托需要十几年甚至几十年以后才有保险金进入信托的弊端，生存金保险金信托可能仅仅只需要5年就能够有保险金进入，这无疑能够让受托人有更大的资产管理空间，进而有更多的获利可能性，虽然现实中生存年金的金额往往都不是很大，但有了方向，终究是一件好事。

保险金信托1.0模式下，关于保单贷款的问题，往往很多机构容易忽视甚至错误对待这个问题。实务中有些保险机构可能会简单粗暴地禁止进行保单贷款，也有些机构对此并没有明确的规定，这两种处理方式其实都不妥，前者相当于自己挥刀斩断了保险的资金融通功能，后者可能会给自己带来额外的损失。

实务中几乎所有保险公司的保单贷款条款都会约定当保险发生任何赔偿或者给付时，若此时尚有保单贷款的本金或利息，则保险公司有权从该给付中直接扣除。这里面牵涉一个很简单却一直没有引起保险公司足够重视的法律问题，那就是当前保单贷款中所普遍面临的法律瑕疵问题，我们将在第八章详细阐述。

二、保险金信托2.0：现金价值模式

所谓保险金信托2.0，是在投保人购买保险后，再与信托公司签订保险金信托合同，在被保险人同意的情况下，将保险的投保人和受益人均变更为上述已经设立的信托。因此，保险理赔前的现金价值和理赔后的保险金，都属于信托财产，都能够通过信托制度的独立性来实现保险财富的安全守护，因此保险金信托2.0也可以称为现金价值模式。其业务结构如图4-2所示。

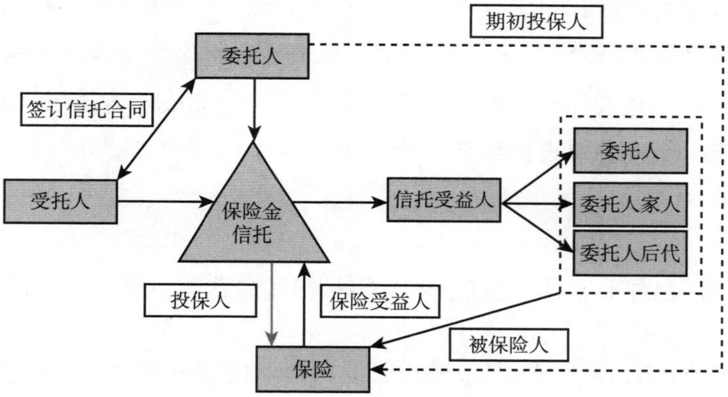

图4-2 保险金信托2.0业务结构

相比1.0模式来说，2.0模式有着更强的财产保护属性，这也是2.0模式的核心优势所在。

在传统的保单模式下，以及在保险金信托1.0模式下，由于投保人依然是某个自然人，所以保险在理赔之前，其现金价值可能会面临来自投保人的诸多外部因素的挑战，比如因为投保人债务连带而导致保单现金价值被强制执行、因投保人先于被保险人身故而导致现金价值被投保人的继承人继承、因投保人婚姻的变化导致现金价值被分割等，这些因素都会影响保险结构的稳定性，继而影响配置保险的目的。

在保险金信托2.0模式下，由于保险的投保人已经变更为信托，因此能够规避自然人投保所面临的上述诸多问题，切切实实地通过信托制度的优势实现保险财产的守护。

虽说保险金2.0在财产守护角度具有更大的优势，但由于此时保险的投保人是信托公司，所以保单的贷款功能会有所限制，这就导致保险发挥

不出其特有的资金融通功能。相比1.0模式下可以通过一些单独约定或者受益人的同意来实现保单贷款，2.0模式下的保单贷款几乎是受到限制的，一方面客户自身也不放心让受托人来影响保单结构的稳定性，另一方面受托人自身也不愿意给自己增加额外的信托事务。因此在2.0模式下，限制保单贷款功能就成了一个最好的选择，这也是保险金信托2.0模式为数不多的缺点。

保险金信托2.0模式，实务中又有两种操作方式，一种是投保人交完所有保费或者交完首期保费后，将续期保费放入万能账户，再设立保险金信托，然后变更保险的受益人和投保人为信托，后续保险公司直接从万能账户中扣划所需保费；另一种是投保人交完首年保费后，设立保险金信托，变更保险的受益人和投保人为信托，再将续期保费放入信托账户，由信托公司直接向保险公司直付续期保费。第二种操作方式又被部分机构称为保险金信托2.5模式。

三、保险金信托3.0：直投模式/多保单模式

相比前述的1.0模式和2.0模式已经获得业内统一的认可，3.0模式尚有一些不同的操作模式。一种认为委托人先成立资金信托，再由信托直接投保是为保险金信托3.0模式，也称为信托直投模式；另一种认为不同被保险人的保单或者不同保险公司的保单装入同一个保险金信托中，是为保险金信托3.0模式，也称为多保单模式，两种情形的结构如图4–3、图4–4所示。

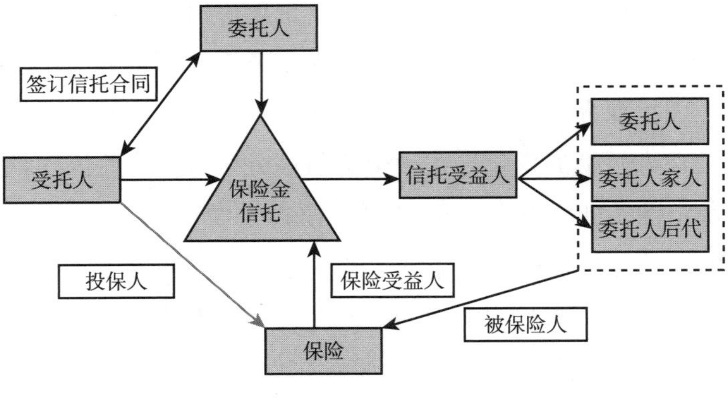

图4–3　保险金信托3.0模式：信托直投模式

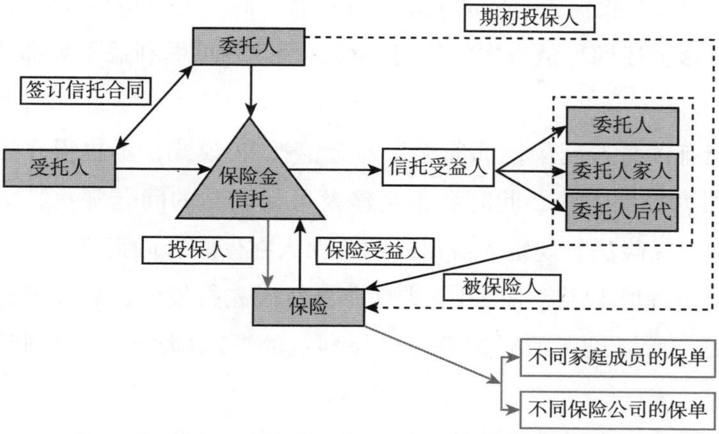

图4-4　保险金信托3.0模式：多保单模式

信托直投模式下的保险金信托3.0模式是在2.0模式的基础上进一步创新而来，总结起来，其优点主要有两个：

第一，直投模式将保险的财产性权益从投保的起始点，通过信托制度加以保护，从而实现更为周全的资产隔离属性。

第二，直投模式为保险金信托的世代传承打下了坚实的基础。随着家族的发展，实现家族富过三代的财富梦想，其最大的风险其实就两个，一个是人没了，另一个是钱没了。第一个风险从财富管理的视角，除了能够激励多生多育之外，能做的也非常有限，而第二个风险的最佳答案无疑就是直投模式下的保险金信托，即只要家族有人，就可以以信托之名，为所有的家庭成员投保人寿保险，而所有的人寿保险的受益人都是同一个保险金信托，如此就能够实现家族财富的源源不断，从而实现家族财富真正意义上的世代相传。

但此种模式有三个不足之处：

首先，信托直投不符合部分保险公司对于保险利益的实操要求。在人身保险法律关系中，要求投保人与被保险人具有可保利益，虽然我国《保险法》对于可保利益规定了被保险人的同意原则，即如果被保险人同意投保人为其订立合同，则视为投保人对被保险人具有保险利益，但是在实务中，部分保险公司的通行做法是要求投保人和被保险人具有身份上的可保利益，即投保人对下列人员具有可保利益：（1）本人；（2）配偶、子女、父母；（3）前项以外与投保人有抚养、赡养或者扶养关系的家庭其他成员、近亲属；（4）与投保人有劳动关系的劳动者。而信托公司与被保险人之间，显然不符合上述四种情形中的任何一种，因此其可保利益不被部分保险公司认可。

可能有读者要问了，那前述保险金信托2.0模式，不也得在后续变更信托公司为投保人吗，此时会不会涉及可保利益的问题呢？答案是不涉及，因为《保险法》规定人身保险的投保人在保险合同订立时，对被保险人应当具有保险利益，而2.0模式是在自然人先行投保，后续再进行投保人的变更，所以投保的时候满足可保利益的要求即可，后续则没有这个要求。

其次，信托直投模式下的工作是先难后易，无形之中增加了实操落地的难度。在保险金信托业务中，保险端是最容易落地并且也是相对赚钱的业务，而信托端的落地相对来说更复杂一些，而且利润空间相对来说也更小，因此从业务落地的逻辑上来说，实在没有必要放着容易且赚钱的业务不做，而先做更难且不那么赚钱的业务。

而且，保险金信托业务如果能够顺利完成，先难后易或者先易后难倒也问题不大，但从实务角度来说，肯定存在不少业务并未顺利完成的情形，此时更难的信托端的业务，所承受的机会成本显然就会更高一些，这也不符合业务的经济性原则。

最后，信托直投还存在一个有一定争议的问题，即投保过程中产生的保险佣金的归属问题。关于这个问题，我们在第八章再为大家展开阐述。

多保单模式下的保险金信托3.0也有其自身的特点。

一方面，此种模式下没有任何制度上或者实操中的缺陷，由于投保是在信托之前就已经完成，因此不存在保险佣金归属的问题，单纯就是保险端的法律关系，保险服务人员或者服务机构因为保险服务而获取正当的佣金，完全符合法律规定，不存在法理上的瑕疵。

另一方面，此种模式下的保险金信托真正意义上实现了以家庭为中心的财富管理，将所有家族成员的保单都融合进一个保险金信托项下，既能够提供更好的家庭财富规划服务，也能够让家族在血缘之外，形成财产上的纽带关系，这对于建立家族精神和家族文化有着巨大的推动作用。

无论哪种模式下的3.0，当前都有不少有益的业务尝试，而且在信托公司直投的模式下，1.0模式、2.0模式和3.0模式是一个逐步升级的，而多保单模式下的3.0，既可以是在1.0的基础上升级，也可以在2.0的基础上升级，只是在1.0模式的基础上升级的话，需要先将不同投保人的保单变更为同一个人。

保险金信托三种模式的比较如表4–1所示。即变更委托人为所有保单的投保人，如此才符合设立信托的必要条件。

表4–1　保险金信托三种模式比较

	保险金信托1.0	保险金信托2.0	保险金信托3.0—信托直投	保险金信托3.0—多保单
投保人	自然人	信托公司	信托公司	自然人或信托公司
初始信托财产	保险金请求权	现金和保单现金价值	现金	现金+保险金请求权或保单现金价值
独立性	理赔前不具有独立性	全周期独立性	全周期独立性	1.0基础上的3.0在理赔前不具有独立性，2.0基础上的3.0具有全周期独立性
灵活性	标准化合同文本	部分可定制	部分可定制	标准化为主
传承性	一代传承	一代传承	一代传承	多代传承

第三节 | 保险金信托+

随着财富管理的不断发展，保险金信托的业务类型和业务范围也在不断的创新，各种新的业务模式也在不断的尝试。

一、保险金信托+遗嘱

保险金信托+遗嘱，其操作模式是，在客户设立完保险金信托之后，再通过订立遗嘱的方式，指定其名下的财产在其身故后追加进入保险金信托，成为信托财产的一部分，从而通过信托文件的约定，用于实现信托目的。如图4–5所示。

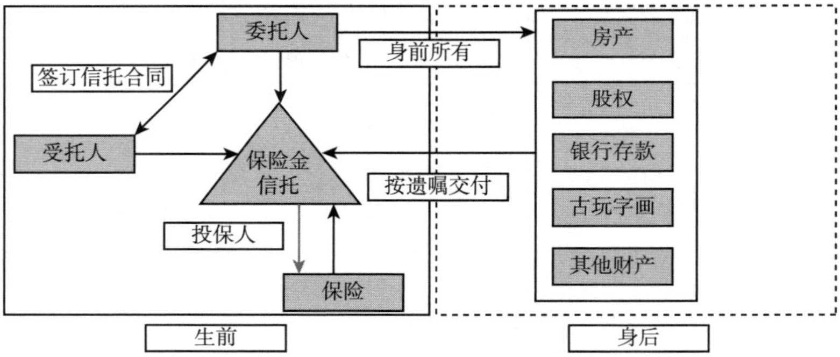

图4–5　保险金信托+遗嘱业务模式

该模式很好地将信托、保险、遗嘱三大传承工具相结合，既能够帮助客户规划生前的各项事务，也能够帮助客户更好地处理身后的遗产，为客户提供更加全面的财富规划服务。而且在该模式下既可以实现家族财富在生前的灵活支取、使用，也可避免身后财富继承所产生的纠纷。

保险金信托+遗嘱显然也具备遗嘱信托的部分功能，但与单纯的遗嘱信托相比，其显然也是不同的。

第一，遗嘱信托是在委托人身故后才生效，一定程度上存在着信托因受托人或者信托财产的变化而不能按约成立的可能，并最终导致遗嘱信托的目的不能实现。而保险金信托+遗嘱则不同，保险金信托层面在委托人生前就已经成立，只是等到委托人身故后，将其他遗产按照事先约定的方式交付至保险金信托，成为信托财产的一部分，所以不存在信托不会成立的风险。

第二，法治环境不同。遗嘱信托在当前的法治环境中就只有两句话，分别是：《信托法》第十三条，设立遗嘱信托，应当遵守继承法关于遗嘱的规定。遗嘱指定的人拒绝或者无能力担任受托人的，由受益人另行选任受托人；受益人为无民事行为能力人或者限制民事行为能力人的，依法由其监护人代行选任。遗嘱对选任受托人另有规定的，从其规定。《民法典》第一千一百三十三条，自然人可以依法设立遗嘱信托。

除此之外，再无其他，所以遗嘱信托的发展，目前没有太多可供遵循的业务规则。而保险金信托+遗嘱则不同，保险金信托的业务规则和操作流程从实践角度来说都非常规范了，而遗嘱无论是从业务规则还是法律基础也都非常完善的。

二、保险金信托+养老

早在2015年，笔者就已经在业内率先提出了养老信托的概念，并对此进行了深入的研究，之后陆续也有不少信托公司推出此类业务，其核心无外乎是通过信托制度的安排，来实现养老的多样化规划，从养老金的管理到养老事务的规划，从生前养老到身后传承，从自身养老到家人养老，无不彰显了养老信托功能的强大。但时至今日，真正落地的养老信托依然不多。

而保险金信托+养老，则是最近这几年提出的新模式，并且也有信托公司已经开始落地实操。其操作思路是，客户设立完保险金信托后，委托受托人对于受益人的部分或者全部养老事务所需要的资金，直接支付给服务提供方，助力受益人获得高品质、高自由、高效率的养老体验。如图4-6所示。

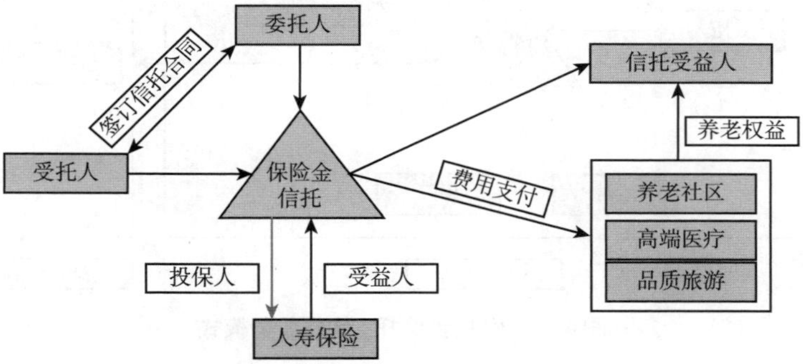

图4-6　保险金信托+养老业务模式

保险金信托+养老的核心价值在于：

第一，能够有效地避免受益人挪用或者挥霍，甚至是被别有用心之人侵占养老资金，从而影响养老生活。

第二，直接帮受益人支付养老项目的相关费用，能够避免其即便失去了民事行为能力，依然能够有充分的养老保障。

尽管保险金信托+养老在养老方面有着不可替代的作用，但在当前的业务实践中，由于能够实现费用直付的信托公司并不多，因而目前的业务落地实践也不是很多。

三、保险金信托+慈善

所谓保险金信托+慈善，就是在保险金信托合同中增加捐赠条款，当最后一个受益人身故后，将剩余的保险金信托财产一次性捐赠给慈善组织。如图4–7所示。

此种模式在过去笔者给那些有非完全民事行为能力人的家庭设计保险金信托架构时多有采用，比如针对孤独症患者家庭，在其父母身故后，如何构建一个让父母真正放心的机制，既能够保证对其无论是物质上还是精神上都有所照顾，还能够避免身边的人因为利益而对其造成损害，正所谓“匹夫无罪怀璧其罪”，没有行为能力或者是没有掌控能力的人，当他拥有巨额财富的时候，不可避免地会给他带来比财富更大的潜在风险。

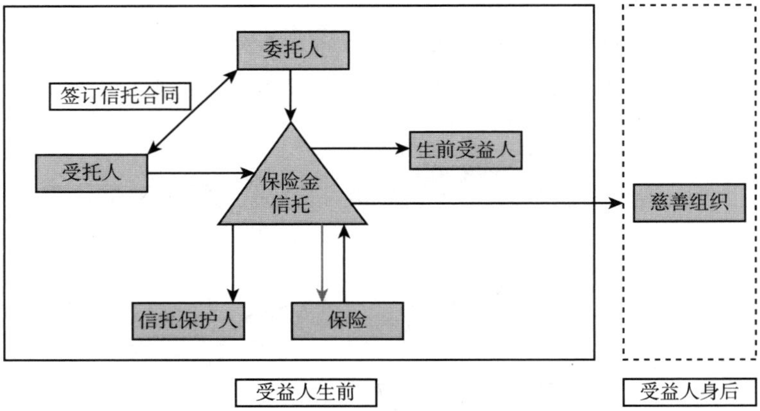

图4–7　保险金信托+慈善业务模式

而保险金信托+慈善则能够从制度上兼顾上述诉求。一方面通过保险的财富放大功能，能够最大限度地为非完全民事行为能力人的受益人积累未来所需的资金，另一方面也可以在信托制度中约定将身边的人设为信托的保护人而非受益人，通过在信托架构中承担照顾受益人的角色，从保险金信托中获取相应报酬，并且约定保护人的履职期限截止到受益人身故，如果受益人不在了，剩余信托财产则一次性捐赠给慈善组织，保护人因职责终止也将不再领取报酬，如此一来，保护人最大的诉求就是希望受益人一直好好活着，因而其利益与受益人的人就是一致的了，基本不会出现侵害受益人利益的事情了。

在财富管理方面，笔者有一个基本观点：在利益面前，人性是恶的。虽然我们更希望看到人性的美好，但事实却是当人面临利益的时候，绝大部分人都经不起考验，因而，财富管理的目标之一就是要最大限度地抑制人性中恶的一面，而激发出人性中的善的一面。

而保险金信托+慈善的模式，正是实现这一目标重要的工具。

四、保险金信托+其他

随着财富管理需求的多元化以及保险金信托业务的不断发展，相信未来保险金信托的运用场景及实操模式会越来越多，也必将会有更多的财富管理诉求与保险金信托相结合，作为这个生态中的一员，我们期待看到“保险金信托+”的多样与繁荣。

第四节｜保险金信托的意义与功能

保险金信托作为中产级别家庭财富管理最为优质的工具，本身也具备非常多的意义与功能。

一、架构的核心意义与功能

（一）兼具人寿保险的确定性以及家族信托的灵活性和独立性

这是保险金信托最核心的意义和功能，是其区别于其他工具的关键所在，当我们购买人寿保险后，基本能确定在保险事故发生后能够获得多少保险理赔金，而人寿保险所对应的保险事故是必然会发生的，毕竟人的寿命都是有限的，因此人寿保险具有确定性。

当然凡事都有例外，人寿保险的赔付也有例外情形，一般来说，人寿保险合同中都会有以下几条免责事由：

（1）投保人对被保险人的故意杀害、故意伤害；

（2）被保险人故意犯罪、抗拒依法采取的刑事强制措施；

（3）被保险人自伤或在主合同生效（或最后一次复效）之日起两年内自杀，但被保险人自杀时为无民事行为能力人的除外；

（4）被保险人酒后驾驶期间、无合法有效驾驶证驾驶期间、或驾驶无有效行驶证的机动车期间遭受的意外伤害；

（5）被保险人在精神或行为障碍期间遭受的意外伤害；

（6）战争、军事冲突、暴乱或武装叛乱；

（7）核爆炸、核辐射或核污染。

有些人寿保险可能包含上述所有免责事由，也有的只包含其中部分条款，但无论是几条免责事由，其发生的概率都是极低的，因此其并不妨碍正常情况下保险赔付的确定性属性。

而对于家族信托的独立性问题，我们在前面的章节中也已经作了详细分析，在此不作赘述。至于家族信托的灵活性，我们可以从两个方面加以说明。

第一，家族信托本质上是一个民事法律行为，其遵循的基本原则之一就是意思自治，它包含以下三个方面的意思：

一是民法上赋予民事主体在法律规定的范围内享有广泛的自由。当事人有权依法从事某种民事活动和不从事某种民事活动。当事人有权选择其行为的内容和相对人。民事主体有权选择其行为的方式、有权选择补救方式。

二是允许当事人通过法律行为调整他们之间的关系。允许民事主体从事民事法律关系时，通过自己的意志产生、变更和消灭民事法律关系。

三是法无明文禁止即为自由。也就是说只要不违反法律、法规的强制性规定和公序良俗，国家就不得对其进行干预。行政机关也不得限制和干预民事主体依据民事基本法律享有的财产自由和人身自由。

也就是说，家族信托可以在经过双方合意的基础上，在不违反法律、法规的强制规定的前提下，进行任意的设定，包括家族信托的架构、家族信托的条款、家族信托的内容等。

第二，从信托的法律规定来看，其也具备灵活性的法理基础。《信托法》全文有数十处有类似于“信托文件有规定的”表述，也就是说从《信托法》的角度，为家族信托的个性化定制提供了法理基础。

而保险金信托本质上来说就是保险和信托的物理组合，因此其具备保险和信托各自最核心的意义与功能，即保险的确定性和家族信托的独立性与灵活性。

（二）避免人寿保险受益人先于被保险人死亡后的尴尬

根据《保险法》规定，保险金由保险人按照人身保险合同的约定支付给受益人。同时《保险法》第四十二条规定：“被保险人死亡后，有下列情形之一的，保险金作为被保险人的遗产，由保险人依照《中华人民共和国继承法》的规定履行给付保险金的义务：（一）没有指定受益人，或者受益人指定不明无法确定的；（二）受益人先于被保险人死亡，没有其他受益人的；（三）受益人依法丧失受益权或者放弃受益权，没有其他受益人的。受益人与被保险人在同一事件中死亡，且不能确定死亡先后顺序的，推定受益人死亡在先。”

而通过设立保险金信托，可以利用信托文件根据不同的情况设计并指定不同的受益人，甚至还可以指定受益人范围，即使指定的受益人先于被保险人身故了，由于保险金信托有确定的受益人范围，因此依然符合法律的规定，避免成为被保险人的遗产，真正做到财富的永续传承。

（三）实现保险理赔金的科学管理与合理分配并实现精准传承

保险合同虽然能够保证受益人享有保险金的利益，却没有考虑受益人如何才能切实享有其合法权益。有些时候，保险受益人或许并不具备合理处理保险金的能力和条件。例如，年纪太小、太大或身心有障碍、挥霍过度等，甚至由于各继承人或监护人间利益冲突使得合法权益受到危害。此时，保险受益人虽然形式上拥有保险金，但实际上并不能享受到保险金的好处，其合法权益难以得到保障。而保险金信托则能很好地解决这个问题。

保险理赔金进入信托之后，受托人会依据委托人生前所定的原则，一方面科学地管理信托财产，实现信托财产的稳健增值；另一方面灵活地分配信托利益，保障这部分资金真正为受益人所用。比如，受益人缺乏民事行为能力，则可以通过“代支付”等方式，保障受益人的生活所需。

另外，由于信托的受益人还可以是未出生的后代，这就帮助委托人实现保险理赔金的隔代、精准传承。

（四）隔离受益人未来的各种风险对保险理赔金的影响

直接购买保险，保险理赔金或许可以实现避免被保险人的债务，但是当保险理赔金给付到受益人之后，则成为受益人财产，届时可能无法规避受益人的债务；可能会被认定为夫妻共同财产而无法规避婚姻变动造成的分割；在意外身故后，若没有提前规划则可能导致家庭纠纷等。

而在保险金信托下，保险理赔金进入信托之后，利用信托的独立性等功能，则能够避免以上的各种尴尬，让保险理赔金真正为受益人所用，实现委托人的财富目的。

二、对客户的核心意义与功能

（一）管理家族财富，实现富过三代的财富梦想

一方面，利用保险金信托的架构设计，能够保障保险理赔金用于子孙

后代的生活所需，避免保险受益人的挥霍；另一方面，也能够通过架构的设计，为每一位家族成员或受益人继续购买人寿保险，并以该信托为所有保单的受益人，保障每隔一段时间，都会有一笔流动资产进入信托，从而保障信托的活力与持久，为实现家族富过三代提供坚实的物质保障。

（二）指引生命周期，保障家族成员的生活品质

通过保险金信托对于受益人及信托利益分配的详细规划，包括受益人认定的标准和增减的程序，受益比例调整的方法和原则，信托利益分配的金额、时点、方式、频率等的设定，来保障家族成员的基本生活。比如，可以约定家族成员从多少岁开始每月可以领取固定的退休金，每年可以安排家族成员数次的休闲娱乐之旅，遇到重大疾病可以凭一定的证明领取医疗金等，以保障家族成员高品质的生活，和充分医疗水平。

（三）规划子孙生活，培养德才兼备的凤子龙孙

教育对于孩子的重要性已经无须多言，对于一个家族来说，也是如此，保障子孙后代享有高质量的教育，培养德才兼备的凤子龙孙，是保持家族长盛不衰的根本，而保险金信托对于教育的规划，可以做到事无巨细。比如可以约定家族成员从幼儿园或者某个阶段开始的教育支出，其费用包括必要的学费和生活费、可选的培训费和备用金，以及为鼓励子孙后代德智体美劳全面发展而设立的奖励支出等，都可以灵活设置，保障家族成员都能获得良好且个性化的教育。

（四）助力家族幸福，建立经久不衰的家族宪章

在家族财富管理过程中，很多家庭往往只重视物质财富的管理和传承，而忽略了精神财富的建立和传承，这也是导致很多家庭富不过三代的重要原因之一。而建立家族的精神财富，最好的载体是建立家族宪章，将家族的核心价值观、行为准则、议事机制、争议解决程序等都写入家族宪章，用以规划和指导家族成员的日常生活，而保险金信托无疑是很好的黏合剂，因为每个家族成员所购买的人寿保险的受益人都是该保险金信托，这就能够让家族成员在血缘基础之上，拥有更紧密的利益纽带，助力于家族的幸福。

三、对理财师的核心意义与功能

（一）提升保险服务能力，增加客户认可

保险同仁以前在给客户推荐人寿保险时，用得最多的说辞就是“给家人留下一笔钱”或者“留爱不留债”，这当然是一个很好的理由，但未必能够打动所有的客户，而且正如前文所言，给未成年子女或者年迈的父母留下一笔巨款，是福是祸还不可知。但当人寿保险邂逅家族信托后，保险人员则可以真正地站在规划的高度，解决客户做最彻底的后顾之忧，也即给其家人留下足够让他们幸福一生的财富保障以及全方位的规划安排，让家族成员真正成为财富的主人，如此，应该更容易获得客户的认可。

（二）提高同业竞争水平，增强客户黏性

提供人寿保险产品和家族信托服务的机构不在少数，销售人寿保险产品和家族信托服务的人员也不在少数，但提供保险金信托服务的机构和营销人员，目前来说，相对还是比较少的，这与我国保险金信托市场刚刚起步密不可分，随着我国财富管理市场的不断发展和完善，未来一定会有更多的机构和个人加入其中。而能够与这个行业一起成长，决定了与同业之间的竞争水平的高低，也在很大程度上决定了客户对于营销人员的认可与黏性。

四、对机构的核心意义与功能

作为最近两三年发展最为迅速的财富管理工具，保险金信托基于各金融机构而言，具有不可忽略的意义与功能。保险公司、银行、信托公司可以说是推动保险金信托发展的核心力量，也是保险金信托业务的主力军、三驾马车。

（一）保险金信托对保险公司的意义

第一，保险金信托能够帮助保险公司实现保险费新的增长。长期以来，保险营销都是非常非常的难，保费增长大部分时候都是通过人海战术来实

现的，件均保费的规模都不算太高，这很大程度上的原因主要是因为在传统的保险营销背景下，让客户配置保险的理由无外乎是风险转移、养老及生活保障、教育及医疗需要等，也有不少机构将保险作为理财产品进行销售，虽然这些理由都能够打动客户选择保险，但其本身能够吸收的保费却也是非常有限的，比如对于一个身价过亿的高净值客户来说，在传统营销模式下，其是很难让他配置几千万保险的。

而保险金信托则不同，借助信托端的优势和功能，能够真正实现保险资产的独立性和定向性，继而让保险真正意义上发挥其“生前为生活，身后为传承”的财富管理效果，让中高净值客户大幅提高配置保险额度成为可能，从而持续地促进保费增长。

第二，保险金信托能够帮助保险公司扩宽保险服务的边界。传统的保险营销模式下，对于保险金的管理，保险公司是无能为力的，保险公司既无法从法理上实现投保人想要的分期给付保险金功能，也无法从实际操作中帮助受益人实现对于保险金场景化“直付”的功能，更无法按照投保人或者被保险人的意愿实现保险金的灵活给付，而通过保险金信托，则可以帮助保险公司提供上述各种个性化的服务，扩大保险的运用范围。

需要解释的是，此处所谓的“直付”并非由保险公司直接支付给受益人，而是指当受益人享受某项产品或者服务的时候，比如养老服务或者医疗服务，其所需的费用经由保险公司“直接支付”到产品或者服务提供商。

第三，保险金信托能够帮助保险公司提升代理人团队专业。最近几年保险公司出现了较大规模的非主动性减员，人力的流失带来的是保费增长的波动，但与此同时，若能抓住机会完成专业团队的升级，也不失为失之东隅收之桑榆了。保险金信托这一重要的财富管理工具，无疑也是提升团队专业能力的重要支撑，无论是对现有团队的专业赋能，还是对新增团队的专业吸引，都是能够帮助团队完成专业化升级。

（二）保险金信托对银行的意义

保险金信托业务对银行同样具有重大的意义，有些是与保险机构同等类型的，在此我们不再赘述，有些则是对银行独有的，比如保险金信托能够帮助银行锁定长期客户资金。对于银行来说，比其他任何机构都更看重客户资金在银行的稳定性，最怕的就是客户将资金从本行转走。而保险金信托，无疑是能够帮助银行在更长期的周期里面锁定客户资金，从银行存款变成保费，再从保费变成保额，都在银行的掌控之中，而且通过提升保险金信托的服务，还能在很大程度上将本行客户存在他行的资金吸引到本行来，可谓是一箭双雕。

（三）保险金信托对信托公司的意义

第一，保险金信托是帮助信托公司转型业务模式、回归信托本源的重要突破口。最近几年资管行业新规不断，信托公司“固收类非标”产品也越发地难以为继，比拼“非标”产品额度和预期收益率这样简单粗暴的营销模式也已到了不得不转变的时候，并且随着信托产品不断的爆雷，传统的融资型信托业务也到了需要改变的时候了，而定位于回归信托本源的家族信托业务，就成为各家信托公司谋求业务转型的重要方向，而相比家族信托来说，保险金信托以其起点低、成本小、受众广、操作便捷等优势，成为信托公司转型升级的突破口。

第二，保险金信托是解决当下信托公司基于家族信托业务盈利难困局的重要工具。虽然家族信托对于信托公司而言是一项重要的业务，也被很多信托公司定位为长期的战略业务，但由于其短期盈利能力太弱，但是专业化要求太高而且展业成本巨大，从而导致其成为重要但却并不紧急的业务，因而在度过了业务初期后，往往就会显得比较“低调”，得不到来自高层的充分重视，并且从长远发展的角度来说，一项新的业务如果不能带来当下“看得见、摸得着”的直接效益，仅仅依靠“战略、本源”是不足以支撑机构持续投入优质资源来发展的，更遑论业务稳定性和长期发展。

而保险金信托虽然在《信托业务分类通知》中与家族信托同属于财富管理服务信托，但其本质上来说就是家族信托的一种类型，其在实践中也往往是归属于家族信托部门或者与家族信托同属于一个业务部门，其短期潜在的盈利能力能够弥补家族信托在这方面的短板，解决信托公司时下所面临的盈利困局。

一方面信托公司可以在保险金信托业务中收取一定的保险金信托的设立费、信托合同变更手续费等，这在当前的业务实践中也确实如此，但这些费用规模毕竟非常有限，还不足以支撑起信托公司的盈利预期。

另一方面，信托公司还可以通过主动为自己的客户设立保险金信托而像银行一样收取保险的佣金，而这部分收益远远超过那点可怜的设立费，足以给信托公司带来不亚于传统信托业务的盈利空间。当前有银保合作，未来就不能有信保合作吗?

第五章

保险金信托与其他财富管理工具

从这么多年的业务实践中，我们可以看出保险金信托功能强大，具备诸多的优势和功能，运用范围也是极为的广泛，在私人财富管理方面，具有不可替代的作用，也越来越受到中高净值人群的关注与追捧。

除了保险金信托之外，传统的诸如人寿保险、赠与和遗嘱遗赠，新型的诸如家族信托、家族办公室等都在财富管理方面发挥着重要的作用，这些金融和法律工具从不同的角度为不同类型的高净值客户服务。

此外，从法税政策趋势来说，遗产税和赠与税始终是悬在我国高净值人士头顶上的“达摩克利斯之剑”，越来越多的人对其的判断已经不再是是否会开征，而是什么时候会开征。而遗产税和赠与税在国际上的通行税率普遍都是50%上下，因此对于这样一种税率极高的税种，如何进行合理的筹划，也是很多中高净值客户非常重视的问题。

而不同的工具，在这些方面又具有不同的功能和效果，如何合理地运用这些工具，并且在不同场景下进行有针对性的组合运用，也是在一定程度上决定了财富管理方案的成败，因此对于财富管理中所涉及的各个金融和法律工具进行全方位的比较和认识，也就显得非常重要。

第一节｜保险金信托与家族信托

家族信托是一个比保险金信托更为宽泛的概念，而且从本质上来说，保险金信托也是家族信托的一种类型。

信托的类型多种多样，同样作为信托其中一个门类的家族信托，按照不同的分类标准，也是有着不同的类别，而保险金信托就是家族信托从不同的财产类型角度进行的区分。

按照不同的信托财产来分，家族信托可以分为资金型家族信托、股权家族信托、房产家族信托、保险金信托、艺术品家族信托等。

按照信托目的的不同，家族信托可以分为保障型、传承型、慈善型、养老型、子女教育型、综合型家族信托，保险金信托一般为传承型家族信托。

按照信托的设立地不同，家族信托可以分为境内家族信托和离岸家族信托，当前的保险金信托基本都属于境内家族信托。

按照定制化程度的不同，家族信托可以分为标准化家族信托、半标准化家族信托和定制化家族信托。保险金信托一般属于标准化家族信托。

相对其他类型的家族信托来说，保险金信托具有自身的优势。

第一，保险金信托相对家族信托来说，门槛更低一些，能够满足绝大部分中产家庭财富管理的需求。按照我国监管的相关规定，家族信托的门槛一般为1000万元，在业务实践中，虽然有部分信托公司将家族信托的门槛进行了下调，但一方面其监管备案时无法使用“家族信托”的字样，另一方面即便降低，实践中一般也是最少要求300万元或者500万元，这对于大部分家庭来说，依然是个不小的数字。

而保险金信托相对来说则要灵活得多，业务实践中，针对不同的保险产品类型，一般有两种计算门槛的标准。即对于年金类保险产品，采用的是总保费的计算标准，而对于定额类终身寿险产品，采用的往往是总保额的计算标准，而这个标准，在业务的早期阶段，大部分公司都要求的是100万元，即对于年金类保险产品的保险金信托，其只要总保费达到或者超过100万元即可，对于定额类终身寿险的保险金信托，其只要总保额达到或者超过100万元即可，这对于绝大部分家庭来说，都不是难事。总保费100万元的年金类保险产品，若其交费期限为20年，年交保费只需要5万元，而对于总保额只需要100万元的定额终身寿险，就更低了，以一个30岁的标准体男性来说，20年交的话，可能每年的保费也就是1.5万元左右，20年的总保费也不过30万元上下，这对于大部分家庭来说，还是能够承受的。

实务中还有一种类型的保险产品也经常进入保险金信托，那就是增额终身寿险，对于这种兼顾年金险和终身寿险特征的新型寿险产品来说，其计算门槛依据各家公司略有不同，有的是按照总保费进行计算，有的则是按照被保险人一定年龄时候测算的现金价值进行计算，但无论哪种计算标准，其门槛相对来说，也都是非常的低了。

因此，保险金信托也就具备成为大部分中产型家庭财富管理工具的现实基础。

第二，保险金信托相对家族信托来说，具备更强的造血能力。家族信托设立后，信托财产的管理贯穿了家族信托的始终，而对于信托财产的管理，遵循的是信托文件的约定原则，即受托人是依据信托文件的约定对信托财产进行管理，而在财产管理的过程中，就不可避免地会出现或赚、或赔、或保本的情形，一旦信托财产管理所带来的收益，不能覆盖信托利益分配，除非信托财产初始的体量足够大，但对于绝大部分家庭来说，其财富总量都是有限的，因此信托财产终究会消耗殆尽，其信托目的就不可避免地会受制于此。

而保险金信托则完全不同，其可以为家族所有成员配置终身寿险，并且所有的保险产品的身故受益人均为同一个保险金信托，而每个人终将是要去和上帝一起喝杯茶，也就意味着迟早会为保险金信托贡献一笔不菲的信托财产，真正做到“化悲痛为力量”。此外还可以在保险金信托合同中明确约定，未来新增的每一个家族成员都配置一份终身寿险，并且该终身寿险的身故受益人均为同一个保险金信托，让整个保险金信托在家族的漫长岁月中，阶段性地有大笔新增信托财产，从而能够让保险金信托更好地为家族服务，真正实现跨生命周期的家族财富传承。

第三，保险金信托相比家族信托来说，具备更强的确定性。家族信托对于信托利益分配的基础是信托财产，对此我国《信托法》有明确的规定。《信托法》第三十四条规定，受托人以信托财产为限向受益人承担支付信托利益的义务。换句话说，如果因为种种非受托人的原因，导致信托财产消耗殆尽，则受托人并不需要承担继续向受益人支付信托利益的义务，而此时信托目的可能尚未实现。

而保险金信托在这方面则具有更大的优势。保险金信托连接着保险和信托，具备保险和信托这两个工具各自的优点，其中就包括保险的确定性。比如要想给下一代传承1000万元的财富，只需要配置保额为1000万元的寿险，要想过上高品质的生活，只需要测算该水平的生活对应的生活费，并配置相对应的年金保险就可以了。而保险的此等确定性，是通过合同的形式予以保障，即便单个的保险公司破产倒闭了，寿险类和年金类的保险产品也几乎是不会受到影响，必定会在监管部门的协调下，由新的保险公司来接管，保险合同继续有效。而只要保险端的确定性有保障，那么在此基础上的保险金信托，其确定性必然也是有保障的。

而且在实务中，我们在给高净值客户设立家族信托时，如果其背后有相关的需求，我们也是会建议客户通过同步配置保险的方式，来让自己的这个需求更有保障。

尽管保险金信托相比家族信托来说具备以上几个核心优势，但也是有自己的一些不足，主要有：

第一，定制化程度不高。相比家族信托既有标准化也有定制化的操作模式，保险金信托当前主要是以标准化或者是半标准化为主，基本上没有基于保险金信托的定制化服务。所谓半标准化主要是指保险金信托合同的大部分条款都是事先订好的，或者采用的都是信托公司的制式模板，只有其中一小部分条款是依据客户的需求进行定制，或者依据信托公司提供的模块进行有针对性的选择。

当然，保险金信托由于其业务特殊性，标准化和半标准化的操作模式也足够用了。一方面，当前的保险金业务主要是从保险段开始发起的，也就是其业务的主力是保险机构以及保险从业者，标准化的业务模式既能够降低业务难度，也能够快速地运用和推广；另一方面，当前单个保险金信托业务的总体规模相对较小，能产生的利润空间也非常有限，而若定制合同条款，则会大幅提高业务成本，无论是保险公司、信托公司，还是客户，当前都不太愿意为此支付高昂的成本。因此，当前保险金信托业务普遍定制化程度不高。

第二，财产独立性不足。可以这么说，在全世界范围之内，有且只有一个设计合理的家族信托，才具备法律意义上的独立性，除此之外，任何工具都不具备独立性，或者至少不完全具备独立性。保险金信托作为家族信托中的一种，在不同的模式下，其独立性程度是不一样的。

在保险金信托1.0模式下，既有且只有保险的受益人是信托，当保险发生赔付或者约定的给付时，此时保险金能够通过信托的形式来实现独立性，但对于保险的现金价值，由于该保险的投保人依然是某个自然人，因此依然会受投保人诸如债务、婚姻变化、身故等的影响。因此，在该模式下，相当于只有一半的独立性。

在保险金信托的2.0模式下，即保险的投保人和受益人均是信托，无论是保险发生赔付或者约定的给付，还是保险的现价价值，都属于信托财产，能够利用信托的制度优势完整地保持保险资产的独立性。

第三，财产类型较为单一。从法理上来说，家族信托业务可以放入所有合法且能自由流通的财产，实际业务上，家族信托也是可以将资金、房产、股权、艺术品、保单等众多有价值的资产放入，而保险金信托业务在这方面相对来说就比较单一了，大部分情况下放入的仅仅是保单而已，小部分情况下会有少量的现金资产，该现金的目的一般有两个，一个是为了满足家族信托的门槛，另一个是为了缴纳后续的保费。

第二节｜保险金信托与大额保险

保险金信托，也可以称为披着信托外衣的保险，因此，相比单纯的保险来说，保险金信托具有以下的一些优势：

第一，具有更强的资产保护功能。单纯的保险从法理上来说，其实是不具备资产独立性的，保险资产无论是基于现金价值还是保险金，都是属于特定的某个自然人所有的责任财产，当该自然人出现一些诸如债务风险、婚姻变化风险、死亡风险等的时候，他名下的所有财产都会因此而受影响，其中自然就包括保险财产。对于现金价值相对比较高的年金类和寿险类保险产品来说，其不具有独立性想必大家也能够理解，但对于医疗类、健康类和意外类的保险产品，一方面由于现实中从来没有被强制执行过，另一方面其理赔金也是为了治病救人，因此有些人就会认为这些类型的保险是具有独立性的。

其实不然，这类型的保险产品之所以现实中没有被执行，核心原因是它们的现金价值一般都非常小，有些甚至是没有现金价值。比如2021年上海高院与八家保险公司达成的《关于建立被执行人人身保险产品财产利益协助执行机制的会议纪要》中明确表示，鉴于重大疾病保险、意外伤残保险、医疗费用保险等产品人身专属性较强、保单现金价值低，但潜在可能获得的保障大，人民法院应秉承比例原则，对该类保单一般不作扣划。

该会议纪要也认可了这类型保险产品的人身专属性和保障性，这也是这类保险产品的核心功能与价值，但提醒大家注意的是，还有保单现金价值低这个要素，这三个要素是缺一不可的，来做个假设。

比如张三为自己购买了一个重疾险，保额为人民币200万元，基于产品的创新发展，假设该保险产品当前的现金价值是人民币10万元，此时张三欠了李四15万元无力偿还，执行法官在追查之下，只发现张三名下的这张保单，除此之外再无其他财产可供执行，更不幸的是，李四也因为家人得了重大疾病，耗尽家财但还尚缺10万元手术费，而张三此时身体很健康，如果你是法官，你是否会执行张三名下的这张重疾险保单？进一步来说，此时保险的人身专属性与保障性更多的是为了抵御张三未来可能出现的重大疾病问题，但李四家人当下的重大疾病问题，就不重要吗？一个是未来可能，另一个是现实确定，我想任何一个法官面对这样的选择题，都不会犹豫的。

因此，可以得出这样的结论，所有的保险产品，从法理上来说，都是不具备独立性的，那些现实中没有被强制执行的保险，要么是当事人通过协议的方式另行处置，要么是基于保单的现金价值过低而没有执行的必要性。

而保险金信托则不同，其独立性是非常好的，虽然相比家族信托来说，其独立性稍显不足，但比起保险来说，却是优势明显，能更好地保护客户的资产安全。

第二，受益人范围更为广泛。单纯的保险其受益人受到诸多的限制，比如只能为已经出生的人，而对于尚未出生的或者家族的三代四代以后的人，当前的保险规划却很难顾及得到。而保险金信托则不同，信托制度赋予了其受益人只需要是能够确定的范围即可，比如对于尚未出生的家族后代，也是完全可以成为保险金信托的受益人，从而让家族富过三代真正成为可能。

第三，分配或者支付机制更加多元化。保险的给付模式虽然实务中也有多种模式，比如年金类保险产品的按年或者按月给付保险金，还有按照年龄给付保险金，寿险类保险产品一次性给付理赔金以及分期给付理赔金等，但一方面某些支付方式本身就存在法律瑕疵，另一方面无法针对家庭个性化的需求进行更为灵活的保险金支付。

比如，对于家族某些具体的需求，保险金也缺乏一些应对的灵活性。再比如在收入低的年份或者家庭有重大变故的年份，保险就无法有针对性地进行额外的给付，虽然也可以通过保单贷款的方式，满足一些临时性的资金需求，但一来保单贷款有成本，二来贷款若不能及时偿还，很大程度上会影响后续的保单目的。

而保险金信托则能够依据不同家庭的具体情况，通过设计更为多元化、个性化的利益分配机制满足不同的需求，比如在结婚的年份或者刚步入社会的时候，可以多分配一些。再比如保险理赔金也可以放心地一次性赔付到保险金信托，通过信托细水长流地分配给想要照顾的家庭成员，即保险金信托的受益人，而无须担心潜在的权属瑕疵。

第四，完全避免保险金成为被保险人遗产的可能性。在保险架构中，若受益人先于被保险人身故，或者受益人与被保险人同时身故而又无法确认谁先身故，则保险金成为被保险人的遗产，由被保险人的法定继承人继承。此时可能会导致至少三个不利的后果：一是致使投保人购买保单时的目的无法实现，二是保险金无法规避被保险人生产的债务，三是无法避免可能会征收的遗产税。

而保险金信托则从根源上解决这些问题，由于保险的受益人是保险金信托的受托人，而受托人在实务中都是具有无限生命的法人，因此其不可能存在身故的问题，因此保险金就不可能会成为被保险人的遗产。

保险金信托相比保险来说，也是有一些缺点：

第一，门槛比保险更高。虽然保险金信托相比家族信托来说，门槛更低一些，但是相比保险来说，还是高出不少。

第二，操作更复杂一些。相比保险只需要签署保险合同，保险金信托则相对要复杂一些，除了要签署保险合同外，还有诸如保险金信托意向表、信息采集表等，后期还需要对保单进行保全变更，即变更保险的受益人和/或投保人为保险金信托的受托人。

第三，具有一定的成本。购买保险，投保人除了支付保费之外，并不需要支付额外的成本，或者在当前国内的保险实践中，几乎没有为保险方案付费的。而设立保险金信托，信托公司则会收取一定的设立费，金额从1万元到3万元不等。当然，在某些特殊的阶段，比如信托公司刚开始推行这个业务之时，或者每年在保险公司举办的开门红期间，会有设立费的减免。

第四，流动性不足。购买保险后，若有资金需求，可以通过保单贷款的方式进行资金周转，而一旦设立保险金信托，实践中大部分信托公司都不允许再对保单进行抵押贷款，这在一定程度上会影响客户对于流动性的需求。

第三节 | 保险金信托与遗嘱

一般而言，一份有效的遗嘱，应该至少要包含以下几个方面：

（1）立遗嘱人身份说明，包括姓名、年龄、身份证号码、住所，也可以包含近亲属情况。

（2）遗嘱唯一性或关联性声明。包括对于此为最后一份遗嘱以及对于之前所立遗嘱作废的说明。

（3）遗嘱执行人或者遗产管理人说明。包括遗嘱执行人或者遗产管理人的身份证、授权委托书、住所、指定遗嘱执行人或遗产管理人与本人的关系，如有任何利害关系应注明不影响其执行人效力，并可以指定后备执行人，确认的签名包括各种签名字体的示范。

（4）立遗嘱人身体和精神状况声明。包括身体状况、精神状况、行为能力，遗嘱人的真实意思表示，未受胁迫、欺骗所立，遗嘱内容要真实、合法，所处分的财产为个人所有，给缺乏劳动能力又没有生活来源的继承人保留了必要的份额，遗嘱人所提供的遗嘱或者遗嘱草稿的形成时间、地点和过程，是自书还是代书，是否本人的真实意愿，有无修改、补充，对遗产的处分是否附有条件；如果是代书遗嘱，还需要写明代书人的情况，遗嘱或者遗嘱草稿上的签名、盖章或者手印是否其本人所为。

（5）遗产的范围。详细列明遗产的类型和状态，属于共同所有的财产的，比如夫妻共同财产，则必须要着重强调属于个人的部分。如果是房产，则要详细到具体的门牌号，以面积大小、房产性质和产权证及其他凭证，并说明是否有其他处置情形，比如抵押、查封等。

（6）债权债务的处置。明确每一个债权债务的具体情形，尤其是对于债权，务必要写明债权依据或者有效凭证，并具体给出处置意见。

（7）对遗产的分配意见。对每一项主要的遗产分别给出具体的处置意见，最后再以兜底的形式，给出其他遗产的处置意见。

（8）尾部和附件。写明本次遗嘱的份数以及每份遗嘱的保管人，有其他附件的，还需要写明附件的名称和数量，最后由立遗嘱人本人和见证人分别签字、按手印并写上日期，如果遗嘱有多张的，还需要再每一张都签名、按手印并写上日期。

遗嘱在财富管理方面是具有重要的作用，但现实却是国人因为忌谈死亡，所以很多时候都不太愿意提前写好遗嘱。

从遗嘱的订立、保管到执行，看似简单，实则是非常容易出问题的。据有关部门统计，有超过60%的遗嘱在遗产纠纷中被法院认定为无效。造成这种结果的主要原因是立遗嘱人对于遗嘱订立的形式和相关法律要求不了解，最终导致在法律上没有效力。

第一，由于很多人不愿意提前写遗嘱，认为那是不吉利的事情，所以往往是在身体不行的时候甚至是躺在医院的时候才想起订遗嘱，而此时的立遗嘱人，存在着很大的可能性被认定为是非完全民事行为能力人，不具备订立遗嘱的民事主体资格，从而被认定为遗嘱无效。

第二，很多人不愿意找专业的人帮着写遗嘱，一来是有因为不想泄露自己的隐私，二来也是舍不得支付相关的费用。但自己写遗嘱从形式要件到措辞都极容易出现法律瑕疵。比如，大家所熟知的香港华懋集团龚如心的遗产案。

龚如心在2002年的时候留下了一张遗嘱，里面写到自己的遗产拨归华懋慈善基金会，并希望由三个大人物一起组成一个监管机构，来监督华懋慈善基金会的运作。龚如心还在遗嘱中要求，华懋基金会必须建立一个类似诺贝尔奖的项目，同时要不断发展壮大华懋集团，把部分的利润用于慈善事业，直到永远。

龚如心遗嘱（网上公开版）

我，龚如心谨立遗嘱如下：

财产全拨归华懋慈善基金

一、“华懋慈善基金有限公司”是我与我先生王德辉共同创立。我所有财产于我离世之后全部拨归“华懋慈善基金有限公司”。

二、“华懋慈善基金有限公司”在我离世之后希望交托由联合国秘书长、中国政府总理和香港特区政府首长组成的管理机构监管，并在此监管下“华懋慈善基金有限公司”除必须继续自创立以来所进行的各项目，使其不断发展，还要继续达到设立中国的类似诺贝尔奖的具有世界性意义的奖金和基金的目的。

三、“华懋慈善基金有限公司”之董事会必须在上述监管机构监管下切实管理好公司的业务和资金，维护与扩大“华懋集团”和我们开创的所有事业，确保“华懋慈善基金有限公司”之商业王国不断壮大，并以其部分盈利将慈善事业不断发展达至永远。

遗愿要照顾王家老幼

四、“华懋慈善基金有限公司”必须继续做到：

1. 对王氏家族的老一辈，王廷歆先生及任玉珍女士，须给予按其意愿，令其满意的供养。

2. 负责王德华的生活与医疗。及照顾其子女和深造之需要。至于我丈夫王德辉的其余弟妹，如有需要公司也有责任给予照顾。其子女如升大学或深造公司均应负责。

3. “华懋慈善基金有限公司”有责任给予“华懋集团”的同事及其子女以关怀和帮助。鼓励他们不断进修，不断自我增值。鼓励他们一起为实现造福人类的理想共同努力。

（该内容来源于“中国新闻网”）

龚如心这个遗嘱看似简单明了，可是却有很多问题。

比如，将其财产全部“拨归华懋慈善基金有限公司”，这个表述就产生了巨大的争议，“拨归”的结果到底是让华懋慈善基金有限公司成为该财产的所有权人并能够从中受益，还是只是让其作为财产的受托人，让其代为管理并从事慈善的事情。对于龚如心订立遗嘱时候的初心，我们已经无从考究，但香港法院是这么认为的，龚如心遗嘱并没有清楚地表明华懋慈善基金是受益人，而且从遗嘱里面看得出来，龚如心希望有机构来监督基金的运作，因此法院判决基金只是受托人，而不是受益人。

再比如，龚如心还希望“华懋慈善基金有限公司”在她离世之后交托由联合国秘书长、中国政府总理和香港特区政府首长组成的管理机构监管，虽然想法是非常美好的，但现实情况是，这三位日理万机的重量级人物，单请出其中一位都很难为“小小”（即便其规模到了千亿级别）的一个基金会去工作，何况三人一起，不说天方夜谭，也是白日做梦级别的了，因此实际中也着实是很难执行的。

除了在措辞方面容易因歧义而引起纠纷之外，自书遗嘱往往还有可能因为笔迹而引起纠纷。比如在龚如心与其公公王廷歆的遗产争夺案中，针对王德辉遗嘱的笔迹鉴定问题，不仅持续时间长，双方还前前后后聘请了包括美国和中国专家在内的六位顶级笔迹鉴定专家，累计花销近亿元，也没能就笔迹的真伪作出结论一致的鉴定，而普通人如果碰到此类纠纷，其麻烦程度可见一斑。

第三，遗嘱的保管也是一件不容易的事情。有时候虽然订立了遗嘱，但其继承人或许并不知道遗嘱在哪里。还有人会把遗嘱等重要资料放在保险箱里面，但保险箱的秘码家人却未必知道。更有甚者，遗嘱虽然有，也没有被锁在保险箱里面，但却被相关利害关系人掌控，也有可能导致无法按照遗嘱来执行。更为极端的是，现实中还有过为了毁灭不利于自己的遗嘱，不惜烧掉整座房子的极端案例。

因此，要想通过遗嘱的形式来处置遗产，就必须使整个流程既合理合法，也清晰明了。立遗嘱人的行为能力和意思表示都符合法律的规定，不会引起不同的理解，财产方面也需要做到权属清晰，遗嘱形式、遗嘱保管和遗嘱执行都需要符合法律的规定，尤其是遗嘱保管，不同的介质需要采用不同的保管形式，比如纸质的遗嘱，就必须要做好防潮防霉，并且纸和笔尽量选用材质好点的，避免时间长了后字迹模糊变形。

遗嘱除了有以上的一些法律瑕疵容易被挑战之外，其在财富管理中还有以下的一些缺点：

第一，无法规避被继承人生前的债务以及未来可能会出现的遗产税。由于遗嘱继承是在被继承人身故后进行，因此需要先偿还被继承人生前的债务，如果届时出现债务大于遗产的情况，则被继承人订立遗嘱的目的就极有可能会落空。而如果届时国内开征遗产税，则被继承人需要先缴纳完遗产税后，方能继承遗产。

第二，遗嘱继承后无法控制遗产的使用。继承人获得遗产后，即为其个人财产，既无法避免其个人债务的波及，也无法避免其挥霍败家，当继承人没有足够的掌控力时，还有可能被别有用心之人侵害，这些情形都有可能导致被继承人订立遗嘱的意愿落空。

第三，遗产继承的信息需要在继承人之间公开，一定程度上可能会引起家族因分配不均所造成的纠纷。中国有句老话叫“不患寡而患不均”，若遗嘱的分配并未平均，则可能会引起家庭成员心理的不平衡，继而带来额外的纠纷，尤其是当继承的是需要过户的资产的时候，比如房产，需要所有有继承权的人，一同前往房产登记部门去做产权变更登记，若其中有人因为遗产分配不公而不愿意配合，势必会引起不必要的麻烦。

因此，单纯地通过遗嘱来管理和规划遗产，确实也存在着诸多的弊端，而保险金信托相比遗嘱来说，则具有以下的优势：

第一，效力不易被挑战。保险金信托具有保险和信托的双重法律属性，也具有双重的合同属性，基本不会产生效力瑕疵的问题，继承人想要对此进行挑战也于法无据。

第二，资产更具独立性和掌控力。在保险金信托架构下，保险理赔金直接进入到信托账户，避免了理赔金成为遗产的那一点点可能，更重要的是，通过信托制度的安排，能够让被继承人对于其所创造的财富在其身故后依然能够施加正向的影响，避免继承人个人债务的波及，也避免继承人挥霍败家并导致后续生活失去保障，即便继承人没有足够的掌控力，也能够有效地防范别有用心之人的不法侵害。

第三，私密性更好。保险金信托可以在信托中对受益人的受益条件、受益时间和受益比例，做出极具个性化的约定，而各受益人之间既可以相互知晓对方的受益情况或者信托的全貌，也可以仅仅只知道自己或者部分受益人的受益情况，是部分还是全部，都可以依据家庭具体情况进行个性化的定制，避免受益人之间因利益分配不公而引起的纠纷。

而保险金信托相比遗嘱来说，也不是完全没有缺点，集中表现在保险金信托仅仅针对的是金融资产进行的处置，对于非金融资产，比如房产、汽车、股权等，在当前的业务实践中，却很难以兼顾到。

第四节 | 保险金信托与其他法律协议

在财富管理中经常能够用到的法律协议主要有赠与协议、定向赠与协议、附条件赠与协议、附义务赠与协议、遗赠扶养协议、夫妻财产协议等，这些协议都在某些场景下担负着重要财富管理功能。

赠与协议，也可称为赠与合同，指赠与人将自己的财产无偿给予受赠人，受赠人表示接受该赠与的协议或合同。从财富管理的角度来说，赠与一般都是发生在家人之间，比如父母给子女的赠与，祖父母给孙子女的赠与，甚少出现给予血亲以外的人的赠与。因此实践中，具体的赠与行为，就需要结合具体的情形进行灵活地变动。

比如父母给子女的赠与，如果担心子女未来婚姻出现变化而对该赠与产生分割的影响，则可以采用定向赠与的方式加以规避，如果担心赠与之后子女对自己不孝，则可以采用附条件/义务赠与的形式加以约束。

所谓定向赠与，就是该赠与行为只及于某个人，而与其他人无关。实践中往往都是父母给子女赠与的时候采用这种形式，比如张三想赠送给已婚子女张四100万元，如果他直接转入子女银行账号而不作任何说明，则这100万元会被视同为对子女夫妻两人的赠与，属于夫妻共同财产，当然如果子女两人感情和睦，能够携手共度余生，倒也无妨，相信这也是张三愿意看到的，但感情的事情谁又能说得准呢？万一赠与发生后没过多久，两人就离婚了，那这100万元就会被子女的配偶分走一半。进一步假设，若赠与的不是100万元，而是1000万元甚至更多，当子女的配偶得知自己能够合法地得到其中的一半的时候，TA有没有可能因此而主动离婚，然后带着从你那分割来的财富，另寻他欢呢？别忘了2023年夏天热播的电影《消失的她》中的悲剧。

而如果张三在赠送给子女这100万元时，明确约定仅赠送给子女个人，与其配偶无关，那么即便未来子女离婚了，也不会分割这部分资产。而且由于定向赠与协议只需要父母与子女之间签署就可以，并不需要子女的配偶参与，因此也不会引起家庭不必要的矛盾。当然，定向赠与给子女的财富，并不是要反对子女与配偶一起享用，子女婚姻维持稳定，该财富是对夫妻俩生活品质的提升，子女婚姻不稳定，这是对子女个人的保障，无论何种情形，基于这笔财富来说，主动权都掌握在自己子女手上，相信这也是天下父母想要给与子女的祝福方式。

所谓附条件赠与，就是该赠与给受赠人附带了一定的条件，只有条件达成，赠与才会生效，而如果受赠人没有达成相关的条件，赠与人可以撤销赠与。这些条件可以是积极的，也可以是消极的。积极条件是指受赠人需要完成某项行为或实现某种结果，而消极条件则是指受赠人需要避免某行为或防止某种结果的发生。

比如张三想给子女赠送100万元，但张三想以此激励子女努力奋斗，就提出若子女考上“985”或者“211”大学，或是获得公司优秀员工等，则赠送其100万元，这就是附积极条件的赠与，若子女没有考上目标大学，或者没有获得公司优秀员工，则张三可以不赠送给财产。再比如，张三和子女约定，只要他结婚的对象不是日本人，就给与其100万元的赠与，这就是附消极义务的赠与，若子女结婚的时候，配偶是非日本人，则赠与条件达成，张三给子女100万元赠与，若子女的配偶就是日本人，则条件不达成，赠与不生效。

所谓附义务赠与，就是该赠与给受赠人附带了一定的义务，若受赠人不履行该义务，赠与人可以撤销该赠与，并要求受赠人返还赠与物。附义务赠与中的义务可以是向赠与人履行，也可以是根据约定向第三人或不特定的多数人履行。这些义务可以是作为，也可以是不作为，但无论是作为还是不作为，都必须是合法的。比如张三想赠送李四一套房子，如果是附带让李四给张三或者其他人养老送终，则其义务是合法的，赠与行为有效且受法律保护；但如果附带的是让李四嫁给张三，或者让李四嫁给张三指定的人，则有买卖婚姻之嫌，属于法律禁止的行为，因此该义务不合法。

赠与的发生可以说非常的简单直接，也是现实中运用非常广泛的方式，但从财富管理的视角来说，其也面临着以下几个不足：

一是赠与后失去了对赠与物以及受赠人的相关掌控。在财富管理视角下，我们一向强调财富拥有者或者创造者要保留必要的正向控制力，但在赠与的情形下这一点却很难真正实现，虽然附条件赠与或者负义务赠与，一定程度上能够规避此类问题，但一方面那也只是基于阶段性的控制，而非长久有效的掌控，另一方面此两类赠与实务中运用相对较少，大部分情况下依然是直接赠与，尤其是父母与子女之间的赠与。

二是赠与后无法规避受赠人的相关风险。受赠人取得赠与物的所有权，若后续受赠人发生婚姻变故、债务连带抑或是死亡等风险，那么该赠与物极有可能会受此类问题的影响而被分割。

三是赠与后还有可能给受赠人带来额外麻烦的继承手续以及高额的税费。

因此，虽然在现实中赠与是非常普遍并且简单易行的财富管理方式，但基于其一些制度性的缺陷，还是需要与其他工具结合在一起使用。

遗赠扶养协议，是遗赠人和扶养人之间关于扶养人承担遗赠人的生养死葬的义务，遗赠人的财产在其死后转归扶养人所有的协议。

签订遗赠扶养协议，其目的在于使那些没有法定赡养义务人或虽有法定赡养义务人但无法实际履行赡养义务的孤寡老人，以及无独立生活能力老人的生活得到保障。被扶养人可以与公民签订遗赠扶养协议，也可以与集体组织签订遗赠扶养协议。比如张三年岁已高，但子女均不在国内，自己又不愿意背井离乡去国外定居，于是可以与居委会或者具有完全民事行为能力的李四签订遗赠扶养协议，约定居委会或者李四照顾自己的日常饮食起居并养老送终，而张三身故后将自己的一套房和一辆车以及若干存款和金银首饰都赠送给居委会或者李四。

遗赠扶养协议的内容一般包含以下几个方面：

第一，应详细写明遗赠扶养双方各自的权利义务。扶养人承担该公民生养死葬的义务，享有受遗赠的权利；公民应将个人所有的合法财产赠送给扶养人。扶养人无正当理由不履行，致协议解除的，不能享有受遗赠的权利，其支付的供养费用一般不予补偿；遗赠人无正当理由不履行，致协议解除的，则应偿还扶养人已支付的供养费用。

第二，应写明提供扶养的具体内容、办法和期限。比如扶养内容可包含日常生活上的照顾、经济支出上的帮助、精神情感上的慰藉等。期限方面可以是从签订协议之日起至被扶养人身故止，也可以是双方约定的其他时间，比如从被扶养人70岁开始等。

第三，应详细写明遗赠财产的状况，包括财产名称、数量、处所，并提供有效的证明文件，同时明确作出赠与给扶养人的意思表示。

需要注意的是，扶养人只能是法定继承人以外的公民或集体组织，道理也很简单，法定继承人对被继承人的赡养义务、继承人继承被继承人的遗产的权利都是法定的，无须通过协议的方式另行约定。

遗赠扶养协议与附义务（扶养义务）赠与协议有很大不同，遗赠扶养协议赠与的是公民的遗产，扶养人只有在承担生养死葬的义务之后，才能获得协议约定的被扶养人的遗产，赠与的发生在被扶养人死后。而附义务的赠与合同，则是于赠与合同生效后，赠与人于生前将财产交付受赠人，并由受赠人履行扶养义务。

遗赠扶养协议与遗嘱遗赠是也有很大的不同：

第一，遗赠扶养协议是双方的法律行为，只有在遗赠人和扶养人双方自愿协商一致的基础上才能成立。凡不违反国家法律规定、不损害公共利益、不违反社会主义道德准则的遗赠扶养协议即具有法律约束力，双方均必须遵守，切实履行。任何一方都不能随意变更或解除。如果一方要变更或解除，必须取得另一方的同意。而遗嘱遗赠是遗赠人单方的法律行为，不需要他人的同意即可发生法律效力。遗赠人不仅可以单方面订立遗嘱，还可以随时变更遗嘱的内容，或者撤销原遗嘱，另立新遗嘱。

第二，遗赠扶养协议是有偿的、相互附有条件的，它体现了权利义务相一致的原则。而遗赠是财产所有人生前以遗嘱的方式将其财产遗赠给国家、集体或个人的行为，它不以受遗赠人为其尽扶养义务为条件。

第三，遗赠扶养协议不仅有遗赠财产的内容，而且还包括扶养的内容。而遗赠只是遗赠财产，没有扶养的内容。

第四，遗赠扶养协议从协议成立之日起开始发生法律效力，而遗赠是从遗赠人死亡之日起发生法律效力。

第五，被继承人生前与他人订有遗赠扶养协议，同时又立有遗嘱的，继承开始后，如果遗赠扶养协议与遗嘱有抵触，按协议处理，与协议抵触的遗嘱全部或部分无效。

夫妻财产协议包含了婚前财产协议或者婚前财产公证和婚内财产协议两种。

婚前财产协议或者婚前财产公证，是通过协议或者公证的方式，在婚前说明哪些财产是自己的。其优点在于操作比较简单，成本也很低，能起到一定的保护作用，但弊端却也非常明显：

一是感情上难以接受。结婚前就对自己名下的财产作出特别约定，有点婚姻尚未开始就有了防备之心的嫌疑，中国人有着谈钱伤感情的传统，这样的方式多少有伤夫妻感情，也许在部分家庭中能适用，但绝大部分家庭可能还是很难接受的。

二是无法保护财产安全。虽然婚后财产还是处于自己名下，属于个人所有，但除了能够避免夫妻离婚的分割外，既无法规避自己债务的波及，也无法规避夫妻共同债务的波及。

三是无法避免继承的相关问题。婚前财产协议或者财产公证虽然能够证明该资产为个人所有，但若发生身故风险，则个人的资产就变成了个人的遗产，一方面配偶依然有继承权，另一方面也无法避免烦琐的继承手续以及可能出现的额遗产税。

四是增值部分依然属于夫妻共同财产。按照《民法典》及其司法解释的相关规定，夫妻一方个人财产在婚后产生的收益，除孳息和自然增值外，都属于夫妻共同资产。

五是婚后资产容易混同。比如货币作为种类物，婚前个人的100万元和婚内共同的100万元混合在一起，然后又基于共同生活花掉了100万元，就很难再证明花掉的这100万元到底是属于婚前个人的那100万元还是婚内共同的那100万元，而对于无法证明是婚内个人资产的情形，一般都会认定为是夫妻共同资产。

婚内财产协议，是夫妻双方约定婚后财产的归属及婚姻变动后财产的处置方式等。其优点在于操作简便，并且基本没有成本，能够在一定程度上避免婚姻变动对财产的影响，但此种方式也有几个弊端：

一是感情比较难以接受。与婚前财产协议一样，婚内财产协议同样需要夫妻双方签署，中国的大部分夫妻可能都难以接受不以家庭为单位的财产安排，难免会影响夫妻感情，而且现实中基于家庭共同开支基础上的财产分别制，确实也存在操作上的难度。

二是无法规避之后的个人或家庭债务。婚后财产协议只能是夫妻之间的协议和约定，不能据此对抗第三人。婚后发生了债务，如果是个人债务，那么需要用个人资产还，如果是夫妻共同债务，则需要用共同财产以及个人财产进行偿还。

三是无法规避继承风险，与婚前财产协议类似，婚内财产协议虽然约定了财产的归属与处置原则，但基于身故后的继承，配偶同样拥有继承权。

四是婚后财产协议的执行问题。无论是协议离婚还是诉讼离婚，夫妻任何一方都可能会拒绝执行婚内财产协议，导致事先确定好的财产处置方式充满变数。

所以，无论是采用婚前财产公证或者婚前财产协议的方式，还是采用婚内财产协议的方式，表面可以规避夫妻婚姻变动对财产的影响，但在实际中，却面临诸多的不确定性，最终可能会对婚前财产或者婚内财产造成影响。

而保险金信托，相对上述的各类法律协议来说，显然具有更多的优势。

首先，保险金信托能够实现资产的独立性。在保险金信托的2.0模式下，无论是理赔前的现金价值还是理赔后的保险金，都属于信托财产，通过信托制度来实现这部分财产的独立性。既能够规避当事人的债务风险的挑战，也能够避免当事人因为离婚而带来的分割，还可以在当事人身故时，避免成为其遗产，从而避免烦琐的继承手续以及未来可能的遗产税。

其次，保险金信托具有更强的掌控力。相比各类法律协议缺乏对财富的长久掌控，保险金信托则可以通过正向的激励和负面的约束机制来实现财富拥有者对于财富的长久、正向且稳定的掌控，即便在自己身故后，其积极意愿亦能够有效执行，从而让家族财富为家族成员所使用，让家族成员在正确的价值观引导下生存、发展。

再次，保险金信托具备更强的灵活性。从创富到守富、传富，再到享富，不同的家族都有其自己的具体情况以及个性化的需求，哪怕同一个家族，在不同的环境下，其需求亦是不同的，要想针对不同家族的不同需求提供适合的方案，就必须意味着该方案需要具备极强的灵活性以及依据变化的环境进行调整的适应力，保险金信托在这方面就具备极强的功能，在满足一定的条件下，通常为保险金信托的保单规模，其结构、条款都可以依据家庭具体需求，进行灵活定制。

最后，保险金信托能够更好地保护家族隐私。上述的法律协议要不在指定环节需要公开，要不在执行环节需要公开，而保险金信托从架构的设立到后续的运作管理，以及信托利益分配和信托的终止，都可以在委托人的授意下，实现信息的保密，不仅外人对此难以知晓，就连同为受益人的家人，也可以相互不知情。

当然，保险金信托相比上述的各类协议来说，也有其自己的不足，包括：

第一，保险金信托当前仅能处置的是金融资产，而对于非金融资产的房产与股权等，保险金信托却无法兼顾。因此，有时候需要结合其他工具或者与上述各类法律协议一起组合运用，效果会更好。

第二，保险金信托的等待周期比较长。纯粹的保险金信托，需要等到保险金进入到信托之后才能通过信托制度来实现财富管理，但从保险金信托的设立到保险金的进入，往往都需要数年或者十几年甚至是更长的周期，这对于某些财富管理的需求而言，可能并不适用，而上述的各类法律协议基本都可以实现立竿见影的效果，往往能够在当下就能解决这些财富需求。

第五节 | 保险金信托与家族办公室

孟子曰：君子之泽，五世而斩。其意思是指君子辛苦打拼的事业，他所带来的好处与福泽，最多延续五代之后，就会消退。在古人看来，无论祖辈开创的事业如何辉煌，在经过数代流转或消耗之后，其积累的家业也就消耗殆尽了。

经典名著《红楼梦》中描写的百年望族贾府就是五世而斩的典型案例。

第一代，“水”字辈，贾演和贾源，当年他们兄弟俩因辅佐天子立下不朽军功，得到皇室恩宠表彰，不仅授予勋爵官职，还奖励坐落在石头城的两套类似皇室之家的爵产宁荣二府——贾演的宁国府、贾源的荣国府。就这样，宁荣二公靠武事起家，开创家业，从而有了显赫的金陵贾府，建立了贾府的基业。

第二代，“代”字辈，宁国府贾代化和荣国府贾代善，雄风犹存，尚可守成。贾代善承袭了荣国公的爵位，还蒙恩受赐一等将军，其妻是史老太君，贾府上下尊称她为“老太太”“老祖宗”，也是《红楼梦》里主要角色之一，娘家史氏为四大家族之一。

第三代，“文”字辈，已经退化为昏聩无能的一辈。宁国府第三代长子贾敷在七八岁时夭折，次子贾敬虽是唯一的进士出身，却没有理想抱负，反而消极遁世，一心追求佛系生活，最后出家当道士去了，只关心修道炼丹，不问尘世。

荣国府第三代长子贾赦，贪财好色荒淫无度，只顾贪图享乐，毫无建树；因世袭了父亲贾代善“一等将军”的职务，就没有住荣府，另择一院逍遥而居。

次子贾政虽然看着挺谨慎，表面正派，又得皇室恩赐，当上了工部侍郎，也算贾家第三代中最有实力的重量级人物。但其也好色，连赵姨娘这等货色都能专宠，并且也是迂腐平庸之人，因科举不成，逼死大儿子贾珠，又把宝玉往死里打，终究是撑不起“忽喇喇的贾府大厦”，注定家道中落。

第三代中还有黛玉的母亲贾敏，其集万千宠爱于一身，却远嫁苏州的士人林如海，可惜英年病逝，黛玉被迫进入贾府，开启了红楼梦的序幕。

第四代，“玉”字辈，虽然子弟众多，但大多安富尊荣，渐渐“盛极而衰”。包括有宁国府的贾珍，荣国府的贾珠、贾宝玉、贾琏、贾环等。

宁国府第四代中的独子贾珍，这贾珍没什么真本事，只想着“捞钱”，还有就是“好色”，被下人们戏称为“珍大爷”。其妻尤氏，有两个妹妹尤二姐、尤三姐，便成了贾珍心灵扭曲下的玩物，此外他还与儿媳乱伦，以致惹出很多丑闻，使得宁国府成了金玉其外、败絮其中的肮脏龌龊之地。

宁国府第四代还有一个女儿，也就是人称“四姑娘”“四丫头”的贾惜春。由于父亲贾敬沉溺于炼丹，后中丹毒而死，其母在她出生后不久也离世，贾母把她接到荣国府长大，由此，贾惜春便形成了孤僻冷漠的性格，为人心冷嘴冷，后看淡红尘，出家为尼，与青灯长伴去了。

荣国府的第四代相比而言，虽然从数量上来说要兴旺些，但多为悲剧性人物，自然也是“江河日下”，难以力挽狂澜了。

好色的贾琏，是贾赦与邢夫人所生，人称“琏二爷”，从父亲丫环，到下人老婆甚至小厮，其没有不染的。他的妻子“凤辣子”王熙凤是王夫人的侄女，又得贾母欣赏重用，得以管理荣国府家政事务，使之成为贾府中不可或缺的人物。

贾迎春是贾赦与妾室所生，老实无能、懦弱怕事，戏称为“二木头”“二姑娘”，后父亲贾赦欠了孙家五千两银子还不起，便把她嫁给孙家，出嫁后不久，她就被孙绍祖虐待致死，落得一个悲剧的下场。

贾珠是贾政的长子，也是这一代中最优秀的，好学上进，系贾政与王夫人所生，嫡出，是贾府玉字辈很有作为的人，其妻李纨亦品行端正，贤良持家，只可惜贾珠英年早逝，只留下李纨和孤儿贾兰过活。

贾元春是贾政与王夫人所生的长女，是贾府第四代中最为重要的一棵大树，青春年少时被选入宫，先是女史，后晋凤藻宫尚书。封贤德妃后奉旨省亲，这一段故事成了《红楼梦》极为铺陈的华章，于是有了贾府耗掉巨资大费周章地隆重修建大观园。只可惜，元春省亲后不久，竟因“难产”而死。

贾宝玉也是贾政与王夫人所生的次子，因前身是苍穹赤霞宫的神瑛侍者，系补天灵石投胎，故“衔玉而诞”，是《红楼梦》的男主角，得贾母疼爱，而成为荣国府中“宝二爷”、富贵闲人，他与林黛玉、薛宝钗的爱恋故事，便成了《红楼梦》突出描写的主线之一，随着宝黛二人的爱情幻灭、宝钗二人成婚后宝玉出家，贾府的衰败也就成了定局。

贾探春和贾环是庶出，系贾政与妾赵姨娘所生。探春人称“三姑娘”，富有心机，精明能干，曾发起建立海棠诗社，短暂主持大观园改革，后来远嫁海南镇海统制周家，躲过了贾府被抄家一劫。

贾环是“颓废的一代”代表人物，自小顽劣无赖，不思上进，不受贾母喜欢，所以活在宝玉的阴影下，于是心理有点变态，整天想着法子害宝玉，也是个可悲之人。

第五代，“草”字辈，贾府发展到第五代，贾家就基本断气了，仅剩下贾蓉、贾兰、贾蔷等不多的几个贾家子弟寒酸冷清地孤独维系着。

宁国府的贾蓉跟他爹贾珍一块儿堕落为一群聚赌放荡之徒。后因作恶多端被查，宁国府被抄家，他本人也只得依附荣府生活。贾蔷是贾珍的私生子，亦是斗鸡走狗之辈，因酗酒聚赌，搬出宁国府，后自立门户，管理戏班，与伶人龄官组成家庭。

贾兰是贾府第五代中的骄傲，他在父亲贾珠过世后由母亲李纨含辛茹苦地培养长大，是沉默而有教养、勤奋读书的大家公子，后来还高中举人，只可惜，在扬眉吐气后不久即离世。

这就是历经五代的贾府，一度耀眼显赫，但由盛而衰，其实也不过百年时光，“漫言不肖皆荣出，造衅开端实在宁”，荣宁二公创下的基业终于毁在了后代儿孙之手。“水代文玉草，一代不如一代”的故事也正应了“五世而斩”的宿命理论。

“君子之泽，五世而斩”的宿命论，不仅中国如此，国外也难以幸免。葡萄牙有“富裕农民—贵族儿子—穷孙子”的说法；西班牙也有“酒店老板，富翁儿子，乞丐孙子”的俗语；而德国干脆用三个词——“创造，继承，毁灭”，来代表家族三代人的命运；美国家族企业在第二代的存活率只有30%，到第三代就只有14%，能传承到第四代及以后的只剩3%。

因此富不过三代可以说是世界性的难题，如何能够打破这种魔咒，实现家族永续、基业长青是很多大家族的现实需求。

作为财富管理皇冠上的明珠，家族办公室（Family Office，FO）应运而生，自19世纪以来，在经过上百年的实践、积累和完善之后，被全球公认为是实现家族财富管理、保护和传承最重要的制度工具，而众多世人耳熟能详的知名家族如洛克菲勒家族、肯尼迪家族、爱马仕家族等都是通过家族办公室成就财富代代传承的不朽经典。

作为超高净值家族财富管理的顶层设计，家族办公室是一种复杂而精密的家族服务机构，是对超高净值家族一张完整资产负债表进行全面管理和治理的机构。其提供的服务包括家族事务管理、家族财富管理、家族资产管理、家族人力管理、家族声誉管理等，极为广泛。家族办公室不但是守护家族财富的有力工具，也是延续家族价值观、凝聚家族成员的传承基石。

清华大学五道口金融学院家族办公室课题组对家族办公室有过系统性的研究，并将家族办公室分为5种类型，分别为内置型、外设型、分离型、一体型和控股型家族办公室[①]（见表5-1）。

表5-1　家族办公室的5种类型

FO阶段	FO类型	含义	与家族和企业的相对位置	举例
家族企业主导阶段	内置型	FO为企业的内设部门	与企业距离为零	三星秘书处
	外设型	FO与企业平行，为独立的法人实体	介于家族与企业之间	戴尔家族办公室 美的何氏家族
	分离型	FO与企业相分离	与家族距离为零	皮特卡恩家族
FO主导阶段	一体型	FO成为新的家族企业	与企业距离为零	洛克菲勒家族
	控股型	FO控股多家家族企业	介于企业和家族之间	穆里耶兹家族

1. 内置型家族办公室

内置型FO往往出现在家族办公室发展的早期，其表现形式通常是，在集团、控股公司或旗舰企业中设置战略投资部/战略发展部等，或者在集团之下设立投资公司，除了承担企业内部的职能，还进行家族金融资本、社会资本、人力资本及家族事务的管理。有些内置型FO甚至并不是一个成形的机构，而是由深受企业家信赖的CFO或财务团队、家族二代等分担部分职能。

由于内置型FO的运营成本可分摊在企业之中。在通向家族办公室的道路上，其未尝不是一个好的开始，当今中国为数不少的FO即以这种形式存在。

三星创始人李秉喆创办的三星集团秘书室就是内置式FO的典型案例，其不仅兼顾三星集团的企业治理、人事管理，还负责李氏家族的资本管理、

① FO光谱模型：定位你的家族办公室https：//mp.weixin.qq.com/s/Nt8TJ6hN7M17fs_uXiyDOg，作者：高皓、刘中兴、叶嘉伟。

继承规划。由于以企业内置部门的形式存在，内置型FO有别于其他FO，参与企业管理与介入家族事务同样重要。

金融资产投资在三星的案例中并不明显，主要因为创始家族的个人财富与企业资产高度重合。除了控股家族外，企业还有其他小股东。如何避免秘书室为了家族利益而损害集团以及小股东的利益？事实上，秘书室掌管的“秘密”资金就是会长的个人钱库，是企业资产与个人财富的旋转门。但不可避免的是公司利益有时会与家族利益发生冲突。

欧美家族倾向于将所有权和经营权、家族财富与企业资产分离，而亚洲家族则倾向于同时保有企业的所有权及经营权。内置型FO最大的挑战是公私不分、加剧家族与企业的利益冲突，成为大股东剥削小股东的利器。这在公司治理透明度要求越来越高的今天，可能给家族带来伤害。

2.外设型家族办公室

外设型FO通常以与企业平行的独立法人实体，如有限公司、有限合伙企业、家族信托或家族基金会等形式存在。其主要管理家族在实业之外的投资，看起来更像一家基金公司或对冲基金，帮助家族分散投资，熨平经济波动对财富的影响。外设型FO可以与家族企业有着一定的业务或金融连接，但很少介入企业经营。例如，美的集团创始人何享健的儿子何剑锋所掌管的盈峰资本，就可以看作与美的集团并行的外设型FO。内置型FO和外设型FO经常出现在家族企业的创业阶段，企业通常仍由家族第一代掌控。

迈克尔·戴尔的家族办公室MSD Capital亦属于外设型FO，MSD Capital成立的原因是迈克尔·戴尔希望对家族资产进行集中管理和优化配置，以减轻对IT行业的风险敞口，构建多产业的投资组合。MSD Capital介于家族和企业之间，其不参与戴尔公司的日常运营，除了将一部分利润贡献给家族基金会外，亦不干涉戴尔家族事务，它的投资理念是保证家族财富的长期升值。

外设型FO结构也出现在香港南丰集团。南丰由“棉纱大王”“地产大王”“窝轮大王”陈廷骅于1954年创办，业务横跨地产开发、投资、建筑及航运等领域，据估算南丰在香港地区及海外拥有的总资产超过1000亿港元。南丰在香港大型家族企业中属于低调的另类，其最近出现在公众视野中的原因，其一是香港前财政司长梁锦松任南丰集团CEO，其二是陈廷骅

2012年去世后引发的家族争产案。

为了避免财富过度集中于房地产，陈氏家族2011年成立了独立于南丰集团的南丰投资顾问有限公司，聘用20多位全职的资深金融人士，管理家族在实业之外的金融投资组合，目前其管理资产超过100亿港元，投资领域包括股票、债券、PE基金、VC基金、对冲基金、股权直接投资、战略投资（如远洋地产）等，形成全资产类别的投资组合。

3.分离型家族办公室

家族在世代延续中，规模会逐步增加，各分支之间的矛盾也会凸显，事先委托的银行或家族信托也未必能够妥当处置。这时，家族离心力可能会导致企业被出售，这种情况下的FO就属于与家族企业分离的FO。

出售企业所有权后的家族成员拥有大量可投资金融资产，分离型FO可以为其提供全方位的资产管理，并担负家族无形资产的传承工作，负责家族治理、慈善活动、遗产规划等全方位服务，基本上属于全能型FO。

分离型FO中有众多名门望族的身影。1985年，皮特卡恩家族出售了手中世界500强PPG集团的股份，与创始企业完全脱钩。皮特卡恩成立了FO来管理变现后获得的一大笔家族财富，以及家族的人力资本和社会资本。这种无形资产的传承成就了皮特卡恩FO的特色招牌：家族传承战略信托和家族传承基金。

除了家族出售企业，其他事件也可能引发分离型FO的成立。2012年末，龙湖地产董事长吴亚军与蔡奎离婚，因其分割的家产庞大，广为世人瞩目。上市前，吴亚军与蔡奎设立了两个彼此独立的家族信托，分别持有各自的公司股权，从而将离婚给企业带来的冲击降到最低。蔡奎在香港设立的家族办公室，管理包括其龙湖股票在内的逾200亿港元投资组合，由于蔡奎在离婚后彻底淡出家族企业，其成为分离型FO。

4.一体型家族办公室

一体型FO通常是分离型FO的升级版。经过相当长时间的磨砺，一方面，家族后代对FO越来越驾轻就熟，投资业绩也获得了其他家族的青睐；另一方面，单一家族办公室（SFO）昂贵的运营费用也使创始家族希望引入其他家族分摊成本，从而转变成联合家族办公室（Multi-Family Office，MFO）。

一体型家族办公室意味着FO成为新的家族事业，家族正式完成了从实业家族向金融家族的转变。

作为世界上最早出现的FO之一，洛克菲勒家族办公室目前就是一体型FO的代表。约翰·洛克菲勒（John Rockfeller）早在1882年就成立了FO，打理家族在全世界的投资，其位于纽约洛克菲勒中心的5600房间也开始为世人所知。洛克菲勒于1870年创建的标准石油公司在全盛期垄断了美国90%的石油市场，在反托拉斯浪潮中家族退出了石油公司的经营。这家起初仅为管理家族财富而设立的FO在一个世纪后开始为其他家族提供服务。截至2013年，Rockefeller & Co.为来自全球的260个家族管理231亿美元的资产，成为世界上首屈一指的独立MFO。

一体型FO还包括立足于英国的斯科特家族办公室沙艾尔（SandAire，这个名字源于省际集团的总部大楼）。1903年，斯科特家族在英国创立了省际集团（Provincial Group），其主要业务为保险和商业银行，集团保费收入超过5000万美元，员工2200名。创始人的曾孙亚历山大·斯科特1994年将家族企业出售给法国UAP公司之后，于1996年创办了SFO，初期聘用6名专家，同时为家族和2000名共同持有公司5%股权的员工股东管理资产。

沙艾尔2002年开始对其他家族打开大门，转型为MFO，目前其为15个家族管理着27亿美元资产。亚历山大这样表述家族在思考由SFO向MFO转变的心路历程："如果能创建企业，而不是成本中心的话，就可以吸引、保留和集中一批高素质的专业团队。这样不仅能满足家族成员的投资需求，还能创建新的家族企业。如果我们成功了，我们这代人就能保住资产，在继承遗产的基础上再开创一番事业。"

在亚洲，亦有部分家族由分离型FO发展为一体型FO。例如，恒隆地产创始人之一陈曾焘之子陈仰宗，于1993年创办了恩荣金融（Grace Financial），管理其继承的财富，是一家典型的SFO。1999年其开始拥有专业化的投资团队，并以制度化的方式管理财富。恩荣金融由此发展为MFO，包括由10名金融专才组成的投资团队，14名专才负责家族咨询及礼宾服务，另有2名员工组成独立的风险及监察小组，专司风险管控。

5.控股型家族办公室

控股型FO则通过控股多个实业公司，对家族企业、金融资本及家族事务实行统一治理。当家族面临老一代成员去世，成员兑现退出等继承、控制权问题时，控股型FO可以集中家族成员股权、巩固家族对企业的控制权。

控股型FO还会进一步利用家族金融资本进行并购，或者鼓励家族成员开创新的事业，从而成为家族财富的再生平台。不同于外设型FO，控股型FO志在成为实业企业的控股股东。其既可以提高家族金融资产的利用效率，也能够激发家族成员的创业激情。

世界500强法国欧尚（Auchan）和迪卡侬（Decathlon）的背后是庞大的穆里耶兹家族（Mulliez），其成员超过600人，财富规模为法国第二。穆里耶兹的控股型FO为家族的繁荣昌盛提供了莫大的支持。

第一代创始人逝世后，如何处理11名兄弟姐妹的遗产成为了第二代的难题，不同的家族成员掌握了不同分支的股权，而不在家族企业工作的成员也拥有相等的股份。为此，路易（Louis）和杰拉德（Gérard）两兄弟利用其继承的股份成立了穆里耶兹家族协会（Association Famililale Mulliez），其箴言“所有人参与所有事”亦可以被理解成家族成员“有福同享、有难同当”，在新投资项目出现时，家族成员也应当共同投资，共担风险、共享收益。

穆里耶兹家族协会目前拥有16家公司，包括家族成员的创业公司和收购的外部公司。其主要以长远目光投资高潜力、年营业额约为1.5亿欧元的企业，大部分投资分布在医疗、环境及能源等行业。通过穆里耶兹家族协会，穆里耶兹家族控制集团87%的股权，2012年末资产总值180亿欧元。

意大利著名汽车制造商菲亚特（Fiat）的创始家族阿涅利（Agnelli）也通过其控股型FO统治着庞大的帝国。阿涅利家族的控股公司EXOR集团控制着汽车、金融、房地产、零部件和生产系统、娱乐和媒体等行业的数十家企业，拥有菲亚特、法拉利、玛莎拉蒂、克莱斯勒、尤文图斯俱乐部等多个著名品牌，年销售额超过1400亿美元，堪称意大利的无冕之王。

1899年，乔瓦尼·阿涅利（Giovanni Agnelli）创立菲亚特公司，经历过“一战”后的发展，菲亚特崛起为意大利著名的工业集团。为了巩固控制权，乔瓦尼在1927年成立控股公司IFI（Industrial Financial Institute），完全掌握菲亚特的控制权。在菲亚特在欧洲市场扎根发芽的同时，乔瓦尼·阿涅利又将不同行业的企业纳入IFI麾下，IFI由此成为家族所有投资的基石。此后，另一家控股公司IFIL成立。为了简化家族财富的整体架构，IFIL和IFI在2009年合并为EXOR集团，并在意大利证券交易所上市。

当第五代人陆续成年时，家族的直系后代已超过50人。为了简化家族成员间的股权交换，阿涅利家族第三代族长詹尼（Gianni）在1987年成立GAeC控股公司，其中包含家族成员所拥有的IFI普通股份。由于拥有EXOR的59%股份，阿涅利家族通过控股型FO直接与间接地控制了家族内的所有投资。

家族办公室类型多样，不同的客户类型或者客户在不同的家族周期，可能采用不同的家办形态，但无论哪种形态，其财富管理功能都是非常强大的。

第一，家族办公室可以依据家族的具体情况，设置不同的机制，为家族服务。比如可以构建家族事务管理团队、家族资产管理团队和家族财富管理团队，并整合内部和外部的各类专业资源，发挥各自的专业能力，为家族服务。包括全面而高效地处理家族事务、家人教育、移民计划、税务规划、投资管理、金融运作、慈善捐赠以及各种法律事务，确保家族基业长青和财富的永续传承，并且所有的家人能够因此而受益。

第二，家族办公室可以为客户提供更加多层次、多元化的资产配置投资服务。家族办公室的投资范围和方式非常灵活，既可以投资银行、保险、证券、信托、艺术品和古玩等领域，也可以直接投资实业；既可以投资本国又可以投资国外，能够按照家族喜好和利益格局高度个性化地设计投资产品组合。

第三，家族办公室提供给客户的个性化服务更加全面和深入。家族办公室不是纯粹以个人或家庭理财为宗旨，而是基于家族基业永续的立场，其服务范围也不仅只是解决钱的问题，而是涵盖了其所衍生的家庭生活、人际关系各个方面，堪称家族的真正管家。

家族办公室除了资产保值增值服务外，还可以为家族提供量身定制的管家式社交、生活服务，如家族成员的教育、企业的经营和继承、家族成员的资产分配、慈善基金会的设立和整个家族内部衍生的各项事务的处理等。

第四，家族办公室作为家族利益的守护者，扮演家族“守门人”（Gate keeper）的角色，可以最大限度地保守家族秘密和个人隐私。家族办公室设立的根本目的是全方位地为家族永续和财富传承提供服务，其肩负着维护家族利益确保家族基业长青和实现家族传承的使命，家族办公室作为家族利益的守护者，以家族繁荣昌盛永续传承为己任，与家族共荣辱和利益的一致性使得家族办公室对所涉及的家族信息和隐私可以确保安全无虞。

第五，家族办公室的核心目的不仅是眼前的财富保值和增值，而且注重未来家族基业和财富的传承。家族办公室作为家族自己组建的内部机构，就是以传承家族精神、家族价值和家族荣誉为己任，其核心任务是如何完成家族的价值观代代相传，而不仅仅是钱财继承，其所服务的对象也并非家族中的一代人或某一个人，也并不在意资产的短期快速增值，其工作重心是对未来家族财富的科学规划和合理传承，使得家族积累下来的财富、荣耀和精神价值可以代代传递而不会因为个体的差异原因消耗殆尽。

第六，法律服务贯穿家族办公室所有活动领域。法律的作用是平衡各方的利益，预测行为的结果，提供诉求救济渠道，法对社会生活的价值决定了家族办公室的工作评价最终都需要回归到合法性这个原点上。法律服务部分作为家族办公室的重要组成贯穿于家族办公室的所有工作，其在办公室内部可以明确各成员的分工和责任，为其他工作提供合法性确认和结果评估，而在家族办公室外部使用法律手段维护家族利益是法律服务的应有之义。

通过专业的法律服务，对于家族办公室的各项议案和活动、家族行为，由专业的法律人士充分评估和揭示可能存在法律风险和后果，通过设计科学合理的预防和应对方案，使得家族办公室的各项活动都能符合法律并以最优的模式运转和受益。

可以说家族办公室作为家族利益守护和财富传承的最高组织形态，在家族中处于距离家族成员最近的核心圈中，在家族决策中扮演了核心幕僚的作用。家族办公室是家族内外事务治理的中枢，完全站在家族的立场上有效地管理家族多种需求，从金融资本的保值增值，到家族资本的悉心守护，从人力资本的传承规划，到社会资本的构建维系。

尽管家族办公室有着上述众多的功能，也是高净值家庭尤其是超高净值家庭不可或缺的财富管理机制，但其也同样存在着一些缺点：

第一，门槛太高。无论是何种形态的家族办公室，其主要针对的都是资产过亿的家庭，并且普遍都是有企业主家庭，这对于占据家庭总量中的绝大多数的中产家庭而言，确实有点遥不可及。

第二，成本太高。无论是单一型的家族办公室还是联合型的家族办公室，其日常的运营成本都非常的高，不仅要有不菲的固定成本，还需要支付高昂的人力成本，这不是一般家庭能够承受得起的，而且能够提供家办相关服务的专业人员，本身都具备非常强的能力，甚至是在各自领域的佼佼者，其报酬自然就不会低。

第三，运作太复杂。与单一的财富管理工具不同，家族办公室属于财富管理机构，不仅需要众多专业的人员，还需要构建专项的财富管理或者事务管理机制。

因此，相比家族办公室来说，保险金信托具备以下的优势：

第一，门槛低。比如保额为100万元的定期寿险型的保险金信托，其年交保费可能也就是数千元，而作为主力的保额为300万元的终身寿险型的保险金信托，如果是一个30岁的男性，按照20年缴费的话，可能其年交保费也仅仅为数万元，相比动辄过亿的家族办公室的要求来说，更符合绝大部分家庭的现实需求。

第二，成本更低。相比家族办公室超高的运营成本来说，保险金信托的成本几乎可以忽略不计，即便有仅仅也只是期初的设立费和后续保险金进入信托后的管理费，设立费一般为1万—3万元不等，赶上一些特殊时候，还有可能会减免，管理费一般是资产余额的0.5%—1%。

第三，操作更便捷。当前的保险金信托基本都是标准化的业务，从业务流程到保险金信托合同基本都是标准化的，虽然有些信托公司能够提供定制化服务，但其可定制的地方也是比较有限，即便随着业务的发展，未来能够定制的地方越来越多，但相比既要管理家族金融资本和社会资本，又要管理家族人力资本和文化资本的家族办公室来说，依然是属于非常简单的定制。

相比家族办公室来说，保险金信托的缺点主要是其当前仅能处置的是金融资产，而对于非金融资产的房产与股权等，保险金信托却无法兼顾，而即便保险金信托经过发展后能够扩充更多的资产形态，但对于家族的人力资本、社会资本和文化资本，却也不是保险金信托架构能够管理到位的。

实操运用篇

第六章

保险金信托的营销运用

疫情三年，我们经受住了病毒的考验，并即将告别一个时代，一个令民众异常艰难的时代，站在全民免疫的关口，我们迎接万众期待的未来。

疫情三年，无论是我们的生活方式，还是工作模式，抑或是思维习惯，都在发生着或大或小的变化。

疫情三年，金融生态从理念到工具，再到服务模式，也在发生着诸多的变化，其中保险金信托更是有了突飞猛进的发展。

从财富管理的视角而言，无论是从业者需要掌握的专业技能，还是高净值客户面临的财富问题与家族需求，抑或是国内国际上的政治、经济及法律环境，也都在发生着令人眼花缭乱的变化。

从客户角度来说，无论是中产客户还是高净值客户，已然将保险金信托作为重要的家庭财富管理工具；从机构角度来说，无论是银行、保险公司、信托公司，还是第三方财富管理机构，也都在不同程度地抢滩登陆；而从理财师角度来说，专业背景、从业履历以及客户基础的不同，也让他们在这场财富盛宴中有着不同的处境与收获。

站在新的起点，如何在多变的环境中精准地把脉客户的需求，如何运用保险金信托的工具服务好各类型的客户，是每个从业者都应该要思考并努力提升的地方，从理念思维、从专业技能、从实操经验，都需要全方位的提升。

第一节｜保险金信托的KYC

2023年7月，监管部门对于保险公司进行窗口指导，要求其在7月31日之前停售所有预定利率高于3.0%的传统寿险，以及预定利率高于2.5%的分红保险、最低保证利率高于2.0%的万能保险。于是各家保险公司在该日期之间狠狠地炒了一波“停售”概念，保费也在那个阶段呈现爆发式的增长。但退潮之后，保险行业也在重新思考未来保费增长的方向，如何通过保险的非政策性红利来服务客户，是接下来保险从业者必须要思考的问题。

2023年10月18日，金融监管总局下发了《关于强化管理促进人身险业务平稳健康发展的通知》，强调了严格执行“报行合一”、不得大幅提前收取保费、科学制定年度预算防止激进发展大进大出等，旨在让保险行业平稳健康发展。

一时之间也引起了大家广泛的讨论，当保险撕下“高佣金”的外衣，当年度大戏“开门红”折损了预收保费的翅膀，保险从业者又该如何去寻找下一个保险业务的增长点？如何在竞争越发激烈的当下，提升自己服务客户的能力？

一、KYC五步法

在财富管理需求多元化的当下，保险从业者需要掌握的专业能力可以说是全方位的，接下来笔者将从KYC的视角来分析未来如何通过保险金信托的工具，更好地服务好自己的客户。

所谓KYC，就是Know Your Customer的简称，也就是字面意思所说的“了解你的客户”。了解客户是任何行业给客户提供服务之前都必须要去做的事情，而且必须要做好。就保险行业而言，各个机构乃至于各个团队，都对KYC十分重视，然而现实情况却是依然有不少的从业者，在这方面要么做得不够细致而无法准确了解客户情况，要么一心只想着卖产品而忽略了对客户真实情况的了解，无论哪种情形，最终导致的结果，基本都改变不了被客户定位为“营销员”的结局。

虽然，“营销员”的定位并非不好，但“营销员”和“财富顾问”的角色，显然是不同的，前者给客户的感觉是要把东西卖给他，一定程度上与客户在利益上是对立的，因此容易引起客户在观点上的对抗，我们需要花费大量的时间和精力说服客户。而后者却是站在客户角度替他解决相关问题，在利益上与客户是一致的，因为更容易获得客户的认可，继而也更容易成交。

因此，做好客户的KYC就决定了到底是以“营销员”的角色给客户营销产品，还是以“财富顾问”的角色向客户提供专业服务。

笔者依据多年来的客户服务经验，总结了KYC的五个步骤，首先，从了解客户的家庭具体情况着手，分析家庭的结构和生命周期，不同的家庭情况其底层的财富规划逻辑可能会截然不同；其次，了解其职业特征，不同的职业背后有着巨大的财富需求差异；再次，了解客户的财务背景，这方面既要了解其资产和负债，更要了解其收入和支出，不同的财务背景影响着财富需求的底线和上限；最后，还需要综合分析各项财务指标和财富需求，并在此KYC的基础上结合其他一些重要的因素，为客户构建专业且个性化的财富方案。

KYC第一步：了解家庭

通过家庭情况分析家庭结构及家庭和个人生命周期，并大致判断其主要财富风险与需求，表6-1为笔者总结分析的家庭生命周期，此表仅以中产家庭为背景总结，对于含着金钥匙出生的“富二代”家庭或者创富能力极强的财富新贵来说，可能就会存在一定的偏差，但基本财富规划思路还是可以参考的。

表6-1　家庭生命周期

家庭周期	起始时间	家庭责任	财务状况	风险属性
形成期	结婚至第一个孩子出生	适应新婚，为人父母	储蓄少，大额支出多，财务压力大	资产少，年轻，抗风险能力强
成长期	至最后一个孩子6岁	养育子女，赡养父母	收入增加，支出较大且稳定	资产和家庭责任逐渐增加，风险偏好降低
成熟期	最后一个孩子离开前	教育子女，赡养父母，安排养老	收入增加，支出减少	资产达到峰值，年龄增大，风险偏好进一步降低
衰退期	夫妻均离世	退休养老、财富传承	收入锐减，支出增加	风险偏好最低

比如在家庭形成阶段，对于普通家庭而言，由于需要面临结婚、买房、买车、迎接宝宝等大事，所以对于消费支出的规划显得尤为重要，合理规划每一笔支出，让生活井然有序，因此这个阶段可以偏向于配置点消费型

的保险。而对于高净值家庭来说，结婚前的财富规划至关重要，如果是自己的财富，则可以通过保险金信托或者家族信托的方式进行婚前财产的保护，如果是父母的财富，子女结婚前，则可以通过大额保单或者保险金信托的方式，给与子女婚姻祝福的同时，防范婚前财产婚后的混同，更重要的是要坚决避免电影《消失的她》中的悲剧。

再比如在家庭的衰退阶段，即我们不得不面对要和这个花花世界说再见的那一天，这个阶段我们就要慎重考虑：一生打拼下的事业或者点滴积累来的财富如何有效地传给子孙后代。无论是普通的中产家庭还是高净值家庭，都会有或多或少的财富需要传承给下一代，此时需要依据不同财富形态进行有针对性的规划，比如对于房产或者企业股权来说，可以通过家族信托的方式，实现股权的所有权、管理权、控制权和受益权的分层次安排，实现房产的所有权和居住权的不同处置，同时还能够让股权和房产避免因继承而产生的各种烦琐流程和麻烦甚至是家族纠纷，从而让辛苦创造的财富真正为家族成员所使用，并让富过三代的财富梦想真正照进现实。而对于现金类资产来说，则可以通过保险金信托或者大额保单的方式，一方面彻彻底底地保障家族所有成员未来的生活所需，让他们在没有任何生活的后顾之忧的基础上为自己的理想或者爱好去奋斗，让生活多一分底气，多一个选择；另一方面也是应对未来各种不确定性的确定性之举，比如终身寿险应对未来可能开征的遗产税，并为此准备充分的遗产税税金，重疾险和医疗险为家族成员提供基于生命的基础保障。

当然，每个家庭周期都不是孤立的作规划，而是各个规划都需要考虑而且具有时间的延续性，只是不同阶段的侧重点肯定是有所不同的。除此之外，我们还需要结合个人的生命周期，比如老夫少妻幼子的家庭，虽然也可以定义为家庭的形成期，但显然与年轻的家庭规划重点有所不同。而且无论哪个阶段，我们都需要考虑流动性规划和资产配置规划，前者是保持家庭现金流、应对突发事件的必要准备，后者则是实现各个阶段各种规划的必要手段。

KYC 第二步：了解职业

了解客户职业，以分析其可能面临的职业风险以及收入的成长性、持续性和稳定性，并大致判断基于职业情况的风险与需求。比如企业主的身份一般都为其带来了高额的收入，但收入的稳定性和持续性有待考究，并且企业主背后的债务风险也是不容忽视的问题，因此需要在做规划时重点考虑，可以通过保险金信托或者家族信托来规避其未来可能出现的债务问题，保护当前积累的财富，同时还可以通过对大额保单进行合理的架构设计，来实现保单财产性权益与未来可能出现的债务之间的隔离。而对于一般的工薪阶层包括企业高管，其收入的稳定性相对来说是不错的，但持续性和成长性就需要结合具体的情况进行确认，并且此类客户一般不会有债务问题，因此基于债务的隔离规划，可以不用考虑，但需要结合其家庭情况进行养老、教育等方面的安排，并且需要考虑新《公司法》中对于企业高管经营责任的强化给其带来的额外的经营风险，此时可以通过大额保单的方式来实现这些安排，并且还可以结合保险金信托的方式，让中产家庭也能够实现财富保护和代际传承的目的。

KYC第三步：了解资产和负债

详细地了解当前客户的资产和负债情况，并最好以资产负债表的形式予以体现（见表6-2），由此分析潜在可投资资产规模及需要及时偿还的债务，做好负债管理的同时提高资产的利用率。同时结合上述家庭基本情况和客户职业情况来决定资产规划的策略和方向。

表6-2　　资产负债表示例

<table>
<tr><th colspan="5">资产</th><th colspan="4">负债</th></tr>
<tr><th colspan="3">资产类型</th><th>金额</th><th>占资产比例</th><th colspan="2">负债类型</th><th>金额</th><th>占负债比例</th></tr>
<tr><td rowspan="12">金融资产</td><td rowspan="4">现金类</td><td>现金</td><td></td><td></td><td rowspan="2">房贷</td><td>自住性房贷</td><td></td><td></td></tr>
<tr><td>活期存款</td><td></td><td></td><td>投资性房贷</td><td></td><td></td></tr>
<tr><td>定期存款</td><td></td><td></td><td colspan="2">汽车贷</td><td></td><td></td></tr>
<tr><td>货币基金</td><td></td><td></td><td colspan="2">信用卡</td><td></td><td></td></tr>
<tr><td rowspan="8">其他金融资产</td><td>债券</td><td></td><td></td><td colspan="2">连带债务</td><td></td><td></td></tr>
<tr><td>股票</td><td></td><td></td><td colspan="2">或有债务</td><td></td><td></td></tr>
<tr><td>基金</td><td></td><td></td><td colspan="2">其他负债</td><td></td><td></td></tr>
<tr><td>保险</td><td></td><td></td><td colspan="4" rowspan="9"></td></tr>
<tr><td>银行理财</td><td></td><td></td></tr>
<tr><td>证券理财</td><td></td><td></td></tr>
<tr><td>信托理财</td><td></td><td></td></tr>
<tr><td>其他</td><td></td><td></td></tr>
<tr><td colspan="3">金融资产合计</td><td></td><td></td></tr>
<tr><td rowspan="2">股权资产</td><td colspan="2">直接股权</td><td></td><td></td></tr>
<tr><td colspan="2">其他</td><td></td><td></td></tr>
<tr><td colspan="3">股权资产合计</td><td></td><td></td></tr>
</table>

续表

资产				负债		
资产类型		金额	占资产比例	负债类型	金额	占负债比例
实物资产	自住房					
	投资型房产					
	黄金白银					
	其他					
实物资产合计						
资产合计				负债合计		
净资产						

一般来说，企业主客户当前的资产总值都会比较大，但首先要做的是确定哪些资产是真正属于企业主个人或者家庭的，哪些资产可能是属于企业所有而被家庭实际占有的。

其次还要看当前是否有负债或者或有负债，若当前已经有债务了，则其规划的重点应该是不以恶意逃避债务为目的的资产保护。而如果企业主客户当前没有任何债务，那么其规划的空间和灵活性显然就更大一些，更多的是要考虑未来出现债务的可能性，并且还需要进一步分析其潜在债务的性质，以此来制定相应的应对之策。

如果可能发生的是一般性的银行或者股权融资带来的债务，则金额可能比较大，虽然看起来债务风险不小，但其给企业主及其家庭带来的风险相对来说并不大，一般来说也就是基于无力偿还后被法院列为“失信人员”，即俗称的成为“老赖”，影响日常生活是必然的，但一般不会因此而遭受人身风险。但若该债务表现为民间借贷甚至是高利贷性质的，那么问题就要严重得多了，虽然此类债务金额往往都不会太高，但其带来的风险却是非常大的，不仅可能带来利滚利的超级还贷负担，还有可能会因为各种暴力或者软暴力的催收而带来人身风险，比如曾经被热议的山东聊城的于某案，就是如此。

因此对于不同性质的债务，其筹划思路和逻辑是不同的。比如对于未来有大债务可能的家庭来说，由于金额巨大，我们其实无法从金额规划的角度帮其做到债务的杜绝，更无法以“开天眼”的方式告诫企业主放弃此等举债行为，所以我们要通过保险金信托或者家族信托来实现未来对于生活的保障，在企业经营或者企业主有可能面临的债务与家庭日常生活之间，构建起一道值得信赖的防火墙，从而保障家庭生活从一而终的稳定。而对于未来可能会有的金额小但却蕴含大风险的小债务来说，则可以通过高现价的大额保单架构设计，来实现企业主所需要的资金流动性，尽可能地避免此类风险的发生，从而保护家庭日常生活。

如果是对于非企业主客户，那么其面临的债务问题大部分表现为房贷或者车贷，对于这种类型的债务，我们只需要帮助客户保持足够的流动性就可以应对了，尤其是对于那些收入波动比较大的客群来说，如何平滑不同阶段的收入波动风险，避免在收入不足时带来的额外的债务压力，是需要特别关注的，此时可以通过大额保险的方式帮助这类客群。

KYC第四步：了解收入和支出

详细了解客户的收入与支出情况（见表6-3），尤其是各项支出的必要性、紧迫性和持续性，对于那些必要且紧迫的支出一定要充分考虑，比如教育和医疗支出等。而对于那些持续时间很长但未必十分紧迫的支出，则可以通过长期的规划加以实现。当然，无论是哪种支出，都需要结合具体的收入情况和上述的资产负债情况进行规划。通过对收入和支出情况的分析，一方面看客户的财富是否健康，另一方面也是为了寻找客户财富的增量，并结合资产负债情况，对客户进行合理的安排。

表6-3　　家庭收入支出

<table>
<tr><th colspan="4">收入</th><th colspan="4">支出</th></tr>
<tr><th colspan="2">收入类型</th><th>金额</th><th>占收入比例</th><th colspan="2">支出类型</th><th>金额</th><th>占支出比例</th></tr>
<tr><td rowspan="2">工资薪金收入</td><td>工资</td><td></td><td></td><td rowspan="2">房产</td><td>贷款</td><td></td><td></td></tr>
<tr><td>奖金</td><td></td><td></td><td>物业、维护</td><td></td><td></td></tr>
<tr><td colspan="2">自雇收入</td><td></td><td></td><td rowspan="2">教育</td><td>学费</td><td></td><td></td></tr>
<tr><td rowspan="5">投资性收入</td><td>利息</td><td></td><td></td><td>培训费</td><td></td><td></td></tr>
<tr><td>资本利得</td><td></td><td></td><td colspan="2">日常生活</td><td></td><td></td></tr>
<tr><td>分红</td><td></td><td></td><td colspan="2">休闲娱乐</td><td></td><td></td></tr>
<tr><td>租金收入</td><td></td><td></td><td colspan="2">商业保险</td><td></td><td></td></tr>
<tr><td>其他</td><td></td><td></td><td colspan="2">赡养支出</td><td></td><td></td></tr>
<tr><td colspan="2">其他收入</td><td></td><td></td><td colspan="2">其他</td><td></td><td></td></tr>
<tr><td colspan="2">合计</td><td colspan="2"></td><td colspan="2">合计</td><td colspan="2"></td></tr>
<tr><td colspan="2">结余</td><td colspan="6"></td></tr>
</table>

比如对于收入稳定的家庭来说，可以通过期缴保费的方式来规划保险金信托或者大额保单，以最大限度地实现其财富目标，同时还能减轻其短期的财务压力。而对于收入不那么稳定但资产总量较大的客户来说，则可以通过趸交保费的方式来规划保险金信托或者大额保单，甚至可以通过直接设立家族信托的方式来满足未来对于财富的各项需求。

KYC第五步：了解需求

结合上述各项数据，分析客户的各项财务指标以及各项财富管理需求，为最终给客户设计相应的方案做好充分的准备。

家庭的各项财务可以概括为分为三大类，即资产负债类指标、收入支出类指标、资产成长类指标。表6-4为笔者为大家总结提炼的各项指标的参考值和意义，大家可以借此表格进一步分析客户的财务状况，并据此帮助客户调整各类资产状况，从而让财富规划更专业、更科学。

表6-4　家庭财务指标

类别	财务指标	定义	参考值	释义
家庭偿债能力指标	资产负债率	总负债/总资产	60%以下	衡量家庭资产结构是否合理。该值过高，若是长期摊还的房贷尚可接受，若是短期贷款则应立即进行减债计划，以免因为周转不灵，引发破产危机
	流动比率	流动资产/流动负债	200%以上	流动负债=消费性负债+短期投资性负债（股票融资等），流动比率衡量家庭偿还短期负债的能力
	财务负担率	年本息支出/年可支配收入	40%以下	超过40%很难从银行增贷，也会影响生活水平
家庭应急能力指标	紧急预备金月数	流动资产/月总支出	300%—600%	反映家庭应对失业或紧急事故的能力。也即当家庭收入中断时，能覆盖几个月生活所需的备用金
家庭储蓄能力指标	总储蓄率	（总收入−总支出）/税后总收入	30%以上	反映家庭控制开支和资产积累的能力
	自由储蓄率	（储蓄−固定用途储蓄）/税后总收入	10%以上	自由储蓄率越高越宽裕，可用来满足短期目标或提前还债
家庭宽裕度指标	安全边际率	（当前收入−收支平衡点收入）/当前收入	≥20%	衡量当收入减少或者固定费用增加时，家庭有多大的缓冲空间
家庭财富增值能力指标	生息资产占比	生息资产/总资产	50%以上	衡量家庭资产增值的潜力。年轻人应尽早利用生息资产来累积第一桶金

续表

类别	财务指标	定义	参考值	释义
家庭成长性指标	资产增长率	资产增加值/期初资产	10%以上	衡量家庭资产增值速度。年轻人资产基数小，资产增长率应较高
家庭财务自由度指标	财务自由度	年理财收入/年支出	达到100%才能退休，合理的比率与年龄有关	反映家庭在财务方面的自由度 30岁以下：5%—15% 30—40岁：15%—30% 40—50岁：30%—50% 50—60岁：50%—100%

为了更直观地体现客户需求，并对各项需求进行重要性排序，使得财富规划的方案更符合客户及其家庭的具体需求，可以通过表格的形式，将客户及其家庭的核心财富管理需求列示出来，如表6–5所示。

表6–5　　家庭需求汇总

需求分析						
需求类别	本人	父母	子女1	子女2	子女3	重要性
资产保护						
婚财规划						
身份规划						
传承规划						
教育规划						
投资规划						
养老规划						
其他规划						
可规划资金						
规划期限						
规划周期						

另外，在保单规划中经常会出现的一个问题就是，到底给客户配置多少保单合适？部分保险从业者当然是希望越多越好，但无论是多少，总有一个合适的理由让客户接受，笔者也将本人的经验分享给各位读者（见表6–6），供大家参考。大家在使用的时候，也可以结合客户的具体情况进行有针对性的增减，所需要达到的目的就是让我们给客户配置的保单是有充分依据的，进一步避免客户认为我们仅仅只是“营销员”。

表6-6 人寿保险需求测算示例

	项目	金额	说明
未尽责任	赡养父母		父母数 × 预计年数 × 每年生活费
	教育子女		依据子女年龄及预计受教育程度
	日常开支		除本人外家庭总开支
	家庭负债		车、房贷等
可用费用	配偶收入		年收入 × 工作年限
	目前储蓄		
	其他收入		具有持续稳定的其他收入
应有额度			未尽责任费用总额－可用费用

以上是笔者自身多年对于客户KYC的五步法，希望对于广大读者有所帮助。当然在实务中，我们还是需要结合客户的具体情况进行灵活的运用，尤其是我们与客户的关系程度。而对于KYC中每个步骤，也并非需要按照顺序来，依据我们与客户的沟通效果灵活把握即可。

而至于如何获得KYC中所需要的这些数据，则一方面可以通过当前已有的客户档案，也可以依托网络信息进行搜索，尤其是对于企业主客户，需要及时地关注与收集各类公开信息，以方便对于客户情况的动态了解。当然，更多的资料需要我们通过与客户进行的直接沟通来获得，而沟通中除了要及时抓取客户关键信息之外，还需要依据客户的细微表情及肢体变化来辨析资料背后的真实性，当然这个真实性并非指客户有意说谎，而是一方面或许客户未必相信我们能够帮助他解决相关问题而有选择性地选择隐瞒，另一方面也或许是客户自己都尚未意识到其可能会面临某种风险或者需求，因此我们需要通过二次分析，来找出客户背后真正关心的事情，并最终为客户提供满意的服务。

二、九宫格

除了通过上述KYC五步法来了解和认识客户，并精准把脉其财富管理需求之外，笔者在实务中还非常喜欢通过九宫格来分析客户的基本情况。

所谓九宫格，就是通过3 × 3的矩阵，全方位了解客户的基本情况，这也是KYC的一种方式。在不同的场景下，与前述的各类表格配合使用，能够有更好的现实效果（见图6–1）。

个人	**收入**	**目标**
性别、性格、文化水平、年龄、主观风险偏好	收入的构成 收入的稳定性	守护幸福、家庭和睦 其他个性化
家庭	**资产**	**痛点**
家庭结构 家庭的生命周期	当前的存量资产 未来可能会有的增量资产	需求或者期望与当前状况之间的差距
职业	**负债**	**难点**
财富风险类型 主要的财富需求	保全不仅包含债务 婚财保全 遗产保全	解决客户各种问题所面临的一些挑战

图6-1　保险金信托客户KYC之九宫格

上述九宫格主要是从三个大的维度来了解客户的基本情况，分别是个人及家庭情况、资产与负债情况、需求与难点情况。

个人情况主要是要清楚其个人的性别、性格、文化水平、年龄、主观风险偏好等。不同的性别往往反映出对财富管理需求的不同侧重点，女性对于家庭生活的周全安排以及婚姻财富的合理规划往往会更在意，而男性可能会对掌控力、成长性、责任等关键点比较在意，所以不同性别可能需要采取的沟通策略有所不同。

而性格特征更是深刻地影响这一个人的思维方式和行为习惯，对其财富管理的需求也是影响重大，下一部分将结合MBTI理论，重点与大家分析这方面的内容。

文化水平和年龄对于沟通的影响无须多言，而主观风险偏好却是容易出现问题的地方，倒不是说我们对于客户的主观风险偏好的评估有误，而是不能正确对待其主观风险偏好。主观风险偏好体现的是客户个人在当前对于风险的主观态度，其影响因素包括了年龄、性别、资产收入状况、过往经历等，但是一方面很多时候我们不能仅仅依据客户个人的主观风险偏好去做财富安排，其主观风险偏好与其想要实现的目的之间可能会存在冲突，比如对于想要给子女作教育规划的年轻客户来说，其主观风险偏好可能是积极的，但由于子女教育缺乏时间和费用方面的弹性，因此我们不能以积极的风险偏好去规划其教育资金。另一方面，还需要结合其客观风险承受能力去综合考虑，客观风险承受能力的评估包含其所面临的所有外部客观环境，包括家庭情况、资金情况、市场情况等，将主观风险偏好与客观风险承受能力结合起来，才是财富规划的基础。

家庭情况主要看其家庭结构和家庭的生命周期，单身家庭、无子女家庭、有子女家庭、三世同堂家庭等不同的家庭结构，其所面临的财富需求显然是不一样的。家庭的生命周期可以大致分为形成期、成长期、成熟期和衰退期四种，不同的生命周期其背后的财富管理诉求显然也是不一样的，而且不同的生命周期之间也并无绝对的界限，比如对于老夫少妻幼子家庭或者老来得子的家庭来说，从父母的年龄角度来说，可能处于家庭的衰退期，但从子女的角度来说，又具备家庭形成期或者成长期的特征，因此需要结合具体的情况进一步地分析。

职业情况则影响着客户所面临的财富风险类型以及其主要的财富需求，比如企业主身份与企业高管身份，前者的主要风险可能是企业经营过程中的债务连带，那么其核心诉求大概率就是资产保全；后者并不会有债务的风险，但随着《公司法》的修改，其在管理企业过程中的责任风险，是不容忽视的问题。再比如对于时下比较多的网络主播来说，其面临的最大风险可能是一代新人换旧人所带来的收入波动的风险，因此如何平滑其收入波动，让当前的财富积累对未来有着充分的保障，是此类客群的核心需求。

收入、资产和负债情况，则从不同的侧面反映客户的财务状况。对于收入而言，既要分析其收入的构成，也要分析其收入的稳定性。而资产状况既要考虑当前的存量资产，也要考虑未来可能会有的增量资产。不同的收入和资产状况，对于财富目标的轻重缓急至关重要。而负债端则决定了财富方案的顶层逻辑，如果当前没有任何形式的债务，并且未来也不存在出现债务的可能，那么财富方案就无须考虑债务隔离问题，但不考虑债务隔离并非不用考虑资产保全，毕竟基于婚姻财富的资产保全、基于继承的资产保全，都是资产保全的内涵。而对于那些当前有债务问题的客户，财富规划的重点则是不能被认定为恶意逃避债务，对于未来才会有债务可能性的客户，当下的财富规划重点则是要在当前积累的财富与未来的债务之间构建起一道经得起时间检验的防火墙。

目标、痛点和难点则是财富方案的方向。无论什么样的家庭，守护幸福、家庭和睦都应该是目标之一，在此基础再结合客户的具体情况精准把握其需求，比如企业主的目标既包括合理有效的债务隔离，也包括定向且可控的传承；老年客户的目标除了重点考虑财富的代际传承之外，还需要关注自己养老的品质。

痛点，是站在客户的视角，其需求或者期望与当前状况之间的差距，可能需要我们运用科学的方法帮助客户实现某些状况的平衡，比如当前的一些或有负债与未来的资产保全之间的平衡，当前对于资产的控制力与未来的资产独立性之间的平衡等，如何精准地把握客户的痛点，是我们构建财富方案的关键所在。正所谓，方向不对，努力白费，如果第一步对于客户的痛点的把握都不对，后面的财富方案也一定是错的。

而难点，侧重的是站在当前的宏观环境下，为解决客户各种问题所面临的一些挑战，比如让客户的家人达成一致是否会存在一定的沟通难度？又比如在当前的环境下，某种金融工具是否能够为客户的个性化需求进行一定程度的定制？等等，所有的这些难点，都需要我们事先明确，并在后续的财富方案中通过专业化的手段加以克服，有些可能是寻求折中方案，有些可能是直接突破。

此九宫格与上述的KYC各类表达所要实现的效果其实也差不多，只是通过九宫格的方式能够更为直观地体现客户的整体情况，让我们能够更好地把握客户状况，并为其提供解决问题的思路和方案。

在不同的营销场景下，九宫格所体现的内容会有所差异，上面的九宫格示例是笔者在实务中比较常用的，不一定适合所有的读者，也不一定适合所有的营销场景，仅供大家参考，在实务中还是要结合客户的具体情况，有针对性地去了解客户基本信息和需求。

三、MBTI人格模型

不同的人格或者性格往往影响着沟通的方法与效果。按照MBIT理论的分析，不同人格的人其思维方式与关注的焦点均有所不同，与其交流的方式也就要有所差别。

MBTI（Myers-Briggs Type Indicator，迈尔斯-布里格斯类型指标）理论是由美国作家伊莎贝尔·布里格斯·迈尔斯和她的母亲凯瑟琳·库克·布里格斯共同制定的一种人格类型理论模型。其指标如表6-7所示。

表6-7 MBTI指标

维度	类型	英文及缩写	类型	英文及缩写
注意力方向	外向	E（Extrovert）	内向	I（Introvert）
认知方式	实感	S（Sensing）	直觉	N（Intuition）

续表

维度	类型	英文及缩写	类型	英文及缩写
判断方式	思考	T（Thinking）	情感	F（Feeling）
生活方式	判断	J（Judgment）	感知	P（Perceiving）

上述的四个维度如同四把标尺，每个人的性格都会落在标尺的某个点上，这个点靠近哪边，就意味着有哪方面的特征。

“E”型人（外向型）和“I”型人（内向型），由于其性格特征不同，所以我们采取的沟通方式也会有所差异。

“E”型人，由于其性格外向，且善于交谈，更享受社交活动、喜欢关注外界，因此我们要引导其多说，同时要注意倾听，并在倾听中与其互动，成为他的一个合格的说话搭子，甚至可以与其一起来场寻找解决其关心问题的头脑风暴，在不断地沟通、交流中寻找一个你合适的解决方案，但要注意把握交流的主题和方向，避免话题过于分散导致交流的目的无法达成。而对于“I”型人，由于其性格内敛，则更喜欢独处，并且探索自己的内心世界，思考多于表达，他们往往不喜欢没完没了地陈述，尤其是一些毫无营养的车轱辘话，所以我们要言简意赅地阐述关键话题，并且少用开放式的提问，多用合理的封闭式问题，让此类客户既能表达自己，也不会感觉到拘谨，在轻松的氛围中达成自己的目标。

“S”型人（实感型）和“N”型人（直觉型），由于其在获得和处理信息的方式上有所不同，因此我们与其交流的方式也会有所差异。“S”型人倾向于关注外部世界的现实和具体事实，注重细节和实际经验，更善于理解并运用身边的事物，相信自己的感官。而“N”型人则更注重把握事物的整体和内在联系，喜欢探索未知、未来可能的事物和可能性，有着更宏大的想象力和更远大的追求。

“S”型人往往比较脚踏实地，并对具体实用的问题更感兴趣。例如，他们对百科全书或科学实验更感兴趣，而不是抽象的哲学范畴。而“N”型人通常更关注抽象的、未来可能发生的事情，并从中寻找潜在的含义和可能性，他们善于把碎片化的信息汇聚成一张更为完整的图景，进而理解并解决问题，如他们对逻辑、思维模型和概念更加敏感。

所以当需要对具体问题进行快速解决时，“S”型人则往往表现更亮眼，而当需要创新或解决看似无法解决的问题时，“N”型人则有更大的优势。

简而言之，“S”型人是关注细节和现实的，而“N”型人喜欢探索更深层次的想象和可能性。

因此，我们在与“S”型人交流时，要更多地强调当下重要或者重要且紧急的问题和需求，并以现实中的真实案例为基础，阐述解决该问题和需求的重要性和紧迫性，并可以展示具体的产品或者服务，以让其更直观地感受到你的价值。而在与“N”型人交流时，就要更多强调未来的不确定性所带来的各种风险，并为此提出解决问题的关键策略，从而引导客户自行寻找相关的解决方案，而这个方案正是我们能够给客户提供的，如果引导到我们无法提供的方案里面，说明我们在引导的过程中所强调的策略是有问题。

“T”型人（思考型）和“F”型人（情感型），由于其思维方式不同，因此我们与其交流的侧重点也要有所不同。“T”型人更注重客观逻辑，常被认为是“理智且冷漠的”，为人处世重视原则，会衡量投入和产出，喜欢运用逻辑分析问题，喜欢推断与推理，关注数据、事实和已知信息，更愿意接受现实主义和理性主义的思想，喜欢追求自我完善和成长，也更强调目标和效率。而“F”型人注重情感体验和人际关系，会更加的感性且拥有共情力，并且具有关心照顾他人的特质，喜欢有人情味的人和事，关注团队合作，比起逻辑更重视感觉和情绪，并且善于使用肢体语言和语调的变化来表达自己的情感和想法。

因此，我们在与“T”型人交流时，要坚守专业的原则，切莫为了满足客户表面需求和妥协，极容易被客户认为是不专业的体现，同时要多梳理产品或者服务的内在法理基础与逻辑，结合过往的数据与当前的产品特征，为客户详细阐述方案的价值。而在与“F”型人交谈时，则要更加注重情感与情绪，通过设身处地地为客户着想的方式引起客户的共鸣，并通过身边的小案例、小故事引起客户更为直观的感受。

“J”型人（判断型）和“P”型人（感知型），代表了人们在处理生活和工作中问题的不同方式。“J”型人对于工作和生活有明确的目标、计划和期限，并且注重细节、追求完美的，他们喜欢事情有条不紊地进行，尤并且透过逻辑思考来决定事情的处理方式，他们能够很好地掌握自己的时间，不喜欢拖延。而“P”型人则更倾向于灵活、开放，享受过程和可能性，他们更加注重自由和灵活，能够快速地适应环境，具备具有开拓创新的能力，更多的是透过感性思考来决定事情的处理方式，更喜欢自由自在地思考和行动，对于约束和规则感到不适应，在工作和生活中更加随意，并不是非常注重时间，更喜欢随兴所至，往往会出现拖延的情况。

因此，我们在与“J”型人沟通时，要提前作好计划并将相关资料准备充分，把影响交流效果的各处细节处理妥当，所展示的材料切莫出现如错别字等类似的小问题，否则极容易引起客户对于工作态度甚至是专业能力的怀疑，并且做好此类客户的预期管理，尤其是时间方面，给自己留足应对的时间，同时在沟通过程中要强调方案内在的逻辑性。而与“P”型人交流时，由于其更为随性的特征，可以将话题设置得更为宽泛一些，在专业的话题中也可以适当地切入一些时事新闻，既能够让沟通内容更丰富，也能够引导客户阐述其观点，并从中提取出其价值导向以及关注焦点。所提供的财富方案也要尽量体现出原则之下的灵活性，也即既能够帮助其解决关节的财富问题，又能够依据变化的情况作出有针对性的调整。

需要特别注意的是，上述的MBTI四维人格特征，也并非绝对的，个体之间多少还是会有所差异，我们再运用的时候还需要结合其他关键情况，对客户整体特征作出判断。而且现实中，甚少有人是处于在四个维度的绝对点上，大部分可能都是兼具好几种品质，或者在不同的场景下，可能存在着相反的两种性格，我们需要结合当时的具体情况，对客户作出分析判断。

MBTI理论又可以结合四个维度，分为16种类型，如表6-8所示。

表6-8　　MBTI的16种人格类型

代码	名称	代码	名称	代码	名称	代码	名称
ISTJ	物流师型人格	ISFJ	守卫者型人格	INFJ	提倡者型人格	INTJ	建筑师型人格
ISTP	鉴赏家型人格	ISFP	探险家型人格	INFP	调停者型人格	INTP	逻辑学家型人格
ESTP	企业家型人格	ESFP	表演者型人格	ENFP	竞选者型人格	ENTP	辩论家型人格
ESTJ	总经理型人格	ESFJ	执政官型人格	ENFJ	主人公型人格	ENTG	指挥官型人格

不同类型的人格，所体现出来的行为习惯也是千差万别的，相比前述的四个维度而言，其对于个体性格特征的描述要更为贴近真实情况，所以有兴趣的读者可以去深入地学习MBTI人格模型，用以分析不同客群的基本情况及关注焦点，并以此为基础，为其提供符合需求的财富服务。

第二节 | 保险金信托的十大运用场景

随着经济环境的变化，以及财富总量的持续增长，越来越多的中高净值客户开始重视家庭财富的管理，从保值增值到保全传承，从生活保障到养老教育，需求呈现出多样化及个性化的特征。与此同时，保险金信托也在这场财富盛宴中获得了长足的发展，其运用的场景也是越来越丰富。

保险金信托以其独特的制度优势，受到了中高净值客户广泛的关注和青睐。相比保险，其具备更好的资产独立性、灵活的分配机制以及对于理赔金更合理的管理；相比家族信托，其具备更强的确定性、更强的“造血”能力以及更强的家族持续性；相比遗嘱来说，其具备更强的传承确定性、更强的控制力、更强的资产保全功能以及更强的私密性，更重要的是，还能避免烦琐的继承手续以及可能出现的继承纠纷。

简单来说，保险金信托是保险与信托的珠联璧合，结合了保险与家族信托的双重制度优势，能够充分满足中高净值客户生前及身后对家族财富多样性且个性化的需求与安排，让家族财富能够确定地、有计划地流进，可控的、有规划地流出。

保险金信托的运用场景非常广泛，从高净值家庭的财富传承到中产家庭的生活规划，从企业主的债务隔离到“富二代”的婚姻财富规划，都可以通过保险金信托这个工具加以规划。因此，如何运用保险金信托进行财富规划，不仅是高净值客户关心的问题，更是理财顾问服务高净值客户必备的专业技能。

笔者总结过往的实操经验，梳理出了有代表性的十大运用场景（见图6–2）。这十个运用场景属于现实中比较常见的典型场景，对于广大读者精准识别客户需求，并为其设计保险金信托方案，具备重要的参考价值。当然也要承认这十个场景也着实很难穷尽所有的现实情况，因此希望广大读者在实务工作中举一反三，结合客户具体情况，以及本书的一些思路和方法，为客户提供专业的保险金信托服务。

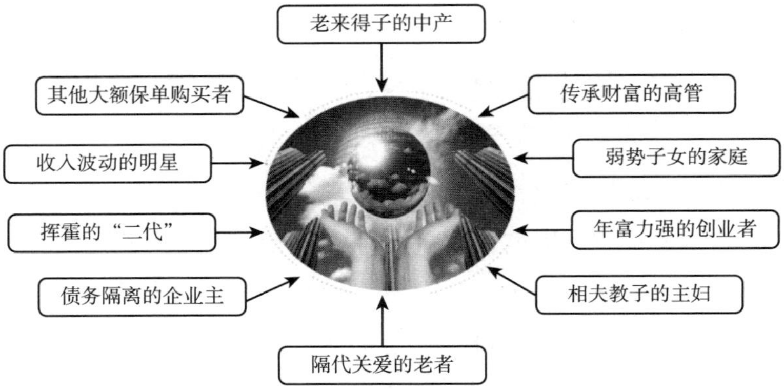

图6-2　保险金信托的十大运用场景

一、老来得子的中产

中产家庭有很多种类型，比如有企业高管型中产、自由职业型中产、丁克型中产、老夫少妻幼子型中产等，不同类型其背后的财富需求重点亦会有所不同，我们需要结合本书前面对于客户KYC的分析，精准识别其财富需求。

以老来得子型的中产为例，其身份一般为企业高管或者职场白领，当然所谓的“老来得子”，一般也不至于是六七十岁，大概率是四五十岁，因此其面临的财富需求一般有：

第一，作为中产阶层，当前的收入尚可，但到了即将退休的年纪，收入不可避免地出现断崖式的下降，如何在未来依然能够维持一定品质的生活水准？

第二，既然是老来得子，意味着等自己退休了，孩子可能尚未成年，因此对于孩子充分的成长保障就显得尤为重要。尤其是在当前的社会环境之下，中年男人的压力，确实值得关注，作为家庭的支柱，万一自己有个三长两短，年幼孩子未来的教育与成长如何有保障？即便给自己购买足够多的人寿保险，但巨额的理赔金给到未成年的孩子，对他到底是福还是祸？能否真正意义上为他所用？

第三，既然是中产，也往往意味着财富总量有限，如何让有限的财富既要照顾当下的生活，也要保障未来孩子的教育成长所需？

第四，中产家庭的资产往往都会集中在房产上面，如何既要保障家人的居住所需，也要尽量地盘活资产，在房地产市场起伏不定、房产税悬而未决之际，如何兼顾房产财富的成长性和安全性？

第五，对于中产家庭而言，有限的财富如何不受未来家庭成员婚姻变化的影响，如何避免可能出现的烦琐的继承手续，如何让子孙后代有机会实现阶层的跨越？

二、财富传承的高管

对于企业高管这个群体来说，可能大部分依然属于中产级别，小部分也许已经到了富裕阶层，从年龄上来说，30—50岁是这个群体的主力，其所面临的财富需求主要有：

第一，企业高管的财富传承需求。一般情况下，企业高管财富总量可能不是非常大，大部分依然属于中产群体，但由于这部分群体占社会群体相当大的比重，因此做好这部分群体的财富传承也是十分重要的，如何让他们将有限的财富进行可控且有效的代际传承，不仅关系到单个家庭的财富健康和家族幸福，一定程度上也关系着社会的和谐与稳定。

第二，企业高管的规避经营责任需求。虽然不像企业主那样具有比较大的债务连带的风险，但是基于新《公司法》对于企业高管经营责任的强化，企业高管群体依然需要提前做好一定的筹划，避免未来在企业经营过程中出现责任风险，而对当前家庭财富，甚至是对未来家庭生活造成影响。

第三，企业高管平滑收入波动的需求。企业高管的收入稳定性相对来说是不错的，但持续性和成长性可能会因人而异，因此需要帮助此类群体平滑收入持续性不足的风险，在其收入较好的时候提前对未来的生活建立充分的保障。

第四，企业高管家庭责任的需求。企业高管这个群体的工作压力普遍比较大，面临较大的健康风险，甚至是人身风险，尤其是对于家庭支柱型的企业高管来说，提前筹划此类风险对于家庭生活的影响，也是至关重要的。

第五，企业高管的婚姻财富规划需求。企业高管由于在外应酬相对比较多，面对花花世界的各种诱惑，如若经受不住考验，则可能给婚姻和家庭带来伤害，并可能造成财产上的纷争。因此提前做好规划和安排，保障夫妻双方婚内的合法权益，并且当感情真的出现危机之时，财产不会成为那把撒向伤口的盐。

三、弱势子女的家庭

我们时常在讲一个企业要履行它的社会责任，而对于广大财富管理生态上的从业者而言，也同样有他的社会责任，帮助有弱势子女的家庭，做好财富的规划，以更好地照顾弱势的子女，尤其是在父母仙逝之后，就是这个社会责任的最好体现。

对于弱势子女家庭来说，其财富管理需求远比表面上看起来的要复杂并且迫切，主要有以下几个方面：

第一，让弱势子女在其父母仙逝之后，有令其放心的机制保障弱势子女的生活，既不能脱离原生家庭的情感关怀，也要避免原生家庭成员可能出现的道德风险，即通过合理的架构安排，激发人性中的善，遏制人性中的恶。这是弱势子女家庭的核心诉求，现实中笔者也接触过不少原生家庭成员侵害弱势家庭成员合法权益的情况，比如侵吞本属弱势子女的财产、虐待弱势子女等，但若完全脱离原生家庭，将弱势的子女交给陌生的人或者陌生的机构，恐怕也未必是其父母所放心的，毕竟当陌生人也有“可期待利益”的时候，人性中的道德风险就很难完全避免了。因此在其百年之后，将弱势的子女委托给谁来照顾，本身是不重要的，重要的是要构建合适的机制，既要激发受托人人性善的一面，又要兼顾弱势子女情感和物质的需要。

第二，让弱势子女有充分的物质保障。对于部分弱势子女，比如智力残障等，其寿命也许不会比正常人短，而如何让弱势子女终其一生都有充分的物质保障，也是解决这道难题的关键，当父母在世的时候，这个问题也许并不严重，当但父母不在了，弱势子女又没有收入能力，甚至没有生活自理能力，要让他保持体面的生活，或者至少有生活保障，看似容易，其实是非常难的事情，若一次性给其留下太多的钱，一定程度上可能还会给他带来无妄之灾，因此如何做到既要有物质保障，还要让这个保障细水长流且精准可控地用于弱势子女未来的生活以及康复治疗，是财富管理者需要重点考虑的。

第三，要有兜底机制。一方面，若弱势子女尚在世但事先准备的财富已经消耗殆尽，此时该如何继续保障弱势子女的生活？另一方面，若弱势子女不幸离世，但尚有剩余的财富，该如何处理？若将剩余的财富交给原生的家庭成员，财富确实达到了不会外流的效果，但是否会导致原生家庭成员一定程度上希望弱势子女早日离世的恶的发生？因此需要有一个兜底机制，若财富保障不足，则由第三方正义机构伸以援手，若财富有剩余，则可以将之捐赠给第三方正义机构，如此安排，方能真正意义上解决其父母的后顾之忧。

四、年富力强的创业者

对于年富力强的创业者群体来说，其具有两个显著特征，第一就是年轻化，第二就是财产有限，因此这部分群体的财富需求主要有：

第一，有限的财产既要兼顾当前的创业所需，又要保障家庭成员基本生活，还要准备万一创业失败的后路，属于典型的“既要又要还要”的类型，看似很难兼顾的诸多需求，其实是很多年轻创业者不得不考虑的，也只有真正意义上解决他们的这些创业的后顾之忧，才能让他们在没有包袱的前提下，努力拼搏自己的事业。

第二，从创业的起点就做好未来的债务隔离，避免未来可能出现的债务连带给家庭生活带来的影响。

第三，做好婚姻财富的规划。如果是已婚的创业者，既要避免创业过程中的离心离德，又要避免未来婚姻变动对企业股权治理结构以及企业经营的影响；如果是未婚者，则是既要避免当前个人财产轻易混同为未来夫妻共同财富，又要让创业的成果成为未来家庭的生活保障。

五、相夫教子的主妇

对于在家相夫教子的家庭主妇来说，如何有尊严地守护婚姻幸福，当感情出现危机之时又是否能够合理合法地守护财富，是这类群体非常关心的话题，也几乎是其刚性需求。

相对来说，这个群体具有两个显著特征，第一是年纪相对比较大，且由于养育子女导致脱离社会的时间可能会有点长；第二是手中拥有一定的可支配资产，但对于家庭核心财富却没有掌控力。

因此，此类群体的主要财富需求有：

第一，保障自己及家庭的生活品质。一般来说，能够踏实地在家相夫教子的，家庭财富都还是可观的，家庭生活品质一般也差不了，如何让当前的生活品质不会因为外部的事情而改变，尤其是涉及孩子的教育时，如何避免外部因素对孩子教育的影响，是家庭主妇群体所需要重点考虑的。

第二，婚姻财富规划。对于并不掌握家庭核心财富的家庭主妇群体来说，最担心的莫过于婚姻出现问题，而由于配偶在外打拼的缘故，免不了有不少应酬，在应酬过程中或许就会有一些对婚姻造成伤害的诱惑，一旦由此引起家庭的变故，对于家庭主妇群体来说，如何让自己不至于处于进退维谷的境地，如何提高自己在婚姻中合法权益的下限，如何合理合法地将共同财产转变为个人财产继而提高对于家庭财富的掌控力，如何合理合法地降低资产的原值以减少所掌控资产被分割的价值但却不会损害自己的合法利益，如何让财富规划不会对当下以及未来的感情造成任何负面的影响，是非常值得思考的。

六、隔代关爱的老者

在中国的传统家文化中，隔代亲是一个非常普遍的现象，爷爷辈对于孙子辈的疼爱体现得非常明显，时常也有爷爷辈的客户想要把自己辛苦积累的财富给到孙子辈的家人，原因一方面是基于对孙子辈的疼爱，另一方面也有可能是基于对儿女的不满意，既担心他们因为婚变而分割从自己这继承而来的财富，也担心他们因为挥霍而让未来的孙子辈缺乏保障，但直接将财富给到孙子辈的家人，在现实中又有不少的困难。

因此，此类客群的主要财富需求有：

第一，尽可能地保障全家人体面的生活，为家族的幸福与延续构建夯实的物质基础。无论是基于什么原因想要隔代传承，对于所有家人的生活照顾，应该都是一代所关心的，不能因为想要实现隔代传承的效果，而让自己的子女生活无依无靠，这就有点本末倒置了。

第二，如果孙子辈的家人尚未成年，如何既保障儿子辈和孙子辈都有着体面的生活，又能够将核心财富传承给孙子辈，同时更要避免这些财富实际被儿子辈所控制，并且也要避免未来可能出现的遗产税以及复杂的继承手续。

第三，若孙子辈的家人已经成年，如何让孙子辈不会因为获得自己的财富而丧失工作的动力，如何避免因挥霍而败家，如何避免因结婚而混同、因离婚而分割，也是爷爷辈需要重点解决的问题。

第四，正向激励和约束孙子辈的家人，当他们还处于学习阶段时，如何让他们既要兼顾德智体美劳的教育，又能够有适合的兴趣特长发展；当他们已经步入社会时，如何让他们在没有眼前的苟且的顾虑之下，追求诗和远方，如何让他们更好地兼顾事业和家庭，也是爷爷辈非常关注的。

七、债务隔离的企业主

对于企业主群体来说，无论其当前的境遇如何，做好必要的债务隔离都是首要任务，所不同的就是如果当前已经有债务了，其筹划空间可能会比较小，如果当前没有债务问题，则其筹划空间和方法会更多一些。

企业主群体基本上具备三个显著特征，第一是资产总量比较大，第二是可支配金融资产有限，第三是未来的不确定性更为明显。对于企业主群体来说，担心的可能并不是风险本身，而是风险造成的伤害自己及家庭能否承受，因此这类群体的主要财富需求有：

第一，做好债务隔离，保障未来生活。债务隔离规划的本质并不是让债务问题不发生，实质上我们也无法预测什么时候会发生债务问题以及发生什么样的、多大的债务问题，也就不太可能能够提前寻找规避的方法，但提前构建防火墙，以避免债务发生之时对于家庭财富以及家庭生活的影响，则是完全可行，也是十分重要的。

第二，做好架构设计，应对不同债务风险。正如前面章节所言，对于那些金额大但风险小的债务，我们能应对的办法不多，而对于那些金额小但风险极大的债务，却是可以通过事先的规划加以应对，尽量避免债务背后的风险的发生。

第三，留足东山再起的机会。商场如战场，我们既不能凭一两次的失败就断定一个将军的水平和能力，同样地，企业主也不能有因为一两次创业的失败就否认自己的才干，更不能因为一次的失败就让自己失去翻身的机会，因此，提前做好规划，当最坏的结果出现时，还能给自己留一次重新再来的机会。

八、挥霍的“二代”

曾几何时，“富二代”的负面新闻可谓层出不穷，无论是在国内的嚣张跋扈，还是在海外的纸醉金迷，都充斥着大量的典型案例，更有某些“二代”挥霍败家，造成非常不好的社会影响，因此对于“富二代”的财富规划，不仅关系到其财产的安全以及生活的保障，更关系到其自身的口碑与家族的声望，因此无论是“富一代”还是“富二代”，其财富的需求主要有：

第一，保障所有家庭成员未来体面而有尊严地生活，保障家族幸福，并且为这份体面增加确定性。这是首要的。无论子女是贤良淑德型，还是坐吃山空型，我们都不希望子女最终流落街头、无依无靠，因此给予其充分的生活保障，是这类客群规划的第一步。如果子女喜欢奋斗与打拼，可以让他们放心选择自己喜欢的事业或继承家族企业的管理，积极努力开创属于他们自己的未来，此规划是一种支持与期盼，让奋斗者无后顾之忧、放心打拼，成功时锦上添花，遇到风险时能够坦然应对；而如果子女喜欢稳定与安逸，则可以让他们选择自己喜欢的工作或不工作，开开心心、快快乐乐地生活，此规划则是一种关爱与提升，让子女过上比普通人更好的生活；而如果子女未来因特殊原因没有工作或自己的事业的，此规划则是一种底气与保障，让子女时刻铭记父母给予的关爱和支持，遇到困境或家庭风险的时候有更好的保障和更多的勇气去面对未来的生活。

第二，避免子女无节制地挥霍。无论家族财富是多还是少，都需要设计一个细水长流的机制，避免子女短期内挥霍财富，甚至于被别有用心之人设计陷害，侵吞其财富。

第三，避免子女后代为争产而反目成仇。兄弟阋墙的故事，我们时常能够从影视剧中看到，但无论是历史上还是现实世界，无论是繁华的城市，还是偏远的山区，为了争夺家族财富而大打出手的案例都不在少数，因此我们要合理规划，从根源上避免此类事情的发生。

第四，避免子孙后代婚姻变化对于家族财富的影响。基于家族财富规划，婚姻永远是一个不能绕过去的话题，财富的规划，既要让家族后代的婚姻幸福，无论是自己的子女还是子女的配偶，都可以从家族财富中受益，从而让家族长久的幸福，同时也要避免因为婚姻的变动对家族财富造成的影响甚至是分割。

第五，做好债务隔离和遗产税的筹划。这类客群大部分可能也都会是有企业的，因此做好债务隔离规划也是十分重要的。而且国内关于开征遗产税的讨论，也已经持续了很久，是否会开征已经不是问题，而什么时候会开征才是大家普遍比较关注的，我们也无法做出准确的预测，但无论何时开征，提前做好规划，避免高额的遗产税，是非常有必要的。

九、收入波动的明星

我们时常可以看到一些曾经的演艺明星晚年凄惨生活的新闻，曾经风光无限的明星晚年却没有生活保障，实在令人唏嘘，而且随着短视频的兴起，也带火了一大批带货主播，这些演艺明星和带货主播，具有两个显著的特征，一个是收入非常高，另一个是收入波动非常大，而且未来充满着更大的不确定性，因此，此类群体的财富管理需求主要有：

第一，保障未来生活的需求。明星们当前收入非常高，但未来充满着比其他行业更大的不确定性，行业一代新人换旧人，如何趁着自己收入高的时候给自己及家人的未来构建一道夯实的保护墙，平滑收入波动带来的不利影响，是此类群体最重要的事情。

第二，做好婚姻财富规划的需求。明星们的婚姻相比普通人来说，更容易出现变化，因此提前做好婚姻财富规划，既要避免婚姻变动时因为财产分割而引起的纠纷，继而导致名声受损，也要避免自己的合法权益被配偶或者第三人侵害。

第三，合法经营、合法节税的需要。从“范某某逃税”案到“带货一姐逃税”案，给整个行业都都来了巨大的影响，如何在法律允许的范围内进行合理的税务筹划，如何让自己的收入经得起税务的审查和时间的检验，如何让自己不会有触碰红线的风险，是此类群体当前及未来的必修课。

十、其他大额保单购买者

虽然笔者没有能力对所有的保单进行统计，但几乎可以断定，所有购买大额保单的人，其背后必然有一些保险之外的财富管理需求，有些可能是基于债务隔离的需要，有些可能是基于婚姻财富规划的考虑，有些也可能是基于对家人生活照顾的需要，还有些可能是基于对未来传承的考虑，无论是哪种目的，单纯的保险工具显然是很难满足所有这些需求，必须要结合其他金融工具以及法律制度，完善财富管理架构，才能让财富管理的需求真正落到实处。

以上是笔者在实务工作中所总结出来的十大典型场景，这些场景都是可以运用保险金信托这个工具来满足多样化的财富管理需求。当然，实务中也许我们还需要依据客户的具体情况，将保险金信托与其他金融制度或者法律工具结合在一起，综合运用，以帮助客户更好地管理财富、规划人生、助推幸福。

第七章

保险金信托的实操运用典型案例

任何事情，理论学习相对容易，但实践落地相对更难一些，保险金信托同样如此。

为了更好地帮助大家将理论运用于实践，本章笔者将以过去真实服务过的客户为背景，为大家梳理八大典型案例，希望借此既能够让大家对保险金信托有着全方位深入的巩固，也能够知晓实践中的具体运用，真正打通从学习到落地的路径。

需要重点强调三点：

一是为了保护客户的隐私，也为了让案例更具有代表性，本章的八个案例虽都来源于实践，但也经过了一定程度的艺术化处理，请大家不要对号入座。

二是案例中的解决方案并非唯一的正确方案，更不是直接给大家提供的具体建议，甚至在某些场合下可能都不是某些客户的答案，这些案例只是从笔者的经验出发，梳理出服务不同类型客户的基本思路，从而帮助大家打造个人真正的专业形象，而非披着专业外衣的产品推销员，更不是简单粗暴的产品营销。

三是每类案例的实际解决方案，都需要读者依据所服务的类似客户的具体情况进行有针对性的制作，切勿简单粗暴地照搬，笔者也希望如果大家在实际服务客户过程中有任何专业方面的问题，随时与我们沟通交流，作为对大家支持的回馈，我们将毫无保留地为大家提供力所能及的协助。

第一节 | 老夫少妻家庭的保险金信托规划

这是笔者服务比较多的客群，其具有的普遍特征一般是男方具有较多的财富或者较高的职业地位，女方多半是在家照顾家庭，没有或者缺乏主动收入的能力，家庭的大部分财富都属于男方于婚前所积累，但也存在相当一部分资产基于夫妻生活而混同。

而且由于男方年纪较大，其家庭结构相对会复杂一些，有比较大的概率存在多段婚姻及多个子女，这对于此类型家庭和睦及财富管理，也有着不一样的诉求。

下面笔者通过一个案例，来演示此类客户如何用保险金信托进行财富规划。

一、案例背景

江苏的李先生今年55岁，早年间一心放在事业上，对于家庭关心较少，导致与第一任妻子结婚没多久就离婚了，与第一任妻子没有养育小孩。

5年前与现任妻子结婚，妻子比他小25岁，如今育有两个孩子，大女儿5岁，小儿子刚1岁，妻子目前主要是在家照顾孩子。

李先生在一家民营企业任高管，多年的打拼，虽然算不上大富大贵，但也积累了一定的财富，名下有房产8套，由于赶上较好的时代，如今总价值在4000万元左右，没有房贷。作为企业高管，每年工资加奖金差不多有300万元左右，另有银行定期存款200万元，活期存款100万元，股票市值有800万元左右，其他理财总计有800万元，家庭每年的各项开销均在100万元上下。

李先生始终深感对前任妻子有所亏欠，对现任妻子更为疼爱，并于结婚不久后将婚前购买的两套房加上了现任妻子的名字，其他房产除一套由其妹妹代持之外，剩下的都在自己名下，目前处于出租的状态，每年的租金大概有10万元。家里的存款、股票以及各类理财都是妻子在打理，存款及各类理财每年能够带来稳定的30万元左右的收入，股票波动较大。

由于年龄渐长，看似幸福的婚姻生活也有着些许的危机，再加上最近几年企业经营越发的困难，李先生逐渐开始考虑对于家庭的照顾和未来财富传承的事情。

提醒大家注意一下，当我们接触到一个客户的时候，无论什么时候，也无论是哪种场景，切忌直接向客户推销产品，否则，无论你的理由有多么的充分，也无论你表现得多么的客观公正，为客户着想，但在客户的视角下，有着更大的概念将你定位为推销员。

倒不是说推销员就是不好的，只是说站在客户视角，推销员的工作是将产品推销给客户，而非真正替客户解决问题，如此一来，就意味着客户会认为你的立场和利益与客户自身的诉求是冲突的，免不了内心深处会升起一道看不见的墙，用以抵抗你的推销理由，你的每一句话，客户的第一反应大概率都不会是“你说得对”，而极有可能是在内心开始组织语言如何辩驳你，而且大部分情况是，人都是不愿意被别人说服的。因而，无形之中，我们与客户沟通的难度就会陡然增加。

因此，我们需要在了解客户的详细情况之后，对这些情况进一步分析，并借此找寻出客户潜在的问题或者风险，并总结其可能的财富需求。

二、依据了解的背景对客户进行画像

（一）九宫格客户画像

表7–1

个人：即将退休的中年男性	收入：300万元，但未来有一定的不确定性	目标：对家庭的照顾，财富的传承
家庭：老夫少妻幼子，家庭经济的顶梁柱	资产：房产4000万元，存款300万元，股票市值800万元，理财800万元，总计5900万元，资产较高但也相对较为集中	痛点：让财富正向地引导未来儿子的成长；避免未来烦琐的继承手续等
职业：企业高管	负债：目前暂无负债	难点：既要把财富留给孩子，也要尊重和照顾妻子的需求

通过上述九宫格，可以清晰地看出李先生整体情况，从个人角度来说是即将退休的男性高管，此类客群的显著特征包括：第一，基本不用考虑债务风险的问题，虽然新《公司法》强化了企业高管的职业责任，但其更

多的是出于对企业高管严格按照法律或者公司章程的规定履行职责的要求，而非对将其个人财产承担公司债务或者责任的要求；第二，一般来说其主观风险偏好和客观风险承受能力都呈下降趋势。

而从家庭角度来说，老夫少妻幼子，往往意味着“老夫”是家庭的顶梁柱，“少妻”需要百般呵护，“幼子”则需要兼顾长期的教育成长。

（二）五步法客户画像

除了通过上述九宫格详细分析客户的基本情况之外，还可以通过“五步法”对客户进行画像。

1.了解客户家庭。从家庭生命周期的角度来说，由于大儿女才5岁，小儿子才1岁，因此李先生的家庭严格来说是处于成长期，但与一般成长期的家庭又有所不同，因为李先生自身的年龄较大，从个人的生命周期来看，其已经步入了中年期并即将步入晚年期了，因而从家庭情况来说，也就意味着其既要担负着教育孩子，又要思考自己的养老规划，还要开始思考财富传承的任务，真正是“既要又要还要”的多重需求。与此同时，对于年轻的妻子来说，既要考虑当下的夫妻幸福，也要考虑未来可能出现的各种变故。

2.了解客户职业。李先生的职业是企业的高管，所以基本不用考虑债务隔离的问题，但由于年纪较大，并叠加近年来经济形势的不乐观，其收入的成长性、持续性和稳定性都充满着不确定性，因而在做财富规划时，需要予以考量。

3.了解资产负债。李先生当前没有任何负债，是一个财富非常健康的状态，资产也相对比较高，但是相对比较集中，超过2/3为房产，而对于房价的趋势普遍不是很乐观的背景下，再加上未来房产税极有可能会针对个人持有者进行征收，因而持有大量的房产，显然不再是一个合理的财富状态，并且考虑到自己的养老、孩子的教育、家庭生活的保障等，将不易流通的房产变成具有更高流动性的金融资产，也能够更从容地应对未来的各种变化。而且基于传承来说，金融资产无论从难易程度还是可控性、周期、成本等角度来说，都是要优于其他资产的。

4.了解收入支出。当前李先生家庭的收入和支出是比较健康的，年收入有340万元左右，而支出“仅为”100万元左右。同时，还可以通过分析其家庭的储蓄率和财富自由度，来进一步地分析其收入支出情况。

储蓄率=（总收入－总支出）/税后总收入 ×100%，也就是（340–100）/340×100%=70.59%，远超30%的边界线，这反映出李先生家庭控制开支和资产积累的能力还是非常不错的。

财富自由度=年理财收入/年支出 ×100%，也就是40/100×100%=40%，对于即将面临退休的人员来说，其理想的数值应该是50%—100%，李先生家庭不到50%，这反映出李先生家庭在财务方面的自由度还需要进一步提高。

5.了解财富需求。通过上述的分析，其实依然是可以得出李先生的财富需求的方向了，包括为儿女未来的成长做好规划，为家庭的生活做好保障，更为重要的是若自己遭遇不幸，财富如何安全、有效且可控地传承。

三、依据客户画像分析客户可能出现的问题及需求

对客户进行精准画像之后，就需要结合分析的情况，分析并提炼出客户可能面临的财富风险和财富需求，总结李先生的情况，其主要风险和需求包括：

第一，作为企业高管，未来退休后的收入不可避免地出现断崖式的下降，如何维持高品质的生活水准，让家庭的幸福生活得以维系？如何能够更为确定地提升财务自由度，是保障未来生活水准不会因为退休或者其他因素导致收入下降甚至中断的关键所在。

第二，万一自己因意外而身故，如何保障年轻的妻子与孩子衣食无忧？同时在不干涉妻子未来再婚权利的情况下，如何能够避免自己辛苦创造的财富为他人所有？甚至于如何避免万贯家财被他人觊觎？

第三，两个孩子尚小，如何既保障他们未来成长所需，还要避免其成年后挥霍财富的风险？

第四，财富比较多但也比较集中，如何既要避免资产价值的波动对家庭财富的影响，也要避免未来烦琐的继承手续，同时还要应对未来可能出现的遗产税？

第五，代持的风险。李先生有一套房是在其妹妹名下，兄妹之间的代持一般又很少会有书面的代持协议，在兄妹之间关系和睦的时候，倒也

没什么问题，一旦关系出现裂痕，或者一方身故，则极有可能会引起不必要的纠纷，比如李先生的妹妹若身故了，登记在其名下的房产，大概率会被其法定继承人认定为遗产，即便有遗嘱或者代持协议，也有可能因为继承人的不认可而陷入旷日持久的诉讼纠纷，想必这也不是李先生希望看到的。

当然，除了这五种财富风险和需求之外，李先生的家庭还有其他的需求，比如为家人构建健康保障、促进家庭乃至于家族长期繁荣昌盛等。

四、依据需求先制定解决方案的基本思路和策略

了解了问题和需求也不用着急开始设计方案，还需要向客户展示出为解决上述问题所应该遵循的基本思路和策略：

第一，让两个孩子及妻子有着终身且体面的生活保障。李先生家庭的资产总量比较可观，每年100万元的生活支出也不少，意味着其有着较高的生活品质，这种生活品质如何能够一直维系下去，无论未来发生什么都不会受到影响。

第二，既要保持资产的相对独立性也要保留必要的控制力。虽然李先生并非企业主，不需要考虑债务隔离的问题，似乎资产的独立性对其并不重要，其实不然，资产独立性的内涵除了基于债务隔离的独立性之外，还包括了基于婚姻变化的独立性、基于遗产继承的独立性、基于意外流失的独立性等诸多方面，也就是说，万一自己和妻子的婚姻出现变化，或者未来儿女成年后结婚又离婚的，自己辛苦创造的这些财富不因婚姻的变化而分割，更不会因婚姻的变化而导致价值的急剧下降。因而保留资产的相对独立性对李先生也是至关重要的，与此同时，由于李先生是家庭的顶梁柱，又是财富的创造者，因而对财富保留必要的控制力，无论是其生前还是身后，让财富真正为家人所有，正向地引导和激励家人，并让家人成为财富真正的主人而非傀儡。

第三，避免资产成为遗产，从传承角度来说，一方面李先生家庭房产众多，未来无论是通过遗嘱继承还是法定继承，都会面临非常麻烦的继承手续，甚至是继承风险，另一方面我国未来开征遗产税也被普遍认为是必然的事情，一旦开征遗产税，李先生的遗产将会面临巨额的遗产税纳税义

务，虽然依法纳税是每个公民应尽的义务，但合理合法地进行税务筹划也是每个公民该有的权利。但若李先生家庭的资产并未成为他以及他妻子的遗产，那么就能够有效地规避上述的各种问题。

第四，代持回归。资产代持，在有些时候也是迫于无奈，不得不为，但自然人的代持，其面临的风险往往是比较大的，因而既要实现资产代持的目的和效果，也要规避相应的法律风险和道德风险。

五、依据策略为客户构建涵盖保险和信托的具体方案

结合上述所了解的情况和制定的策略，李先生的财富规划概括如下：

第一，由于李先生拥有8套房产，在房产不再是一种优质资产的大前提下，且当前全国各地的房价都显示出了一定的拐点趋势，因而可以考虑卖掉一套房子，转换成金融资产进行家族各项财富规划的支出，卖掉的房产可以是由妹妹代持的那套，这样也能顺带解决自然人代持可能面临的各种风险。

按照总价4000万元的房产来说，假设卖掉的那套市值适中，价值为500万元，加之目前家庭各项金融资产1900万元，可规划资金为2400万元，考虑到要预留部分资金作为生活开支的，300万元的定期和活期存款暂且不动，股票账户中亦保留100万元的仓位，剩下可用于规划的资金为2000万元。

第二，以李先生为投保人和委托人，妻子为被保险人，投保年金保险产品，并设立保险金信托，信托的受益人为李先生、妻子以及两个孩子，保费5年交，年交保费为200万元左右，总保费为1000万元，5年后每年可以领取的生存金大概为30万元，保障未来家庭的生活。

第三，以李先生为投保人，妻子为被保险人，投保保额为1000万元的终身寿险，保险的受益人为前述所设立的保险金信托。交费期间为10年交，每年保费为35万元左右，总保费为350万元。这个保险金信托的核心目的是为子女留一笔传承的财富，进入信托的优势在于能够避免子女不能驾驭财富的各类弊端，同时也是为了规避未来子女的婚姻变化带来的财富影响问题。而之所以选择以妻子为被保险人，而不是丈夫，是因为老夫少妻的状态下，妻子剩余寿命比丈夫要长一些，即便丈夫走后，妻

子也是可以担负起对两个孩子的照顾问题，而之所以选择让丈夫做投保人和委托人，是因为考虑到万一丈夫走后，妻子改嫁导致这部分财富混同的问题。而且该保险金信托的存在，也是为了扩展财富管理架构的边界，未来机会成熟时，可以考虑将剩下的房产放入信托，避免复杂的继承程序。

第四，以李先生为投保人、分别为儿子和女儿投保教育年金保险，选择5年交，保险期限至子女25周岁，每份保单的基本保额可以为40万元，年交保费60万元，总共600万元的支出。除了大学期间每年有40万元的教育年金之外，期满还能有200万元的满期金，既能保障子女高等教育阶段的费用，也能使其大学毕业后无论是继续深造还是步入社会，都能够有一笔初始资金。由于教育年金的核心目的是为子女的教育，再加之李先生并非企业主，基本不涉及债务隔离的问题，因而该保单不一定非得进入保险金信托。

第五，剩下的50万元左右预算，可以为子女和妻子投保医疗险和重疾险。

第二节 | 隔代关爱家庭的保险金信托规划

在中国人的世界里面，隔代亲是一个非常普遍的现象，这与中国传统的文化有着莫大的关系。据学者分析，隔代亲或许与原始氏族社会的婚姻制度有关。

据研究，很多原始氏族都禁止在本氏族内通婚，以防止近亲繁殖导致人口质量下降，因而通常会在两个氏族之间进行通婚。比如我国古代的姬姓氏族和姜姓氏族之间，就有着悠久的互婚历史。而在母系氏族社会的繁荣期，通常是儿子出嫁，即丈夫迁到妻子一方共同居住。比如，张氏和李氏，张氏的男人嫁到李氏家族来，如果他生了个儿子，则不能娶李氏家族的女子为妻，只能娶张氏家族的女子为妻，并且需要嫁到张氏家族来，这样一来，相当于张氏的孙子又重新回到了张氏家族中来了，由此也就逐渐形成了祖孙之间更为亲密的关系。

到了商、周时期又逐渐有了昭穆制度，所谓“昭穆”，是宗法制度对宗庙或墓地的辈次排列规定，简单来讲，就是以自己一族的始祖居中，始祖以下逐代相承地分为“昭”和“穆”，昭居左，穆居右。以周代天子七庙为例，自始祖（一世）之后，父（二世）为昭，子（三世）为穆，孙（四世）又为昭，重孙（五世）则又为穆，曾孙（六世）为昭，玄孙（七世）为穆，排列时，始祖居中，二世、四世、六世（三昭）位于始祖的左方；三世、五世、七世（三穆）位于始祖的右方。如图7–1所示。

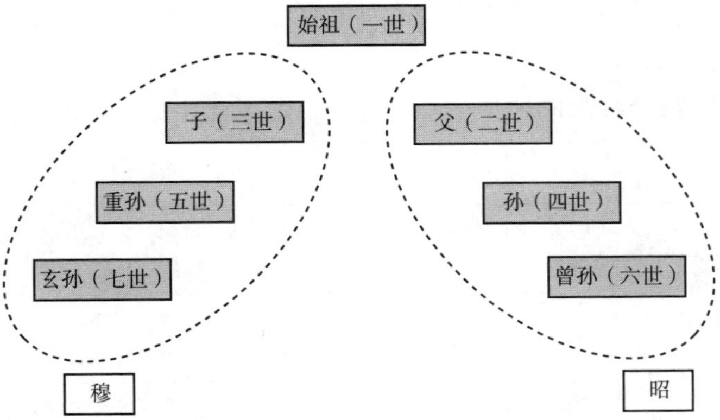

图7–1　昭穆制度示意图

昭穆制度源远流长，其对后世也产生了深刻的影响，直到今天，在乡村一些人家中，还可以看到在神主牌上，于“天地君亲师位”两侧写着“左昭、右穆”四字。昭穆的排列次序，也是在祖孙之间有着紧密的联系——祖孙同“昭”或同“穆”。这也或许就是隔辈亲的历史和文化渊源。

隔辈亲的情况，在当前的社会中也是非常常见，在笔者过去服务客户的过程中亦时有碰到，下面笔者通过一个案例来演示此类客户如何用保险金信托进行财富规划。

一、案例背景

王老今年68岁，老伴65岁，早年是国企员工，目前退休在家，退休金够老两口的体面生活，作为地道的老北京人，除了在城区有一套小的四合院之外，还在北京城拥有6套商品房，价值近亿元，没有房贷，目前有4套处于出租状态，月租金3万元，另有多年积蓄200万元左右。

独生儿子今年35岁，由于从小家境优渥，一直没有干事业的斗志，如今经营着一家小便利店，日子还算过得去，已经结婚并育有一子，今年4岁，小两口也时常为生活的琐碎事情拌嘴吵架，王老虽然对儿子安于现状的状态不太满意，但对小孙子甚是喜爱并且希望更好地培养孙子，同时希望儿子还能再生一胎，一来希望借此稳固儿子儿媳的家庭，二来希望家族开枝散叶，繁荣昌盛，但儿子和儿媳妇有点不太愿意。

二、依据案例背景对客户进行画像

（一）九宫格客户画像

表7-2

个人：68岁，已退休	收入：退休金充足，房屋租金每年36万元	目标：家族幸福，孙子成长，开枝散叶
家庭：三世同堂，孙子尚小	资产：总资产非常高，但也非常集中	痛点：处理儿子儿媳关系，绕过儿子将更多财富留给孙子
职业：退休	负债：没有负债	难点：提高可规划资金规模

通过上述九宫格，可以清晰地看出王老整体情况，从个人角度来说属于已经退休的老年人，此类客群的显著特征包括：第一，由于已经退休，主动创造财富的能力几乎没有，需要更为注重对存量财富的管理；第二，生命周期已经进入衰退期，规划的重心是要考虑自身体面的养老生活与财富可控且低成本的传承。

而从王老的情况来看，充足的养老金基本能够保障其体面的养老生活，但庞大的房产却是其不得不慎重对待的，一旦名下的房产成为遗产，则一方面面临复杂的继承手续，另一方面在房产税和遗产税迟早会开征的背景下，金额如此高的房产也势必会面临非常大的税负压力。

此外，虽然与儿子关系一般，但终归是亲儿子，在中国人的观念中，也很难真正做到不管不顾，虽然对孙子更为疼爱，也愿意将自己的财富传承给孙子，但对于儿子的照顾也必然是其重要目标之一。而且在将财富传承给孙子的过程中，如何避免孙子因对财富缺乏足够的掌控力而产生不必要的风险，如何避免儿子与孙子、儿子与儿媳、儿媳与孙子之间不会因为遗产继承的问题而产生额外的矛盾，也是王老需要慎重解决的问题。

（二）五步法客户画像

除了通过上述九宫格详细分析客户的基本情况之外，还可以通过“五步法”对客户进行画像。

1.了解客户家庭。从家庭生命周期的角度来说，王老和老伴都已经60多岁了，显然已经进入了衰退期，其核心的需求一定是希望家庭能够幸福和睦，尤其是儿子儿媳的婚姻问题，既要尽量让他们婚姻幸福并能够多生多育，又要防范万一婚姻出现变动对自身财富造成的影响，并在此基础上既要保障自己和老伴有尊严且体面的养老生活，又要开始筹划财富的传承，既要避免未来复杂的继承手续以及潜在的高昂的继承成本，也要对自身的财富有足够的掌控力，避免因为失去控制而带来诸多麻烦。

2.了解客户职业。王老已经退休在家，其收入主要是退休金和房租，房租有一定的不确定性，但退休金非常稳定且比较充裕，因而在给王老做财富规划时，其物质生活保障并非重点，之所以依然要强调有尊严且体面的养老保障，主要在于当其对财产失去控制之后，可能会带来的一些负面问题。

3.了解资产负债。王老当前没有任何负债，是一个财富非常健康的状态，资产也相对比较高，但是非常集中，绝大部分为房产，而对于房价的趋势普遍不是很乐观的背景下，再加上未来房产税极有可能会针对个人持有者进行征收，因而持有大量的房产，显然不再是一个合理的财富状态，并且考虑到未来财富传承的便利性、可控性以及低成本性，将部分房产转换为金融资产，是一个更好的选择。对于王老所持有的四合院，由于其稀缺性，还是可以继续持有，不过为了更好地实现传承的效果，也可以对该四合院进行一定的规划。剩下的其他6套商品房，结合家庭情况，自己和老伴住1套，儿子儿媳预留1套，给孙子未来预留1套，由于希望儿子儿媳能够再生1胎，因此也可以再预留1套，剩下2套卖掉换成金融资产。

4. 了解收入支出。当前王老的收入主要是养老金和房租，养老金已经够其老两口的生活支出，房租基本可以结余。

5. 了解财富需求。综合上述的分析，王老的财富需求主要是家庭和谐幸福、自己和老伴养老无忧、儿子儿媳婚姻幸福、孙子健康成长、财富可控传承。

三、依据客户画像分析客户可能出现的问题及需求

对王老进行精准画像之后，就需要结合分析的情况，分析并提炼出王老可能面临的财富风险和财富需求，其主要风险和需求包括：

第一，保障全家人体面的生活，为家族的幸福与延续构建夯实的物质基础；同时无论是自己生前还是身后，都能够对财富有有效的、正向的控制力，并让财富真正为家人所使用，家人也并不会因财富而产生纠纷或者丧失努力的动力。

第二，儿子的赚钱能力有限，孙子年龄尚小，如何既保障儿子和孙子都有着体面的生活，又能够将核心财富传承给孙子，同时更要避免在孙子未成年之前，这些财富实际被儿子所控制，并且也要避免未来可能出现的遗产税以及复杂的继承手续。

第三，激励儿子婚姻稳定，既要让儿媳感受到来自家的温暖，同时也要防止万一离婚所带来的财产分割。

第四，激励孙子未来学业有成，同时激励儿子儿媳妇多生多育，希望家族繁荣昌盛。

四、依据需求制定解决方案的基本思路和策略

第一，避免儿子儿媳、儿子孙子在利益上的对立；王老想要把给更多的财富传承给孙子，考虑到儿子儿媳赚钱能力有限，这样的安排有可能在一定程度上会伤害到儿子儿媳的感情，继而在家庭成员之间产生裂痕，不利于家庭和睦。

第二，避免资产成为遗产。王老名下的房产相对比较多，既有商品房，也有四合院，一旦成为遗产，无论是否有遗嘱遗赠，都会带来非常大的麻烦，而且想要把更多财富传承给孙子的愿望也极有可能会落空。

第三，既要让财富为所有家人所用也要保留必要的控制力。虽然王老与儿子关系一般并且希望把财富更多地传承给孙子，但对于亲儿子也不能不管，既要让其未来的生活有所保障，也要避免因其没有奋斗的意愿而坐吃山空，甚至可能走向邪路，因而需要对财富有长久的控制力。

五、依据策略为客户构建涵盖保险和信托的具体方案

第一，考虑到王老的家庭资产绝大部分都集中在不动产，并且拥有具有极高价值的四合院，所以在房价具有一定拐点趋势的情形下，可以考虑卖掉其中的两套商品房，转换成金融资产进行家族各项财富规划的支出，李老除四合院外另外还有6套总价近亿元的商品房，考虑卖掉其中价位中等的两套，得到3000万元左右的资金。

第二，王老自己为投保人，分别以儿子和孙子为被保险人，投保年金险或者增额终身寿险，孙子的保单可以附带教育年金保险，交费期限可以选择5年交，年交保费均可设定为100万元，总保费1000万元，交完保费后或者交完第一笔保费后，将投保人和受益人都变更为信托公司，若交完第一笔保费后就做变更的话，则可以将未来需要交纳的保险费的资金放入信托中，既实现对这部分财产的掌控，也给与儿孙体面的生活保障，信托的受益人可设定为王老夫妇、儿子儿媳、孙子以及未来的子孙后代，同时可以额外将1000万元的现金资产置入信托，提高对于未来家族各成员的生活和成长的保障，比如对于儿子儿媳未来婚姻稳定及多生多育的激励、对于孙子教育成长的激励等。

第三，以王老为投保人，分别为儿子、儿媳投保定额终身寿险，受益人为前述所设立的保险金信托，保额为每人1000万元，20年交，每份保单每年的保费大概15万元，年交30万元，总保费为600万元，考虑到王老年纪比较大了，交完首年保费后，将投保人亦变更为上述保险金信托，并可以将续期保费放入该信托之中。而如果王老因年龄或者身份问题无法投保，则可以让儿子成为投保人，交完首年保费后，将续期保费放入万能账户，之后再变更投保人为王老，王老再将保单的投保人变更为上述的保险金信托。

第四，以儿子投保人，为儿子和孙子配置重疾险和高端医疗险，重疾险选择20年交，保终身的，高端医疗险选择可以持续续保的，年交总保费设计为10万元，总保费为200万元，首期保费交完后，将未来需要交纳的保险费的资金置入信托，未来以分配信托利益的方式，让儿子每年交保费，同时可以让儿子新开一张银行卡，该银行卡专项用于该笔保险费的交付，尽量避免儿子挪用。

第五，还可以为儿子和儿媳配置定期寿险，受益人为上述保险金信托，保险期限为75岁之前，交费期限为20年，每年交的保费为10万元，总保费为200万元，续期保费与上述相同。

第三节｜弱势子女家庭的保险金信托规划

据中国残疾人联合会发布的公告显示，根据第六次全国人口普查我国总人口数，以及第二次全国残疾人抽样调查我国残疾人占全国总人口的比例和各类残疾人占残疾人总人数的比例，推算2010年末我国残疾人总人数为8502万人。

不同类型的残疾人人数分别为：视力残疾1263万人；听力残疾2054万人；言语残疾130万人；肢体残疾2472万人；智力残疾568万人；精神残疾629万人；多重残疾1386万人。

不同等级的残疾人人数分别为：重度残疾2518万人；中度和轻度残疾5984万人。

这是一个非常庞大的数量，相当于每16个人中就有一个是残疾人，按照户均3.1人的规模来看，平均每5.2个家庭就有一个家庭有残疾人。

对于残疾人的照顾，不仅是国家和社会普遍比较关注的，而且家庭自己也是非常重视，尤其是对于有残疾子女来说，往往都是父母心中的头等大事。

之前听一个从事公益事业的朋友讲过一个多年前的很残酷的故事。

说是北京有一位老先生，家境优渥，独生儿子是个独孤症患者，年纪将近30岁，老伴走后自己对于儿子的照顾也是忧心忡忡，所幸有个妹妹，临别之际将全部身家以及孤独症儿子托付于妹妹一家，希望妹妹能够尽全力照顾好自己的亲侄子。待老先生故去后，妹妹一家将侄子接到自己家里来居住，起初一家人还是非常照顾的，但没过多久，侄子就离家出走一直未归，妹妹一家在周边寻找未果后也就放弃了，后来我朋友所在公益组织发动身边的资源，在距离妹妹家不到20公里的一个公园里面找到了他，由于长时间没有人照顾，其惨状可想而知。

我们不禁就要思考了，为何妹妹一家没有找到的人，公益组织却能够找到？妹妹一家是不能还是不愿？

也许有人可能从中已经嗅到了阴谋的味道，毕竟若侄子找不到，哥哥留下的所有财富都将是妹妹家的，但若侄子找到了，这些财富的所有人是侄子，自己只是代为管理而已，况且还需要付出时间和精力照顾这个侄子，人性在这一刻体现出了不那么美好的一面。

也许有人会说，现实中这类情况极少出现，这不能说明太多问题。诚然，现实中大部分时候都是一家和睦，兄友弟恭，我们也愿意看到和谐社会的各种美好，但是也不能忽略那些为了利益而亲人反目的悲剧。笔者始终秉持的观点是在利益面前，人性其实是恶的，有些人能够抵抗利益的诱惑，因而恶的一面被抑制了，有些人抵抗不了利益的诱惑，恶的一面就会犹如魔鬼，因而，我们千万不要试图用利益去诱惑人，尤其是亲人。

下面，我们将以这个案例为基础，来演示如何通过保险金信托的方式来服务此类客群。

一、案例背景

赵先生今年50岁，是某大学教授，妻子今年48岁，是一家国企的中层干部，夫妻俩每年大概有100万元的收入，每年家庭的支出30万元左右，在北京拥有两套房，价值2000万元。另有可投资资产800万元左右，生有一子今年20岁，小时候由于发高烧，导致智力一直发育不好，目前仅相当于7岁左右孩子的智力，儿子的状态令夫妻二人非常内疚且担心。赵先生有个妹妹，家境一般，有个儿子今年18岁，平时对表哥比较关心。

二、依据案例背景对客户进行画像

（一）九宫格客户画像

表7-3

个人：50岁的教授	收入：100万元，且比较稳定	目标：让儿子未来一生无忧，且规避无法掌控财富的潜在风险
家庭：三口之家，儿子为无民事行为能力人	资产：房产2000万元，金融资产800万元	痛点：赵先生夫妇身故后儿子的照顾问题
职业：老师	负债：无	难点：既要依靠家人，又要防范家人

（二）五步法客户画像

除了通过上述九宫格详细分析客户的基本情况之外，我们再来通过

"五步法"对客户进行画像。

1. 了解客户家庭。从家庭生命周期的角度来说，赵先生的家庭属于成熟期，正常情况下应该考虑自己的养老规划问题，但由于赵先生家庭的特殊情况，其自身的养老规划的重要性要让渡于给儿子未来生活的安排。当自己和妻子还在世的时候，倒也没什么问题，毕竟夫妻俩无论是从当前的收入还是未来的养老金，都是有足够的能力照顾儿子，但是若自己和妻子不在了，或者自身也缺乏民事行为能力的时候，对儿子的照顾就会是一个很让其放心不下的事情。

2. 了解客户职业。赵先生目前是大学教授，收入比一般的职业要稳定很多，且基本不用担心裁员或者降薪等问题，并且大学教授即便未来退休了，也可以通过其他一些劳务，比如商业性演讲等，或者通过撰写专业文章或者书籍，取得一定的收入。因而在为其做财富规划的时候，可以在一定程度上考虑其未来收入，以让当下的规划，更能够满足长期的目标。

3. 了解资产负债。赵先生当前没有任何负债，是一个财富非常健康的状态，有一定的资产量，但也是相对比较集中，主要为房产，而对于房价的趋势普遍不是很乐观的背景下，再加上基于儿子的状态不太可能结婚生子，传承的需求并不大，因而可以考虑出售其中一套，保留一套够一家三口居住使用即可，将房产转换为金融资产，用以对儿子做更为合理的安排。

4. 了解收入支出。当前赵先生的家庭收入主要是夫妻俩的工资薪金收入，每年有100万元左右的收入，而支出为30万元左右，能够有70万元的结余。即便不考虑延迟退休的情形，夫妻俩的这种结余情况也至少还能持续7年的时间。

5. 了解财富需求。赵先生的核心财富需求主要是当自己和妻子百年之后，依然能够让其儿子生活无忧。

三、依据客户画像分析客户可能出现的问题及需求

第一，保障儿子未来生活和康复所需的费用，尤其是自己身故后。这个看似容易，其实并不简单，因为虽然儿子的智力受影响，但并不代表其身体机能不健康，更不意味着其不能够长寿，因此，儿子未来到底能活多久，以及在这个过程中需要花费多少钱，都是一个不太好评估的事情，而

且随时科技的进步，未来是否会有新的医疗技术对儿子的病情有所帮助的，如若真的这样，届时是否有足够的医疗费用也是至关重要的。因此，尽可能地为儿子留下足够多的财富，就成为儿子未来生活是否有所保障的关键所在。

第二，自己百年后有令其放心的机制保护儿子的合法权益。一方面，在儿子没有足够的掌控力的时候，留下的财富越多，其实对儿子未必是好事，一定程度上也有可能刺激一些别有用心之人的觊觎之心，从而导致儿子面临额外的风险。另一方面，如果预留的财富有富余，该如何处理？但如果预留的财富不足以让儿子安度一生，儿子的生活又该如何保障？是否能够设计一套平衡的机制，确保无论发生什么，儿子的生活都有所保障。

第三，既要依靠家人，也要防范家人。家人血脉相连，大部分时候都是我们可以依靠的力量，但有时候家人之间也更容易因利益问题而反目成仇。当然这么说并不是说家人之间就必然会因利益反目成仇，也不是说外人就完全不会有此困惑，只是说相比外人来说，家人有更多的机会和理由面临财富的诱惑，从而导致一些不愉快的事情发生。因而对赵先生来说，如何让儿子未来的养老既要依靠自己的妹妹一家，同时也要避免妹妹一家对于儿子利益的损害，毕竟时间长了，任何事情都是有可能发生。

第四，抑制人性中的恶，激发人性中的善。在赵先生夫妻百年后，其家人觊觎赵先生留下的财富，企图据为己有，是为恶，其家人愿意尽心尽力地照顾弱势的儿子，是为善。恶与善，有时候也仅仅只是一念之差。如何避免恶，而激发善，是赵先生非常关心的事情，也在很大程度上决定了其财富目的是否能够实现的根本。

四、依据需求先制定解决方案的基本思路和策略

第一，既要保障未来儿子一生的费用，也要对该费用有所掌控。保障儿子未来的一生所需是目的，对该费用有所掌控则是有效的手段，缺乏手段，目的必然会受影响。而对费用的掌控既包含自己和妻子在世时的掌控，也包含了百年之后的掌控。

第二，在不脱离原生家庭的前提下，既要激发家庭其他成员对儿子善意的照顾，也要解决利益冲突问题。赵先生和妻子百年后，对于儿子来说，

就只剩下妹妹一家是至亲了，有至亲的陪伴，对于儿子来说，多少是个安慰。而且从逻辑上来说，如果连家人都无法依靠的话，外人其实也很难真正可以依靠。但如果简单地将财富和儿子托付给妹妹一家，一定程度上意味着儿子的生存与妹妹一家的利益是冲突的，因为儿子活得越久，所消耗的财富就越多，妹妹一家需要付出的时间和精力也就会越多，这是根本利益的冲突，必须要加以解决。而解决的基本思路就在于妹妹一家能获得的利益的基础是儿子的生存。

第三，避免资产成为遗产。儿子是无民事行为能力人，一旦赵先生及其妻子名下的财产成为了遗产，则无形之中会给儿子继承财富带来难以想象的困扰，并有可能在其代理人代办各种继承手续的过程中，滋生出各种不好的事情。

五、依据策略为客户构建涵盖保险和信托的具体方案

第一，基于赵先生儿子的状态，过多的房产对其并无益处，因此可以建议赵先生在房价尚处于相对较高的价位之际，卖掉其中一套，用金融化的工具来规划儿子未来的生活保障；假设卖掉的房产价值1000万元，加之尚有800万元可投资资金，所以总计可规划资金是1800万元，另外未来至少还有7年的时间，每年可以存下70万元左右的资金，所以其总的规划资金大概为2290万元。

而另一套房产可以事先订立联名遗嘱，在赵先生夫妇身故后，由其信任的人代为处理，并且处理的原则为若其他资产耗尽且儿子还生存，则在设定居住权的情况下出售该房屋，并且将该所得放入后续所设置的保险金信托之中；若尚有资产时儿子身故，则该剩余资产连同房产，一起赠与给相关的慈善机构。

第二，以赵先生为投保人，赵先生和其配偶为被保险人，分别配置定额终身寿险和增额终身寿险，给自己配置的是定额终身寿险，由于还有10年退休，因此缴费期可设定为10年，保额1000万元左右，每年的保费50万元左右，总保费为500万元，妻子可配置增额终身寿险，也选择10年交，年交保费100万元，总保费为1000万元，两份保单的保费总额为1300万元。之后再以自己为委托人、儿子为受益人、妹妹或者外甥为保护人设立

保险金信托。

上述两份保单在交完首年保费后，可以把未来需要交纳的保险费的资金全部放入信托，同时变更投保人为该保险金信托。增额终身寿险保险期间内不作减保，待被保险人身故后，一次性进入信托，以提高对于儿子未来生活的保障。

第三，将剩余的790万元资金一并放入该保险金信托之中，由受托人按照信托合同的约定向受益人分配信托利益，并向其他信托关系人，支付相应的报酬或者费用。

第四，在保险金信托中明确约定，受益人仅仅为儿子一人，妹妹及其他家人都不能是受益人，无论是第一顺位还是第二顺位，都不行。因为一旦其他人有受益人的身份，就意味着他们作为受益人的利益与儿子作为受益人的利益，是冲突的，就有可能会产生道德风险。

但如前文所述，儿子未来的生活又必须要依靠家人，所以可以在信托合同中明确约定妹妹或者其他家人作为保护人，并每月给予保护人一定的报酬，如果儿子一直生存，那么保护人也就一直在，能够从保险金信托中领取报酬，如果儿子不在了，信托终止，保护人也就失去了履职的基础，也就不能再领取报酬，如此一来，保护人会有更大的动力，让儿子一直生存下去。

第五，采取按月的方式向儿子分配信托利益，以保障其日常生活所需，并由保护人代为领取并管理，目的是防范一次性分配太多资金对其产生的不利影响，也是要防范分配间隔过长所带来不便。同时给保护人的报酬可以高于给受益人的受益金，以更好地激励保护人履行相关职责。之所以如此设计，是因为作为孤独症患者的儿子，在其日常生活中所需要花费的资金十分有限，即便给他分配过多的利益，也有很大的可能性被保护人挪用。因而还不如干脆给受益人少分配点，而给保护人多一些报酬，这也可以理解为是“高薪养廉”。

第四节 | “富二代”家庭的保险金信托规划

说起“富二代”，他们身上有很多标签，有些是纸醉金迷、坐吃山空，有些是游手好闲、不务正业，还有些是嚣张跋扈、仗势欺人，当然也有些是兢兢业业、青出于蓝。

但无论是哪个标签，相信作为“一代”的父母都是希望子女如果有能力将家业发展壮大自然是极好的，但若不具备这个能力或者意愿，那么起码能够一生平平安安，生活有所保障，至少都不希望家道中落，最后落得个成为别人茶余饭后唏嘘的谈资。

因而，为“富二代”家庭做好财富规划，是很多高净值客户非常关心的事情，而且对于“富二代”子女来说，通过保险金信托的方式来规划家族财富，对其自身亦是有着莫大的价值。笔者的一位朋友在为某个客户撰写保险金信托相关文件时，有过一段精彩的概括：

第一，子女喜欢奋斗与打拼的，可以放心选择自己喜欢的事业或继承家族企业的管理，积极努力开创属于他们自己的未来，此份保险金信托是一种支持与期盼，让奋斗者无后顾之忧、放心打拼，成功时锦上添花，遇到风险时能够坦然应对、给予家庭生活保障。

第二，子女喜欢稳定与安逸的，可以选择自己喜欢的工作或行业，开开心心、安安定定地上班、生活，此份保险金信托是一种关爱与提升，可以进一步提升子女的生活水平和质量，让子女过上比普通人更好的生活。

第三，子女未来因特殊原因没有工作或自己的事业的，如在家里照看小孩或身体原因等，此份保险金信托则是一种底气与保障，时刻铭记父母给予的关爱和支持，遇到困境或家庭风险的时候有更好的保障和更多的勇气去面对未来的生活。

同时，希望子女之间和睦相处，成家立业后不忘父母，孝顺善良，守望相助，共同创造美满家庭，并为子孙后代作出良好家风表率。

下面，笔者以案例的方式，来演示如何借助保险金信托工具来服务此类客群。

一、案例背景

老李和太太今年都快60岁了，从事传统的制造业，占有公司60%的股份，目前企业规模比较大，属于当地的重点企业，总资产超过50亿元，多年来一直都有不菲的分红，虽然企业有一定的流动债务，但好在这些债务目前都不需要老李及其配偶承担任何连带责任，家庭资产亦不菲，除了有数亿的可投资资产之外，还有数套价值不菲的房产，家庭没有任何负债。独生女儿小李今年30岁了，虽然从小接受着良好的教育，但研究生毕业后，也无意接手家族的企业，反而一直对画画和唱歌情有独钟，但这在老李看来纯属不务正业，虽然一直没有取得什么像样的成绩，但自己就是喜欢，老李也就无可奈何。随着小李年纪的增长，其身边的男朋友也是时常换来换去，婚姻大事却不见有任何端倪，老李对此虽有微词，但亦无能为力，既想女儿尽快步入婚姻殿堂，组建自己的小家庭，又担心与她交往之人别有用心，这令老李很惆怅。

二、依据案例背景对客户进行画像

（一）九宫格客户画像

表7-4

个人：60岁的企业主	收入：收入颇丰但有一定的不确定性	目标：家庭幸福，保障女儿体面生活，避免女儿未来婚姻变化对家庭财富造成的影响，财富传承
家庭：三口之家，独生女	资产：资产非常大，但主要集中在股权	痛点：企业股权的传承
职业：制造业企业主	负债：暂无	难点：女儿婚姻

（二）五步法客户画像

1.了解客户家庭。从家庭生命周期的角度来说，老李的家庭已经进入了衰退期，其主要的财富需求是财富传承，但是老李有两个情况与一般的处于衰退期的家庭不同：一是独生女儿问题，既无意接班家族企业，又不太想结婚生子，因此对于女儿合理的安排也是需要其慎重考虑的事情，既要让家族财富为女儿未来所用，也要避免未来婚姻的变化对家族财富的影响，保障其既有创业资本又可无，后顾之忧地去追求自己的爱好；二是家族企业股权的传承问题，既然女儿无意接班，自己一手创办的企业该何去何从？

2. 了解客户职业。老李的职业是制造企业的企业主，虽然实力雄厚，常年也有不菲的分红，但是未来却也有着一定的不确定性，再加之近年来整体经济形势不是很好，制造业面临的压力比其他行业普遍要大一些，虽然当下没有债务问题，但不排除未来可能会有，因而给老李的财富规划，首要的还是帮其做好资产的隔离，避免未来可能出现的债务问题对当前财富的波及，从而给自己和太太、女儿以充分的生活保障。

3. 了解资产负债。老李家的资产非常丰厚，而且分布比较合理，既有作为核心资产的股权，也有价值不菲的房产，还有数亿元的可投资资金。负债方面虽然企业有一定的流动负债，但都不需要老李及其太太承担任何连带责任，大概率属于企业正常经营过程中所产生的一些应付账款或者预收账款之类的短期债务，因而是一个财富非常健康的状态。

4. 了解收入支出。当前老李的家庭收入主要是企业的分红，其价值不菲的房产和数亿的可投资资产大概率也会为其带来不少的被动收入，对于这个量级的客户来说，具体是多少金额，已经不是最主要的了，所以我们在案例中也无须对此进一步的细化。

5. 了解财富需求。老李的隐性的财富需求主要是作为企业主身份所带来的天然的资产保全的需求，而其显性的财富需求则包括了家庭生活的保障、女儿婚姻财富的规划、家族财富的传承、未来遗产税的筹划等。

三、依据客户画像分析客户可能出现的问题及需求

第一，我们也时常听过富不过三代的故事，甚至因家道中落而导致后代家人变卖家产直至流落街头。老李当前的家境非常殷实，但如何让当前积累的财富真正能够保障所有家庭成员未来体面且有尊严地生活？如何让财富助力家族幸福，并且为这份体面和幸福增加确定性？

第二，女儿当下无意接班，有自己的兴趣爱好，但并不代表未来必然也不会愿意接班，因而如何既要让女儿没有包袱地去追求自己的理想，也要避免女儿在追求自己的兴趣爱好时过于消耗家族财富的可能，还要在其

回心转意之后能够有合适的机制，助力其接班家族企业？

第三，女儿当下并未进入婚姻，但男朋友换得却比较频繁，老两口一来摸不准女儿的心思，二来也无法预知与女儿交往的人到底是真心喜欢自己的女儿，还是有其他目的，因而老李的在这方面的需求是，既要让女儿在未来的感情甚至是婚姻生活中始终掌握主动，又要让未来女婿对女儿、对家族有更强烈的家族认同感，还要避免未来万一女儿的婚姻出现变动时对家族财富的影响，甚至更要避免如电影《消失的她》中的那种悲剧。

第四，对于老李来说，庞大的家业在传承的时候至少会面临三个问题，一是女儿有没有掌管能力的问题，二是未来可能面临烦琐的继承手续的问题，三是未来可能会征收遗产税的问题。因而从传承的角度来说，老李一方面希望构建合适的架构，规避未来女儿无法掌控财富的风险，并在此基础上正向激励小李早点结婚并且多生多育，既是为了让家族繁荣昌盛，也是为了让家族更好地掌控财富；另一方面也是要通过架构搭建，来规避传承过程中烦琐的继承手续、高昂的税费成本以及其他不确定性。

第五，老李作为企业主，要隔离未来有可能出现的债务问题，保护当下的财富。对于资产的保护问题，是所有企业主都必须要重视的，而且可以说是企业主的刚需。但大家往往容易被当下没有债务问题所蒙蔽，一方面只有在没有债务的时候去做资产保护的规划，才是健康的、合理的，才更有可能实现资产保护的目的，另一方面对于企业主来说，商场如战场，当下没有债务问题，并不代表未来没有，市场环境瞬息万变，我们永远无法预知企业经营的道路走向何方；再者，作为企业主，在企业经营出现困境的时候，也往往容易把身家性命全都压上去，以换得企业走出困境，重塑辉煌，但也容易因此一损俱损。因而，对于企业主群体来说，资产保护都是核心的财富需求。

四、依据需求先制定解决方案的基本思路和策略

第一，既要保障未来女儿一生的费用，也要对该费用有所掌控。财富是老李辛苦攒下的，用于保障独生女儿一生的生活是其根本目的，但对其有适当的掌控，也是实现这一根本目的的必要手段，毕竟老李也无法判断女儿在追求自己的爱好的过程中是否会过度消耗家族财富、是否会被别有

用心之人利用。

第二，婚姻即使有变，财产亦可无忧。一方面，如果老李自己的婚姻出现变动，对家族财富进行分割是合理的，毕竟军功章有老李的一半，也有其太太的一半，但基于企业股权来说，当面临离婚分割的时候，往往会带来价值的波动，这其实对于双方来说都不是好事；另一方面若未来女儿的婚姻出现变动，如果自己辛苦积累下的财富因此而被分割，想必也是老李和其太太都不愿意看到的，更别说还有可能因此给女儿带来额外的风险。因而，无论是基于谁的婚姻问题，也无论该婚姻未来往哪个方向发展，财产都不会是影响因素，才是财富规划的关键。

第三，实现家族企业股权所有权、经营权、控制权与受益权的分离与掌控。无论女儿未来是否愿意接班、是否有能力接班，站在老李的角度来说，都会希望企业经营的成果都由女儿以及未来的子孙后代享用，这是根本。而为了保障这个根本性的目的，对于企业股权的控制权，就显得尤为重要，至于所有权和经营权，其实并没有想象中的那么重要。也许有人会有疑问了，没有所有权，哪里来的控制权和受益权？从一般性的视角出发，这个观点是没有问题的，但从财富管理的视角来说，我们就是需要实现没有所有权基础上的控制权和受益权，而且也能够实现。

第四，避免资产成为遗产。但凡有一定资产量的客群，或者名下有需要登记的财产类型的客群，避免其名下资产未来成为遗产，都是至关重要的，毕竟一旦资产成了遗产，不仅要面临复杂的继承手续，还要面临高额的继承税费，更有可能面临家族为继承遗产所产生的纠纷。于老李来说，独生女儿的继承关系看似简单，但考虑到其庞大的家业，也有着一定的不确定性。小额的银行存款，可以直接继承，但是超过5万元的银行存款，都需要办理继承权公证，而老李有着数亿元的可投资资产，如果成了遗产，继承权公证是必须要办理的，而办理继承权公证的手续，虽然几年来不断在简化，但需要提供的一系列证明材料依然是非常麻烦的。再加上对于我国征收遗产税，无论学术界还是民间，都有着越来越大的预期，而老李留下的万贯家财，万一成了遗产，极有可能会面临高额的遗产税负担，虽然依法纳税是每个公民应尽的义务，但在法律允许的范围内合理地进行税务筹划，也是每个公民享有的权利。

五、依据策略为客户构建涵盖保险和信托的具体方案

第一，以老李为委托人，太太和女儿为受益人，设立家族信托，初始信托财产可以设定为1亿元，并且在信托文件中约定受益人还包含未来的自然血亲，而对于姻亲，可以参考保险的模式，采取姓名+身份的设定模式。其目的有三个：一是对家庭成员未来生活的保障，二是充分考虑未来姻亲的问题，三是对当前家族财富的保护，借助信托制度的独立性，来确保家族财富的安全。之所以在信托架构中，受益人没有老李，是因为考虑到在我国当前的信托法律环境下，若委托人是受益人之一，则其对应的受益权份额，可能会被债权人所挑战，也有可能会成为其遗产。

第二，虽然上述的家族信托可以在很大程度上保障家人的生活，但是这份保障缺乏确定性，无法从信托文件的角度给出一个分配时长明确或者分配金额具体的确定性承诺，《信托法》中对于这方面的要求是，受托人以信托财产为限，向受益人支付信托利益，而在信托财产的投资运作过程中，法律也不允许受托人以承诺收益或者承担损失的方式管理信托财产。因而为了让老李保障家族成员尤其是女儿生活目的更好地实现，在上述家族信托成立后，再以老李为投保人，女儿为被保险人和受益人，配置年金保险，约定自第6个保单年度开始每年领取一笔生活费，直至女儿终身，其每年的生活费可以设定为100万元，以保障其未来的体面生活，不至于因过度追求梦想而面临窘境，交费方式为5年交，年交保费在750万元左右。同时为了规避老李可能出现的债务问题，在交完首年保费后，将该保单的受益人和投保人均变更为上述所设立的家族信托，并将续期保费放入信托之中，并约定若未来小李结婚，则可以设定小李的配偶为信托的受益人，采取姓名加身份的模式，既保障女婿的既得利益，也能够确保当婚姻出现变化时，家族财富不至于遭受损失。当然，该保单也可以单独设立保险金信托，委托人还是老李，信托的受益人为太太、女儿和未来的女婿，女婿同样采取姓名+身份的设定模式。

第三，以老李为投保人和被保险人，投保增额终身寿险，期初的身故保险金受益人可以设定为小李，交完首年保费后，再将投保人和身故保险金受益人均变更为信托公司，并将续期保费放入信托之中，一是充实未来

的信托财产，二是为未来可能开征的遗产税准备一笔充足的应税税金，三是规避人性中的道德风险，将小李的可期待利益与老李的生存保持在一个方向上。

第四，后续机会成熟，老李还可以将其他家庭财产放入家族信托，比如家族企业股权和房产，构建家族财富保护与传承的顶层架构设计，实现对于股权和房产的所有权、管理权、控制权与受益权的分离与掌控。

第五节｜家庭主妇的保险金信托规划

中国人自古就有男主外、女主内的思想，虽然社会的发展极大地提高了女性在职场、社会、家庭中的地位，但分工的不同，还是让大多数女性把更多的精力放在了家庭上面，这也导致部分女性成了“家庭主妇”。

当然，家庭主妇这个词并非贬义，笔者也并不是借此唱衰女性在职场、社会、家庭中的价值，相反，随着时代的发展，女性在各个方面的优势越发的明显。

回到家庭关系中，家庭主妇由于将更多的时间精力放在家庭上面，导致部分家庭主妇在夫妻关系中处于一个相对弱势的地位，不仅很难掌握配偶的收入情况，部分家庭主妇更难以掌控家庭的核心财富，一旦感情出现危机，这部分家庭主妇会处于一个更为不利的状态，因此，帮助家庭主妇客群做好财富的规划，不仅关系到其在婚姻中的合法权益，还关系到未来生活的保障。

从理性的角度来说，在服务此类客户之前，我们首先要明确的是该家庭主妇对于家庭财富的掌控力度，虽然只要没有证据证明属于婚内个人收入或者财产的，都可以归入夫妻共同财产的范畴，即便婚姻出现变动，也该按照法律的规定进行合理的分割，但现实情况却远比法律规定的要更复杂。如果家庭主妇不能掌握家庭的核心财富，一旦婚姻出现变化，或许其也很难真正知晓夫妻共同财产的去向，无形之中会增加自己很大的举证难度，甚至是面临合法权益的损害，更有甚者，在家庭主妇很难甄别的情况下，配偶在外“创造”一笔负债，让婚姻受损之外，还额外担负起“被负债”的压力。

因而，首先必须要知晓家庭主妇对于家庭财富的掌控力度，如果掌控力度非常强，那么为其规划的灵活性会更大一些，但若掌控力度比较弱甚至是几乎没有掌控力度的话，则规划的空间相对比较小一些。此时，对于处于财富弱势地位的家庭主妇来说，无论有没有打定主意结束这段婚姻，都切勿在做好财富规划之前就和配偶摊牌，甚至是撕破脸皮。

一、案例背景

张女士今年35岁，与长自己一岁的先生相识于大学，毕业后就走进了婚姻的殿堂，生活幸福美满，并且一起经营一家设计公司，经过多年打拼，公司发展成了中等以上规模，目前公司总资产5000万元，负债仅仅200万元，且不需要夫妻俩承担任何责任，公司每年都有2000万元左右的盈利，夫妻俩会分红1000万元左右，剩下的用于公司的发展壮大。此外，夫妻俩每月还会从公司领取5万元的工资，该工资收入基本能够覆盖家庭的日常支出。

目前家庭总资产超过5000万元，其中各类房产有2000万元，均在夫妻两人名下，一套价值500万元的商品房用于自住，一套价值1500万元的底商用于出租，每月租金5万元，以先生的名义通过银行购买了2000万元的理财，还有一个月就到期了，每年的理财收入都有100万元上下，500万元的股票投资，由于股市波动，先生也没有怎么打理，当作长期投资。张女士名下有300万元的各类银行存款和短期理财，另有200万元用于家庭生活的资金，一年的利息收入和理财收入也有五六万元。

为了更好地培养下一代，张女士从3年前备孕开始就逐渐远离了工作岗位，如今女儿快2岁了，张女士看着可爱的女儿，计划全身心照顾家庭，让丈夫在外打拼没有任何后顾之忧。

但人算不如天算，没过多久，张女士就发现了先生的一些不寻常，包括经常晚归，隔三差五还出差，偶尔身上还有点不熟悉的香水味，张女士时常怒火中烧但苦于没有任何证据又不好直接爆发，况且想到家庭大部分财产都在先生掌握之中，万一先生恶意转移，极有可能人财两空。

张女士该怎么办？

二、依据案例背景对客户进行画像

（一）九宫格客户画像

表7–5

个人：35岁的全职太太	家庭收入：公司分红1000万元左右，工资收入60万元，租金60万元，理财收入100万元出头	目标：提前作安排，保障家庭未来的生活，以及女儿未来成长的需要，并且维护自己在婚姻中的合法权益
家庭：三口之家，女儿尚小，丈夫在外奋斗	资产：企业总资产5000万元，家庭总资产5000万元，其中房产2000万元，理财2000万元，股票500万元，其他500万元	痛点：如何在不掌握家庭核心财富且心中有所怨恨的基础上，实现各种规划
职业：无	负债：企业200万元债务，但不需要家庭承担责任	难点：如何让先生配合各种规划

（二）五步法客户画像

1. 了解客户家庭。从家庭生命周期的角度来说，张女士的家庭处于成长期，成长期的家庭其核心的财富需求是家庭风险保障以及子女教育规划。但是对于张女士来说，一来家庭财富的规模目前比较可观，二来与先生的关系存在着一定的不确定性，三来自己并不掌握家庭的核心财富，因而，对于张女士来说，其核心的财富管理诉求除了同样有家庭风险保障和子女的教育规划之外，更重要的是如何提高自己对于家庭财富的掌控，如何让财富的规划助力家庭婚姻的稳定和幸福，并且如何避免当婚姻出现问题的时候，自己利益不受影响。而且万一先生在外面有了非婚生孩子，也需要做好应对的准备。

2. 了解客户职业。张女士当前是典型的家庭主妇，虽然在生小孩之前与先生一起创立并运营设计公司，自身有一定的专业能力，但随着回归到家庭，将更多的时间和精力用于照顾家庭和女儿，其专业能力可能会面临一定的退步，因而其自主创收能力不可避免地会出现下滑，再加之家庭核心财富都在先生的掌控之下，免不了会有不安全感，因而这也促使其通过财富规划，来提高自己的安全边界。

3. 了解资产负债。张女士家的资产总量比较可观，而且分布比较合理，既有作为核心资产的股权，也有价值2000万元的房产，还有3000万元的金融资产。负债方面虽然企业有一点负债，但都不需要张女士及其先生承担任何连带责任，大概率属于企业正常经营过程中所产生的一些应付账款或者预收账款之类的短期债务，因而是一个财富非常健康的状态。

4. 了解收入支出。张女士家庭的收入主要有公司的分红、工资薪金、房屋租金以及理财收入，加起来每年有1220万元左右的收入，每年的支出情况大抵与工资收入相当，相当于每年的结余差不多有1160万元上下。虽然其中的公司分红的1000万元有着一定的不确定性，但租金收入的60万元和理财收入100万元左右都有一定的稳定性，因而对于未来生活确定性的保障，按理说并不那么强烈，但考虑到张女士并不掌握家庭的核心资产，这些收入中除了一般的薪金收入和房租收入之外，其他的自己的掌控力都比较弱，而且即便是薪金收入，由于目前自己并未参与企业实际经营，也存在的一定的不确定性，因而考虑到感情出现危机的现实，从其自身角度出发，提高对于未来生活的保障，依然是其关键诉求所在。

5. 了解财富需求。张女士显性的财富需求主要有两个，一个是要保障未来家人尤其是自己和女儿的生活；一个是先生作为企业主，要隔离当前的财富与未来的经营风险。而隐性的财富需求也有两个，一个是用财富规划来挽救婚姻，并保持婚姻幸福；一个是如若感情不可控，则尽量保障自己在婚姻中的合法权益。

三、依据客户画像分析客户可能出现的问题及需求

第一，先生经营企业，而且家庭主要的收入来源也是企业的分红，如何避免未来企业经营的变动给当下家庭财富和未来的家庭生活带来不利的影响？

第二，女儿尚小，如何保障其未来的教育成长所需的各种费用？

第三，自己不掌握家庭核心财富，如何在此基础上既要保障自己未来的生活，也要提高自己对于家庭财富的掌控？

第四，万一自己的直觉是对的，先生在外面有了新欢，甚至有了非婚生孩子，如何避免先生在自己不知情的情况下转移夫妻共同财产？在自己尚未决定未来的道路该怎么走的时候，财富的规划如何既要提高自己的掌控力，又要避免自身陷入转移夫妻共同财产的嫌疑？

四、依据需求先制定解决方案的基本思路和策略

第一，合理合法。无论通过什么方式来进行婚姻财富规划，都必须要符合法律层面的要求，切不可被认定是为在转移夫妻共同财产，甚至是恶意转移夫妻共同财产，一旦被认定是这种情形，则可能会导致自己处于一个不利的状态。毕竟张女士作为家庭主妇想要做财富规划的理由之一，是因为感觉配偶对感情不忠或者存在恶意转移夫妻共同财产的情形，配偶是婚姻中的过错方，真到了诉讼离婚的地步，可以此为由主张对方少分甚至是不分夫妻共同财产。但若自己也恶意转移夫妻共同资产，无异于是将自己也置于过错一方，反而是不利的。笔者过去在工作中就接触过很多家庭主妇客户，都是基于各种原因想要把属于夫妻共同的财产转变成个人

的，或者希望在离婚的时候该财产不会被分割，笔者都会告诉她潜在的风险。

第二，进退有度。当感情出现危机的时候，未必就一定会结束这段婚姻，有时候事情或许有缓，又或是张女士神经过于敏感导致的一些误会。此时财富的规划需要为未来感情的走向留足空间，也就是说如果危机解除，双方回归到家庭之中，当下的财富规划并不会伤害彼此之间的感情，但若矛盾进一步升级，双方走到了离婚的地步，当下的财富规划既不会导致自己背上转移夫妻共同财产的嫌疑，还能更好地保护自己的合法权益。

第三，不贪不闹。由于张女士基本不掌握家庭核心财富，并且需要避免背上转移夫妻共同财产的嫌疑，因而无论是什么类型的财富规划，基本都需要配偶的配合甚至是同意，那么也就意味着在规划之前，双方并没有因此而闹得不可开交，即便张女士心中有委屈，此时也得尽量让自己冷静下来，毕竟如果感情基础被冲击了，再要配偶配合作财富规划的可能性就非常低了，因此，不能闹。不贪的原因是财富规划的金额要有度，不能想着把大部分甚至所有财富都规划起来，金额太多，难免会引起配偶的怀疑，如果配偶在外真有新欢，更有可能引起他的警惕，他极有可能会怀疑你已经知道了事情的真相，因而有更大的可能性不配合，所以别太贪也是非常重要的。

第四，为家为业。即便怀疑先生对感情、对家庭不忠，或者是存在恶意转移夫妻共同财产的嫌疑，张女士在做财富规划的时候，合理的理由也应该是为了让家庭的生活得到保障，为了让辛苦攒下的家业得以保全，而不是仅仅从自身角度出发的婚姻财富保护，虽然能够带来这方面的现实效果，但是财富规划的价值导向不同，带来的最终效果也会有所差异。

五、依据策略为客户构建涵盖保险和信托的具体方案

第一，以张女士为投保人和被保险人，投保年金险，10年交，每年交100万元，总保费为1000万元，再以张女士为委托人设立保险金信托2.0模式，交完首年保费后，将续期保费放入信托之中，同时变更保险的投保人和受益人均为该信托，信托的受益人为张女士、先生和女儿。该保单的核

心目的：一是保障未来家庭的生活，二是隔离未来企业可能出现的债务问题。由于1000万元的总保费不低，所以一定是要让先生知情并且同意，同时从先生掌控的即将到期的2000万元理财中支付该费用，所以先不能与先生起冲突是很重要的。而且该保单一定要选现金价值尽量低的，因为一旦婚姻出现变动，无论是直接的保单，还是将保单装入保险金信托，都是属于夫妻共同财产，面临分割现金价值的可能，此时低现金价值的作用就会尤为突出，张女士只需要向先生支付现金价值的一半，即可保全保单，保全保费，更是保全保额；而如果没有到离婚的地步，该保单的相关权益依然是由全家人享有，并不会因为其是低现金价值的特征而有所减损，一举两得。

而且抓住低现金价值这个特征去满足客户的核心诉求，其他的产品特征就没那么重要了，比如说保底收益、预期分红等，无形之中相当于是降低了客户对保险产品的异议，也就降低了工作的难度，保单也更容易成交。而之所以要将需求保费放入到保险金信托之中，是因为一旦真的离婚了，每年100万元的保费支出，对张女士来说是个非常大的负担。

第二，上述保单是为了家庭生活，还可以为女儿未来的教育成长配置保险。以张女士为投保人，女儿为被保险人和受益人，同样配置现金价值尽量低的年金险或者教育年金险。总保费可以设定为500万元，可以期缴也可以趸缴，如果是期缴的话，该保单和续期保费也都要同步进入上述的保险金信托，逻辑与前述第一个保单类似；而如果是趸缴的话，则既可以进入保险金信托，也可以不进入，毕竟没有了续期交费的压力，但若是从隔离先生经营企业风险的角度来说，还是将该保单也放入保险金信托会更妥当一些。

而一旦双方诉讼离婚，对于给女儿配置的这个保单，由于是纯为女儿利益，所以法院有很大的概率判决该保单不会被分割，而属于夫妻两人对于女儿的赠与，此时相当于是由财产争夺转变成了对女儿抚养权的争夺，一般情况下，目前获得孩子的抚养权的概率比较高，尤其是在孩子非常小的时候。而掌握了孩子的抚养权，相当于就是掌握了给孩子配置的这个保单，也就相当于是掌控了配置保单的保费。

退一步来说，即便先生不同意该保单是对女儿的赠与，要求作为夫妻共同财产的一部分进行分割，分割的也仅仅是保单的现金价值，低现金价值的特征，同样能够让张女士处于更为有利的位置。

而配置这两个低现金价值的保单，都是合理合法的，未来分割现金价值也是合理合法的，不存在任何转移夫妻共同财产的嫌疑，但却能够在事实上提高张女士对于家庭财富的掌控力度。

第三，以张女士为投保人，以自己和女儿为被保险人，配置医疗险和重疾险，这类保单可以极大地保障张女士和女儿未来因疾病而需要的相关费用，这类保单一般不适合放入保险金新规之中。配置这类保险的保费是属于夫妻共同财产，但未来所产生的理赔金却属于婚内个人的资产，相当于是合理合法地将夫妻共同财产变成了婚内个人财产。而即使在未发生理赔之前就面临婚姻变动，这类保单由于现金价值非常低，一般也不会被分割，万一被先生强烈要求分割，所需要支付的对价也是非常有限的，完全在一般人的承受范围之内。

第六节｜收入波动的网络主播的保险金信托规划

借助于短视频的异军突起，网络主播也成了最近这几年兴起的热门职业，而且发展非常迅速，但大部分主播也呈现出“其兴也勃焉，其亡也忽焉”的特征。

据统计，截至2023年12月，中国网络直播用户数已达到8.16亿人；截至2024年5月末，我国网络表演（直播）行业主播账号累计开通超1.8亿个。随着越来越多的群体进入直播行业，行业乱象屡见不鲜。

一些主播为了盈利触犯法律却不自知，比如曾经红极一时的薇某，因涉嫌偷逃税的问题，一夜之间销声匿迹；还有一些主播在直播间进行虚假宣传，欺骗消费者，比如将公司市值一度做到上千亿元的“疯狂小某哥”，因在中秋前夕售卖月饼时的虚假宣传，涉嫌误导消费者而被立案调查；还有些主播为了盈利打着“全网最低”的幌子，却干着全网最高价的垄断；其他诸如利用高额返利欺诈消费者、游走在色情边缘的所谓才艺表演、以打假为噱头的敲诈勒索，等等。

当然，在乱象之中，也不乏一些优质的主播，比如脱胎于东方甄选的董宇辉，凭借其深厚的文化功底和不欺诈、不消费粉丝的真诚，迅速成为直播带货领域的翘楚，当然，笔者真心希望董宇辉未来之路一如既往，不会重蹈其他头部主播类似的覆辙。

除了一小部分违法乱纪的主播和处于头部的明星主播之外，还有数以千万计的中间主播，他们大多数勤勤恳恳，通过自己的努力和才艺在网络上赚取合法的收入，虽然当下的收入很高，但对他们而言，依然是需要对财富规划引起足够的重视，因为从某种程度上来说，网络主播很难被定义为是长期职业，因为主播的基础来自于粉丝的喜爱、流量的加持，但粉丝很难永远喜欢某个主播，流量也很难确保永远眷顾着主播。即使主播不犯错误，也必须接受用户喜新厌旧的心理，以及流量被其他更有魅力的主播所吸引。而一旦他们犯了错误，人设崩塌，失去了粉丝的拥护，他们极容易被粉丝和流量所抛弃。而且主播超负荷地工作，也是对其自身身体健康的一种透支。

因而，趁着当下收入尚可，为自己的未来做好保障，是很多网络主播必须要去思考的重要问题。下面，笔者以一个案例为背景，向大家演示如何通过保险金信托来服务此类客群，这个客户是笔者协助某保险公司的伙伴完成的，希望对读者朋友有所帮助。

一、案例背景

杨先生今年35岁，毕业于某电影学院，虽然演过不少影视作品，但出演的基本都是配角甚至是龙套的角色，最近这几年，随着短视频和直播行业的异军突起，他也转型成了网络达人和带货主播，虽然整体上取得了不少成绩，年净收入也步入了亿级别，目前总资产超过5亿元，主要以银行存款和房产为主，没有任何负债，虽然目前收入很高，自己也一直合法经营，照章纳税，但杨先生也深知这个行业周期性特别快，来自于行业内部的压力也给他的未来带来了非常大的不确定性，因此杨先生也想给自己做点规划，让自己和家人的未来更有保障。

杨先生的父母都已退休，虽有一定的退休金，但不算特别多，身体虽然没啥大毛病，但小毛病不断，杨先生目前处了个女朋友，有结婚的打算，女朋友也是个网络主播，但业务能力和收入能力相较杨先生还是有着不小的差距。

二、依据案例背景对客户进行画像

（一）九宫格客户画像

表7–6

个人：35岁的男性	收入：年净收入过亿元但未来有着一定的不确定性	目标：给未来增加确定性，给自己和父母提供保障，并同步做好婚姻财富规划
家庭：未婚有女朋友，父母健在，但身体一般	资产：资产超5亿元，有充足的可投资资产	痛点：平衡收入的波动性
职业：网络主播	负债：无	难点：婚姻财富规划

（二）五步法客户画像

1. 了解客户家庭。从家庭生命周期的角度来说，杨先生的家庭生命周期处于由单身期向形成期过渡，此类客群从一般意义上来说都是资金实力有限，提前为家庭的形成做准备，但考虑到杨先生网络主播的身份，以及比较雄厚的财富规模来说，其核心的财富管理诉求应该是用当下的财富保障未来家庭的生活，并且提前做好婚姻财富的规划，让财富助力婚姻幸福，并且即便婚姻出现变化，也不会影响当下财富的归属。

2. 了解客户职业。杨先生的职业是网络主播，虽然在走红的时候收入不低，但面临着非常大的流量压力，同时超负荷的直播工作也给身体健康带来不小的挑战，对于未来的发展有着一定的不安全感。

3. 了解资产负债。杨先生资产雄厚，没有负债，是一个财务非常健康的状态，但未来直播带货的背后是否会产生其他的一些财务问题，也有着一定的不确定性，比如是否存在强监管下因带货产品质量问题引起的赔偿责任等。当然如果是因为欺诈消费者或者是偷税漏税引起的刑事问题，则财富规划所能做的事情非常有限。

4. 了解收入支出。杨先生的收入主要来源于直播带货，借助行业风口，年净收入过亿元，可以说是非常高了，但能持续多久，却有着非常大的不确定性。

5. 了解财富需求。杨先生的财富需求其实也蛮简单的，一是避免未来直播行业的波动给当前财富带来的影响，二是给自己和家人以确定性的生活保障，三是提前做好婚姻财富的规划，让财富既要助力婚姻幸福，也要避免未来婚姻出现变动时被分割。

三、依据客户画像分析客户可能出现的问题及需求

第一，虽然直播带货基本不会有债务的问题，但是未来是否会因为带货商品的质量问题给杨先生带来连带的赔偿责任，存在些许的不确定性，万一真有这方面的影响，如何确保当前积累的财富不受波及。

第二，保障未来生活的需求。杨先生当前收入非常高，但未来充满着比其他行业更大的不确定性，直播行业一代新人换旧人，如何趁着自己收入高的时候给自己的未来构建一道夯实的保护墙，对于杨先生来说是最重要的事情。

第三，趁着目前单身，做点财产上的规划，既要让未来的太太有身份

上和财产上的归属感和认同感，也要避免万一婚姻有变，对自己婚前的这些财产带来的影响。

第四，父母年事已高，虽有退休金但稍显不足，身体虽然还可以但小毛病不少，因而为父母规划好一个高品质、有尊严且体面的养老生活，也是杨先生非常重要的事情，能够让自己的全力工作之时，不用为了父母的日常生活而分心。

四、依据需求先制定解决方案的基本思路和策略

第一，资产保护，避免未来不确定性因素的波及，未来无论发生什么，当下的财富都要是安全的。

第二，平滑收入的波动性，给予自己及父母未来生活确定性且体面的保障。曾国藩在教育其家人的时候，有一句至理名言：盛时常作衰时想，上场当念下场时，这句话提醒我们在成功时要保持清醒的头脑，避免因一时的成功而放松警惕，最终导致失败。这种居安思危的态度，对于杨先生这类主播来说，同样具有非常重要的指导意义，虽然当前主播行业一片欣欣向荣，但一来内部的竞争压力也大，保不齐哪天就会因为流量或者其他原因导致事业受阻，二来劣币驱逐良币效应可能导致整个行业受波及，三来随着科技的发展，尤其是人工智能的发展，短视频的东风还能刮多久，直播行业还能够兴盛多久，都是不确定的，因而趁着行业向好的时候，开始思考未来的出路，不失为一种智慧。

第三，婚姻即便有变，财产亦可无忧。杨先生虽然当前尚未结婚，但毕竟有了女朋友，并且有了结婚的计划，在双方资产和收入都有一定差距的情况下，做好婚姻财富的规划，其实对双方都是好的。一方面让财富惠及两人，助力未来的婚姻生活，让财富不会成为感情的阻力；另一方面也要避免万一婚姻有变化对自己财富的影响，更要避免财富成为导致婚姻变化的导火索，甚至是给自己带来额外的人生风险，比如电影《消失的她》中情节。

五、依据策略为客户构建涵盖保险和信托的具体方案

第一，由于杨先生拥有超过5亿元的资产，可以先拿出其中1亿元用于

设立家族信托，委托人是自己，受益人为自己和父母，将该部分财产通过信托制度的独立性来隔离未来的各种问题。

第二，虽然家族信托的财产能够在很大程度上保障家人生活，但其确定性不足，因而家族信托设立后，杨先生再以自己为投保人、被保险人，配置年金险或者增额终身寿险，约定自第6个保单年度开始每年领取一笔100万元的生活费，直至终身，以保障其家庭未来体面的生活，交费方式为5年交，年交保费在700万元左右，总保费为3500万元。为了规避杨先生未来直播带货过程中可能会出现的连带赔偿责任问题，保单生效后，可以将该保单的投保人和受益人均变更为上述所设立的家族信托，并将续期保费放入信托之中，约定若未来杨先生结婚，则可以设定杨先生的配偶为信托的受益人，采取姓名加身份的模式，既保障妻子的既得利益，稳固婚姻幸福，也能够确保当婚姻出现变化时，杨先生婚前的这些财富不至于遭受损失，每年100万元的生存金，足够杨先生一家的体面生活了。

当然，杨先生也可以将该保单单独设立保险金信托，将这两份资产隔离开来。其意义在于第一个家族信托可能会让委托人保留比较多的权利，从而导致未来可能会被人挑战，继而影响该部分财产的独立性效果。但单纯的保险金信托，相比家族信托来说，委托人无须保留太多的权利，信托的独立性更容易得到保障。换句话说，将1亿元的现金资产与3500万元的保单隔离开来，也是为了万一家族信托被挑战，也要尽量地避免保险受到影响的可能。

第三，由于自身工作压力的巨大，再加之父母的健康状况也不是很好，因此以自己为被保险人投保重疾险和医疗险，以保障未来在身体抱恙的时候，不至于因为医疗费用的问题而发愁。而父母由于年事已高，身体状况欠佳可能已经失去了配置保险的资格。

第四，从婚姻财富保护的角度来说，杨先生也可以在结婚前将他的其他财产放入家族信托，包括房产和其他金融资产，由于配偶也是家族信托的受益人，所以该设置不会引起配偶的不满，同时既能规避婚前财产在婚内的收益成为夫妻共同财产，又能规避婚姻出现变动后该财产被分割的可能，可谓是一举三得。

第七节｜职场白领的保险金信托规划

职场白领群体应该是保险金信托的主力客群，至少在笔者过去的成功案例中，白领客群是最多的。因为白领客群普遍具备三个特征：一是年纪一般不大，但家庭责任往往较重；二是家庭财产比较有限，收入中等偏上，但有着较好的稳定性和成长性；三是有着较高的教育背景和务实的精神，对于新事物的接受度普遍比较高。

基于白领客群的这些特征，以保险金信托为核心的财富方案，更能满足这类客群的核心诉求，下面笔者以案例为基础，向大家演示如何通过保险金信托来服务这类客群。

一、案例背景

赵先生今年38岁，妻子今年35岁，都是职场白领阶层，夫妻两人月税后收入5万元左右，年终还能有10万元左右的奖金，从农村走出来的两人，全靠自己的努力在北京打拼，由于买房时间比较早，虽然有贷款，但公积金就足以覆盖了，而且所剩不多。有一个儿子，今年9岁，在上小学，夫妻俩也不打算生二胎。

赵先生家庭每年开销30万元左右，除了单位交的社保，赵先生还为自己购买了一份重疾险，年交保费1万元左右。除此之外，家庭还有100万元左右的理财和十几万元的银行存款。虽然工作稳定，也有一定的积蓄，但是工作压力相对比较大，对身体是一种透支，再加上深知中产阶级要实现阶层跨越的难度非常大，因而想尽自己的可能既要培养好孩子，也要给孩子留下一点未来奋斗的本钱，但也想对这些本钱有一定的影响力和控制力。

父母虽然年事已高，但有自己的退休金，虽然不算多，但在农村生活是完全够用的，平时也都是赵先生的哥哥在家照顾，赵先生除了逢年过节会给父母拿点生活费之外，平时也没有其他的负担。由于父母的退休金不多，也给了自己一定的启示，光靠社保未必能够满足未来的养老所需。

二、依据案例背景对客户进行画像

（一）九宫格客户画像

表7–7

个人：38岁的男性	收入：家庭年收入70万元左右，相对比较稳定，支出30万元左右	目标：更好地培养孩子并为孩子留下奋斗的本钱，同时开始为自己的养老作筹划
家庭：一家三口，双薪家庭，独子上小学	资产：一套自住房，100万元理财，十几万元存款	痛点：为儿子积累奋斗的本钱，为未来实现阶层跨越提供可能
职业：办公室白领	负债：有房贷但不多，且公积金可以覆盖	难点：可规划资金有限

（二）五步法客户画像

1. 了解客户家庭。从家庭生命周期的角度来说，赵先生的家庭生命周期处于成长期，随着家庭责任的增加、孩子的成长，风险保障规划、子女教育规划是这个阶段的重点。此类客群从一般意义上来说都是资金实力有限，需要考虑将有限的财富满足各种需求。对于白领客群来说，婚姻财富的规划意义不是很大，倒不是说这类客群就不会有婚姻变化的问题或者完全没有婚姻财富规划的需求，而是因为这类客群一般财富都不多，有限的财富基本上也是基于婚后共同工作所得，本就属于夫妻共同财产。

2. 了解客户职业。赵先生的职业是公司白领，虽然收入谈不上有多高，但胜在稳定，在作财富规划的时候，既要考虑当下的财富存量，也要考虑未来的财富增量。

3. 了解资产负债。赵先生家的资产量不算大，属于一般的老百姓家庭，一套房只能用来自住，另有100多万元可投资资产，债务方面虽然有少许的房贷，但公积金足够应付，而且整体负债余额已经不多，因而债务压力不大。

4. 了解收入支出。赵先生家庭的收入主要是靠夫妻俩的工资收入，每年加起来有比较稳定的税后70万元左右，每年的支出为30万元左右，年结余40万元，虽然绝对值不算特别高，但比一般人还是要好很多的，而且其稳定性和持续性应该来说都是非常不错的。

5. 了解财富需求。赵先生的财富需求主要是尽自己的可能既要培养好孩子，也要给孩子留下一点未来奋斗的本钱，但也想对这些本钱有一定的影响力和控制力。

三、依据客户画像分析客户可能出现的问题及需求

第一，当前家庭财富相对有限，孩子尚小，既要给儿子准备未来奋斗的本钱，又要兼顾自己和妻子未来的养老。

第二，孩子还小，给他留下的奋斗本钱能否真正为其所使用？如何让财富正向激励儿子未来的奋斗，并且自己保留一定的控制力和影响力？

四、依据需求先制定解决方案的基本思路和策略

第一，花小钱、办大事。白领客群的财富规模有限，因此财富规划需要尽量地满足其多个财富规划的目标，也就意味着单个目标所占用的资金比较少，其初始资金与最终的目标之间会存在比较大的差距，这就需要充分地利用金融工具的杠杆作用，但又不能因此而额外增加风险。对于赵先生来说，当前家庭可投资资金仅为100万元的理财和十几万元的存款，其中大部分还需要作为家庭应急资金进行储备，不能轻易使用，真正能用来规划的资金是每年40万元左右的结余。

第二，有掌控、有规划。无论是什么样的规划，如果不能依据赵先生具体的需求进行一定程度的个性化规划，不能让赵先生无论在什么情况下都有掌控力的话，可能对赵先生而言，就不会有太大的吸引力。

五、依据策略为客户构建涵盖保险和信托的具体方案

第一，以赵先生为投保人和被保险人，配置保额为1000万元的终身寿险，选择20年交，年交保费20万元左右，首笔保费可以用理财资金支付，需求保费则可以用每年的工资结余进行支付，并设立保险金信托，信托受益人为妻子和儿子，以保障万一自己有人身风险，妻子和儿子能够有生活的保障，尤其是儿子成长的保障。

之所以要设立保险金信托，是因为只有在信托的架构下，才能实现赵

先生未来在照顾或者激励儿子方面个性化、多样化的安排，也能让自己未来无论发生什么，都能够对这笔资金保持一定的掌控力。很多时候中产家庭之所以不愿意配置终身寿险，一方面是因为自身资金实力有限，没有余力去做这些事情，另一方面也是因为终身寿险是以自己的生命为代价的理赔，当自己身故之后，子女拿到理赔金后会如何使用，以及是否因此会引起子女之间的矛盾纠纷甚至被别有用心之人侵害，都是不确定的，因而大部分人秉持着儿孙自有儿孙福的观念，不愿意配置一些自己不可控的保险。但是若能够将单纯的终身寿险设置为保险金信托，则能够解决大部分客户这方面的顾虑，让他们即便百年之后，依然能够正向地掌控由自己创造的财富。

而之所以让先生做被保险人而不是太太，是因为一方面先生所承受的工作、生活中的压力一般来说是比太太要大的，另一方面先生作为家庭的顶梁柱，一旦他遭遇不测，对家庭的打击一般而言要比太太遭遇不测要更大，因此，在家庭财富有限的情况下，配置终身寿险一般是先给家里的顶梁柱配置，然后才给其他人。

第二，由于工作压力较大，为了防范万一，可以给自己和配偶同时配置消费型的定期寿险，保险期间和缴费期均到60岁，保额均为350万元，夫妻俩每年的总保费不会超过1万元，定期寿险的受益人均设置为配偶和子女。如果60岁之前不发生身故风险，则这笔资金就当作购买保健品吃掉了，但如果发生了身故风险，则可以用1万元的成本，撬动最多700万元的保额，可谓是花小钱、办大事的典范。该笔保费可以从每年的理财收入中列支。这两个定期寿险生效后，也可以将受益人变更为前述所设立的保险金信托，一旦发生理赔，理赔金成为信托财产，通过信托制度优势，来实现赵先生对这部分财产的掌控和个性化安排。当然，定期寿险能否进入到保险金信托，需要结合具体保险公司和信托公司合作的模式，大部分保险金信托目前都不能放入定期寿险，其原因在于定期寿险很难被称为是一项确定的财产，毕竟存在很大的概率最终是不会理赔的，但实务中依然有个别公司在做突破，而且如果定期寿险进入的不是新成立的保险金信托，而是已经装入了别的保单的保险金信托，则可以视为将定期寿险的现金价值放入，而现金价值即便非常低，也是确定的信托财产，至少就不存在制度上的障碍。

第三，以赵先生为投保人，妻子为被保险人，配置养老年金，可以选择10年交，每年保费10万元，该保单的首年保费依然是从理财资金中支取，续期保费则从每年的工资结余中支付。该养老年金约定从妻子60岁开始领取养老金，每年能够领取18万元左右的养老金，虽然不是很多，但相当于每个月1.5万元左右的养老金，对于普通家庭来说，还是很可观的，虽然妻子当前才35岁，距离领取这笔养老金还有25年，25年后的物价是个什么水平我们无法预测，但至少放在当下的视角下，这笔费用是够用的，而且赵先生未来也可以依据物价的走势，进行其他养老安排，以最大限度地保障养老所需。这个保单由于届时领取的养老金不是特别高，所以可以不用进入到信托之中。

而之所以这份养老年金是以妻子为被保险人而非先生，主要是因为女性的平均寿命要比男性长，妻子拿到养老金后作为共同财产与先生一起养老，但如果先生是被保险人，当先生先身故后，妻子可能会面临无钱养老的局面。

第八节 | 其他大额保单购买者的保险金信托规划

但凡配置了大额保单的客群，其核心目的无外乎三个：一是想要做好资产保护，二是财富传承，三是生活保障。无论是哪个目的，在单纯的保险架构下，其实都有可能实现不了这样的效果。

比如为了资产保护而配置大额保单，殊不知无论是理赔前的保险现金价值还是理赔后的保险金，其实都是不具备独立性的。现金价值不能独立于投保人，也就是说在保险理赔之前，如果投保人有相关问题，无论是债务问题，还是婚姻问题抑或是继承问题，该现金价值都会受到影响，继而影响配置保单的目的，而在理赔之后，保险金属于受益人的个人财产或者夫妻共同财产，自然就更不具备资产保护的效果了。

为了财富传承，无非是想要实现定向传承、定纷止争或者规避未来遗产税的效果。但是在单纯的保险架构下，若投保人先于被保险人身故，则属于投保人的现金价值是其遗产，需要由投保人的继承人继承，虽然有时候第二顺位投保人能够解决这方面的问题，但若投保人的配偶还在世，并且配置该保单的资金是属于夫妻共同财产，而设置第二顺位投保人的意思表示并未有配偶的书面同意，则该第二顺位投保人也存在无效或者部分无效的可能，并且即便没人对第二顺位投保人发起挑战，但若届时国内有遗产税，则大概率第二顺位投保人也是需要交遗产税的，因为本质上第二顺位投保人的设置就是遗嘱继承，而按照遗嘱继承，就不能避免被继承人生前的债务和税务。而如果被保险人先于投保人身故，受益人领取到理赔金之后，其是否能够合理使用，是否应获得巨额财富而导致其他一些纠纷甚至是风险，也不是完全没有可能，并且想要个性化约定理赔金的使用，也几无可能，因而单纯的保险架构下，其想要实现的定向传承、定纷止争或者规避未来遗产税的效果其实并不那么明确，存在很大的不确定性。

而为了生活保障，这一点相比前面两点来说无疑更有可能实现，但也并非没有漏洞，其最大的漏洞在于一旦保单的独立性被挑战，则保单有可能会终止或者解除，进而影响保单的这个目的。比如父母为子女配置年金险，以保障未来子女的生活，但若父母本身有债务问题，则父母名下的该保单，极有可能被债权所挑战，并有可能被解除将现金价值用于偿债，那么此时子女的生活也就无法得到真正的保障了。

因而，在单纯的保单架构下，很多财富目的其实是很难真正得到保障的，而其底层逻辑就在于，保险从制度的角度来说，缺乏财产的独立性和个性化定制的灵活性。

因此，为了充分实现配置保单的目的，举凡配置大额保单的客户，都应该对架构进行检视，依据自身的具体情况，对架构进行完善，而完善的方式之一，就是保险金信托。

下面，笔者通过一个具体的案例来演示如何通过保险金信托的方式，来服务此类客群，希望对广大读者有所帮助。

一、案例背景

赵总今年50岁，与朋友合伙开了个餐馆，虽然是小股东，但大事小情都是赵总在操持，生意一直不错，每年各种收入加在一起到赵总手里的差不多有100万元，太太在国企任中层干部，年收入50万元左右，年支出60万元左右。双方父母都健在而且身体比较硬朗，赵总另外还有两个哥哥和一个妹妹，太太还有一个哥哥和两个姐姐，他们都生活在农村，虽然日子也算比较好，但相比赵总家庭来说还是有着不小差距。赵总及太太名下有金融资产1500万元，每年的理财收入都有60万元左右，一套自住的房屋，价值1000万元，儿子在国内某211大学读大三，另有一套价值1000万元的别墅在儿子名下，两套房子目前都没有贷款。6年前在朋友的推荐下，一家三口都以5年交的方式各购买了一份高额的保险，希望一方面保障未来儿子的生活，另一方面也是希望给儿子乃至孙子留一笔钱，赵总和太太买的是定额终身寿，均是先生为投保人，受益人是儿子，每张保单的保额均为1000万元，儿子买的是年金保险，投保人也是先生，受益人是儿子，目前这三份保单都已经交完保费。除此之外，家庭对于财产再无其他安排。最近这一两年由于特殊的原因，企业经营越发的困难，赵总也承受着巨大的压力。

二、依据案例背景对客户进行画像

（一）九宫格客户画像

表7–8

个人：50岁的男性	收入：先生餐饮企业收入100万元左右，但未来不稳定，太太国企50万元左右，但稳定	目标：企业经营压力大，规避未来企业经营的风险，给儿子未来以保障
家庭：一家三口，先生是餐饮企业小股东，太太是国企干部，儿子大学在读	资产：一套自住房价值1000万元，一套别墅价值1000万元，可投资资产1500万元，三张大额保单	痛点：财富的规划切实地保障儿子未来的所需
职业：餐饮企业小股东	负债：目前没有负债	难点：当前的三张保单能否进行调整以满足财富需求

（二）五步法客户画像

1.了解客户家庭。从家庭生命周期的角度来说，赵总的家庭已经进入了成熟期，从家庭责任角度来说，赡养父母的责任还需要继续，抚养儿子的责任即将完成，在能力范围之内为独生儿子未来创业或者结婚准备必要的物质基础，也是可以的，还有就是自己和太太未来的养老问题，而且一定程度上也可以开始考虑财富传承问题。当然这些都还有时间去慢慢规划，但是对于当前所持有的三张保单，却是需要尽快完善架构，否则一旦风险来临，可能保单会实现不了其目的。

2.了解客户职业。赵总是餐饮企业的小股东，并且是实际经营者，属于高管的角色，而2024年7月1日开始实施的《公司法》对于股东和高管的相关责任有了加强，因此，做好资产的保护，无论是股东身份还是高管身份，都是必需的。此外，餐饮企业经营的压力，也给赵总未来的收入带来了更多的不确定性。

3.了解资产负债。赵总家庭的资产量属于中等偏上的水平，有房产、股权、保单和其他金融资产，没有债务。

4.了解收入支出。赵总家庭的年收入有210万元左右，其中100万元的餐饮企业收入有一定的不确定性，每年的支出60万元左右，当前的理财收入足够覆盖，但理财收入的稳定性也不足。

5. 了解财富需求。赵总的财富需求主要是基于餐饮企业经营压力越来越大的情况下，规避未来企业经营过程中可能出现的风险，尤其是其作为股东和高管双重身份带来的债务风险和职业风险。并且希望当下给儿子的规划能够真正实现。

三、依据客户画像分析客户可能出现的问题及需求

第一，企业经营的风险。作为股东和高管，赵总未来的经营责任确实不小，一旦出现问题，如何避免当下的家庭财富免受影响?

第二，当下家庭的三张大额保单的投保人都是赵总，一旦出现债务问题，如何避免这三张保单不受影响?

第三，即便没有债务问题，从财富传承的角度来说，由于其父母还健在，尚有家境不如自己的两个哥哥和一个妹妹，一旦赵总发生意外，其名下的资产有一半作为其遗产，将会由其法定继承人继承，包括赵总的配偶、儿子和父母，而父母继承了赵总的遗产后，未来是由赵总与他的两个哥哥和一个妹妹继承，考虑到哥哥和妹妹的家境不如自己，未来有着不小的概率会引起家族的继承纠纷。因此，如何避免这种让亲者痛仇者快的事情发生，也是赵总需要考量的。

第四，这三张保单的受益人均为儿子，从保险端来说，如果儿子领取到了保险金，自己是否还能够有所掌控?未来儿子结婚，这部分财富在夫妻俩可以共同使用的基础上如何避免成为他们夫妻的共同财产?万一婚姻出现变动，如何避免被分割?

四、依据需求先制定解决方案的基本思路和策略

第一，资产保护。无论未来餐饮企业发展如何，名下的财产不会受未来事件的影响，尤其是对于当下已经配置好了的三张大额保单。

第二，既要保障未来儿子的生活，也要对该费用有所掌控。三张保单的受益人均是儿子，有保障生活的年金险，也有用于传承的终身寿险，未来儿子拿到保险金后，要尽量有正向的掌控力。

第三，婚姻即便有变，财产亦可无忧。一方面，如果赵总自己的婚姻出现变动，对家族财富进行分割是合理的，毕竟军功章有赵总的一半，也

有其太太的一半，但基于企业股权来说，当面临离婚分割的时候，往往会带来价值的波动，这其实对于双方来说都不是好事；另一方面，若未来儿子的婚姻出现变动，如果自己辛苦积累下的财富因此而被分割，想必也是赵总和其太太都不愿意看到的，更别说还有可能因此给儿子带来额外的风险。因而，无论是基于谁的婚姻问题，也无论该婚姻未来往哪个方向发展，财产都不会是影响因素，才是婚姻财富规划的关键。

第四，避免资产成为遗产。于赵总来说，独生女儿的继承关系看似简单，但考虑到其父母健在且身体还很硬朗，一旦赵总身故，姑且不考虑烦琐的继承手续，但就从继承人的角度来说，其遗产的继承必将会是非常麻烦的事情，而且还有一定的概率出现家族纠纷。此外，成为遗产之后，还需要面临届时极有可能已经开征的遗产税问题。

五、依据策略为客户构建涵盖保险和信托的具体方案

第一，以赵总为委托人，太太和儿子为受益人，设立保险金信托，将赵总名下的三张保单的投保人和受益人均变更为保险金信托，以规避未来赵总可能出现的各种风险，并在保险金信托中对儿子领取受益金的事情，作出详细的约定，既要保障其未来的生活，又要兼顾未来配偶的合理诉求，还要防范未来婚姻出现变动后对这部分财产的影响，让赵总配置这三个保单的目的真正得以实现。

第二，虽然太太在国企工作，未来退休后的待遇不会差，但赵总在经营企业的过程中，可能社保并不会太高，未来的养老需要提前开始筹划，因此赵总可以为自己配置一份养老年金，采取10年交，年交50万元的保费，从60岁开始，每年可以领取30万元左右的养老金，加上太太从国企退休的养老金，足够老俩口过上体面的退休生活。交完首年保费后，可以将投保人和受益人均变更为上述保险金信托，续期保费可以通过理财收入来支付。

第三，赵总夫妇俩名下1500万元的金融资产，可以放入到上述所设立的保险金信托之中，或者单独设立家族信托，通过信托平台进行投资理财，投资收益用于支付赵总配置的养老年金的续期保费。如此一来，既能够实现与在自己名下无异的理财效果，同时也可以避免未来赵总在经营餐饮企

业的时候所引起的债务连带问题，还可以避免这部分资产成为赵总以及太太的遗产，从而避免复杂的继承手续和充满未知的继承结果。

第四，赵总也可以将其名下的房产在恰当时机放入上述的家族信托或者保险金信托之中，抑或是单独设立房产信托，以规避房产成为遗产后所面临的各种风险。

第五，餐饮企业的股权，由于赵总仅仅是小股东，可以结合赵总对于企业未来发展的判断，决定是否将这部分股权放入上述的家族信托或者保险金信托，抑或是单独设立股权信托，从而将企业的所有权、管理权、控制权和受益权进行合理的拆分，避免股权成为遗产后更为复杂的继承手续和更为不确定的继承结果。

第八章

保险金信托的专业思考

本章我们将在保险金信托业务实践过程中大家容易产生误区或者实践中有所争议的几个关键因素单独拿出来分析，核心目的在于一方面让大家能够更深入、全面地了解保险金信托，另一方面也是希望能够满足不同读者对于保险金信托业务不同的专业诉求和兴趣点，以使其能够更为直接地获取自己想要的内容。

相比其他章节的内容，本章部分内容可能会颠覆很多人的传统认知，也有可能会挑战实践中业已形成的交易习惯，部分读者也许会认为过于理论化了，尤其是对于保险金信托3.0模式的思考部分。

第一，既然是对于专业的思考，那么对实践中可能存在的各种问题提出不同的见解，哪怕可能理论化强了一点，也是有必要的，毕竟未来的发展趋势，无论是业务趋势还是监管趋势，还是法治环境趋势，我们都无法确定其具体的方向。

第二，既然是对专业的思考，那么一定程度上脱离业务的实践，也应该是被允许的，只要其背后的逻辑符合法律法规的具体规定，就意味着从合规的角度来说，所提出的专业思考是对的，而且很大程度上来说，可以反过来推动业务实践的不断发展与完善。

第三，既然是对于专业的思考，那么观点前卫一些也未尝不是一件好事，希望借此机会充分地与广大同仁一起讨论保险金信托业务的方方面面，从而促进保险金信托业务的发展。

第一节 | 关于投保人、被保险人设置的思考

在保险金信托业务的结构中，关于保险的投保人、被保险人以及保险金信托的委托人，一直以来都是业务研发的重点。

早期的保险金信托业务，包括当前由部分机构推出的保险金信托业务，都要求投保人和被保险人要一致。其原因主要有两个：

第一，当投被保险人不一致的时候，若投保人先于被保险人身故，意味着保险的现金价值属于投保人的遗产，由其法定继承人继承，此时保单的所有权是属于其继承人所有的，而保险金信托的委托人又是原投保人，即被继承人，此时就会存在信托法上的障碍，即设立信托，必须是委托人将自己合法拥有的财产或者财产权委托给受托人，而随着投保人的身故，保险的财产性权利的所有权人与保险金信托的委托人不一致，因此不符合保险金信托设立的法定条件，信托存在无效的风险。而即便保险设定了第二顺位投保人，但其结果依然是新的投保人与信托的委托人不是同一个人，依然存在上述的法律瑕疵。

第二，在业务的早期，由于所使用的保险产品是以终身寿险为主，而终身寿险的被保险人可以单独行使保险合同的解除权，所以为了避免保险金信托因为保险的解除而解除，保险公司和信托公司往往就会要求投保人和被保人需要一致，毕竟从逻辑上来说，保险金信托的委托人就是保险的投保人，而委托人自己要解除保险金信托的概率显然是更低一点，而非委托人的被保险人，可能会基于外部其他因素而行使保险解除权，这就导致保险金信托架构处于一个不稳定的状态，为解决这个问题，各家保险公司和信托公司纷纷要求投保人和被保险人必须是同一个人。

其法律依据主要是《最高人民法院关于适用〈中华人民共和国保险法〉若干问题的解释（三）》第二条的规定，被保险人以书面形式通知保险人和投保人撤销其依据《保险法》第三十四条第一款规定所作出的同意意思表示的，可认定为保险合同解除。

当然，随着业务的发展，这一要求也在逐渐被突破，一是因为随着业务规模的扩大，保险公司和信托公司并不会在意个别被保险人基于上述理

由解除保险，损失几笔业务对保险公司或者信托公司的整体体量不会有影响，但却会因为制度的灵活性吸引更多客户的关注。二是因为投保人和被保险人虽然可能不是一个人，但基本上是一家人，被保险人解除保险合同，除非有情非得已的苦衷，否则无异于是损人但却不利己，从逻辑上来说，发生此种情形的概率本就不高，所以实在没有必要为此专门设置限制条件。三是部分保险公司对业务进行了升级，在2.0模式下，完全就可以不用考虑这个问题，因为投保人最终都会是信托公司，即便没有升级为2.0模式，几十年以后即便因为这个瑕疵而导致信托无效，但至少不会影响保险结构的效力。

而关于保险金信托的委托人问题，虽然在当前的业务实践中比较统一，但其法理争议还是有的，到底应该是保险的投保人充当保险金信托的委托人角色，还是保险的受益人来充当保险金信托的委托人角色？

有人认为在保险金信托的1.0模式下，信托财产是保险金，而保险金属于保险受益人所有，因此保险金信托的委托人应该是保险的受益人，这个观点表面上看貌似没啥问题，但其中存在一个致命的漏洞，那就是保险的受益人本身的不确定性。在保险结构中，保险的投保人或者被保险人都可以变更保险的受益人，因此在保险事故尚未发生之前，某个保险受益人对于保险金的权属在法律上是有瑕疵的，所以，保险的受益人成为保险金信托的委托人显然不是个好的选项。而保险的投保人虽然并不能从法律上获得保险金的所有权，但对于保险金请求权是有决定权的，因此可以把保险金的请求权视同为是投保人的一项财产性权利，而信托财产既可以是财产也可以是财产权，因此由投保人成为保险金信托的委托人就变得顺理成章了。

当然，这种情况下，一般都是要求投保人不能再对保险的受益人进行变更了，原因有两个：一是一旦后续对保险的受益人进行变更，意味着保险金不再进入信托，保险金信托也就会因为没有信托财产而归于无效；二是若投保人还有权利对保险的受益人进行更改，意味着以保险金请求权为依托的信托财产变成了一个无法确定的财产，这就不符合《信托法》中关于信托有效成立的基本前提。

第二节 | 关于保单贷款的思考

保单贷款，是保险发挥资金融通功能的重要表现方式，现实中也确实能够帮助有短期且紧急资金需求的客户解决燃眉之急。当前的业务操作也相对来说比较简单，投保人只需要在保险公司的官方APP上自己操作就可以，或者线下向保险公司申请贷款后，由保险公司出具相应的保险批注，没有像银行贷款那般复杂且冗长的手续，也没有像民间借贷那般高企的借贷利息。

对于贷款利息、贷款期限和贷款手续方面来说，也是非常"良心"的。贷款利息一般都是在年化5%左右，有些保险公司可能还会更低，而且再无其他任何隐形的成本或者配套的其他服务。而贷款期限虽然一般都是半年，但只要能够按时偿还利息，就可以做到无限期的展期，也就是说贷款期限理论上可以一直持续到保单终止。而贷款手续一般也仅仅只需要在官方APP上签署贷款协议即可，非常简单。

而对于贷款本金的偿还，则是保单贷款业务中最需要业内反思的地方。

一般而言，在保险合同或者保单贷款协议上或者批注上，对于保单贷款的还款，往往是这样约定的：若本合同或者附加合同有任何赔偿或给付，则公司有权先从该赔偿金或给付金中扣除未偿还的借款和利息。

若该赔偿或者给付是给到投保人，也就是说若投保人也是受益人，那么上述的操作倒也没有什么问题，但可以这么说，绝大部分保单的受益人都不是投保人，这一点相信大家都会是认可的，因此我们有必要分析当投保人不是受益人的时候，保单贷款本息的上述偿还方式是否合理？

要理解这个问题，我们首先要捋顺两个法律关系，一个是保单贷款的法律关系，另一个是保险金给付的法律关系。

在保单贷款的法律关系中，债权人是保险公司，债务人是投保人，抵押物是保单的现金价值，这个法律关系中，受益人与此无关。而在保险金给付的法律关系中，保险公司承担向受益人给付保险金的义务，受益人拥有领取保险金的权利，是保险金的所有权人，依据的既不是投保人对其的赠与，也不是对其的借贷，而是基于是保险的射幸合同属性而获得保险公司给付的保险金，并且，随着保险金的给付，保单的现金价值要么部分减少，要么归零。

因此，保险公司直接扣划属于受益人所有的保险金来偿还属于投保人的债务，从法理上来说，是存在问题的，如果后续受益人以此为由向法院申请保险公司将该扣划的保险金返还给自己，保险公司是否有信心打赢这场官司呢？而如果打不赢这场官司，此时若投保人又没有其他资产，甚至是投保人已经身故且并没有其他任何形式的遗产，那么这笔保单贷款是否会成为保险公司的损失呢？

这个问题不仅在保险金信托的1.0模式下尤为突出，在单纯的保险结构下，也是不容忽视的，要解决这个问题其实也不难，可以有两个方法：

第一是投保人在做保单贷款时，增加受益人签字确认，此时相当于受益人也是该笔保单贷款的债务人，后续扣划保险金来偿还贷款就顺理成章了，在保险金信托模式下，就是让信托公司出具书面的同意函，这也是规避信托公司作为保险受益人和信托受托人双重身份的相关责任。

也许会有读者在此会提出疑问，按照《保险法》及其司法解释的相关规定，投保人可以变更受益人，并且投保人变更受益人的生效时点是自其作出意思表示时。保单贷款后，虽然受益人也签字了，属于其共同债务，但签字的肯定是具体的某个受益“人”，而并非“受益人”这个主体，若贷款完成后，投保人变更受益人，此时保单贷款属于之前的受益人，而非现在的受益人，是否同样会对保险公司产生风险呢？

答案是否定的，因为投保人变更受益人的生效时点虽然是自其意思表示时开始，但这是对外的效力，而非对保险人的效力，对保险人发生效力的前提是该变更的意思表示需要通知保险人，那么保险人就有充分的时间对保单贷款作出合理的处理，可以要求投保人提前偿还，也可以要求要求新的受益人同步签字认可保单贷款。

第二是在保单贷款的条款中，约定保险的实际保险金为扣除保单贷款本息后的净额，也就是在保单有贷款的情况下，当保险发生赔付的时候，其保额是要减掉贷款本息的，而非直接扣划保险金，注意是保险金减少的概念，而非减少保险金，保险金减少和减少保险金，大家细品。

这个问题笔者从2018年开始就在不同的培训场合详细分析过，并且也在不断地呼吁保险公司要重视，以规避未来自身的经营风险，此外，笔者也曾与多家保险公司的高层甚至是法务有过类似的探讨，奈何时至今日并没有发现保单贷款的这个条款有任何的修改。反倒是不少信托公司在做保险金信托业务的时候，在保留投保人对于保单贷款的权限的同时，要求投保人在做保单贷款时需要由信托公司出具同意函或者确认函后才可以办理，目的就是履行自己作为保险受益人和信托受托人双重身份的相关职能，并最大限度地降低自身未来可能面临的各种风险。

第三节 | 关于第二顺位投保人的思考

在人寿保险结构中，大部分时候投保人、被保险人和受益人都是不同的主体，从保险的财产性权益来说，投保人拥有保险理赔之前保单现金价值的所有权，受益人拥有保险事故发生后保险金的请求权，而被保险人在保险架构中并不享有任何财产性权益。而三个主体不同的身故顺序，又会带来不同的法律后果：

第一，如果被保险人先于投保人和受益人身故，那么保险金属于受益人个人的责任财产。

第二，如果受益人先于被保险人身故且没有指定新的受益人，那么保险金将会作为被保险人的遗产，由被保险人的法定继承人继承。

第三，如果投保人先于被保险人身故，那么保险的现金价值作为投保人的遗产，由投保人的法定继承人继承，或者按照投保人订立的遗嘱继承。

而保险合同中约定的第二顺位投保人规则，本质上来说，就可以视为是投保人事先订立的遗嘱。

所谓第二顺位投保人，是指在保险合同中，由投保人指定，在其先于被保险人身故后，成为该保险新的投保人。这一安排的主要优势在于，当第一顺位投保人去世后，第二顺位投保人可以更容易地接管保险合同，而无须经过复杂的法律程序。

比如，如果没有买保险，而是作为银行存款，存款人身故后，继承人要想继承该银行存款，就需要办理复杂的继承权公证，虽然有消息称，部分银行在探索小额银行存款的继承可以免于继承权公证，但一方面该政策当前只是流传于小部分银行，尚不属于国家层面的政策法规的讨论，另一方面免于继承权公证的也仅仅是小额存款，对于大额存款，恐怕银行出于自身的风险规避，也不太可能主动去突破法律的规定。

或者即便买了保险，但若没有设置第二顺位投保人，则在投保人先于被保险人身故的情况下，保单的现金价值作为投保人的遗产，需要由投保人的法定继承人继承，而这个继承同样非常复杂，一方面需要审视该保单的保费是否已经交完，另一方面可能还需要非常复杂的继承权公证。

但若投保人事先设置了第二顺位投保人，则保单现金价值的继承就会变得简单得多，既无须提交任何证明材料，也无须面临复杂的继承纠纷。

当然，第二顺位投保人的设置，也并非万能的，其依然会面临四个方面的挑战：

第一，来自原投保人的配偶的挑战。一般情况下，婚内购买保单的保费，都属于是夫妻共同财产，那么作为现金价值，虽然名义上是属于投保人所有，但其本质依然是属于夫妻共同财产，在投保人身故，而投保人的配偶尚未身故的情况下，现金价值的一半是基于夫妻共同财产属于投保人的配偶所有的，而设置第二顺位投保人的决策，往往又都是由投保人一人作出，如果将第二顺位投保人的设置看作是投保人的遗嘱的话，相当于投保人通过遗嘱的方式处置了夫妻共同财产，其中就涉嫌无权处分的问题，若配偶因此而提出挑战，那么第二顺位投保人还能否发挥其定纷止争的传承效果，恐怕就要打个问号了。

也许有读者要说了，父母与子女之间，何至于会为了这样的事情而祸起萧墙呢？其实不然，这样的案例可谓是比比皆是，笔者自己经手的案子中，就有好几个父母告子女、子女告父母的案例。罗翔老师在视频课上有过一句经典的阐述，他说："说实话，现在不管看到什么案件，我都不震惊，因为，这不就是人吗？人不就是这样的吗？还有什么东西会比人更坏呢？"罗翔老师这段话一定是有其语境的，但也充分说明了人性的复杂性，正如笔者在前面章节中所阐述的那样，在利益面前，人性是恶的。

所以，我们既然要作财富规划，就一定要充分地看到人性中恶的一面，以及基于此所带来的各种风险和挑战，并且分析出该风险和挑战背后可能造成的后果，然后穷尽所有的技术手段，对方案进行设计，以尽量地规避各种风险，至少要把我们认为难以承受后果的那些风险，要想方设法地避免。

因此，一般意义上的第二顺位投保人的设置，表面看能够起到定纷止争、定向传承的理想效果，但依然是有很大的传承漏洞。当然，要规避这个问题其实也比较容易，在保险的批注或者批单中，加上投保人的配偶同意设置第二顺位投保人并认可具体由谁成为第二顺位投保人的完整的意思表示，如此一来，就相当于是一个联名遗嘱了，至少在未有这方面新的遗嘱之前，该意思表示是合法有效的。

第二，来自第二顺位投保人配偶的挑战。第二顺位投保人的设置相当于是原投保人设立的遗嘱，虽然从继承角度来说是指定继承，但从《民法典》角度来说，其并非“遗嘱或者赠与合同中确定只归一方的财产”的规定，因而并不会被认定为婚内个人财产，而应该属于夫妻共同财产。这就意味着如果第二顺位投保人在其取得该保险投保人身份后发生婚姻的变化，其配偶是可以主张分割该现金价值的。

第三，来自原投保人的债权人的挑战。第二顺位投保人是在第一顺位投保人身故以后才生效，其本质就是通过遗嘱的形式，第二顺位投保人继承投保人的遗产。既然是继承遗产的概念，也就意味着在遗产范围之内继承了被继承人的债务，此时第二顺位投保人也就顺理成章地成为新的债务人，若其没有其他财产，则债权人可以主张强制执行保单的现金价值。

第四，来自第二顺位投保人自身债权人的挑战。在第二顺位投保人取得投保人身份后，若其自身有债务问题，同样需要用该保单的现金价值偿还其自身的债务。

因此，那些以资产保护为由，建议客户单纯地配置人寿保险并设置第二顺位投保人的情形，实际上很难达到理想中的效果，毕竟一方面在投保人身故之前，保单现金价值属于投保人的责任财产，若投保人负债，显然其名下所有的财产，都是需要用来偿债的，直到债务履行完毕。另一方面在投保人身故且被保险人还在的情况下，即便设置了第二顺位投保人，保单的现金价值依然是属于投保人所有的遗产。是遗产，就意味着无法规避其生前的债务，除非他留下的遗产足够多。

保单现金价值不会被强制执行也有两个情形。

一是被保险人身故，保险发生赔付，此时相当于属于投保人的现金价值凭空消失了，而变成了属于受益人所有的保险金，而保险金既非遗产，也非赠与，更不是借贷，因而，无须偿还投保人或者被保险人生前的债务。

二是配置的保单现金价值足够低，低到法院不足以认为解除保险对于偿还债务有任何实质上的作用。这样保单往往具有两个特点，一个是基本属于消费型的医疗险、重疾险或者定期寿险，另一个是本身蕴含的保费非常低，低到不足以让并不专业的高净值客户认为这类保单具有资产保护的作用。

而现实中的情形却是，在资产保护需求下配置的保单，往往都是年金类、寿险类的保险，其保费往往都是很高的，因此其现金价值也是非常的高，而且过去几年，很多机构都热衷于营销高现金价值的保险，笔者始终觉得，这类保单，在未来发生纠纷的风险可能会非常大。

而要解决这个问题，其实也是比较简单的，对于有资产保护需求的客户来说，一定要设立保险金信托，并且要设置成2.0模式，而且还需要在当前没有任何债务影响的情况完成操作。

第四节｜关于信托控制权与独立性问题的思考

2023年初，我国台湾地区的张某在海外设立的家族信托被“击穿”的新闻引起了业内广泛的讨论，纵观整个案件过程，可以看出其之所以会被“击穿”，核心问题在于委托人张某保留了对于其所设立的信托过多的控制力，依据网上的公开信息，我们可以从以下六个方面看出其对于信托的控制力：

第一，2014年9月22日，张某从上述家族信托控制下的瑞信信贷银行账户中转出300万美元，此转账既无任何文件，受托人亦没有任何异议。

第二，2014年11月26日，张某从上述家族信托控制下的德意志银行账户中转出一笔钱用于在纽约购置一套房产，而该房产之前已经被纽约法院认定为属于张某的私人财产，但张某并非上述信托的受益人。

第三，2015年2月10日，张某又从上述家族信托控制下的瑞信信贷银行账户中转出300万元人民币，此转账既无任何文件，受托人亦没有任何异议。

第四，2015年2月28日，在中国香港地区法院签发财产保全令之后、新加坡法院签发财产保全令之前，张某以“特急”速度从上述家族信托控制下的德意志银行账户转走了大约3600万美元。

第五，在新加坡法院签发财产保全令，且德意志银行按照收到的保全令冻结了银行账户的两天后，张某的律师写信给德意志银行称“这个在贸易公司名下的账户属于张某”。

第六，在设立“成功高贵信托”之后，张某当时继续担任贸易公司的独任董事，同时，张某也是贸易公司在新加坡开设的两个银行账户的唯一授权签字人。

通过以上六个方面可以看出，无论是在家族信托的治理结构中，还是在家族信托项下的银行账户的日常运营，都能体现出委托人张某对于家族信托实质性的控制力。而控制力和独立性，基于信托制度而言，其实是一对矛盾。虽然我们可以通过一些技术层面的设计，来实现这个矛盾的有机结合，但现实中大部分时候，委托人都不愿意放弃控制权，张某如此，之前盛传的“武汉中院强制执行国内家族信托”案例，同样如此。

并且当前国内大部分家族信托，包括保险金信托，其实都给予了委托人过多的权利，未来在某些特定的场合下，就极有可能实现不了客户当初设立信托的目的。之所以造成这样的局面，一方面可能是基于客户自身不愿意放弃控制权的客观事实，另一方面也是基于部分从业者并不专业的认知。

虽然从我国目前的法律环境角度来说，并没有明确的、直接的法律条文规定在委托人对信托有相关控制力的情况下，信托就不具备独立性。但信托作为一项民事法律行为，如果委托人保留了对于信托的控制，受托人虽然明面是以自己的名义在处理信托实务，但其本质却是以委托人的名义在处理信托实务，符合民法中关于委托关系的实质，而委托关系与信托关系的本质区别，就在于委托关系委托事项并不独立于委托人，因此当委托人保留了过多的控制时，其实质就是披着信托外衣的委托。

再从国外的一些实际判例来说，委托人保留过多控制力的信托，极容易被判为虚假信托，从而并不独立于委托人。

比如，俄罗斯总统普京曾经的亲信谢尔盖·维克托罗维奇·普加乔夫（Viktorovich Pugachev）于2011—2013年，在新西兰设立了5个家族信托，为的是保全其在伦敦、瑞士和法国的剩余价值9500万美元的资产，但在2017年均被英国和威尔士高等法院裁定为虚假信托，因此隔离资产无效，债权人可以从中得到自己的补偿。

据悉，谢尔盖所设立的这5个家族信托，除了委托人身份，他还同时是信托的受益人和保护人，而保护人拥有无理由更换受托人的权利，最终法院也是基于这些理由认定他拥有对信托资产最终所有权和绝对的控制权，从而裁定所设立的信托为虚假信托。

再比如，1990年的阿卜杜勒·拉赫曼起诉大通银行信托案，被认为是离岸地虚假信托经典案例。因委托人保留权利达到了完全控制信托的程度，该案涉及的信托被泽西皇家法院判定无效。

拉赫曼太太向法院起诉，称其丈夫生前所设立的家族信托违反了泽西岛的“Donner et retenir ne vaut（送人之物勿收回）原则”，要求判定该信托为虚假信托。在“Donner et retenir ne vaut原则”中，“donner”表示转让、让渡，“retenir”表示转让方继续保留权利，所以该原则的字面意思是指不能同时让渡权利和继续保留权利，赠与就是赠与，需要转让所有权，不能名为赠与实为保留权利的代持，否则就是虚假信托。

法院审查了相关信托文件，发现拉赫曼先生作为委托人于1977年根据当地法律设立了信托，并在信托文件中保留了非常多的直接和间接的权利。拉赫曼先生在世时，绝对控制着信托，信托财产的管理和分配都需要事先取得他的同意。信托文件甚至还详细约定了在委托人去世之后的若干年内，受托人应当如何对信托财产进行管理和分配，之后受托人才能行使自由裁量权。

据此，法院认定，委托人对信托财产保留完全控制，信托财产实际上是委托人的个人资产，信托只是委托人操控的傀儡，委托人主观上缺乏设立信托的意愿，因而判定该信托为虚假信托，自始无效。

还有，我国香港地区曾经有过关于离婚财产分割涉及离岸信托的经典案件，委托人以所持有的公司股权在泽西岛设立家族信托，并对信托作了如下安排：一是委托人作为信托的保护人，享有更换受托人的权利；二是委托人作为受益人之一；三是委托人控制公司的实际经营权；四是在委托人同意下受托人可以添加或移除受益人。

香港地区终审法院在审理过程中，作了一个关于“假设委托人要求受托人提前将信托的全部或部分资本或收入支付给他，受托人是否极有可能会遵从照办”的法律测试，并结合信托的条款、委托人的意愿书、信托财产的性质以及受托人以往所做的分配等因素进行综合考量，最终法院认为，该信托中委托人实际经营管理案涉公司，其理由有：委托人可决定公司何时向信托派发股息；在股息分配给信托后，受托人需要按照委托人的意愿分配给具体的受益人。

因此，虽然香港地区法院并没有对信托效力作出判断，但其认为信托中尽管有其他潜在的受益人，受托人仍然可以按照委托人的要求将信托的全部或部分资本或收入支付给他，由此认定该信托财产属于委托人可及的财务资源，应当作为婚姻财产来分配。

通过上述四个真实发生的案件可以看出，在海外设立的家族信托，若委托人保留了相当程度的控制力，那么信托被认定为“无效”或者被“击穿”的概率是非常高的。毕竟信托制度对于我国来说属于舶来品，其在海外的相关司法判例虽然并不适用于我国内地的司法实践，但对于我国未来家族信托的发展，还是具有相当大的参考意义的。

因而委托人在设立家族信托或者保险金信托之时，倒不是说完全不能够保留对于信托的控制力，只是说若对信托有独立性的需求，就需要慎重保留对于信托的控制力，至少不要让外界能够得出委托人对信托有实质控制的结论，那么如果想要兼顾控制力和信托的独立性，是否有相应的办法呢？

答案是有的，接下来笔者将为大家列举两个方法，以便帮助各位读者能够寻找到将矛盾的双方兼而得之的现实路径，希望对于广大读者无论是为自己服务还是为客户服务，都能够有所启发。

当然，无论是用什么方法，首先必须要说明两点：第一，合理合法永远是基础，任何方法都不应是为了以恶意为手段、以挑战法律法规为目的来规避现有的债务或者损害婚姻中配偶的合法权益，第二，任何方法都很难确保适合所有客户，或者适合客户的任何时候，我们需要依据变化的时代和变化的客户，对方法进行有针对性的调整和完善。

方法一：保护人制度。

所谓保护人制度，也就是说在信托架构中，设立一位或者多位或者多顺位保护人，用以监督受托人，保护委托人、受益人，尤其是受益人的相关利益，并且在某些场景下，代替委托人行使某些权利，甚至是改变信托的某些状态。

换句话说，保护人制度，就是在信托架构中，委托人为自己设立一道防火墙，当委托人想要对信托施加某种影响的时候，可以让保护人代替自己去向受托人表达，从而避免造成委托人直接对信托实施控制的情形。当然，此时尤其要注意的是，要避免让外界认为保护人只是委托人的提线木偶。

比如上述谢尔盖的案例，若他所设立的家族信托的保护人不是他自己，而是与信托毫无关系、也不是其配偶的其他信得过的人或者亲属，那么他的信托得以保全的概率将会大大提高。

再比如张某家族信托的案例，若其于2014年从信托账户中转出的那300万美元，不是自己签字的，而是交由信托架构中的保护人去实施，并且不留下该意愿是出自张某的直接证据，而是保护人基于更好地实现信托目的的需要进行必要的操作，那么至少从这个点上，法官是很难得出张某对信托有实质控制的结论。同样的逻辑，张某其他导致法官认为其对信托有控制的行为依然是在相同的原理下，由保护人去实施，即便考虑到某些时点让人产生怀疑，但至少没有直接的证据证明张某对于信托有直接控制，如此一来，信托得到保全的可能性或许会大大提高。

当然，保护人制度除了有上述的功能之外，更多的是站在受益人的视角，监督受托人的行为，尤其是在委托人身故后，这才是保护人制度的核心意义，专业人士在给客户构建保护人制度的时候，切莫将其功能过于单一化地向客户进行阐述，这同样是一种误导性的行为。

保护人制度虽然很美好，但也必须承认其并非万能的。首先，委托人对保护人的信任程度，要远高于对于受托人的信任程度；其次，保护人要有足够的综合能力尤其是对于信托制度和信托文化的理解与认知能力，以及对于委托人家族有着足够的忠诚度，在长达几十年甚至更长周期里面，我们不知道会面临什么问题，保护人是否会一如既往地为受益人服务，尤其是在委托人身故之后，这是一件很难预测的事情，因此在构建保护人制度的同时，我们就要思考保护人制度下的权利制衡与约束机制，以及极端情况下的兜底性机制，既要发挥保护人制度积极的作用，也要避免“鲁 × 制药”案例中，保护人脱离委托人初心的履职行为，继而导致家族利益受损。

但不管怎么说，保护人制度是让委托人兼顾控制力和信托独立性的可行方式，具体怎么设定，保护人如何履行职责，如何发挥其应有的作用，则还需要依据具体案例做进一步的设计和规划。

方法二：信托文件的灵活约定。

实务中，也许还会有相当比例的客户，并没有符合要求或者让其放心的保护人候选，或者其对于保护人制度本身就持不认可态度，那么该如何帮助其实现想要的独立性与控制力的结合呢？

方法依然是有的，此时就要对信托文件进行更加灵活的定制，并且需要受托人予以一定程度的配合。

回到张某家族信托案例中，如果张某2014从信托财产中转出的那300万元，不是直接下指令，而是以为更好地实现信托目的，向受托人申请，并且如果其实际需要的金额是300万元，但在申请的时候申请的是500万元，然后受托人召集相关当事人召开专门会议讨论此事，最后得出结论，为满足该信托目的，预计300万元就可以，并且以此为依据向受益人分配300万元的信托利益，同时制作会议记录留存，那么法官在审理这个案件的时候，是否还会认为该笔资金的分配或者转出是由委托人单方面决定的呢？同理，当张某想要实施其他行为的时候，同样以申请的方式并最终由受托人开会讨论确定，那么至少就大大降低了法官认为张某直接控制信托的概率。

同样的逻辑，未来我们为客户构建家族信托架构的时候，当客户既要控制权又要独立性的时候，在信托文件中为其定制类似的条款，则能够在很大程度上为其实现鱼与熊掌兼得的效果。

当然，该方法最难的莫过于站在受托人的角度是否愿意为此承担额外的工作以及不可控的风险，这也恰恰是专业人士应该要发挥作用、体现专业价值的关键之处。

总体来说，笔者一直认为家族信托属于民事法律行为，而民事法律行为遵循的基本原则包含民意自治，也就是说，只要不违法，家族信托从整体架构到细微条款，方方面面都可以依据以委托人为中心的家族与受托人协商一致确定，至于如何实现委托人的诸多想法和目的，更多的是考验专业人士对于以信托制度和信托文化为核心的专业功底以及“艺术化”处理各类问题的能力与思路。

站在今天看过去数年中国家族信托和保险金信托业务的发展，其中有一个很重要的特征，那就是国内的家族信托和保险金信托无论是其中的部分信托条款，还是某些场景下的信托架构，都存在一定程度上的基于市场需要与专业原则之间的妥协，极有可能导致在未来某些特定场景下，当客户真正需要时，信托却由于其设计缺陷，而无法体现其核心的制度优势与功能，因此笔者隐约感觉到，未来的中国，可能会迎来信托的各种纠纷，甚至是诉讼，这也是境外信托发展几百年所走过的必经之路，所幸的是，我们还有足够的时间和空间对当下有些家族信托和保险金信托的架构及其条款进行修正和调整，使其既能够满足客户当下的需求，又能够经得起时间的检验。

第五节 | 关于分期给付保险金的思考

分期给付保险金，也被称为保险的类信托功能，是指在人寿保险产品合同里面会有一个保险金分期给付的条款，即当被保险人身故后，保险理赔金并不会一次性给付给保险受益人，而是分期给到受益人。其目的是避免受益人一次性拿到巨额理赔金后所带来的一些负面问题，比如挥霍败家、不思进取，被别有用心之人觊觎或是因不具备巨额财产的管理能力而遭受无妄之灾等，而采取的细水长流的方式，让保险理赔金在更长的周期里面最大限度地保障受益人的生活。

从出发点上来说，当然是好的，但此种模式下却有一个致命的法律瑕疵，可能会导致投保人的这份关爱最终落空。道理其实也很简单，与前面章节中分析保单贷款法律瑕疵的逻辑是一致的，随着保险事故的发生，保险的法律关系发生了变化，原本归属于投保人或者被保险人所有的保险相关权利都已经消失了，取而代之的是受益人对于保险理赔金的请求权，即保险理赔金是属于受益人自己的财产，与其他人无关。而分期给付保险理赔金是投保人在保险事故发生之前的意思表示，那个时候投保人拥有保单的全部权利，自然是可以进行任意约定的，但当保险事故发生后，性质已然发生了变化，简单来说就是投保人以自己的意愿处置了属于受益人自己的财产，这是典型的无权处分问题。

此时如果受益人向法院申请，要求保险公司一次性支付属于其自己的理赔金，大家觉得法院会如何判呢?

当然也许又会有读者有疑问了，一方面现实中并没有出现被认定为无效的案例，另一方面受益人之所以能够获得理赔金，也是因为投保人的指定，可以一定程度上理解为这是一个附条件赠与，因而就不存在无权处分的问题了。

首先，现实中确实还没有看到过此类情况的发生，但没有发生的并不意味着其就是合理的，毕竟不仅是并不专业的投保人和受益人不知道其中的法律关系，就连大部分专业人士，也未必能够清楚地知晓其中的法律逻辑，因此当下并没有发生此类案例，不足为奇，但随着最近几年保险额度越来越高，法治教育越来越普及，我们相信未来会有更多的人认识到其中的法律问题，相关案例想必也就会有了。

其次，能否把分期给付条款理解为附条件赠与中的“条件”？笔者认为显然是不可以的。因为附条件赠与，无论其基于的是什么条件，其实质都是赠与，而保险理赔金不是赠与，是受益人基于保险合同的射幸属性而获得，保险事故发生后，只要不存在《保险法》第四十二条中的情形，无论受益人是否确定，理赔金都确定的属于受益人所有。

所以，即便在保险合同中约定了分期给付的条款，也有可能基于其法律属性已经发生变化的事实而面临无效的可能，继而影响配置保险的初衷。再进一步来说，在保险的合同关系中，很难对保险金或者受益人做出太多的个性化约束或者激励条款。

而要想实现将保险金在更长的周期里面保障受益人的生活，最好的方式不是在保险合同中设置分期给付保险金的条款，而是设置保险金信托，将保险金作为信托财产，通过信托的制度优势，来避免保险金成为受益人的财产，从而避免个性化的分配方案遭遇不确定性的挑战。

第六节 | 关于保险金信托3.0模式的思考

如前文所述，保险金信托3.0模式有两种情形：一种是多保单模式，即多张保单汇总进入同一个保险金信托，实现以家庭为单元的财富规划；另一种是信托直投模式，即委托人先设立资金信托，再直接以信托公司为投保人，为被保险人配置保险，以实现各个业务环节的财产保护功能。

虽然在当前的实务中，主流的观点普遍认为信托直投模式才是保险金信托3.0的样子，但笔者始终认为此种模式存在的制度性争议点，未来会给该业务带来致命的危机。

众所周知，在配置保险时，会产生不菲的保险佣金，这一定程度上也是财富管理者或者其他保险服务机构服务客户的成本，所以为客户提供保险服务并因此获得保险佣金也是理所当然的事情，不过在信托直投的保险金模式下，保险佣金的归属却可能会引起争议。总体来说，市场上对此有两种观点：

一种观点认为受托人也好其他财富管理者或者保险服务机构也罢，在此模式下获取保险佣金是没有问题的，因为保险佣金是由保险公司单独支付的，与保险金信托不是一个法律关系，不存在任何的法律瑕疵。

还有一种观点认为，若没有特别说明，无论是受托人还是其他财富管理者或者保险服务机构就有可能涉嫌不当得利。其理由主要是受托人、其他财富管理者或者保险服务机构获取保险佣金的前提是受托人的投保行为，即受托人管理信托财产的行为，而《信托法》中明确规定：受托人除依照本法规定取得报酬外，不得利用信托财产为自己谋取利益。对于保险的佣金领取问题，至少在当前的业务实践中，并没有将此写进合同之中，也就意味着如果受托人因为投保的行为而获取了保险金信托合同约定以外的保险佣金收入，显然就违反了《信托法》的这一规定。

两种观点都有其一定的道理，而且在当前的实务中，第一种观点被更多的人所接受，其潜在的逻辑可能会是，谁都希望自己的收入是合法的。第二种观点还有待市场的检验，但笔者倾向性地认为第二种观点才更符合信托制度的初心，原因有两个：

第一，从法理上来说，《信托法》第二十六条说得非常明确，受托人除依照本法规定取得报酬外，不得利用信托财产为自己谋取利益。受托人违反前款规定，利用信托财产为自己谋取利益的，所得利益归入信托财产。

为了让大家更好地理解这个法条，我们可以从四个方面进行说明：

一是从法条意思上来讲，基于信托财产所产生的全部利益，除了信托文件约定支付的受托人报酬，以及信托财产本身应该担负的债务和税务之外，剩下的全部属于受益人所有。

二是从业务逻辑上来讲，受托人基于管理信托事务以及处分信托财产而获取的信托文件约定的信托报酬之外的所有利益，都可以归结为非法所得。

三是受托人即使没有利用信托财产，而仅仅利用其作为受托人的地位而取得的相关信息或者优势地位等为自己谋取利益，也应属于信托财产的范畴。

四是对该法条中“自己”的理解，也不应该仅仅局限于受托人本人，还应该作适当的扩张解释，包括其他并不直接为信托提供服务且在信托合同中并未明示，但却仅仅因为受托人管理信托事务或者处分信托财产而获利的所有人。简单来说就是受托人既不能利用管理信托事务或者处分信托财产而为自己谋取信托合同约定范围之外的任何利益，也不能为与信托毫无关系的第三人谋取利益。

第二，从信托的起源来说，这种获利方式也是不被允许的。由于信托是舶来品，我们也来分析一下离岸信托在这方面是如何规定的。在离岸信托中，有一种依据法院判决而成立的信托类型，叫推定信托。所谓推定信托，就是法院依据某些特定的事由，推定信托的成立。

推定信托旨在禁止占有他人财产的当事人不公正地取得他人财产利益的状况，占有人只能以推定信托受托人的身份管理财产，不得谋取财产上利益。英国衡平法理论上又称为“财产受托人不享有受益权原则”。根据现代信托法的解释，财产所有人的监护人、律师或其他代理人因滥用信任关系而取得任何财产利益，均违反上述原则，法院有权撤销其所得利益并判决成立推定信托。

推定信托具有强制性效力，受益人可不依赖于委托人意志而申请财产利益的强制执行。英国法主要将推定信托视为独立的信托类型，而美国各州的法律更偏重于将其视为纠正不公正财产关系的诉讼补救方法。

产生推定信托的情形有很多种，常见的主要包括以下四种：

一是受托人或者受信人取得未获授权的利益。比如在信托关系中，受托人获取了超过信托文件规定的信托报酬，再比如在代理买卖关系中，代理人以明显低于委托价买入了被代理人委托其出售的货物，都属于此种类型。受信人关系除了上述信托关系和代理关系两种类型之外，还包括公司董事或者管理层与公司股东之间的关系，合伙人之间的关系，律师、会计师、税务师、医生、理财顾问、经纪人等专业顾问与顾客之间的关系等。按照英国的判例分析，只要双方当事人之间的关系是基于一方信任另一方，就可以认定具有受信人关系。

二是未经授权的交易。比如，未经公司董事会或者股东会批准，公司高管以自己的名义与公司签订商品买卖合同，即便这笔买卖依然是以公司利益最大化为原则，并未损害公司股东及债权人的利益，依然有可能被法院判定为以公司高管为受托人的推定信托。

三是受托人购买信托财产。在英国，受托人购买信托财产，只要受益人请求，无论交易价格是否公允，法院都会毫不犹豫地撤销交易，并成立推定信托。法院之所以确定这个规则，其依据是受托人在这类型的交易中，既是买方，又是卖方，使得他的职责和利益发生了冲突，因此是不被允许的。

四是接受贿赂。此处的接受贿赂并不包括公职人员利用职务之便收取的不义之财，而是指上述受信人关系中，利用受信人地位获得的非正当利益，致使其违背了受信人的责任。

由此可见，在保险金信托3.0模式的信托直投模式下，若没有在信托文件中明文规定，则无论是谁因此获取佣金，都符合离岸信托中关于推定信托的成立要素，虽然在我国当前的信托法治环境下，并没有推定信托这种类型的存在，但《信托法》中规定的“受托人违反前款规定，利用信托财产为自己谋取利益的，所得利益归入信托财产”，与推定信托的逻辑，也极为相似。

因而笔者认为，在当前所践行的信托直投的保险金信托3.0模式下，无论是谁拿走了基于受托人投保而产生的保险佣金，只要在保险金信托合同中没有明确的规定，则在未来有很大的可能性会被认定为是违法所得。虽然这个观点目前还是有一定的争议，但对于为客户配置保险金信托的财富管理机构或者财富管理者来说，与其冒着潜在的风险为客户设立信托直投的保险金信托3.0模式，倒不如踏踏实实仅设立为保险金信托2.0模式，毕竟从功能上来说，两个模式的差别并没有那么大。

但多保单模式的保险金信托3.0模式却不一样，其以家庭为中心的财富管理目标，既能够帮助客户梳理家庭财富，构建跨家族生命周期的财富管理体系，还能够从专业的视角为客户合理地配置更多、更高额度的保险产品，降低配置保险的难度，提高业务的稳定性，这无论是对客户本人，还是对财富管理者，抑或是包括保险公司在内的财富机构来说，都是有百利而无一害的事情。

当然，若不考虑保险佣金的问题，比如在未来的家族办公室服务的模式下，家族办公室作为家族的财富管家，为其提供涵盖法律、税务、金融、投资、家族事务等方方面面的服务，其收费模式可能会是固定的服务费或者资产规模的一定比例，而配置产品所产生的佣金以及其他收入，都可以视为是家族财富的一部分，此时信托直投模式下的保险金信托3.0模式就不存在上述问题了，尽情地利用信托的制度优势为家族服务。

除了佣金归属问题有一定的争议之外，信托直投模式下的保险金信托3.0模式还有一个需要思考的问题，那就是《信托法》规定的受托人需要亲自处理信托事务的原则。《信托法》第三十条规定，受托人应当自己处理信托事务，但信托文件另有规定或者有不得已事由的，可以委托他人代为处理。受托人依法将信托事务委托他人代理的，应当对他人处理信托事务的行为承担责任。

因此，信托直投模式下的保险金信托3.0模式，需要受托人亲自为被保险人挑选适合的保险产品并签署相应的保险合同，而现实情况却是，推行此种模式的信托公司对于保险产品的筛选，几乎都是由外部人员或者机构来完成，受托人只是负责签署保险合同，这就相当于是受托人将原本需要自己亲自处理的挑选保险产品的行为，委托给了外部人员或机构，而且几乎可以肯定的是，当前此种模式下的保险金信托合同没有对此有专门的规定，同时对受托人来说，几乎也不存在有不得已的事由，因而此种模式也面临着一定的合规风险。

如果有机构执着于信托直投的保险金信托3.0模式，有没有一些策略或者方法规避上述的问题呢？笔者认为，可以从以下两个方面进行尝试：

第一，可以在信托合同中对此有进行明确约定，比如信托直投下所产生的佣金不属于信托财产等。但委托人是否会同意这类约定？该约定是否会涉嫌与《信托法》的规定相冲突而无效？都是实践中需要去思考和解决的问题。

第二，《信托法》虽然规定受托人需要亲自处理信托事务，但也允许受托人依据信托文件或者基于不得已的事由，将部分信托委托他人代理。因此，可以在信托合同中约定将投保的事情委托给指定的第三人，并约定由此产生的佣金属于第三人的报酬。但受托人需要对第三人处理的信托事务承担责任，信托公司是否愿意为此去冒风险？比如若第三人为了获取高佣金而配置并不符合客户需求的保险产品，而受托人因为缺乏保险方面的专业能力，并不能在第一时间识别，最终导致客户想要配置保险的目的无法实现，若客户对此追究责任，想必信托公司也很难逃脱。

然而，现实情况却是，可能很多信托公司都尚未意识到这一层面的风险，可能还在为业务的创新而高兴。

第九章

保险金信托的异议处理

在保险金信托的业务实践中，我们总是会面临诸多的疑问，有些是来自自己或者团队成员对于专业或者流程的疑问，有些是来自客户对于业务现状甚至是业务合规的异议，因此我们有必要对此进行充分的解答。甚至可以这么说，业务实践的过程就是解答客户一个个异议的过程，因此对于异议的处理，就关系到业务能否有效落地的关键。

异议的类型多种多样，其答案有时候也因不同客户或者客户的不同阶段而有所不同，当然这个不同不是说结论相左，而是基于不同需求下的侧重点有所不同。

因此本章主要从各个异议的逻辑重点出发，为大家提供解决这些问题的基本思路，希望能够助力理财师更好地解答客户的疑问，也希望能够助力有需要的家庭更好地了解保险金信托业务，避免业务过程中的一些不必要的麻烦和风险。

专题一 关于为什么要设立保险金信托的异议处理

1. 我已经配置了保险，为什么非要做保险金信托呢？

回答这个问题的底层逻辑在于在不否认保险价值的同时，还需要依据客户当时的具体情况有针对性地指出保险存在的一些不足，而这些不足恰恰在保险金信托的架构下能够完美解决，主要的思路有：

第一，用信托的独立性扩充保险的功能外延。如果客户对于资产的独立性有所需求，那么这点就是解答此类异议的重点。单纯的保险是不具备独立性的，这一点是毋庸置疑的，因此，若客户对资产有独立性的需求，就意味着必然需要在保险的架构之上再加上信托的制度，通过信托的独立性来实现保险资产的独立性。

说到独立性有些人就认为这是企业主客户应该考虑的问题，对于非企业主客户来说，无关紧要。其实不然，独立性的内涵至少包含四个方面：一是独立于债务连带，二是独立于婚变分割，三是独立于遗产继承，四是独立于意外流失。

由此可见，基于企业主的债务连带的独立性只是独立性内涵的四分之一而已，婚姻能否持续其实是个不可控的事情，但婚姻财富或者说是本应属于婚内个人的资产是否会因此而被分割则是可以提前规划好的；死亡的来临我们也无法预测，但我们完全可以避免资产变成遗产，避免烦琐的继承手续以及未来有可能出现的遗产税；意外的降临充满着偶然性，但我们可以避免意外发生后自己的资产成为无主物的可能。

因此，保持资产的独立性，其实是很多中高净值家庭潜在的需求。

第二，用信托账户来管理和处分保险理赔金。对于大额的终身寿险来说，自己的身故给家人带来一笔丰厚的生活保障，无疑能够让家人真正化悲痛为力量，从失去亲人的痛苦中获得一丝安慰。只是丰厚的理赔金一定程度上也许会带来不一样的结果。比如对于弱势的子女或者年迈的父母来说，巨额的理赔金是会给他们带来生活的保障还是会额外造成潜在的人身风险？对于游手好闲不务正业的继承人来说，巨额的理赔金是会让他们迷途知返还是会在堕落的迷局里面越陷越深呢？哪怕是对于很听话、很懂事的继承人来说，突然之间获得巨额的理赔金，从人性的角度来说，是保持克制容易还是自我放纵容易？答案未必统一，但从概率的角度来说，发生后者的概率显然要高于前者。

因此，对于配置了人寿保险尤其是高额人寿保险的客户来说，设立保险金信托就成为不二的选择，通过信托的制度安排，可以避免家族受益人一次性获取巨额的理赔金，无论家族受益人状态如何，也无论未来发生什么，都可以在保险金信托事先约定的范畴内，让他们始终能够有体面的生活保障。

第三，让受益人更灵活，让受益条件更多样。通过保险工具，我们能够实现定纷止争的传承效果，而若想要进一步地掌控受益人对于保险金的合理使用，抑或是希望能够基于受益人不同的需求给予不同金额的受益金，或是想要兼顾当前尚未出生的子孙后代，则单纯的保险就显得心有余而力不足了。

此时就需要信托的介入，通过保险金信托，可以把受益人的范围和受益条件表现得更为灵活，只要不违反法律的规定，受益条件可以依据家庭具体情况任意拟定，比如考上本科院校奖励10万元，考入211院校奖励15万元，考入985院校奖励20万元，考入清北奖励30万元等。而对于受益人的范围，在保险金信托的安排下，可以是尚未出生的未来的三代、四代或者是五代以后的家族成员，只需要提前在保险金信托的合同里面约定确定受益人的标准即可。

第四，用信托的灵活性应对不可预知的变化。通过保险的规划，我们能够应对当前可预测的一些变化，但是对于当前无法预测的变化，保险架构可能就无能为力了，因为既然是无法预测的变化，就意味着是什么我们都无法知道，何谈应对。而在保险金信托的架构下，则可以通过设立某些机制来应对未来的各种变化，比如在保险金信托架构下面，设立保护人机制，未来若有一些当前没有预测到的新情况发生，可以交由保护人来处理，无论是否能够很好地解决，但至少有了应对的主体。而这样的机制，只能够在信托的框架下才能实现。

因此，对于已经配置了保险的家庭来说，若想满足自己更多的财富管理需求，则构建保险金信托架构，是一个更为有效的方法。

2. 我已经有了信托为什么还要配置保险?

处理此类异议的关键在于既要区分客户所说的信托是属于购买的理财型信托产品还是设立的家族信托，也要清晰地知晓家族信托的一些不足需要用保险来弥补，方能发挥更大的财富管理功能，因此解答思路主要有：

第一，区分理财型信托和家族信托。理财型信托只有增值的功能，属于单一的理财产品，没有保全与传承的属性，而家族信托侧重于财富保全与传承，是财富管理的架构，保险金信托是家族信托的一种。

第二，家族信托在财富管理的确定性方面稍显不足。受益人能否获得信托利益的根本在于是否有信托财产，而信托财产是否能够实现稳定的增值，则是不确定，除非期初的信托财产规模足够大，否则随着时间的推移，信托财产会有消耗殆尽的风险，因此在信托的有效期内，存在着信托无财产可供分配的情形。而且从信托的法律制度来说，《信托法》中也明确规定了受托人仅仅是以信托财产为限，向受益人承担分配信托利益的义务。

因此，若想要在更长的周期内，确保家族信托始终有财产向受益人分配，就需要通过保险的确定性来加以保障，比如加上年金保险，保险合同中会明文规定在指定的日期向指定的人支付确定的年金，直到约定的日期或者被保险人身故，除非发生极端的风险，否则保险合同的这个约定是完全有保障的，诸如2008年全球金融危机，美国很多大的金融机构轰然倒下，但人寿保险公司即便出现了经营危机，政府也出手相助，确保其能够正常经营下去。

第三，通过保险来加强信托的自我造血能力。如前所述，家族信托在较长的运营周期里面，信托财产存在消耗殆尽的可能，这与家族希望通过构建家族信托来实现富过三代的财富梦想有点不符，而通过保险金信托的方式则能够为信托提供更强的自我造血能力，能够确保信托每隔一段时间就会有确定的新增财产。

比如为家族每个人配置一个定额的终身寿险，并且指定同一个保险金信托为所有这类保单的受益人。不考虑意外的情况，从常理上来说，每隔一段时间，家族就会有人因寿终正寝而与这个花花世界说再见，此时保险就会发生理赔，保险金信托也会确定的多一笔信托财产，长生不老虽然很美好，但终归不是现实，人的离去是确定的事情，只是时间早晚而已，若加上整个家族成员，则几乎可以确定，每隔三五十年，则必然会有一个家族成员离去，也就意味着每隔三五十年，保险金信托就会多一笔确定的信托财产，剩下的问题就只需要确保该笔保险金如何能够分配到下一笔保险金进入，这只是技术问题，而不是制度问题。

因此，让信托插上保险的翅膀，能够让信托拥有更强的自我造血能力，能够更为有力地保障信托利益的分配，从而保障家族体面的生活。

3. 保险金信托核心功能似乎是为了更好地管理和分配保险金，也就是更靠近传承，我还很年轻，所以不需要保险金信托。

第一，保险金信托确实具备传承的效果，除此之外，它还能让保险达到独立性的效果，对于年富力强的企业主而言，传承或许过早，但资产隔离却也是现实需求。

第二，有些保险产品在年轻的时候、身体健康的时候、财务健康的时候配置更合适，当功成名就到了需要传承的年纪之时，可能很多架构未必有资格采用，保险金信托当前设立的门槛相对是比较低的，随着业务的发展，一方面客户自身情况的变化可能不符合相关金融工具的要求，另一方面保险金信托的门槛进一步提高也有可能将一部分家庭排除在外，因此趁着条件允许且业务容易落地给自己做好安排，不失为上策。

第三，传承虽然大部分时候是年长者更应该考虑的问题，但不容忽视的是近年来也有不少年富力强的创业者突然之间撒手人寰的情形，无论是意外还是疾病，都有可能给家庭、给企业带来不确定的未来，当然普通的中产家庭此类情况也是时有发生，为自己的家庭提前作出安排，避免意外降临的时候，家人的手足无措。

第四，年轻的时候往往意味着家庭责任最重，而可供规划的资金往往也是有限的，如何将有限的资金用于对自己、对家庭最大的保障，也是年轻人需要考虑的问题。

4. 家族信托和保险金信托是高净值客户用的工具，中产家庭不适合。

第一，2023年3月20日，银保监会发布的《信托业务分类通知》中对财富管理服务信托作出明确的规定，其中包含了家族信托、保险金信托和家庭服务信托，虽然家族信托要求1000万元以上，确实是对大部分中产家庭来说门槛过高了，但家庭服务信托的门槛却只要100万元，也同样能够具备不啻于家族信托的财富管理功能，符合绝大部分中产家庭的财富需求。而保险金信托的门槛，文件中并没有作出特别的约定，即不存在门槛一说，所有的家庭类型都可以运用保险金信托的工具。

第二，从业务实践来说，保险金信托的门槛往往是要求保额或者总保费达到100万元即可。对于期缴保单来说，总保费100万元其实也不算是什么难事，比如30年交的保单，年交也仅仅是3.33万元，相信绝大部分家庭都是有这个能力的。而保额100万元就更容易了，比如保额为100万元的终身寿险，年交保费可能仅仅需要一两万元甚至是更低。对于定期寿险型的保险金信托，100万元保额的定期寿险，其保费就更低了。因此，保险金信托是非常适合中产家庭的财富管理工具。

5. 保险金信托只是将保险理赔金放入信托，至于购买保险，与信托无关，所以我不需要学习信托，只需要了解保险就可以了。

第一，在保险金信托1.0模式也就是保险金模式下，确实仅仅是保险金进入信托，但财富管理的范畴不应该仅仅局限于保险的配置，也不应该止于保险金的结付，而应该结合各类工具的优缺点，满足客户复杂的财富需求，并且要及于后续保险金合理管理与适用，避免受益人一次性获得保险金以后所带来的诸多负面问题。

第二，在保险金信托2.0模式即现金价值模式下，需要强调基于信托的独立性带来的保险金信托的独立性问题，所以也需要深入了解信托。

第三，学习信托一方面是要夯实自己的专业基础、树立自己的专业形象、构建自己的服务体系、提升自己服务客户的专业能力，让保险营销更高级、更专业。另一方面要以信托之名，补保险的短板，在解决客户各类财富问题的同时，合理地提高保险配置的额度。

6. 客户把钱都做信托，就不会做保险了。

第一，保险和信托都是服务中高净值客户的重要工具，并非对立冲突，而是需要依据不同客户的情况，将这两者有机结合在一起，为客户解决复杂的财富管理问题。

第二，大部分情况下，客户的财富管理需求都是复杂且多样的，单一工具无论是保险还是信托，抑或是其他，都难以全面地解决复杂的财富问题，也不可能适用所有的财富场景，即便通过各个单一工具逐一解决财富问题，也有“头痛医头，脚痛医脚”的局限，而保险金信托就具备从更高的维度去统筹解决客户的各种财富问题的制度基础。

第三，在当下的保险金信托操作实务中，很大一部分大额保单的落地，都有信托功能对于保险功能的补充和延展的促进作用，这从保险金信托业务绝大部分都是从保险端发起也能得到佐证，所以信托的存在非但不会导致客户不做保险，反而是能够以更合理的缘由促进保险额度的提升。

第四，信息化的社会，客户获取信息的渠道非常多元，当客户的需求在我们这得不到满足的时候，他必然会寻找其他的机构，因为害怕丢失保险客户而不敢谈信托的结果反而是更容易丢失客户。

专题二 关于保险金信托价值与特征的异议处理

7. 请用通俗点的语言介绍一下保险金信托的价值。

第一，扬长避短。保险金信托兼具保险和信托的各自所有优点，同时还能够以信托的优点弥补保险的不足，用保险的优点弥补信托的不足。

第二，聚沙成塔。所有家族成员的保单都归入同一个保险金信托，能够最大限度地扩充家族财富规模，即便中产家庭，经过代际之间的累积，也能够让家族在富过三代的基础上，聚沙成塔，构建跨越阶层的财富基础。

第三，细水长流。在保险金信托的合同中，委托人可以对信托利益分配的条件和金额作出非常明确且具体的约定，让信托利益犹如水龙头一样，长长久久且源源不断地向受益人进行分配，从而确保家族成体面的生活。

8. 保险金信托有哪些特征？

第一，保险金信托具有金钟罩的特征。通过信托端独立性的制度优势，实现将财富隔离风险、规避债务的安全效果。

第二，保险金信托具有指挥棒的特征。通过信托端灵活性的制度优势，实现对家人以终为始、积极正向的引领效果。

第三，保险金信托具有聚宝盆的特征。通过保险端杠杆性的制度优势，实现将财富累积规模、放大杠杆的倍增效果。

第四，保险金信托具有水龙头的特征。通过保险端确定性的制度优势，实现对家人细水长流、相伴一生的保障效果。

9. 如何简要地对比保险、保险金信托和家族信托各自的优缺点？

	保险	信托	保险金信托
优势	门槛低 确定性强 保障作用大 能够覆盖一生 杠杆性放大资产	资产独立性 架构灵活性 运用广泛性 需求多样性 时空持续性	1+1＞2
不足	独立性不强 受益分配受限	门槛高 专业性强	1−1=0

10. 如何向客户阐述保险金信托的传承功能?

第一，传承的关键目的有七个：一是让财富为后代所用，二是富过多代，三是有控制力地正向引导，四是保护弱小、防止不法侵害，五是防范挥霍败家、坐吃山空、不思进取，六是避免兄弟阋墙为争产反目，七是筹划甚至是避免未来可能出现的遗产税。

第二，要想实现这些目的，财富规划就必须既要确保有足够的财富，又要能够拥有合理的控制力，还要有合适的机制应对不可预测的一些变化，而能够将既要、又要、还要结合在一起，最优的选择就是保险金信托。

第三，通过保险金信托的配置，可以利用保险的杠杆性和确定性来放大家族财富规模，并且实现每隔一段时间就会有一笔确定的资金进入保险金信托，从而具备实现富过多代的物质基础，而通过信托端跨越家族生命周期的时空安排，可以让富过多代具备制度基础；而通过保险金信托多样化受益条件的安排，可以让财富真正为后代所有，让后代依据事先确定的分配条件，努力达成目标，从而实现对家族成员的正向引导以及正向控制；而且由于财富并不直接掌握在后代手里，也能够有效地避免不法侵害，保护家族中弱小的受益人；定期的分配机制能够有效地避免挥霍败家、坐吃山空，奖惩结合的分配机制也能够最大限度地激励家族成员努力奋斗；由于从保险金信托中受益并非继承遗产的概念，因而能够非常有效地避免为争夺遗产而家人反目成仇的情况；信托制度的独立性也决定了信托财产不属于任何人的财产，更不属于任何人的遗产，因而即便未来国内开征遗产税，也几乎没有这方面的顾虑。

11. 如何区分保险金信托三种模式的不同特征?

第一，保险金信托1.0模式，其结合了保险和信托双重优势，包括灵活设置信托受益人并作私密的安排；灵活设置分配条款分期安排资金给付；避免利益侵占并隔离受益人风险；灵活给付的同时还可以保值增值；保险金信托门槛比较低，更加普惠。

第二，保险金信托2.0模式，除了具备1.0模式下的特征之外，其财富保护功能进一步升级，满足客户资产隔离和定向传承需求，包括避免投保人未来债务导致保单强制；避免投保人未来财务状况恶化保费无法缴纳；

避免投保人婚姻变动产生的保单分割的风险；避免投保人死亡保单现金价值被遗产分割或新投保人变更保险合同受益人的风险。

第三，保险金信托3.0模式，若为信托公司直投下的3.0模式，则其除了具备2.0模式的所有特征之外，还能够对拟购买保单的资金具有更强的保全特征；若为多保单下的3.0模式则其除了具备2.0模式的所有特征之外，还进一步地扩展财富管理边界，真正做到以“家庭”为核心，改变了以往一家保险公司、一个被保险人的保单单独进入一个保险金信托的现状，并且客户可以整体统筹名下的所有保险资产，也可在保险金信托账户内追加现金资产，延续家族掌舵人意志、传承家族财富、凝聚家族精神。

专题三 关于保险金信托设立的异议处理

12. 设立保险金信托一般都会有哪些步骤?

保险金信托的设立，各家公司从程序上来说有细微的差异，而且对于新配置的保单设立保险金信托和将原有保单设立保险金信托，流程上也有细微的差异，以下我们从新配置保单的角度来梳理保险金信托设立的步骤：

第一，确定保险规划，并确认保险金信托意向。

第二，配置保险，过了犹豫期后开始下一步。

第三，尽职调查，采集设立保险金信托的相关信息，包括填写保险金信托基本要素表，相关主体的身份证明及关系证明等。

第四，缴纳保险金信托设立费（若有）。

第五，信托签约并成立，变更保险受益人和/或投保人为信托公司。

第六，保险金进入信托，受托人依照保险金信托合同的约定进行管理。

第七，受托人依据保险金信托合同的约定向受益人分配信托利益。

第八，保险金信托终止。

13. 一个委托人是否可以设立多个保险金信托?

可以，无论是保险金信托还是家族信托，都可以设立多个，在一些复杂且多样化的财富管理目标下或者家庭结构比较负责、家族财富形态多样的情况下，设置多个信托也会有一定的优势。

14. 设立保险金信托的门槛是多少?

保险金信托的门槛依据不同的模式以及不同的机构有所不同。一般而言，保险金信托1.0模式下，门槛一般为不低于100万元，比如年金类保险和增额终身寿险，总保费不低于100万元，定额终身寿险类保险，总保额不低于100万元，也有些机构将此种模式下的门槛定为300万元或者500万元的。

如果是保险金信托2.0模式，则一般要求的是总保费或者总保额不低于500万元，或者总保费或者总保额加上现金资产不低于500万元。也有些机构将此种模式的门槛定为1000万元。

如果是保险金信托3.0的信托直投模式，则一般都要求初始的信托资金不低于1000万元。这个标准在当前的业务实践中，算是比较统一的。

另外，如果委托人想实现更多条款的个性化定制，则无论哪种模式，一般都要求总保费或者总保额不低于1000万元。

15. 在保险金信托2.0模式下，保险金进入信托之前，保单保全操作会产生费用吗？原投保人能不能随时更改受益人？

第一，保险金进入信托之前，保单的保全变更操作是否会收费，取决于保险公司的规定，并不涉及信托端，一般情况下，保险公司都不会对保全变更收取费用。

第二，原投保人要变更受益人，首先需要确认其是想变更保险受益人还是信托受益人，如果是保险受益人，在保险金信托的2.0模式下是不行的，因为此时投保人已经变更为信托公司，所以原投保人已经没有权利变更保单的受益人。若想变更的是信托受益人，则原投保人可以以保险金信托的委托人身份，随时变更信托的受益人。此时变更信托受益人，需要注意两点，一个是在设立保险金信托时是否有签署配偶同意函以及同意函的具体约定，另一个是可能会涉及变更费用的问题，比如有些信托公司可能会收取1万元到3万元不等的变更费用。

16. 保险金信托门槛可以是多张保单，累积保费/保额够了就行吗？是否必须为同一投保人，被保险人有没有要求？如果单张保单先理赔，但理赔金不够100万元，此时是否进入信托管理？

第一，保险金信托的门槛一般来说是看总保费或者总保额，至于是否可以多张保单汇总保费或者保额，需要看具体的信托公司的规定，现在实际操作中有些信托公司是可以通过多张保单汇总总保费或者总保额的方式来设立保险金信托，也就保险金信托3.0模式的一种。

第二，保单汇总设立保险金信托，其必须是同一个投保人，毕竟保险金信托的委托人普遍要求只能是一个人且是投保人，如果有多个投保人的保单，可以先通过变更投保人的方式来实现多张保单进入同一个保险金信托的目的；至于被保险人是否必须为同一人，则还需要看不同公司的具体规定，有些是只能同一个被保险人名下的不同保单，有些是可以不同被保险人名下的不同保单。

第三，如果首单保单的理赔金不够100万元，当然也是可以进入信托的，信托公司依然会按照信托文件的约定管理信托财产，分配信托利益。

17. 在保险金信托业务中，信托成立的审核需要哪些资料？会不会出现保险配置好了但信托却成立不了的情况？

第一，信托成立需要审核的资料包括但不限于：委托人和受益人的身份证明材料、委托人与受益人的身份证明、委托人婚姻证明、若已婚则需提供配偶的身份证明材料，财产申明、财产证明、保险凭证等。

第二，实务中保险金信托的设立一般都是提前与客户确定好，所以当保险配置好了后，除非客户在犹豫期内退保，否则几乎不存在导致保险金信托无法正常成立的其他情形。

18. 设立保险金信托，对于保单权益是否有什么需要特别注意的？

第一，在保险金信托2.0模式下，可以不用附加保费豁免条款，因为2.0模式下的投保人为受托人，而作为法人的受托人不会出现自然人那样的身故或者全残问题，因而保费豁免功能意义不大。当然，也不能说毫无意义，毕竟如果是先投保再变更，存在着一个时间差的问题，如果不幸恰好在投保人变更之前，投保人出现身故或者全残的风险，则保费豁免的价值还是非常大的。只是一般而言，如果确定了要做保险金信托，则需要评估从保单生效到投保人变更大概会经历多长时间，以及在这个时期发生投保人身故或者全残的概率有多大，并结合为此多支付的保费，综合考量。如果说交完首年保费后立即变更投保人，则保费豁免条款着实意义不大。

如果是保险金信托1.0模式，则保费豁免条款的意义更大一些。如果是保险金信托3.0模式的信托直投模式，则保费豁免条款毫无意义。

第二，还需要关注所配置的保险是否还有包含了给与自然人投保人的一些重大权益，比如说某些产品可能会包含了给予投保人入住养老社区的相关权益，而如果将此类保单的投保人变更为受托人，是否会影响到原先投保人的相关权益，则需要事先与相应的保险公司充分沟通。

19. 设立保险金信托，需要注意哪些风险？

第一，注意保险合同终止的风险。在保险金信托架构中，保险相当于是底层资产，如果底层资产因为外部原因而终止，整个架构必然会受影响，因而设立保险金信托之初，就需要特别注意避免导致保险合同终止的因素，尤其是外部因素。

第二，注意投保人先于被保险人身故的风险。在保险金信托1.0模式下，投保人先于被保险人身故，可能会导致两个不利后果，一个是现金价值因被其法定继承人继承而导致保险被终止，二是投保人变更为其他人，与委托人不一致时，导致保险金信托失效。

第三，注意保险现金价值被强制执行的风险。在保险金信托1.0模式下，保险的现金价值依然属于投保人所有，若投保人面临债务，可能会波及保单。

第四，注意信托架构被击穿的风险。若委托人是受益人之一甚至是唯一受益人，或者委托人保留了对于保险金信托过多的控制力，则可能导致后续保险金信托被委托人的配偶、继承人、债权人等“击穿”。

20. 设立保险金信托，需要采集当事人的哪些信息？

第一，关于委托人的相关信息，包括：

（1）身份证明信息，如身份证、护照等。

（2）财产信息。保险合同及后期保全变更批单原件；若交付现金类资产，提供超过其拟委托财产金额的资产证明文件，包括但不限于银行流水（≥15天）、存款证明、财产权属证明、理财证明、完税证明等，如为共有财产，提供共有人身份证明材料（身份证、护照等）。

（3）婚姻信息，如为已婚，提供结婚证/户口本，并签署《配偶同意函》；如配偶不能签字，则须提供相关婚前/婚内财产协议，赠与协议或者其他文件以证明委托的财产属于个人单独所有财产；如为离异/丧偶，提供离婚/丧偶证明文件；如未婚，则须签署《单身承诺函》。

第二，关于受益人的相关信息，包括：

（1）身份证明材料，身份证、护照、户口本等。

（2）信托利益分配银行卡信息。

（3）受益人与委托人关系证明材料，包括但不限于结婚证、户口本、出生证明、公证书以及相关国家机构出具的关系证明等。

第三，其他信托参与人，如被保险人（投保人与被保险人不一致时）、监察人、被授权人等，需提供身份证明材料及银行卡等。

专题四 关于委托人的异议处理

21. 保险金信托的委托人有什么资格要求？是否可以为外籍人士？

第一，依据《信托法》的规定，委托人应当是具有完全民事行为能力的自然人、法人或者非法人组织，所以其主体资格要求是必须是具有完全民事行为能力，对于不具备完全民事行为能力的，不能成为委托人。因此，只要该外籍人士具备完全民事行为能力，就具备成为保险金信托委托人的基础。

第二，从实务角度来说，外籍人士能否成为保险金信托的委托人，需要结合信托公司和保险公司各自的规定来分析，比如外籍人士是否可以作为投保人投保能否进入保险金信托的保险产品等，目前实务中的处理基本都是一事一议。

22. 不同投保人的保单能否进入同一个保险金信托？

第一，法理上是不可以，因为设立信托的基本要求就是委托人将自己合法拥有的财产或者财产权委托给受托人，而不同投保人的保单，属于不同投保人的财产，因而不符合设立信托的基本要求。

第二，实操中的通行做法是，将不同投保人的保单变更到同一个投保人的名下，再设立保险金信托，此时要考量的就是两个因素，一是所配置的保险能否变更投保人或者说能否变更为指定的人，二是信托公司是否能够接受多张保单进入同一个保险金信托。

第三，从当前的信托业务实践来看，能够实现多委托人的信托类型，也只有自益型的集合理财信托计划，以及依据《信托业务分类通知》设立的家族信托、家庭服务信托和特殊需要信托，集合理财信托计划前者由于是自益信托，因而对于委托人之间的关系并没有明确的要求，只需要各自满足合格投资者要求即可。而家族信托和家庭服务信托由于既可以是自益也可以是他益，因而对委托人之间的关系有一定的要求，家族信托和特殊需要信托如果有多名委托人，委托人之间必须是亲属关系，家庭服务信托如果有多名委托人，委托人之间必须是家庭成员的关系。

按照《民法典》的规定，亲属包含配偶、血亲和姻亲，配偶、父母、子女、兄弟姐妹、祖父母、外祖父母、孙子女、外孙子女为近亲属，配偶、父母、子女和其他共同生活的近亲属为家庭成员。因此可见，亲属的范围要大于近亲属，近亲属的范围要大于家庭成员。

23. 委托人设立保险金信托后，又写了有效的遗嘱，如果遗嘱内容与保险金信托约定的内容有冲突，该怎么办？

首先需要确认委托人后面写的遗嘱在哪些方面与保险金信托是冲突的，需要针对具体情况进行分析。比如以遗嘱的方式变更保险受益人的内容，如果委托人还同时是被保险人，此时无论是在保险金信托的1.0模式还是2.0模式下，基本都是以遗嘱内容为准。而如果委托人不是被保险人，则在保险金信托1.0模式下，若该遗嘱获得了被保险人的同意，则以遗嘱内容为准，若没有则以保险金信托为准，而在保险金信托的2.0模式下，由于委托人已经不再是保险的当事人，其无权变更保险受益人，因此以保险金信托的内容为准。

24. 在保险金信托业务中，如果投保人先于被保险人身故，是否会影响保险金信托的后续运作？

第一，从保险的角度来说，当投保人先于被保险人去世，保单的现金价值作为投保人的遗产，由投保人的法定继承人继承。实务中也有些保险产品会有第二顺位投保人的条款，但是需要注意的是，第二顺位投保人的设置能够避免复杂的继承手续，甚至是避免不必要的继承纠纷，但是如果原投保人有债务问题或者届时有遗产税，则第二顺位投保人的设置不能当然地规避原投保人的这些问题，因为设置第二顺位投保人从逻辑上来说相当于是原投保人订立的遗嘱，在其身故后指定继承人继承其保单财产。

第二，从保险金信托角度来说，在1.0模式下，如果保险的投保人变更为第二顺位投保人，此时相当于保险的财产性权利归属于非委托人的其他人，因而对于保险金信托的成立构成了实质性的变化，可能导致保险金信托终止。毕竟成立信托的基础是委托人将自己合法拥有的财产或者财产权设立信托，而当保险的投保人与保险金信托的委托人不一致的时候，显然就违背了信托的这一基本要求。当然，如果此时保费已经交完了，即便投保人先身故，由于并不会从实质上影响保单的效力，不变更投保人对于保单来说亦不会有什么实质性的影响，因而实务中可以采取不设置第二顺位投保人或者不变更投保人的方式，保持保单的原状不变，继而保持保险金信托的稳定性。

第三，如果是保险金信托2.0模式，此时由于保险的投保人已经变更为信托公司，原投保人理论上来说是与保险金信托毫无关系的第三人，其身故与否都不影响保险金信托的后续运作。当然，由于投保人与委托人是同一个主体，投保人身故意味着委托人也已经身故，从信托端来说，对于保险金信托的监督、执行可能会更为严格一些。

25. 哪些类型的家庭需要设立保险金信托？

第一，资产有限但责任较重的家庭。

第二，财富有限但想富过三代的家庭。

第三，有非完全民事行为能力人的家庭。

第四，想要创业但本金有限的家庭。

第五，夫妻一方赚钱一方顾家的家庭。

第六，照顾子女但更关爱孙子女的家庭。

第七，有过辉煌但压力不小的企业主家庭。

第八，不愿意接班但有自己兴趣的“二代”家庭。

第九，收入很高但不稳定的家庭。

第十，其他配置了额度较高保单的家庭。

专题五 关于受托人的异议处理

26. 如何挑选保险金信托的受托人？

第一，从业务逻辑上来说，由于保险金信托并不会因为信托公司的破产而影响其信托的独立性和有效性，所以一般情况下，选择哪家信托公司作为受托人影响并没有那么大，而作为一项营业信托，其受托人只需要满足获得国务院授予的业务牌照即可，因此，所有有信托牌照的信托公司，都可以成为保险金信托的受托人。

第二，从业务实操来说，一般而言，不同机构推出的保险金信托业务，其受托人往往都是比较明确的或者固定的，比如有些可能只与一家信托公司合作，有些可能会针对不同类型的产品与不同的信托公司合作，因而，大部分时候，保险金信托业务能够自由选择受托人的空间并不是很大。

第三，从专业分析的角度来说，挑选哪个信托公司成为保险金信托的受托人，除了要考查信托公司的综合实力，比如股东背景、注册资本金、管理规模等，更重要的是，也要着重评估该信托公司是否有做保险金信托或者家族信托的战略重心，是否配置有合格的信托团队管理信托，以及是否能够允许对信托架构和信托合同进行个性化的约定以满足客户多样化的需求，是否允许外部投资顾问对于信托财产进行管理等。

27. 设立保险金信托后，若信托公司出现违约，该怎么办？尤其是委托人身故后，受益人该如何保护自己的合法权益？

第一，保险金信托属于民事法律范畴，若信托公司违约，则信托当事人或者利害关系人可以请求人民法院解除合同并要求支付违约金，造成损失的，还可以请求赔偿。

第二，《信托法》中明确规定了信托公司违约或者违规，造成信托财产损失，应当承担赔偿责任。比如受托人将信托财产转为其固有财产的，必须恢复该信托财产的原状，如果因此而造成信托财产损失的，应当承担赔偿责任。而如果受托人违反信托文件的约定，将其固有财产与信托财产进行交易或者将不同委托人的信托财产进行相互交易，并造成信托财产损失的，也应当承担赔偿责任。信托公司如果利用信托财产为自己谋取信托合同约定以外的利益，所得利益归入信托财产。

第三，为了防范委托人身故后，受益人利益因信托公司的违约而受损，一方面可以在信托合同中明确约定给予受益人相应的权利，尤其是信托的知情权，另一方面也可以设立保护人机制，由保护人代为行使委托人的部分或者全部权利，用以监督信托公司的行为，保护受益人的合法权益。

28. 如果受托人挪用信托财产怎么办?

第一，信托法明确规定了受托人违规履职时的赔偿责任，如果受托人挪用信托财产造成损失的，委托人或者受益人可以要求受托人赔偿。

第二，受托人除依照信托文件的规定取得报酬外，不得利用信托财产为自己谋取利益。受托人利用信托财产为自己谋取利益的，所得利益归入信托财产，其中当然就包括因挪用信托财产为自己谋取的利益。

第三，受托人不得将信托财产转为其固有财产。受托人将信托财产转为其固有财产的，必须恢复该信托财产的原状；造成信托财产损失的，应当承担赔偿责任。

第四，受托人不得将其固有财产与信托财产进行交易或者将不同委托人的信托财产进行相互交易，但信托文件另有规定或者经委托人或者（信托）受益人同意，并以公平的市场价格进行交易的除外。

第五，受托人挪用信托财产，即便没有造成损失，也由于受托人违背了基本的信托义务，委托人或者受益人可以更改受托人。

第六，委托人还可以在信托文件中约定信托财产的投资管理模式和权限，以最大限度地避免受托人以投资管理之名挪用信托财产。

第七，委托人或者受益人可以依据信托文件约定的方式，定期要求受托人披露信托财产的运作情况，对于有条件的受托人，委托人或者受益人还可以自行登录系统查询信托财产运作情况，防范受托人的挪用。

29. 受托人管理信托财产有违法或重大过失可以解任受托人，什么情况算是重大过失？

目前法律并没有对重大过失作明确的界定，一般来说对于那些可以被预见的不利后果，但行为人存有侥幸心理或者轻信自己可以避免，从而导致损害发生的过失，就叫重大过失，它与一般过失不同，一般过失侧重的是无法预计自己的行为将产生何种后果，而重大过失在于明知有不利后果，因存侥幸心理而没能避免，一般过失一般不负法律上的责任，重大过失往往都需要承担相应的责任。

30. 保险金信托的受托人是否可以解任，以及谁有权限解任受托人，是委托人还是受益人？家族能否做保险金信托的委托人？当委托人身故后，受益人是否可以变更受益人？

第一，从法理上来说，保险金信托的受托人是可以更改的，既包括信托文件约定的更改，也包括法定事由的更改，但在实务中，一般不允许通过信托文件约定的方式来更改受托人。

第二，至于谁有权限更改受托人，《信托法》有明文规定，若受托人违反信托目的处分信托财产或者管理运用、处分信托财产有重大过失的，则委托人或者受益人均可以按照信托文件的规定解任受托人，或者申请人民法院解任受托人。

第三，信托法明确规定，委托人应当是具有完全民事行为能力的自然人、法人或者非法人组织。家族既不是自然人概念，也不具备法人资格，也不属于非法人组织，所以家族不能作为保险金信托的委托人。

第四，虽然法律并没有明文规定受益人是否可以变更受益人，视信托合同而定，如果信托合同约定了，按照约定执行，如果没有约定，一般是不允许的，相当于变更受益人的受益人，对该变更了的受益人或者其他共同受益人有重大侵权行为，而这样的行为属于委托人可以变更受益人或者处分受益人的信托受益权的情形之一，所以一般来说，如果信托文件没有明文规定，受益人是不能变更受益人。

31. 如果信托公司破产倒闭，在此信托公司设立的保险金信托怎么处理，是由其他公司承接吗？

第一，《信托法》明确规定了信托财产独立于受托人，即信托财产与属于受托人所有的财产相区别，不得归入受托人的固有财产或者成为固有财产的一部分。受托人死亡或者依法解散、被依法撤销、被宣告破产而终止，信托财产不属于其遗产或者清算财产。因此，即便信托公司破产倒闭了，信托财产也不受影响，保险金信托也是安全的。

第二，《信托法》中还明确规定了受托人职责终止时信托的处理办法，无论是因破产倒闭的职责终止，还是因为解散清算的职责终止，抑或是因为主动辞任的职责终止，首先需要依照信托文件规定来选任新受托人，如果信托文件未规定的，由委托人选任；委托人不指定或者无能力指定的，由受益人选任；受益人为无民事行为能力人或者限制民事行为能力人的，依法由其监护人代行选任新的受托人。因此，无论信托合同有没有约定，也无论受托人是因何种原因职责终止，哪怕是其破产倒闭了，法律也会保护保险金信托的安全。

第三，若信托公司倒闭时，保险金已经进入信托，此时还需要分析信托财产的具体管理模式和投资方式，若信托财产投资了该信托公司传统的理财型信托产品，而不巧该信托产品又发生了兑付问题，此时保险金信托由于信托财产无法及时回笼而面临流动性风险，并且可能会在变更新的受托人的程序上出现一些麻烦。而若信托财产并未投资此类风险项目，比如仅作为银行存款存放于银行，或者购买了公募基金等，则保险金信托财产不受信托公司破产的影响，变更新的受托人也会容易得多。

第四，从业务实践角度来说，一般都会在保险金信托的合同中约定受托人变更的具体情形、条件以及程序，比如有些保险金信托合同中会约定“受托人变更时，新受托人由委托人选任或依法根据监管部门的有关规定确定”。

所以为了预防受托人倒闭对保险金信托以及家族信托的影响，在设立保险金信托或者家族信托的时候，除了需要在合同里面做好相应的约定，还应该尽量保留信托财产管理的权限，或者将信托财产的管理权限授权给其他信得过的机构。

专题六 关于受益人及受益权的异议处理

32. 爷爷投保人寿保险后设立保险金信托，受益人是未成年孙子，受益金不想被孙子的监护人控制，是否可以？

第一，要区分该受益金是指保险受益金还是信托受益金，若是保险受益金，则完全没有这方面的顾虑，因为保险的受益人为信托，进入信托之后，保险金名义上是属于受托人所有，受托人再按照信托合同的约定，对受益人的利益进行管理和处分。

第二，若是信托受益金，是否会被其监护人控制，一方面要看在支付受益金时，受益人是否已经成年或者是否为完全民事行为能力人，若受益人是未成年人或者为非完全民事行为能力人，则分配给他的受益金从民法的角度来说是由其监护人实际控制，一定程度上存在监护人侵害被监护人合法权益的可能；另一方面也要看信托文件中是否有其他架构的设计，比如是否存在代支付设计等，若有代支付设计，则受益金可以由信托公司直接支付到受益人相关的消费项目。

第三，从结论上来说，保险金信托是完全可以满足客户的此类需求，并且还可以更为灵活地约定对于受益金的给付条件和方式，以满足客户在这方面的不同需求。

33. 客户设立保险金信托后，受益人是否可以将受益权进行抵债？他从保险金信托中获得的信托利益是否可以被债权人追索？

第一，从法理上来说，受益人是可以用信托受益权进行抵债的，但如果信托文件明文禁止该行为，则受益人无权用信托财产抵偿其债务。因此，若要让保险金信托实现独立于受益人的效果，则必须在信托文件中明确规定禁止受益人将信托财产用于清偿债务，也不得将受益权进行转让或者继承。

第二，对于已经获得的信托利益，即保险金信托已经向受益人分配了该信托利益，由于其已经属于受益人自己的责任财产，因此从信托层面无法帮他再作隔离，存在被债权人追索的可能。

34. 委托人是否可以在保险金信托合同中限制受益人领取信托利益的条件？以及由谁来监督是否满足领取条件？

第一，委托人可以在保险金信托合同中对受益人领取信托利益作任何个性化的约定，包括积极的奖励性约定以及消极的限制性约定，前提只有一个，即符合法律的规定。比如受益人需年满25周岁，方能按月领取一定的受益金。

第二，具体由谁来监督受益人是否满足领取受益金的条件，主要还是看信托文件的约定，既可以约定由委托人自己监督，也可以约定由受托人审核，还可以约定由外部的第三人审核，如果是后两种形式，则委托人还需要进一步考虑未来的执行问题，比如该监督人是否会怠于履职以至于损害受益人的合法权益。

35. 信托受益人可以是具体的，也可以是确定的范围，如何理解？机构或法人可以做信托受益人吗？慈善组织能否成为受益人？

第一，信托法明确规定，信托受益人可以是确定的人，也可以是确定的范围，对个人来说，并不需要其是否具备完全民事行为能力，只要是存在即可。对范围来说，只需要通过事先确定的条件能够确定即可，举例来说，朋友是个难以确定的范围，所以朋友不能成为受益人，但朋友张三、李四因是具体的人，所以能够成为受益人，而如果这个范围是委托人的直系后代，因可以通过DNA鉴定的方式来确定谁是直系后代，因此可以成为受益人。

第二，机构或者法人也可以成为信托受益人，信托法明文规定，受益人可以是自然人、法人或者非法人组织。自然人和法人都好理解，非法人组织包括哪些呢？按照《民法典》的规定，非法人组织包括个人独资企业、合伙企业、不具有法人资格的专业服务机构等。因此以上机构都可以成为信托的受益人，只是在实务中几乎没有这类组织成为受益人的操作。

第三，慈善组织也可以成为保险金信托的受益人，这对于实现家族公益和私益相结合的信托目的，具有重要的价值，实践中我们也为客户搭建过此等双重信托架构，来实现两者的结合。

第四，无论想设立哪个主体来当受益人，在实践中各家信托公司更多地是从“三反”（反洗钱、反恐怖融资、反逃税）角度对受益人身份有规定，避免委托人借助信托的外衣进行违法犯罪活动。相关规定有国务院办公厅2017年发布的《关于完善反洗钱、反恐怖融资、反逃税监管体制机制的意见》，以及中国人民银行、中国银保监会、中国证监会2022年联合发布的《金融机构客户尽职调查和客户身份资料及交易记录保存管理办法》。

36. 非婚子女可以成为保险金信托的受益人吗?

非婚生子女无论从哪个角度来讲，都不涉及“三反”的问题，因此，只要能够提供相关的亲子证明，非婚生子女是可以成为信托受益人的。当然，从业务实践来说，就还需要结合信托财产的来源、设立保险金信托时是否有配偶同意函以及该同意函具体的约定情况，毕竟很难有配偶会愿意用属于自己的财产去抚养对方的非婚生孩子。

37. 朋友或者知己能否成为保险金信托受益人?

朋友或者知己能否成为受益人，在实务中并没有一个明确的规定，一般情况下是不能成为受益人的，但也有个别信托公司在经过严格审查后，确定没有相关的“三反”问题，也是可以的，但需要注意三个方面的问题：一是此等需求需要与信托公司进行深入的协商，二是委托人所提交的证据材料需要经过信托公司的严格审核，三是后续相关的风险由委托人或者受益人自行承担。

例如，如果张三想以好朋友李四为受益人设立保险金信托，但张三有配偶或者子女或者父母，或者其他家庭成员，则从社会的一般视角来说，自己的财产不留给家里人而留给外人，有点不符合常理，因此信托公司可能会拒绝，但若经严格审查后发现张三并无任何三代以内的亲属，那么他将自己的财产以保险金信托的方式或者其他方式留给身边的朋友或者知己，则具有很大的合理性，个别信托公司还是有机会进行相关操作的。

38. 动植物能否成为保险金信托的受益人?

第一，动植物由于其既不属于自然人、法人范畴，也不属于非法人组织，因此其不能成为受益人。

第二，按照国外信托的实践，虽然动植物一般也不能直接成为受益人，但可以将信托目的设置为照顾动植物。

39. 外籍人士是否可以成为境内保险金信托或者家族信托的受益人？若可以，其获得的信托受益金如何出境？

第一，从法理上来说，《信托法》对此并没有限制性的规定，并且只要其不存在“三反”问题，那么就具备成为信托受益人的前提。

第二，从业务实践来看，各家信托公司出于对风险控制与合规要求的考量，对于外籍人士尤其是美国籍人士作为保险金信托或者家族信托的受益人，都会或多或少有所限制，比如必须要求委托人为中国人，或者信托的期限只能到委托人身故，也有的信托公司可能会要求委托人提供由全球知名或者信托公司认可的税务师事务所或者律师事务所出具的相关税务意见或者法律意见。

第三，近年来，针对外籍人作为家族信托的受益人也有不少实践案例，比如针对美国籍受益人的FGT信托，针对加拿大籍受益人的祖母信托，都是为了平衡国内监管与受益人所在国法税规定，尽量规避受托人、委托人和受益人当下及未来的涉税风险。

第四，境内保险金信托或者家族信托利益分配给外籍受益人后，其资金出境问题，在当前是比较复杂的，并没有法律对此有直接的规定。实践中，各家信托公司的通行做法都是要求外籍受益人在境内银行开立人民币账户，用于接收人民币，至于后面的资金出境问题，则与保险金信托或者家族信托无关，纯粹是受益人个人的事情。此时，受益人通常有两种方式，一种是将信托分配财产以人民币形式存在境内所开立的人民币账户内；另一种为按照我国外汇管理相关法律法规的规定，自行以“境外个人经常项目合法人民币收入”的名义换汇出境。

40. 保险金信托如果有多个受益人，其中一个受益人要去查询这份保险金信托的内容和其他受益人，是否可以？

第一，如果信托文件中明文规定了允许其查询或者信托文件并没有对此有约定，则受益人对信托事务享有知情权，可以查询这份信托的相关内容。若是信托文件有禁止性规定，则受益人无权查阅相关内容，但是如果有证据表明受托人存在违背信托目的处分信托财产或者在管理信托财产过程中有重大过失，那么受益人可以向法院申请要求查询信托相关信息，甚至可以解任受托人，这是《信托法》给予委托人和受益人的法定权利。

第二，委托人可以在保险金信托合同中对受益人的知情权范围和时限做个性化的约定，比如受益人仅能知晓自己的受益情况，或者受益人的知情权始于35周岁等。

41. 保险金信托设立后，是否可以修改受益人或者受益权，是否可以增加或者删除受益人？

第一，若委托人还在，则委托人原则上是可以修改受益人或者受益权的，也可以依据具体情况增加或者删除受益人，只是不同的信托公司对此可能会有不同的要求。

第二，若委托人不在了，则需要看保险金信托合同的具体规定。比如委托人可以在信托合同中约定直系血亲后代成为受益人，则受托人可以依据相关证明将符合要求的人增加为受益人，或者将不符合要求的人，取消其受益人资格。

第三，委托人也可以在信托合同中约定由保护人结合信托目的，来修改受益人或者受益权，增加或者删除受益人。

42. 在保险金信托中可以设置多少个受益人？

第一，从法理上来说，设置多少受益人都是可以的，法律对此并无任何限制性的规定。

第二，从实务上来说，信托公司一般会结合保险金信托的规模，来设置免费的受益人人数，超过一定的人数，由于信托公司未来的工作量会有所增加，可能就会需要额外支付一些费用。

专题七 关于信托财产的异议处理

43. 保单红利不确定的分红型终身寿险，算是“确定性”的信托资产吗？

第一，无论什么类型的终身寿险，在其设立保险金信托之时，都会有一个确定的现金价值、确定的保费或者确定的保额，以此为初始的信托财产，符合设立信托之时必须有确定的信托财产的法定要求。

第二，至于后续因为分红而递增的保额，可以理解为信托财产的增值。而即便因为部分领取或者减额交清保费而导致保额减少，也可以理解为信托财产因分配或者亏损而减少，并不影响信托的效力，直到保额为零，信托财产因耗尽而终止。

44. 如果客户做了保险金信托1.0模式，后面想将部分资金或金融产品放进信托，是否可以？

第一，从法理上来说是没有问题，这相当于委托人追加信托财产，完全符合信托的相关法律规定。但需要明确两点：一是该资金或者金融产品是委托人个人合法拥有并且是可以自由流通的财产；二是该金融产品的变更符合管理人以及信托公司的相关要求。

第二，从实操的角度来说，还需要结合各家保险公司和信托公司的合作模式，比如在部分机构推出的保险金信托1.0模式，由于保险金进入信托账户的周期很长，甚至最终都有可能没有保险金进入，因此可能存在保险金信托虽然成立，但并没有在成立的第一时间开立信托专户，因此其他资金或者金融产品也就无法进入这个状态下的保险金信托。

45. 什么样的保险产品适合做成保险金信托？

第一，从原则上来说，看客户需求，依据客户需求来构建保险金信托架构和内容。

第二，从理论上来说，所有的保险产品都可以进信托，不存在制度或者法理上的障碍。

第三，从实务操作上来说，当前的保险金信托主要是以终身寿险和年金险为主，定期寿险目前实务中也有探索并有零星的落地，健康类的一般不适合放入信托。

46. 保险金信托成立后保险金进入信托前，如果发生保单失效、投保人停缴保费、减保或者降低保额等，保险金信托是否有效？

第一，若保单失效，而保险金信托中又没有其他信托财产，则保险金信托因没有信托财产而无效。

第二，若是因投保人停缴保费、减保或者降低保额等导致保险财产性权益下降，则主要看下降后的保险财产性权益是否满足设立保险金信托的最低门槛要求，并结合信托公司对保险金信托业务的具体规定，有些信托公司可能会因保险财产低于设立保险金信托的最低门槛而终止保险金信托，有些信托公司也有可能会要求委托人追加信托财产。

第三，实务中，大部分信托公司都会要求投保人要么将保费都交完了再做保险金信托，要么将续期保费放入到保险金信托中，成为信托财产的一部分，从而尽量避免上述情况的发生。

47. 保险金信托设立后，是否可以追加其他财产进入该保险金信托？

第一，从原则上来说，只要是属于委托人所有的可以自由流通的合法财产，都可以追加到保险金信托中。

第二，从业务实践来说，保险金信托能否再装入其他财产，需要看各家信托公司自己的规定，大部分信托公司在当前的业务中都是无法操作的，但也有部分信托公司可以。

第三，由于不同财产在交易和转让的流程、税费等方面有所不同，因而其成为信托财产，就会有效力和成本的双重问题，信托公司不仅需要审核，委托人对此也需要评估。

举例来说，信托财产的过户在当前的信托法税环境中往往被认定为交易性过户，因而面临比较大的税务成本，比如房产进入保险金信托，视同于委托人将房产卖给信托公司，因而需要缴纳契税以及个人所得税，而信托公司持有房产时，每年还会产生房产税。

48.《信托法》规定了设立信托需要登记，保险金信托是否需要登记?

第一,《信托法》关于信托需要登记的具体规定是：设立信托，对于信托财产，有关法律、行政法规规定应当办理登记手续的，应当依法办理信托登记。未依照前款规定办理信托登记的，应当补办登记手续；不补办的，该信托不产生效力。这里面包含了两个层面的意思：一是依据法律、行政法规规定需要办理登记的信托财产，才需要办理登记，而对于不需办理登记的信托财产，则可以不用登记。二是需要办理登记而没有及时办理登记的信托财产，可以补办，只有在不补办的情况下，信托才不产生效力。

第二，保险金信托的信托财产是保单，而保单在当前的法律环境中，并不需要进行特别的登记，因而设立保险金信托，并不需要对该信托进行特别的登记，也能够产生效力。

49. 不同保险公司的保单能否装入到同一个保险金信托之中?

第一，从法理上来说，只要是委托人合法拥有的财产或者财产权利，都是可以放到保险金信托之中的，而不同保险公司的保单，显然都属于投保人的财产，因而不同保险公司的保单放入到同一个保险金信托之中并没有制度上的障碍，这也是前面所分析的保险金信托3.0模式中的多保单模式。

第二，从实务上来说，当前有少部分机构已经可以实现这一操作，不过主要是以银行、信托公司或者保险经纪公司为主，保险主体公司主动发起的目前相对比较少，关键原因在于需要出面协调不同的保险公司与同一家信托公司签署合作协议，由保险公司出面，难度比其他市场主体相对来说要大一些。

专题八 关于保护人的异议处理

50. 什么是信托的保护人？保险金信托是否可以设置保护人？

第一，所谓保护人，是为维护信托受益人的合法权益，而以自己的名义，监督受托人，或者当信托事务面临一些信托合同并未触及的事情时，为信托提出建议或者修改的人或者组织。

第二，我国《信托法》，只要求公益信托必须设置监察人，但对于包括保险金信托在内的非公益信托，则没有明确的规定，但保险金信托作为一项民事法律行为，其遵循民意自治的原则，因此只要双方约定一致，是可以设置保护人的。

第三，保险金信托往往都有着跨越生命周期的时空安排，站在委托人的视角来看，如何能够确保受托人按照自己制定的信托文件来管理信托事务、履行相应的职责与义务？当受托人不能、不愿或者怠于履职时，尤其是当委托人身故后，谁来对受托人的信托行为进行监督？如果家族未来出现一些无法预料的变化，又如何能够让自己设立的家族信托对后代发挥应有的作用与价值？而这些顾虑都可以在保护人层面得以有效解决。

51. 保护人设定有什么条件？

第一，无论是公益信托还是私益信托，对于保护人或者监察人，法律都没有规定具体的设定条件以及职责范围，因此，在保险金信托架构中，保护人的设定条件以及权利义务、职责范围等，都可以由委托人事先在信托合同中进行约定。

第二，从实务角度来说，当前大部分保险金信托都没有设置保护人制度，毕竟保护人的核心职能之一就是监督受托人，保护受益人，因此信托公司一般不会主动为客户设置保护人制度。

第三，若委托人想要在保险金信托架构中设立保护人，其人选范围应该至少满足三个基本要求：首先，委托人对其有足够的信任，该信任甚至是要强于对受托人的信任；其次，保护人要能够忠于委托人以及受益人，尤其是在委托人身故后，要为了受益人的合法利益而监督受托人；最后，要有足够的履职能力，能够对受托人处理的信托事务有辨别能力，能够发挥监督者的作用。

52. 保护人能够行使哪些职责或者权利？

第一，从法理上来说，《信托法》中仅对公益信托监察人作了比较宽泛的规定，即信托监察人有权以自己的名义，为维护受益人的利益，提起诉讼或者实施其他法律行为。而对于包含保险金信托在内的非公益信托，则没有具体的规定，因而其职责范围亦可以由当事双方协商确定。

第二，从原理上来说，保护人的具体职责或者权利，是由委托人进行授权，并在信托合同中进行明确的约定。

第三，从实务角度来说，保护人的职责或者权利主要包括以下五个类型：

（1）对保险金信托的受托人情况进行日常监督。在保险金信托运行当中，如受托人在行使权利、履行义务的过程中违反信托目的，或对信托财产的管理或处分有重大过失，则保护人在信托文件约定的权利范围内，可以对受托人进行解任、变更或诉讼。

（2）对信托的管理运行情况进行监督。依据委托人的授权，保护人对信托财产的日常管理状况拥有知情权，可依据需要了解信托财产的管理、运用和收支情况，对信托账户进行查阅、抄录等。

（3）调整受益人和受益权。当保险金信托在运行中出现了不可预见或无法满足信托目的的情形，在委托人的授权下，保护人认为有必要调整的，可以对受益人和受益权进行调整。

（4）指认继任保护人。依据保险金信托文件的规定，若保护人认为自己不再适合担任该保险金信托的保护人时，可以向受托人提出指定新的保护人，以保障保险金信托的有序运行。

（5）委托人赋予的其他权利。为更好地实现信托目的，委托人可以依据具体情况赋予保护人不同的职责和权利，比如如果保险金信托结构中有投资顾问的角色，则可以赋予保护人对投资顾问相应的监管职权等。

53. 如何设置保护人?

第一，要明确保护人的职权范围。设立保护人时，既要赋予其足够的权利，以保障信托的长期稳定运行，使其对受托人形成制衡，防止受托人"失控"，也要考虑对保护人的权利进行一定的限制，防范保护人的道德风险，避免出现委托人离世后，保护人因权利过大而任意修改信托条款，违背委托人的意愿，做出有损受益人权益的行为。比如2021年被广泛热议的某制药海外家族信托案，一定程度上来说，也有着作为保护人的律师，侵吞委托人遗产、损害受益人合法权益的嫌疑。

第二，要明确保护人的人选范围。在境内家族信托的实践中，保护人多为委托人或受益人的直系亲属，与受益人存在利害关系，这种考虑更多是因为直系亲属更会为了受益人的利益而尽职尽责地履行保护人的职责。但这样的安排也可能存在一定的问题，如家庭成员中存在内部矛盾、保护人与多名受益人中的某一位或某几位存在利益勾结或冲突等，致使保护人不能公平公正地行使其权利，做出损害部分受益人利益的行为。因此，在设立保护人时，尤其是当信托存在多名受益人的情况下，委托人更应该理智地选择保护人，尽量选择与受益人不存在利害关系，或人品正直、在出现矛盾或纠纷时能够一碗水端平的人，保证信托的公平性。事实上，保护人的人选并不限于委托人的家族范围之内，委托人也可以选择信得过的朋友，或专业人士如律师、税务师等具有较高专业能力且有强监管的人员，或者是具有一定社会名望的人员。

第三，要明确保护人的数量和顺序。同一保险金信托可以设置一名或多名保护人，也可以设置多顺位的保护人。需要注意的是，同一顺位存在多名保护人的情况下，若保护人之间意见相左，可能会导致信托决策无法执行或有损信托利益的情况发生。因此，委托人可以考虑在同一顺位仅设置一名保护人，或设置在同一顺位保护人的数量为奇数，这样即使各位保护人之间出现分歧，亦可通过投票进行决定。当然，委托人设立保护人后，如果发现其无法胜任该角色，也可以向受托人提出变更，选择更为合适的人选。

54. 有没有比较成功的保护人设定的案例?

香港演员沈殿霞的家族信托，是目前广为流传的比较知名的保护人设定的成功案例。

沈殿霞虽然已经离世16年，但其对于独生女儿郑欣宜的爱却从未离开过，其为女儿设立的家族信托也成为资产保护和财富传承的经典案例。

沈殿霞身故时，其独生女儿只有20岁，没有对资产的投资管理经验，更容易被有心人哄骗。为了能够让女儿的生活得到保障，同时对女儿的行为进行引导，沈殿霞将自己名下的资产悉数装入了家族信托，信托的唯一受益人就是女儿。

家族信托规定，郑欣宜每个月只能从信托中提取2万港元作为生活费，直到她35岁时才可以动用信托中的本金；当她结婚时，可以领取一笔关爱金。

比上述受益安排更为关键的是，沈殿霞为家族信托设置了监察人（即保护人），当她去世后，女儿如需要运用信托内的资产，则必须要通过监察人的批准，而首选的监察人就是郑欣宜的生父、沈殿霞的前夫郑少秋，其他的监察人还包括陈淑芬、沈殿霞的大姐和好友张彻太太。

据悉，沈殿霞去世没多久，郑欣宜就卖掉了沈殿霞留给她的豪宅，套现1500万港元，并将这笔资金很快就挥霍一空了，好在另外的6000万港元的遗产都在信托中，郑欣宜每月只能领取2万港元生活费。如果没有信托安排，这笔6000万港元的遗产恐怕早就被花光或者被骗光了。如果没有监察人的安排，或许郑欣宜也会像梅艳芳的妈妈那样，与受托人打起争夺信托财产的官司。

专题九 关于保险金信托运作的异议处理

55. 保险金进入信托之后，如何了解信托运行情况？

第一，在信托文件中一般会规定受托人需要定期向有权限的信托当事人披露信托的运作情况，比如季度运作报告或者年度运作报告，包括信托事务和信托财产等内容。有权限的信托当事人也可以依据信托文件的规定随时要求信托公司进行相关信息的披露，不过这种临时性的信托披露报告，可能存在费用，一般会在信托合同中进行约定。

第二，实践中也有部分信托公司建立了线上系统，有权限的信托当事人可以通过线上方式实时查询信托财产的运行情况。

56. 信托公司是否会给委托人出具管理报告？

第一，一般来说信托公司会定期向委托人、受益人或者委托人指定的第三人出具信托的管理报告或者信托财产的管理与分配报告，也可以依照委托人、受益人或者委托人指定的第三人的申请，不定期地提供相关报告。

第二，当信托终止时，受托人应当作出处理信托事务的清算报告。受益人或者信托财产的权利归属人对清算报告无异议的，受托人就清算报告所列事项解除责任。

57. 在保险金信托业务中，当被保险人身故后，由谁来进行保险金的理赔申请？

第一，按照保险的规定，被保险人身故后，若保单有指定受益人，则由保单的指定受益人来提出理赔申请，一般需要的材料包含：保险合同、申请人的有效证件、指定受益人的银行账户、相关死亡证明、火化证、户口注销证明等。

第二，在保险金信托的法律关系中，信托公司作为保险的指定受益人，在被保险人身故后，由信托公司进行理赔申请，保险公司要求的相关资料，需要由委托人或者保险金信托受益人配合提供的，委托人或者保险金信托受益人应该给予配合。

58. 当保险金进入信托后，信托财产如何进行投资管理？

第一，信托财产的投资管理，一般有三种模式，第一种是全权委托模式，即委托人全权委托受托人管理信托财产；第二种是指定投资顾问模式，即委托人在信托合同中指定符合要求的第三方机构担任信托财产的投资顾问，由投资顾问对信托财产进行投资管理；第三种为审批模式，即由受托人出具投资建议，委托人或者委托人指定的人签字确认后，再由受托人进行投资管理。实务中第一种模式较为普遍，第二种模式常见于银行与信托公司之间的合作，陆续三方机构也有尝试，第三种相对较少，因为此种模式下若是由委托人签字确认，则信托的独立性面临一定的风险。

第二，无论哪种模式，都需要事先在信托合同中明确约定，同时尽量在信托合同中约定信托财产的投资范围以及各大类资产的投资比例。特殊情形下，委托人也可以调整信托财产的管理方法或者策略，比如出现重大的经济变化，有足够的理由相信原先的信托财产管理方法极有可能信托目的无法实现。

第三，若受托人违背信托文件或者相关法律对信托财产造成了损失，需要承担相应的赔偿责任；并且如果受托人管理信托财产有违法或者重大过失的，委托人或者受益人还可以解任受托人。

第四，委托人可以设置临时性的信托利益分配的原则或者事由，以此来实现对于信托财产的间接管理和控制。

59. 在保险金信托业务过程中，信托成立审核需要哪些资料？会不会保险买好了而信托却成立不了？

第一，信托成立需要审核的资料包括但不限于：委托人和受益人的身份证明材料、委托人与受益人的关系证明、委托人婚姻证明、若已婚则需提供配偶的身份证明材料、财产申明（是个人财产还是夫妻共同财产）、财产证明、保险凭证等。

第二，实务中保险金信托的设立一般都是提前确定好，所以当保险买好了，信托一般都会成立。

60. 基于保险金信托后续的信托财产，如果是投资顾问模式，那么该投资顾问一般如何设定?

第一，实务中一般有两种模式，一种是银行或者第三方为客户提供保险金信托服务，从而成为信托财产的投资顾问，另一种是客户自己指定，由其信任的人或者机构担任投资顾问。

第二，无论采取哪种模式，投资顾问都需要符合信托公司的要求，一般信托公司会设置白名单，只有先进入其白名单，才能成为投资顾问。

61. 保险金信托设立后，如何申领保险金?

第一，从逻辑上来讲，无论设立的是哪种模式的保险金信托，其保险的受益人均已经变更为信托公司，即受托人。因此，无论是何种类型的保险金，都是需要受托人申领。

第二，从业务实践来说，如果是身故受益金，则一般情况下，无论是保险公司还是信托公司，都很难在第一时间知晓被保险人身故的事情，也很难直接获取到被保险人的身故证明，此时就需要被保险人的家人告知信托公司，并协助信托公司准备相关的理赔材料。因此，此时就会有一个关键的问题：如果知晓被保险人身故的家人并不是保险金信托的受益人，是否会导致其并不会告知信托公司，或者不向作为受益人的家庭成员提供被保险人的死亡证明，导致信托公司无法及时申请保险金，并最终可能导致因材料不全或者证据不足，保险公司拒绝理赔的情形？因此，在设立保险金信托时，对于受益人的选择，需要平衡各种可能性。

第三，如果是生存年金，实践中有两种做法：一种是直接确定生存金受益人为信托公司，保险公司按照约定定期定额地向信托公司支付生存年金，此种方式相对比较简单，只需要信托公司向保险公司提供特定的保险金账户即可，不需要额外的申请；另一种是投保人配置年金保险时，同步开通万能账户，生存年金先进入万能账户，待积累到一定的金额后，再一次性转入保险金信托账户。此种方式相当于是委托人追加信托财产，因为万能账户里面的资金是投保人的财产，而投保人和委托人在当前的保险金信托业务实践中，是同一个人。

专题十 关于保险金信托隔离功能的异议处理

62. 如何理解保险金信托的隔离功能?

第一，虽然在监管的业务分类中，家族信托和保险金信托都属于财富管理服务信托，但从业务本质上来说，保险金信托其实是属于家族信托的一种类型，是信托财产为保单权益的家族信托，因而保险金信托的隔离功能来源于其家族信托的属性。

第二，保险金信托是否具有债务隔离的功能，需要看其是否满足法律对于信托独立性的基本要求。比如，保险金信托若要隔离委托人的风险，则必须满足三个条件，一是放入保险金信托的财产必须是委托人个人所有，不存在权属上的争议；二是委托人不是受益人；三是委托人对于保险金信托没有任何形式的控制。再比如，保险金信托要隔离受益人的风险，则必须要在保险金信托合同中明确规定，受益人不得将受益权转让、继承和抵债。

第三，从法理上来说，《信托法》中明确了符合要求的信托，具备财产上的独立性。其中，第十五条明确了信托财产独立于委托人的情形，第十六条明确了信托财产独立于受托人，第四十七条和第四十八条明确了信托财产独立于受益人的情形。而信托法律关系的当事人，只有委托人、受托人和受益人三类，《信托法》明确了信托财产与这三方当事人均有独立性，那么也就能直接证明信托财产的独立性。此外，第十七条还规定了只有四种情形可以对信托财产强制执行，除此之外，任何人任何机构都不得强制执行信托财产，进一步明确了信托财产独立性的属性。

第四，2019年最高人民法院发布了两份重要的文件，分别是《全国法院民商事审判工作会议纪要》和《关于在执行工作中进一步强化善意文明执行理念的意见》，两份文件中都明确了信托财产独立性的法律属性。至此，在满足法律规定的情况下，家族信托和保险金信托的独立性，即隔离功能，在立法、司法与执行层面，均有了明确的规定。

63. 既然说保险金信托具备保险和信托的双重功能，那是不是可以说保险金信托100%能够做到债务隔离呢？

第一，从常理角度来说，任何财富管理工具或者法律制度，都难言能够做到100%的债务隔离效果，工具永远是中性的，架构设计和条款设计才是决定其能否实现债务隔离效果的关键。

第二，保险金信托的债务隔离效果，更多的是指保险金信托设立以后的债务，对于现有的债务，债务隔离效果并不明显。而且，我们也不应该通过保险金信托或者其他任何财富管理工具来恶意地规避债务。今天我们用保险金信托恶意规避了别人的债务，明天我们也有可能成为那个受害者。

第三，保险金信托能否实现债务隔离效果，也取决于保险金信托的模式。在保险金信托1.0模式下，由于保险在理赔之前其现金价值依然属于作为投保人的自然人所有，属于该投保人个人的责任财产，因此无法规避投保人的相关风险。而在保险金信托2.0模式下，虽然保险的现金价值和保险金都进入了信托，属于信托财产，但若保险金信托的架构设计不当，被第三人挑战成功了，则其独立性显然也会受影响，因此在保险金信托2.0模式下，依然是需要通过对信托端的架构设计来更好地实现债务隔离的功能。

64. 保险金信托在具体哪些情况下会影响其隔离功能？

第一，在保险金信托1.0模式下，由于保单的财产性权益属于投保人所有，此时若投保人面临风险，比如债务、婚变以及先于被保险人身故，可能导致保险的现金价值作为投保人的财产而面临债权人的追索、配偶的分割、继承人的继承，保险因此而被强制执行，由于此时保险的现金价值并不是信托财产，因此保险金信托并不能发挥其独立性的功能。

第二，若委托人保留了对于保险金信托形式上控制力，或者被认定为实质上对保险金信托有控制，则保险金信托隔离委托人风险的功能可能会打折扣甚至是灭失。虽然在我国当前的信托法律环境中，并没有直接的法律条文对此有专门的规定，也尚未有实际的案例，但从信托的本质、起源以及境外信托的实务中不难发现，委托人保留控制力的信托存在很大的可能性被认定为虚假信托而不能独立或者不能完全独立于委托人。

第三，若委托人是唯一受益人或者是受益人之一，则其对应的信托受益权并不具备独立性，《信托法》第十五条对此有明确的规定。

第四，受托人在处理保险金信托事务过程中所产生的合理的债务和税款，由于这部分属于信托财产应该担负的义务，因而信托财产对这类债务和税务并不具有隔离的功能。

第五，已经分配给受益人的财产不具有隔离功能。当保险金信托向受益人分配信托利益后，被分配的财产不再属于信托财产，而是属于受益人所有的财产，因而该部分财产不再适用保险金信托的相关规则，不具有隔离功能。

65. 委托人在设立保险金信托前，未有债务，成立后委托人有大额债务产生，保险金信托是否会被撤销?

第一，要看保险金信托是1.0模式还是2.0模式，若是1.0模式，由于保单的现金价值依然属于委托人所有（实务中委托人和投保人为同一人），则极有可能会被冻结继而强制执行保单现金价值，保险金信托虽然不会被撤销，但其底层保单不存在的话，意味着保险金信托因没有信托财产而无效。若是2.0模式且保单保全变更是发生在债务之前，则有极大的概率能够保全该保单，保险金信托也因此不受影响，若保全变更是发生在债务发生之后，则其债权人有可能行使债权人的撤销权，导致保全变更被撤销，继而保险被强制执行，保险金信托因此可能会面临无效的风险。

第二，还需要审视委托人对保险金信托是否有实质的控制，以及委托人是否为唯一受益人或者是受益人之一，若有，即便是在保险金信托2.0模式下，也有可能会被强制执行。

66. 国内的保险金信托要想实现独立性，是不是也必须设立的是不可撤销型信托？并且委托人不保留任何权力?

第一，是否可撤销是离岸信托的概念，严格来说，在目前的信托法律法规中并无明确规定，只是从国际惯例来说，信托若是不可撤销型的，那么其信托财产具有更强的独立性；而如果委托人保留了过多的权利，有可能会被认定为纯粹是民法中所提到的委托关系，而非信托关系，继而导致财产的独立性受影响，而且从国际惯例来看，委托人保留控制权利，有可能会被认定为虚假信托，从而不具备独立性。请注意以上分析是基于境外信托的法律和实操经验，中国的信托法对此没有规定。

第二，在当前国内的保险金信托操作实务中，绝大部分保险金信托都是不可撤销型的，与此同时委托人都或多或少地保留了一些权利。

67. 在保险金信托1.0模式下，如果发现投保人有债务问题了，变更为2.0模式，是否有用？

对于已经发生的债务问题，原则上都很难以规避。此时将保险金信托1.0模式变更为2.0模式，即将投保人从自然人变更为信托公司，相当于是将投保人名下的财产（表现为现金价值）无偿赠送给了信托公司，这在很大程度上就相当于是“恶意”转移财产，其债权人是可以行使民法上的“债权人撤销权”，请求法院撤销变更，继而强制执行现金价值。

68. 是否设立了保险金信托，就一定能够达到资产保全的目的？

保险金信托设立后，能否达到资产保全的目的，主要看以下五个方面的因素：

第一，设立保险金信托的时点。如果保险金信托是设立在相关问题发生之后设立的，则其资产保全的目的可能达不到。比如债务，如果当下已经有了债务，而想通过设立保险金信托的形式来规避，则有很大的可能性实现不了；再比如，婚姻存续期间设立的保险金信托，大概率也很难以规避离婚导致的分割。但如果保险金信托的设立，是在相关问题发生之前就已经设立，则极有可能达到资产保全的目的，两者之间的时间差越长，实现资产保全效果的概率越高。

第二，设立保险金信托的资金来源。如果资金来源不合法，则任何资产保全架构都很难达到目的，比如利用贪污受贿或者抢劫、贩毒所得的财产设立的保险金信托，几乎可以断定达不到资产保全的目的，法律不可能支持甚至鼓励用合法的形式掩盖非法的目的。

第三，保险金信托模式。在保险金信托1.0模式下，在保险金进入信托之前，由于其依然处于保险的法律关系之中，尚未通过信托的制度对财产进行相应的保全，因而保险的财产性权益可能会面临来自于投保人的债权人、配偶或者继承人的挑战，其资产保全的目的也将因此而大打折扣；而如果是保险金信托2.0模式，由于无论是理赔前的现金价值，还是理赔后的保险金，都属于信托财产，能够充分地利用信托制度的独立性，来达到资产保全的目的。

第四，保险金信托的架构。如果所设立的保险金信托，委托人是唯一受益人，那么将达不到资产保全的目的，如果委托人是受益人之一，则其相对应的受益权可能会受影响，而如果委托人不是受益人，则保险金信托能够最大限度地达到资产保全的目的。

第五，保险金信托的条款。如果通过保险金信托的条款或者受托人处理信托事务的过程，可以得出委托人对于信托有实质性的控制，则资产保全目的就很难达到，但如果由此可以得不出该结论，则资产保全的目的就有实现的可能。

69. 受益人领取到的保险金信托的利益后，能否规避其债务？

第一，受益人领取了保险金信托的利益，属于其个人名下的责任财产，与信托无关，不再适用信托的相关法律法规，因而如果受益人有债务问题，是需要用来清偿债务的。当然，实务中也需要结合领取的金额多少来定，若仅能维持其基本生活所需，则一般不会被执行，若超过维持基本生活所需的标准，超出部分一般会被执行。

第二，对于信托财产独立于受益人的正确理解，应是受益人对应的受益权不得用于清偿债务，而不是已经分配的信托利益。

专题十一 关于保险金信托架构和条款设计的异议处理

70. 如何搭建保险金信托的架构?

第一，从需求角度来分析，若委托人有资产独立性的需求，包括婚姻财产的保全、债务资产的保全等，则一定要为其设立成保险金信托2.0模式，但若没有资产独立性的考量，则保险金信托1.0模式或者2.0模式都是可行的。

第二，从家庭情况来分析，若家庭结构相对简单，则可以考虑父或母为委托人、投保人和被保险人，其他家庭成员为受益人，设立保险金信托；若家庭结构比较复杂，则可以考虑父或母为委托人、投保人，子女为被保险人，家庭成员为受益人设立保险金信托；若子女未婚，可以仅将子女设为受益人；若子女已婚，可以将子女配偶同样设为受益人，但需要同时约定姓名和身份，以避免若子女离婚后其配偶依然从中受益的情况。

第三，从保险的额度分析，若保费或者保额比较高，一般意味着其背后的具体情况和需求可能会比较复杂，则可以考虑为其搭建个性化的架构；但若保费或者保额比较低，则用标准化的保险金信托架构，一般也能满足其需求。

71. 如何设计保险金信托的条款内容才算是有效的?

第一，从法理上来说，只要不违反法律的禁止性规定，并且不存在导致合同无效的法定情形，保险金信托的合同条款都可以依据合同双方的真实意思进行灵活的定制，在此基础上的信托条款内容，都是有效的。当然，在业务实践中，大部分保险金信托合同都是标准化的，即其条款内容都是信托公司事先拟定好的，只有少部分内容是依据当事人的情况进行的定制，效力是有，但是否满足家庭的需要，就另当别论了，而要想结合家庭的情况对保险金信托合同进行更大程度的定制甚至完全定制的话，则一般需要保额或者总保费达到1000万元以上。

第二，从执行的角度来说，保险金信托的合同条款若要在未来得到很好的执行，尤其是在委托人身故之后，则不仅要考虑委托人自己的意愿，还需要考虑受益人的想法，若受益人不是委托人的法定继承人尤其是不是第一顺位继承人的全部，则还需要尽量考量非受益人法定继承人的诉求，以免届时信托出现不必要的纠纷。

72. 如何有针对性地设计激励后代努力的条款?

第一，从原理上来说，在设计激励后代努力条款的时候，需要掌握一些基本原则，比如生活保障的费用低，成长奖励的费用高；固定领取的事项少，条件分配的事由多；正向激励与负面约束相互配合，理论学习与社会实践相得益彰，健康体魄与德智体美双管齐下。

第二，从实务操作上来说，依据不同的家庭情况，常用的激励条款主要有：

（1）关于学业。比如阶段性取得的学业成果给与奖励，包括高如重点高中和一般高中的差异化奖励；考入“985”“211”院校与一般本科、专科等的差异化奖励；进入常青藤名校留学与其他学校留学的差异化奖励等。也可以设置经常性的学业奖励，比如依据每次考试的单科或者综合成绩排名进行差异化奖励，对于获取的学校荣誉，比如三好学生、优秀班干部、劳动积极分子等，给予奖励。与此同时，若被学校给予警告甚至是开除的处分，或者是在考试中有作弊的行为，则给予相应的惩罚。

（2）关于事业。既可以设置创业支持的奖励，也可以设置职业晋升、职业稳定的奖励。创业奖励一般可以设定两到三次，太少了可能不足以支持后代的创业，太多了后代未必珍惜，且信托财产容易被无端消耗。而职业的奖励则要多元化一些，比如在一家单位获得职位晋升，给予相应的奖励，获得单位给予的荣誉，包括优秀员工、优秀团队等，给予相应的奖励，依据在同一家单位连续在职不同的时间，给予差异化的奖励等。与此同时，若被单位裁员，或者违反公司规定被通报批评，则给予相应的惩罚。

（3）关于家庭。比如约定结婚奖励金、生育奖励金、婚姻稳定金等，既鼓励早婚多育，也引导婚姻幸福稳定，对于生育奖励，婚生孩子可以逐胎增加，并区别对待婚生孩子和非婚生孩子，引导后代以结婚为前提的生育。

73. 如何设计保险金信托的架构和条款，以更好地照顾特殊家庭成员，尤其是弱势的子女？

第一，在照顾特殊的家庭成员方面，有三个基本原则需要考虑：一是既不要脱离原生家庭，也要避免原生家庭成员对特殊家庭成员利益的损害；二是既要合理地激发人性中的善，也要尽量地抑制人中的恶；三是既要考虑父母在世时对弱势子女的照顾，也要考虑父母百年之后对弱势子女的兜底性安排。

第二，具体的保险金信托结构可以设计为，父母为投保人、被保险人和委托人，仅有特殊家庭成员或者弱势的子女为受益人，设立保险金信托，原生家庭成员为保险金信托的保护人。通过信托来实现照顾特殊家庭成员的财产保持独立，通过配置保险来扩充未来照顾特殊家庭成员的资金规模，通过保护人的设立，让原生家庭的其他家庭成员发挥照顾特殊家庭成员的作用，并让其以保护人的角色参与信托相关事务并从中获取报酬，避免其他家庭成员作为受益人或者继承人时与特殊家庭成员在生存利益上的冲突，从而达到激发人性中的善，而抑制人性中的恶的效果。

第三，从保险金信托的条款设计角度来说，可以约定保护人具体的职责和获取报酬的标准，并给与其一定的奖励和惩罚机制，以促进其更好地照顾特殊家庭成员。同时还可以约定若受益人身故，则保护人职责终止，剩余信托财产捐赠给某慈善组织，若受益人尚在而信托财产耗尽，则可以委托该慈善组织照顾特殊的家庭成员。如此安排，一方面让保护人获取利益与受益人的利益是一致的，不至于出现利益冲突的局面，从而能够就进一步激发保护人照顾好特殊家庭成员；另一方面也是对特殊家庭成员的兜底性安排，让委托人或者父母能够更为安心。

74. 保险金信托设立后，能否保护客户隐私？

第一，从《信托法》明确规定了受托人对委托人、受益人以及处理信托事务的情况和资料负有依法保密的义务，除非是法院的生效法律文书，否则受托人不得向外部任何人、任何机构透漏关于保险金信托的任何信息。

第二，从操作上来说，保险金信托设立后，后续的信托运作，无论是保险金的申领还是保险金的投资管理，或者是信托利益的分配，都是以受托人的名义进行，能够非常好地保护委托人、受益人的隐私。

专题十二 关于保单贷款的异议处理

75. 做了保险金信托之后，能否做保单贷款？

第一，从法理上来说，保险金信托设立后，是完全可以再作保单贷款的，因为保单贷款是基于投保人拥有保单现价价值这一财产性权利而给予投保人资金融通的选择，帮助投保人低成本、高便捷地解决阶段性的资金需求，而这一业务并没有对保险结构以及投保人身份作出任何限制性规定。

第二，从业务实际来说，大部分保险公司或者信托公司都不允许再作保单贷款，原因也很简单，保单贷款一方面可能会影响后续进入信托的保险金额度；另一方面也存在让信托失效的风险。而且在保险金信托2.0模式下，由于投保人变成了信托公司，若赋予信托公司保单贷款的权利，不仅对信托公司意义不大，而且对保险当事人来说，还存在因外部因素导致保单受影响的可能，得不偿失，因此，在保险金信托合同中，往往禁止投保人再作保单贷款。

第三，实务中个别信托公司也允许投保人再作保单贷款，但为了避免不必要的风险，往往都需要受托人的书面同意。

76. 在保险金信托2.0模式下，客户拟将用于交纳未来续期保险费的资金放入信托，信托公司是否会收取的管理费？缴费期间若发生了豁免保费事由，之前放入信托中但尚无交付的续期剩余保费可以贷款出来吗？若可以贷款，其利息是否可以作为个人税前列支？

第一，在保险金信托2.0 模式下，预先放入信托里面的续期保费是否要交管理费，需要看具体信托公司的规定，不同的信托公司可能不太一样，当前阶段对此收费的信托公司不在少数，而且随着该业务的发展，信托公司过了业务拓展期后，可能免费的事务会越来越少。

第二，续期保费本质上也是属于信托财产，所以若缴费期间发生了保费豁免的情形，则委托人既可以通过信托贷款的方式将这部分资金贷款出来，也可以通过临时性信托利益分配的方式将这部分资金拿出来，甚至还可以通过撤销信托的形式，将所有资金都拿出来。

第三，如果通过信托贷款的形式将这部分资金拿出来，其利息在当前的法税环境下是不可以作为个人税前列支，按照相关方案例的规定，除了房贷的利息支出可以作个人的税前列支，其他的任何形式的贷款成本支出，目前都是属于个人税后所得。

第四，如果该笔贷款不是通过个人进行的，而是通过机构来贷的款，那么机构的贷款利息支出是可以作为其财务成本进行税前列支的。

77. 保险金信托存续期间，保险事故尚未发生之前，投保人是否可以减保?

第一，从法理上来说，减保是投保人的权利，只要在保险合同中没有对此有限制性的规定，投保人就可以减保。

第二，从实务上来说，保险金信托的减保一般都是禁止的，无论是保险金信托1.0模式还是2.0模式，往往都会在保险金信托合同中约定投保人不得减保，否则受托人有权终止保险金信托，此给信托财产带来的损失由委托人及受益人自行承担。

78. 在保险金信托设立后，如果投保人无法按期缴纳保费，会产生什么影响?

第一，在保险金信托1.0模式下，投保人不按期缴纳保费，但选择了减额交清的交费方式，则保险公司在扣除相应的费用后，会测算出减少保额后所需要的保费，然后通过减保的方式获取保险的现金价值，一次性支付减保后的保额所对应的保费，保单继续有效，但可能会面临两个后果，一是减少后的保额因不符合保险公司的最低承保金额，而被保险公司终止保险合同；二是减少后的保额因不符合设立保险金信托的最低要求，而被信托公司终止保险金信托。

第二，在保险金信托2.0模式下，由于投保人已经变更为信托公司，若委托人没有将足够的续期保费放入信托账户中来，则委托人可能会构成违约，信托公司可能会提前终止保险金信托。

79. 当保险金进入保险金信托后，若委托人或者受益人有紧急资金需求，能否向保险金信托贷款?

第一，实务上来说是可以，当前有个别信托公司针对家族信托客户，可以对其进行信托账户贷款，其好处主要有三个：一是解决客户对资金流动性的需求；二是还可以通过向委托人企业贷款的形式，将利息支出作为企业的税前成本，而信托的利息收入，成为了信托财产，达到双向税务筹划的目的；三是无形中为客户或者其企业创造了一笔负债，甚至可以作为某些资产的第一顺位抵押权人，从而能够帮其更好地筹划资产保全。而当保险金进入保险金信托之后，其架构与功能与家族信托几乎就没有差异了，家族信托能做的，保险金信托逻辑上来说也能够做。

第二，除了信托贷款，保险金信托或者家族信托还可以通过临时性信托利益分配的方式来就满足客户短期或者紧急的资金需求。当然，与信托贷款不同，临时性信托利益分配的资金，属于受益人自己的财产，无法达到信托贷款状态的后两个效果。

专题十三 关于投资管理的异议处理

80. 是否可以在保险金信托文件中约定保险金的投资收益?

第一，从结论上来说是不可以的，因为监管层明确规定信托公司不得对信托有任何形式的约定收益或者承担损失，无论是家族信托还是保险金信托，都是如此。

第二，从业务实践来说，有些机构会给客户以非正式的预期收益，其底层逻辑在于客户放弃信托财产的管理权限，交由相关机构自主投资，机构依据过去的经验以及拟投资的方向，预估一个投资收益，但此种类型的投资收益往往是不确定的。

81. 客户对于保险金信托后续信托财产的本金安全以及投资收益有很大的担心，这方面如何沟通?

第一，信托财产的安全性分为两个层次，一个是基于所有权角度的信托财产独立性；另一个是基于投资管理角度的本金损益。

第二，从所有权角度的信托财产独立性问题，无论从立法还是司法角度，都有了明确的结论，即一个依法设立的保险金信托，其信托财产是完全可以做到独立于委托人、受托人和受益人的。

第三，从投资管理角度的信托本金和收益率的安全性问题，一方面，法律不允许信托公司对信托承诺收益或者承担损失，信托财产的管理需要依据信托文件的规定来执行，而信托文件如何规定是需要客户本人来确定的，因此从投资角度来说，客户本人是可以参与到信托财产的投资管理当中，是有能力知晓并决定其中的安全性问题；另一方面，若受托人违反信托合同的约定处分信托财产或者管理运用、处分信托财产有重大过失的，需要用固有财产承担赔偿责任。

82. 保险金信托设立后，能否调整信托财产投资管理的策略和方法?

第一，从实务上来说，是可以调整信托财产管理的策略和方法，调整的方式大致有两种，一种是法定调整，另一种是约定调整。

第二，所谓法定调整是依据《信托法》的规定进行调整。《信托法》规定，因设立信托时未能预见的特别事由，致使信托财产的管理方法不利于实现信托目的或者不符合受益人的利益时，委托人有权要求受托人调整该信托财产的管理方法。这在民法领域也可以被称为情势变更，此时委托人要求受托人调整信托财产管理的方法，一般不会被认定为委托人对于信托的实质控制，也就不会影响信托财产独立于委托人的法律效果。

此外，《信托法》还规定，受托人违反信托目的处分信托财产或者管理运用、处分信托财产有重大过失的，委托人有权依照信托文件的规定解任受托人，或者申请人民法院解任受托人。

第三，所谓约定调整，是指在保险金信托合同中约定可以对信托财产管理方法进行调整。一般来说，在保险金信托合同中，都会有类似的条款，即经委托人、受托人协商一致，可以通过签署类似于《投资管理约定函》的文件来变更信托财产的管理方式。

第四，实务中即便没有出现上述法定的事由，在合同也没有约定对信托财产管理方法进行调整的条款，但如果委托人有要求，受托人在不违反法律法规以及保险金信托合同约定的情况下，一般也是有商量的余地的。

83. 保险金信托设立后，能否变更或者重新增加信托财产的投资顾问？

第一，从法理上来说，信托的相关法律中对此并没有明确规定，所以主要看信托合同是否有约定以及各家信托公司开展保险金信托的业务尺度。

第二，分析保险金信托合同中对于信托财产管理方式的约定。如果是全权委托模式，则受托人对信托财产具有独立自主的投资决策权，因而一般在保险金信托成立后不能再新增投资顾问；而如果是非全权委托模式，由于受托人是依据委托人出具的类似于《委托人投资指令》的文件，对信托财产进行资产配置、管理、运用及处分，而受托人只是看该指令是否有委托人的签字，而并不审核作出该投资指令决策的到底是委托人本人还是其他人，因而无论能否在保险金信托合同中新增投资顾问的约定，委托人都可以实现由投资顾问管理信托财产的现实效果。

第三，实践中各家信托公司对此的业务尺度也不尽相同，有些信托公司可能会实行白名单制度，即如果投资顾问符合一定的要求，可以进入信托公司白名单，而成为信托财产的投资顾问，有些信托公司则不允许有外部的投资顾问，毕竟无论是谁充当投资顾问，最终信托财产都是以受托人的名义进行投资管理，这无形之中会给信托公司增加额外的风险。

84. 保险金进入保险金信托后，委托人或者受益人是否可以参与到信托财产的投资管理之中?

第一,一般情况下是不可以，因为受托人需要以自己的名义管理和处分信托财产。

第二，实务中也需要看保险金信托合同中对于信托财产的投资管理采取的是什么模式。一般而言，信托财产的投资管理有三种模式，分别是全权委托模式、投资指令模式和投资顾问或者财务顾问模式。在全权委托模式下，委托人和受益人一般不会参与到信托财产的投资管理之中，而是由受托人依据信托合同中约定的投资策略、投资范围或者投资比例，进行自主的投资管理；投资指令模式下，委托人或者受益人则可以参与到信托财产的投资管理之中，一般是依据信托合同的规定，向信托公司发出投资的指令，信托公司收到投资指令后，进行形式上的审核，并尽到一定的注意义务后，按照合同的规定进行投资管理；投资顾问或者财务顾问模式下，委托人或者受益人能否参与到信托财产的管理，则主要看由谁来担任投资顾问或者财务顾问，如果是由银行或者证券公司担任投资顾问角色的，则一般委托人或者受益人都不参与到信托财产的投资管理之中，而如果是其他第三方机构担任投资顾问的角色，则委托人或者受益人可以通过该第三方机构来间接地参与到信托财产的投资管理。

第三，需要特别注意的是，若委托人有信托财产的独立性的诉求，则对于参与到信托财产的投资管理需要慎重，毕竟容易被外部认定其有实质性控制信托的嫌疑，从而挑战信托的独立性，影响设立信托的目的。

专题十四 关于终止与撤销的异议处理

85. 保险金信托成立后，能否主动撤销？

第一，从法理上来说，保险金信托属于民事法律行为范畴，是否可以撤销由合同双方当事人自行约定。若在合同中约定为可撤销型的保险金信托，则委托人或者受益人依据信托合同约定的条件和程序可以撤销保险金信托。

第二，从业务实践来看，当前国内大部分家族信托以及保险金信托，均为不可撤销型的，其核心目的在于让保险金信托保持独立性。

第三，从客户层面来说，我们要了解撤销背后的原因，是基于对受托人管理不信任的撤销还是基于阶段性资金需求的撤销。若为前者则可以行使撤销权，即便保险金信托约定为不可撤销型的，也可以通过其他一些方式来达到撤销的效果，若为后者，则可以通过临时性信托利益分配或者信托贷款的形式来解决。

86. 保险金信托设立后，有哪些情形可能会导致保险金信托无效？

第一，保险金信托本质上来说也是信托的一种类型，因而导致信托无效情形也同样适用于保险金信托。

第二，从《信托法》上来说，导致信托无效的情形主要有六种，即：（1）信托目的违反法律、行政法规或者损害社会公共利益；（2）信托财产不能确定；（3）委托人以非法财产或者本法规定不得设立信托的财产设立信托；（4）专以诉讼或者讨债为目的设立信托；（5）受益人或者受益人范围不能确定；（6）法律、行政法规规定的其他情形。

第三，从实务角度来说，最有可能导致保险金信托无效的情形主要是由于保单失效，并且由于保险金信托中没有其他信托财产，则保险金信托因没有信托财产而无效。保单失效的原因可能会有很多，比如投保人退保、由于对现金价值进行分割而导致保险被解除、投保人因用非法所得购买的保险而被撤销等。

87. 保险金信托设立后，哪些情形下可能会因外部因素撤销？

第一，上述导致保险金信托无效的情形，都有可能带来保险金信托被撤销的法律后果。

第二，在保险金信托有效的情况下，还有一些情况也可能会导致保险金信托因外部因素撤销，包括：（1）投保人因购买大额保单导致自己的偿债能力下降，损害债权人的合法权益，则其债权人可能会向法院行使债权人的撤销权，撤销保险，从而变相地撤销了保险金信托；（2）委托人由于对保险金信托保留了过多的控制力，其债权人可能会向法院主张撤销保险金信托，将信托财产拿出来用以偿还债务。

88. 保险金信托设立后，是否可以终止？有哪些终止情形？

第一，保险金信托设立后，是可以终止的，毕竟作为一项民事法律行为，在满足一定的条件下，是可以由当事各方协商一致，或者按照约定提前终止的。

第二，终止的情形大致可以分为三种类型，分别是法定终止、约定终止和合意终止。

法定终止是依据《信托法》的规定，终止保险金信托的情形，法定终止的事由包括：（1）信托文件规定的终止事由发生；（2）信托的存续违反信托目的；（3）信托目的已经实现或者不能实现；（4）信托当事人协商同意；（5）信托被撤销；（6）信托被解除。

约定终止是按照保险金信托合同的约定终止，通常包含：（1）信托存续不符合届时适用的法律法规或监管部门的规定通知、决定等要求；（2）全体受益人放弃信托受益权，或全体受益人身故；（3）信托期限届满；（4）保险合同被解除，没有其他信托财产；（5）保险公司依法不予理赔，没有其他信托财产。

合意终止是经保险金信托的合同双方协商一致而终止，合同双方指的是保险金信托的委托人和受托人。

第三，实务中，保险金信托条款中关于终止的事由往往都会包含以上三个部分的内容，只是各家信托公司的具体条款内容可能会存在一定的差异。

89. 保险金信托的终止流程是什么？终止后如何操作？

第一，依据不同的终止事由，终止的流程稍有不同，有些是由受托人主动终止，有些是由委托人或者受益人提出终止，有些是经受托人和委托人协商一致终止。

第二，终止后由受托人负责信托的清算并制作信托清算报告。报告包含的内容有:（1）信托的基本信息;（2）信托财产的管理、运用及处分情况;（3）信托收益情况及分配情况;（4）清算报告异议期限及受托人解除责任声明;（5）法律、行政法规、部门规章及其他规范性文件规定及信托文件约定应当披露的其他内容。

第三，处理涉及信托的债权债务，并将剩余信托财产转交给受益人或者权利归属人。

第四，受益人或者信托财产的权利归属人对清算报告无异议的，受托人就清算报告所列事项解除责任。对于清算报告未列入的事项以及已列入清算报告但受益人或者信托财产的权利归属人提出异议的事项，受托人不能解除责任。受托人采取欺骗手段、与他人恶意串通或者有其他不正当行为，以减少信托财产的价值，或者增加存在于信托财产上的债务，编制虚假的清算报告的，受益人或者信托财产的权利归属人虽未对清算报告提出异议，受托人的责任也并不因此解除。

专题十五 关于婚姻财产的异议处理

90. 婚内以夫妻名义设立保险金信托，如果离婚，信托财产如何分割？

第一，若婚内设立的是保险金信托1.0模式，在保险金进入信托之前离婚的，一般视情况分割配偶名下保单的现金价值；在保险金进入信托或者设立的是保险金信托2.0模式，则需要对信托财产进行分割，信托财产可能是保险金，也可能是现金价值。

第二，从国外的实践来看，分割的方式一般有两种，一种是解除信托，将信托财产拿出来进行分割，另一种是将非委托人配偶设为临时性信托受益人，再对其进行临时性信托利益分配，之后再将该受益人移除，实现财产分割。

第三，实务中还需要结合设立保险金信托的时候是否签署了《配偶同意函》，以及该同意函是如何约定的进行判断。若该同意函的性质被认定为是属于夫妻财产婚内分割协议，则保险金信托可能不会分割，若其性质是被认定为附条件赠与协议，则保险金信托大概率会被分割。

91. 以父母为投保人和委托人，子女为被保险人和保险金信托的受益人，在子女婚前设定保险金信托，子女结婚后亦没有对该保险金信托有任何变动，子女离婚时，该保险金信托如何处置？

第一，由于该保险金信托是在子女婚前所设立，且保险的投保人为父母，婚后亦没有对保险金信托结构有任何操作，因而既不涉及子女夫妻共同财产的问题，也不涉及父母对子女赠与的问题，子女离婚时，该保险金信托不受影响。

第二，如果是在单纯的保险结构下，父母为子女配置的保险，子女离婚时是否要分割，基本不考虑在婚前还是婚后配置的，主要看三个方面的因素：一是是否有专门的约定；二是子女在保险结构中的身份；三是具体的保险类型。

若有专门的约定，只要不存在导致该约定无效的法定情形，比如胁迫、重大误解等，那么该约定就是有效的，按照约定执行。

若子女在保险结构中仅为被保险人，则由于其不具有保险的财产性权益，因此子女离婚时并不涉及保单分割的问题。

若子女是受益人，则要结合保险类型进一步分析，如果基于的是意外伤害保险、健康保险和死亡保险而领取的保险金，则为婚内个人财产，离婚时不被分割，如果是基于年金保险而领取的生存金，则为夫妻共同财产，离婚时需要进行分割。但需要注意的是，此时分割的是已经领取的生存金，对于尚未领取的，无论是其已经进入到万能账户还是因为没有到领取日期，都不能进行分割。

92. 父母为子女投保并设立保险金信托，子女为保险金信托的受益人，该保险金信托以及受益金是否作为夫妻共同财产与对应的保险类型是否有关系？比如终身寿险型保险金信托不作为夫妻共同财产，而年金型保险金信托则会作为夫妻共同财产？

第一，在保险金信托结构中，由于子女既不是保险的投保人也不是保险的受益人，所以与具体的保险产品无关，并不能适用“第八次全国法院民事商事审判工作会议（民事部分）纪要”中关于夫妻共同财产认定的标准，也就是说，无论该保险金信托是终身寿险型保险金信托还是年金型保险金信托，该保险金信托都不属于夫妻共同财产，不会受子女离婚的影响。

第二，若在子女婚后，父母对保险金信托进行了变动，当且仅当父母将子女的配偶作为保险金信托受益人，且受益人的设定并未约定身份，而仅仅只约定了姓名，则子女离婚时，具有一定的可能性要对信托受益权进行分割。

之所以说具有一定的可能性要对信托受益权进行分割，是因为一方面我国当前并未有这方面的司法实践，实践中具体会如何处理，还有待于进一步检验；另一方面我国《信托法》中仅规定了信托文件可以限制受益人对受益权进行转让、继承和偿债，并未对离婚分割做出任何规范性的说明。除此之外的其他变动，子女离婚时，基本不会对保险金信托产生影响。

93. 保险金信托在设立的时候需要配偶签署同意函，后续变更信托条款时是否也需要配偶同意?

第一，如果信托财产是婚后共同财产，设立时需要配偶同意函，这是当前业务的标配，但配偶同意函的具体内容，各家公司却会有所不同，是否包含了同意后续对保险金信托条款进行变更就需要结合具体的情况进行判断，若包含了这个内容，则后续的变更不再需要配偶同意，若没有包含类似的内容，则后续变更可能需要配偶同意。

第二，从业务实践来说，当前主流的模式都是在设立保险金信托的时候，配偶同意函都是概括性同意，即其同意的意思可以理解为既是对当下设立保险金信托的同意，也是对未来变更保险金信托的同意，因而实践中大部分机构在委托人后续变更保险金信托相关条款的时候基本都不需要配偶再签署同意函。

第三，从法理上来说，实践中的上述操作存在不小的缺陷，即如果委托人后续变更信托条款损害了配偶的合法利益，或者改变了设立信托的目的，则配偶即便签署了概括性的同意函，也有可能会存在变更对配偶无效的可能，配偶可能会通过诉讼的方式维护自己的相关权益。

94. 实践中如果保险金信托的后续变更不需要配偶同意函，是否给配偶以夫妻共同财产为非婚生子女设立保险金信托留下了空间?

第一，实践中确实有不少的客户咨询过这个操作，而且笔者也相信实务中一定有人已经这么做了，但是否有效，当前也没有统一的定论，既无明确的法律依据，也无具体的司法判例。

第二，实践中也可以结合变更条款的具体内容进行判断，比如后续变更只是增加非婚生子女为受益人，则被认定为有效的可能性比较大，但若后续的变更是替换受益人，即将非婚生子女作为受益人，而取消原受益人的受益权，则被未来被配偶挑战的可能性非常，因为替换受益人的操作，属于是对信托条款的重大变更，甚至可以理解为是终止一个旧的保险金信托而成立一个新的保险金信托，想当然地认为当初同意A目的的配偶会继续同意B目的，显然是缺乏足够的合理性，属于对配偶重大利益的损害。

专题十六 关于税费的异议处理

95. 保险受益权或者保险金进入信托，成为信托财产，是否会有税务问题？

无论是将保单的投保、人变更为信托公司，使保单成为信托财产，还是将保险的受益人变更为信托公司，使保险金请求权成为信托财产，抑或是保险公司将保险金理赔到信托账户，在当前的法税环境下，都不涉及税务问题。

原因在于一方面这三种财产类型都不涉及转移登记的问题，另一方面当前的税法对此也没有明确的规定。

96. 保险金信托或者家族信托向受益人分配信托利益，是否会涉及税务问题？

第一，依照《个人所得税》的规定，个人取得的以下收入，需要缴纳个人所得税，分别为：（1）工资、薪金所得；（2）劳务报酬所得；（3）稿酬所得；（4）特许权使用费所得；（5）经营所得；（6）利息、股息、红利所得；（7）财产租赁所得；（8）财产转让所得；（9）偶然所得。居民个人取得前款第（1）项至第（4）项所得（以下称综合所得），按纳税年度合并计算个人所得税。

第二，按照税收法定的原则，《个人所得税》没有规定需要交税的所得，可以不用缴纳个人所得税。保险金信托或者家族信托的受益金，从性质上分析，并不属于上述9项所得类型中的任何一种，因而在当前的税法环境下，受益人取得的保险金信托或者家族信托的信托利益，并不是需要缴纳个人所得税。

97. 设立保险金信托会涉及哪些费用？

第一，设立费，这是在保险金信托设立之初，由信托公司一次性收取。一般的费用标准为人民币15000—30000元，不同的信托公司会存在一定的差异，而且在不同的业务阶段或者在某些特殊的事情，会有针对性地进行设立费的优惠甚至是减免。

第二，管理费，这是由信托公司按年收取的费用。如果单纯的是保险金信托，即并没有其他类型的财产，则信托公司会在保险金进入信托账户之后才开始收取管理费，而如果保险金信托中还有其他财产类型，比如续期保费，则可能也会对该财产收取管理费，一般的标准可能是0.5%—2%。有些信托公司也有可能会给与一定的优惠，比如前几年免费等。

第三，业绩报酬，这是信托公司基于管理信托财产取得收益而收取的费用。一般有两种模式，一种是无论收益是多少，只要有收益，信托公司就收取一定的比例；另一种是只有超过一定的基准收益，才收取超额业绩报酬。实务中后者采用得比较多，也是客户比较能接受的方式，具体的收益比例，各家公司差异比较大。

第四，信托条款变更手续费，这是信托公司按次收取的费用。保险金信托成立后，委托人或者受益人可能会基于变化的情况，要求对信托条款进行修改，只要不违反法律的规定，信托公司一般都是允许的，为了避免当事人随意修改信托条款，打乱信托公司的管理节奏，信托公司对此会收取一定的费用，收费标准各家公司也有所不同，一般是每次修改为人民币10000—30000元不等，也有信托公司可能会所有减免，比如每年修改2次及以内，不收取费用，或者针对信托财产规模的不同，采取不同的优惠标准。

第五，托管费，这是由银行按年收取。同样的，如果单纯是保险金信托，也即并没有其他类型的财产，则银行会在保险金进入信托账户之后才开始收取托管费，收费标准大同小异，一般是0.2%左右。

98. 保险金信托在后续进行信托利益分配时，是否会产生手续费？

第一，从信托公司角度来说，其能否收费完全取决于信托文件的约定，如果信托文件没有约定，则不能随意收费，如果信托文件有规定，则可以按照信托文件的规定收取相关费用。

第二，实务中，按照信托合同约定事由或者日期进行的信托利益分配，信托公司一般是不收费的，而如果委托人或者受益人有临时性信托利益分配的请求，则信托公司可能会将之视同于修改信托条款，按次收取相关费用。

第三，从托管银行的角度来说，是否会因转账收取相应费用，则要看具体托管银行以及托管协议的约定，如果要收，则一般视同为是管理信托财产的成本，从信托财产中列支。

99. 保险金信托设立后，如果我想撤销，信托公司收取的相关费用能否退还？

第一，一次性收取的设立费，是信托公司为设立信托所付出劳动的补偿，因而一般情况下，无论是基于何种原因终止保险金信托，设立费都是不退还的。

第二，按次收取的相关费用，只要该行为已经发生，信托公司一般也是不退还的。

第三，按年收取的其他费用，信托公司一般会按照实际存续的天数收取，若已经收取的，可能会退还终止后剩余天数对应的费用，若还没有收取，则可能在移交信托财产时扣除相应的费用或者留存信托财产，待相关权利人支付完相应费用后，再移交信托财产。

第十章

保险金信托关键法条解析

法律，往大了说是统治阶级意志的体现，是用来统治国家、管理社会的工具，是调整社会关系、判断是非曲直的标尺，往小了说则是我们在实际工作中的底线，是处理商业矛盾和纠纷的规范，是提供财富管理服务的准则。

本章我们梳理基于保险金信托业务及与财富管理相关的关键法条，其核心并不是为了让财富管理者成为法律工作者，而是为了：

第一，帮助财富管理者构建起服务中高净值客户的法商思维，提升专业形象。

第二，帮助财富管理者熟练掌握与财富管理相关的法律依据及其背后的基本逻辑，避免陷入不专业、不全面、不理解、不敢说所带来的职业困境。

第三，帮助财富管理者提升与中高净值客户沟通的专业素养，更好地协助客户设计适合其需求的财富法律风险管理方案，规避客户潜在的财富风险。

第一节｜保险相关法条解析

保险方面相关的法条解析依据的主要是《保险法》及其四个司法解释，有些法条大家可能在实际工作中有所运用，但理解得未必非常全面和透彻，本节内容为大家详细讲解其中重要的法条。

一、《保险法》第十条　保险合同是投保人与保险人约定保险权利义务关系的协议。

投保人是指与保险人订立保险合同，并按照合同约定负有支付保险费义务的人。

保险人是指与投保人订立保险合同，并按照合同约定承担赔偿或者给付保险金责任的保险公司。

《保险法》第二十条　投保人和保险人可以协商变更合同内容。

变更保险合同的，应当由保险人在保险单或者其他保险凭证上批注或者附贴批单，或者由投保人和保险人订立变更的书面协议。

《保险法》第四十三条　投保人故意造成被保险人死亡、伤残或者疾病的，保险人不承担给付保险金的责任。投保人已交足二年以上保险费的，保险人应当按照合同约定向其他权利人退还保险单的现金价值。

解析:《保险法》第十条和第二十条是最容易被忽略的，看似简单，其实蕴含了保险大部分财富功能的底层逻辑。

合同是平等主体的自然人、法人、非法人组织之间设立、变更、终止民事权利义务关系的协议。保险合同属于合同的一种，是投保人与保险人约定保险权利义务关系的协议，是保险活动最基本的法律表现形式。

第一，在保险有效期内，合同的当事双方为投保人和保险公司，合同的大部分权利义务都是围绕着这两个主体展开，所以，当我们讨论保险的财富管理属性的时候，绝大部分时候都应该把关注点放在投保人身上，至于被保险人和受益人，不是说不重要，只是基于财富管理的视角来说，被保险人是保险的标的，只需要注意其三个方面的同意原则，即同意投保、同意保额以及同意变更，而受益人则只需要关注领取保险金以后的状态，与保险本身的法律关系并不大。但投保人由于具有诸多的权利义务，因此在保险架构中，显得尤为关键。

第二，保险中的所有条款约定，除了被保险人同意部分之外，都是基于投保人与保险人协商一致约定的结果，因此，保险的条款约束的仅仅是投保人和保险公司，并不能及于第三人，哪怕是被保险人或者受益人，比如被保险人可以书面撤销其曾经同意的保险合同，而无须承担任何责任，也无须任何理由。因此，在保险合同中约定的内容，只对投保人和保险人有约束力，比如本书前面章节中所讲的保险金的分期给付条款、保单抵押贷款条款等，在被保险人身故之前，投保人怎么约定、怎么调整都没有问题，但当被保险人身故之后，这些约定对受益人都是无效的。

第三，对于投保人来说，其主体资格只有三个，第一个是必须为完全民事行为能力人；第二个是支付保费；第三个是对保险标的具有保险利益。除了这三个，剩下的其他任何限制，要么是基于业务的便利而由保险公司进行的内部限制，要么就是基于反洗钱的需要而由监管层进行的外部限制，因此理论上来说，如果对于投保人的限制是基于保险公司内部原因，其实是可以去协商的，这一点在《保险法》的第十二条中有着明确的规定，而实务中影响保险公司是否愿意协商几乎唯一的前提就是保费或者保额的多少，保费或者保额足够高，在不违法违规的前提下，没有什么事情是不可以谈的。虽说保险合同是格式合同，但我们既可以通过补充协议的形式进行约定，也可以在保险的批单或者批注中进行说明。比如对于投保人的年龄，有些保险公司要求65岁，有些可以突破到70岁，但是一个有足够支付能力且为完全民事行为能力的80岁老先生能否为相差60岁的儿子投保？如果保费仅仅是几千元或者几万元，可能很多保险公司就不太愿意了，但如果保费是几千万元甚至是几亿元呢？相信绝大部分保险公司对于这个体量的保单，都不会无动于衷。

第四，在保险合同的有效期内，保单的财产性权益，即保单的现金价值，在绝大部分情况下都是属于投保人所有的，因此若投保人发生诸如债务、婚变或者身故等风险，其现金价值是会作为其责任财产或者遗产来处置的，从而可能会影响保险的结构，并最终影响配置保单的目的。当且仅当出现《保险法》第四十三条中的情形时，即投保人故意造成被保险人死亡、伤残或者疾病且已交足二年以上保险费的，保单现金价值归属于保险合同约定的其他权利人。因此，我们用保险作财富规划的时候，就一定需要时刻记住在理赔之前保险的财产性权利是属于投保人所有。

二、《保险法》第十二条　人身保险的投保人在保险合同订立时，对被保险人应当具有保险利益。

财产保险的被保险人在保险事故发生时，对保险标的应当具有保险利益。

《保险法司法解释三》第四条　保险合同订立后，因投保人丧失对被保险人的保险利益，当事人主张保险合同无效的，人民法院不予支持。

解析：这两个法条强调的是不同保险其保险利益的时间点认定。

对于人身保险来说，其保险利益的审查时间点为投保时，比如在夫妻投保的环节，投保时为婚姻状态，夫妻之间相互具有可保利益，即便投保后离婚了，保险依然是有效的，不会因为投保人身份关系或者保险利益关系发生变化而变化。

三、《保险法》第二十三条　任何单位和个人不得非法干预保险人履行赔偿或者给付保险金的义务，也不得限制被保险人或者受益人取得保险金的权利。

解析：这一条也是大部分人认为保单能够保全财富的关键法条之一，是最常被引用但却是最容易出错的地方。

要正确理解这个法条，只需要抓住“保险金”这个关键字就可以了，也就是说法律保护的其实是权利人领取保险金的权利，但若该权利尚未形成呢？显然就不能适用这个法条了。

比如以终身寿险为例，在被保险人尚未身故之前，受益人是没有领取保险金的权利，或者说其领取保险金的权利是虚值的，只是一种可期待利益，并不是明确的，原因有三：一是被保险人的身故可能会落在免责范围之内，比如抗拒执法的死亡等；二是受益人可能会被变更；三是受益人可能会先于被保险人身故。因此，在被保险人身故之前，受益人都只是一种虚值的可期待利益，并不能用这个法条来对抗保险的强制执行，甚至于在保险事故发生之前，受益人除非支付了与现金价值同等的权利，否则其都没有资格参与到与保险相关的诉讼纠纷之中。

所以，这个保险条款只适用于发生保险金给付的时候，而对于尚未发生给付的保险，显然不能用这个条文来对抗保险的强制执行。因此，从这个法条上来说的保险能够保全财富的功能，仅仅是在保险约定的事故发生后，因为受益人领取保险金，而能够规避投保人或者被保险人的债务。

但若该债务的主体是受益人呢？其他人能否干预受益人领取保险金的权利呢？比如受益人在负债的情况下，不主动申领保险金，继而逃避债务的执行。

比如，张三欠了李四500万元债务，到期了无力偿还，早年间张三的父亲张二在某保险公司购买了保额为500万元的终身寿险，受益人为张三，张二得知张三欠下巨额债务无力偿还，忧心忡忡之下撒手人寰，此时张三为了不偿还李四的该笔债务，于是不向保险公司申请理赔。这样的方式具有一定的可行性，但不可取，而且简直就是丢了西瓜去捡芝麻的神操作，原因有三：

一是欠债不还，会被法院列入“失信人员名单”，即俗称的“老赖”，严重影响日常的出行。

二是《保险法》对于张三向保险公司请求给付保险金的诉讼期间为5年，5年后若想以诉讼的方式来领取保险金，法院将不予受理。虽然说5年后没有诉讼权利，未必保险公司就不会理赔，但一来没有了法律的保护，全凭保险公司的意愿，二来5年的时间内，也有极大概率会导致判断保险责任的证据丢失，继而导致理赔失败。而与此同时，张三欠李四的这笔500万元的债务却一直都在。一边是可能丧失500万元的保险金，一边是一直会存在的500万元债务，还因此而严重影响生活品质，如何选择，应该是道送分题了。

三是近年来各地的高级人民法院纷纷出台各类通知或者会议纪要，对于保险金的扣划也作了有益尝试。

比如2023年9月，四川省高级人民法院和国家金融监督管理总局四川监管局联合印发了《关于人身保险产品财产利益执行和协助执行的工作指引》，其中明确规定了人民法院因办案需要，依法要求保险机构协助查询、冻结、扣划被执行人人身保险产品财产利益，包括现金价值、个人账户价值、红利、满期金、生存金、保险赔款等，保险机构应当积极协助配合。

再比如，上海高院与八大保险机构达成的《关于建立被执行人人身保险产品财产利益协助执行机制的会议纪要》中也明确规定了可以强制执行的范围，包括被执行人为投保人的，可冻结或扣划归属于投保人的现金价值、红利等保单权益；被执行人为被保险人的，可冻结或扣划归属于被保险人的生存金等保险权益；被执行人为受益人的，可冻结或扣划归属于受益人的生存金等保险权益。

四、《保险法》第二十六条　人寿保险以外的其他保险的被保险人或者受益人，向保险人请求赔偿或者给付保险金的诉讼时效期间为二年，自其知道或者应当知道保险事故发生之日起计算。

人寿保险的被保险人或者受益人向保险人请求给付保险金的诉讼时效期间为五年，自其知道或者应当知道保险事故发生之日起计算。

解析：这一条是关于保险金请求权诉讼时效的规定，从四个方面理解这一条：

一是该条从侧面说明了保险金是属于被保险人或者受益人的一项财产权利，与投保人无关。因此在用保险做财富规划的时候，就需要考虑被保险人或者受益人领取保险金以后可能面临的相关风险。

二是诉讼时效依据产品类型不同而有所差异。人寿保险的诉讼时效为5年，其他的均为2年。这就有必要对保险的分类作个明确的界定。保险分为财产保险和人身保险，人身保险又分为人寿保险、健康保险和意外伤害保险，而人寿保险一般来说仅包含三种，生存保险、死亡保险和两全保险。换句话说，除了生存保险、死亡保险和两全保险的保险金请求权的诉讼时效是5年之外，其他所有类型的保险，其保险金请求权的诉讼时效都是2年。

三是该5年的规定起算时间是自被保险人或者受益人知道保险事故发

生之日起计算，并不是自保险事故发生之日起计算。

四是该2年或者5年指的是能够向法院起诉的时效，既不表示2年或者5年内保险一定会理赔，也不代表2年或者5年后保险一定不会理赔。

五、《保险法》第三十一条　投保人对下列人员具有保险利益：

（一）本人；

（二）配偶、子女、父母；

（三）前项以外与投保人有抚养、赡养或者扶养关系的家庭其他成员、近亲属；

（四）与投保人有劳动关系的劳动者。

除前款规定外，被保险人同意投保人为其订立合同的，视为投保人对被保险人具有保险利益。

订立合同时，投保人对被保险人不具有保险利益的，合同无效。

解析：具有保险利益是保险合同成立的重要原则之一，保险利益可以是现实的利益，也可以是预期的利益。强调保险利益原则，是为了通过法律的强制力来防止保险活动成为某些人获取不正当利益的手段，可以有效防止把保险变成赌博，可避免道德风险的发生，从而确保保险活动可以充分发挥分散风险减少损失的作用。

我国的保险利益采取的是列举式和同意式并存的原则，列举的四类加同意的一类。因此实务中，如果我们能够排除洗钱的风险，其实法理上来说，任何人在经得他人同意后，都可以为其投保人寿保险，只是实务中，各家公司包括监管层对于保险当事人的主体要求可能会有一些更为具体的限制，比如叔叔辈为侄子辈的投保，或者三代以上的旁系亲属为自己投保等都可能面临很大的操作难题，但正如前面所分析的那样，如果保额或者保费足够大，在并不违法的情况下，相信肯定有保险公司愿意为此一试。

因此，实务中我们在服务高净值客户过程中，在清晰地知晓其需求的具体情况的前提下，为其争取更为个性化的保险结构，从法理上来说，是具备可能性的。

六、《保险法》第三十四条　以死亡为给付保险金条件的合同，未经被保险人同意并认可保险金额的，合同无效。

按照以死亡为给付保险金条件的合同所签发的保险单，未经被保险人书面同意，不得转让或者质押。

父母为其未成年子女投保的人身保险，不受本条第一款规定限制。

《最高人民法院关于适用〈中华人民共和国保险法〉若干问题的解释（三）》第二条　被保险人以书面形式通知保险人和投保人撤销其依据《保险法》第三十四条第一款规定所作出的同意意思表示的，可认定为保险合同解除。

解析：本条是对以死亡为给付保险金条件的保险合同生效条件及其保单可以转让、抵押条件的规定。

一般来说，保险合同也是民事法律范畴，其同样遵循合同双方意思自治的原则，实践中除以死亡为给付条件的保险合同也确实如此，但以死亡为给付条件的保险由于是以被保险人死亡为给付保险金，被保险人又不可能是受益人，这就有可能发生为赚取保险金故意谋害被保险人的情形，因此，保险法特别规定以死亡为给付保险金条件的合同生效的前提是这种保险合同必须经被保险人同意，而且是书面同意，同时还要由被保险人认可保险金额。也是基于同样的理由，这类保险在转让或者质押时，也需要被保险人的书面同意。

根据《民法典》的规定，18周岁以下的公民是未成年人，即父母为其18周岁以下的子女投保的人身保险，不必经其子女书面同意并认可保险金额，这主要是有两点考虑：第一，父母往往会为其未成年子女着想，而不会做出有损于他们利益的事情。第二，父母为未成年子女投保以死亡为给付条件的保险是有强制性的限额。

此外，在保险金信托业务中，若保险中间被解除了，势必会影响到保险金信托的整体结构，因此，在业务早期，尤其是在保险金信托1.0模式下，往往都要求投被保险人要一致，其目的之一也是避免被保险人解除保险合同而导致保险金信托架构受影响。

七、《保险法》第三十九条　人身保险的受益人由被保险人或者投保人指定。

投保人指定受益人时须经被保险人同意。投保人为与其有劳动关系的劳动者投保人身保险，不得指定被保险人及其近亲属以外的人为受益人。

被保险人为无民事行为能力人或者限制民事行为能力人的，可以由其监护人指定受益人。

解析：本条是对人身保险的受益人由谁指定的规定。

被保险人是人身保险的标的，对于其中所产生的保险利益，即将来可以获得的保险金，当然有指定受益人的权利。同时，由于指定受益人是一种民事行为，必须由具有民事行为能力的人行使。而在人身保险合同中，被保险人可以是限制民事行为能力人或者是无民事行为能力人。根据法律的规定，无民事行为能力人、限制民事行为能力人的监护人是他的法定代理人。因此，本条规定被保险人为无民事行为能力人或者限制民事行为能力人的，可以由其监护人指定受益人，以保护被保险人的利益。

八、《最高人民法院关于适用〈中华人民共和国保险法〉若干问题的解释（三）》第九条　投保人指定受益人未经被保险人同意的，人民法院应认定指定行为无效。

当事人对保险合同约定的受益人存在争议，除投保人、被保险人在保险合同之外另有约定外，按以下情形分别处理：

（一）受益人约定为法定或者法定继承人的，以民法典规定的法定继承人为受益人；

（二）受益人仅约定为身份关系的，投保人与被保险人为同一主体时，根据保险事故发生时与被保险人的身份关系确定受益人；投保人与被保险人为不同主体时，根据保险合同成立时与被保险人的身份关系确定受益人；

（三）约定的受益人包括姓名和身份关系，保险事故发生时身份关系发生变化的，认定为未指定受益人。

解析：这条是对指定受益人情形的司法解释。也正是这个解释给各类财富管理方案提供了重要的参考。

第一，投保人指定受益人未经被保险人同意，该行为可以经人民法院认定为无效。这与前述《保险法》第三十九条的规定是一脉相承的。

第二，如果受益人一栏里面什么都没有写，或者写明的受益人因种种原因丧失了受益权，那么依据《保险法》第四十二条的规定，保险金会作为被保险人的遗产进行处置，由被保险人的法定继承人按照《民法典·继承编》的规定，进行继承。

第三，如果受益人一栏写的是“法定”或者“法定继承人”字样，此时保险的受益人为被保险人的法定继承人，虽然从主体上来说，与前述作为被保险人的遗产进行继承时并无差异，但保险金的性质却有着本质的区别。一方面，前者是没有受益人，后者是有受益人，其受益人是所有法定继承人；另一方面，前者是作为被保险人的遗产进行处置，需要偿还被保险人生前的债务或者缴纳相关的税费，而且还有可能引起继承的纠纷，而后者是属于法定继承人自己的财产，无须偿还被保险人生前的债务或者缴纳相关的税费，一般也不会引起受益人之间的纠纷。实践中，很多人容易在这一点上混淆，因此需要特别注意。

第四，某些场景下，受益人可能仅仅约定为身份关系，比如子女、配偶等，子女关系比较容易，除非收养的，一般都很难改变，但配偶关系却是容易改变的，因此当出现这类情况时，也需要区别对待。如果投、被保人为同一人，则根据保险事故发生时与被保险人的身份关系确定受益人；如果投、被保人为不同的人时，根据保险合同成立时与被保险人的身份关系确定受益人。

举例来说：张三和李四为夫妻，张三以自己为投保人，分别给自己和妻子李四投保人寿保险，保单受益人均仅约定为配偶，投保后夫妻离婚并且双方都再婚，张三娶了王五，李四嫁给了赵六。之后若张三发生保险事故，则此时的保险受益人为张三的现任太太，即王五，若李四发生保险事故，则此时的保险受益人为其前夫，即张三。

因此，从婚姻财富规划的角度来说，一方面可以争取投保人的角色；另一方面若婚姻发生变化，及时做好相应的变更。

第五，如果受益人一栏写的是“姓名+身份”，不论保险结构如何，当保险事故发生时若身份关系发生变化，则认定为没有受益人，保险金作为被保险人的遗产进行处置。还是上述的案例，若张三给自己和妻子李四购买保险时，保险受益人分别为配偶李四、配偶张三，离婚又各自再婚后发生保险事故的，由于身份关系已经发生了变化，此时保单没有受益人，张三自己作为被保险人的保单由其法定继承人继承，李四为被保险人的保单，由李四的法定继承人继承。

因此，在规划婚姻财富时，尤其是给子女做婚姻财富规划时，若子女是再婚状态，为了既不伤害子女婚姻感情，并能够为其幸福生活助力，又能够在子女婚姻发生变化时守护住自己的财产，不必承受财产损失的二次伤害，可以在保险结构中添加子女的配偶为受益人，采取姓名+身份的模式，若子女婚姻存续，则子女配偶一直是受益人，若子女婚姻有变化，由于身份的变化，子女的配偶相当于自动丧失受益权，而即便子女未来再婚，其未来的配偶由于不是这个姓名，亦不会自动成为受益人，但可以经由子女进行变更，因而主动权完全掌握在子女一方手中，对其婚姻生活以及婚姻财富保护，无疑是有利的。

九、《最高人民法院关于适用〈中华人民共和国保险法〉若干问题的解释（三）》第十条　投保人或者被保险人变更受益人，当事人主张变更行为自变更意思表示发出时生效的，人民法院应予支持。

投保人或者被保险人变更受益人未通知保险人，保险人主张变更对其不发生效力的，人民法院应予支持。

投保人变更受益人未经被保险人同意，人民法院应认定变更行为无效。

《最高人民法院关于适用〈中华人民共和国保险法〉若干问题的解释（三）》第十一条　投保人或者被保险人在保险事故发生后变更受益人，变更后的受益人请求保险人给付保险金的，人民法院不予支持。

解析：这条强调的是变更受益人的时点及效力问题。

首先，从时点上来说，受益人的变更是从做出意思表示时就已经发生，而不论这个意思表示是否为外界所熟知，为的是在紧急情况下，能够尊重投保人或者被保险人的真实意愿。当然，也需要在保险事故发生之前做出，逻辑也很简单，随着保险事故发生，保险合同其实已经终止，投保人和被保险人的相关权利亦同步终止，所剩下的就只有受益人请求保险公司支付保险金的权利了，而保险金属于受益人个人的财产，这一点已经无须多言，因而，若投保人或者被保险人在保险事故后变更受益人，变更后的受益人向法院请求保险人给付保险金是得不到法院支持的。

其次，由于一方面保险合同的另一方为保险人，变更保险受益人显然属于变更合同条款的范畴，因此需要通知合同的另一方，即保险公司；另一方面保险公司承担着向受益人支付保险金的义务，若投保人或者被保险人变更了受益人而不告知保险人，则保险公司因不知道受益人已经变更而继续向原受益人给付保险金，若此时的变更对保险人发生效力，则保险人会面临极大的业务风险，因此变更受益人虽然不需要保险公司的同意，但必须要让保险公司知晓。

十、《保险法》第四十二条　被保险人死亡后，有下列情形之一的，保险金作为被保险人的遗产，由保险人依照《中华人民共和国继承法》的规定履行给付保险金的义务：

（一）没有指定受益人，或者受益人指定不明无法确定的；

（二）受益人先于被保险人死亡，没有其他受益人的；

（三）受益人依法丧失受益权或者放弃受益权，没有其他受益人的。

受益人与被保险人在同一事件中死亡，且不能确定死亡先后顺序的，推定受益人死亡在先。

解析：本条是对保险金作为遗产处置的情形规定。

首先，需要明确知晓保险在什么情况下属于没有受益人，本条列举了三种情形：

第一，没有指定或者指定不明，比如受益人一栏为空白，或者姓名和身份不一致，如前面张三买的保单，受益人为当时的妻子李四，但后来再婚后妻子不再是李四了，此时就是指定不明，就像相当于没有受益人。

第二，受益人先于被保险人身故且没有其他受益人，比如张三为妻子李四购买保险，以儿子张五为受益人，没想到张五先于李四撒手人寰，张三还来不及变更受益人的时候，李四就身故。

第三，所有受益人主动放弃或者被动失去受益权。主动放弃好理解，做出不要了的意思表示即可。被动失去从《保险法》上来说，其实就是受益人主观上故意对被保险人造成重大伤害，包括造成死亡、伤残、疾病等，也包括以杀害为目的的未遂。

其次，本条还规定了若被保险人和受益人同时身故且无法确定先后顺序的处理原则，即此时推定受益人先身故。这一点与遗产继承方面的规则稍有不同。《民法典》中规定了相互有继承关系的人在同一事故中死亡又无法确定先后顺序时的继承规则，分两种情形考量：

一种是若其中有一人没有继承人了，则推定该人先死亡，有继承人的人后死亡。道理也很就简单，此时有继承人的人继承没有继承人的人的遗产后，再由有继承人的继承人继承，若反过来，则意味着没有继承人的人继承了有继承人的人的遗产后，其遗产将面临无人可继承的局面。

另一种是都有继承人的，此时又分为两种情形，一是如果他们辈分不同，则推定长辈先死亡；二是如果他们的辈分相同，则推定他们同时死亡并且相互不发生继承。

实务中还可以考虑另外一种极端情形，即所有人都没有继承人了，此时其遗产国家或者集体所有。

十一、《保险法》第八十九条　保险公司因分立、合并需要解散，或者股东会、股东大会决议解散，或者公司章程规定的解散事由出现，经国务院保险监督管理机构批准后解散。

经营有人寿保险业务的保险公司，除因分立、合并或者被依法撤销外，不得解散。

保险公司解散，应当依法成立清算组进行清算。

《保险法》第九十条　保险公司有《中华人民共和国企业破产法》第二条规定情形的，经国务院保险监督管理机构同意，保险公司或者其债权人可以依法向人民法院申请重整、和解或者破产清算；国务院保险监督管理机构也可以依法向人民法院申请对该保险公司进行重整或者破产清算。

解析：这两条是对于保险公司解散的具体规定。

长期以来，很多保险同仁对此都有误解，基本把“经营有人寿保险业务的保险公司，除因分立、合并或者被依法撤销外，不得解散”这句话选择性地理解为“经营有人寿保险业务的保险公司不得解散”，有些人甚至更进一步地解读为经营人寿保险业务的保险公司，是不允许破产的，这种言论无论是在过去还是当下，都有人对此深信不疑，这显然是大错而特错的，姑且不讨论当前实务中已然有数家人寿保险公司破产清算，单纯从法条的角度，其理解都是错误的。

首先，不得解散也是有前提的，强调的是不能主动解散，而对于被动解散，比如分立、合并或者被依法撤销而解散，是允许的。而主动解散由于存在很大概率会伤害投保人或者被保险人的合法权益，故而是要严加限制的。所谓主动解散，举例来说，张三、李四、王五、赵六四个人出资设立人寿保险公司，经营一段时间后，所收保费远远大于其注册资本，结果四人坐在一起商议，打算把公司解散，而退还给投保人的现价价值极有可能远远低于其所收到的保费，此时若允许他们这么做，显然是侵害了保险当事人的合法权益，也不利于社会的稳定。故而，主动解散经营人寿保险业务的公司，是不被允许的。

其次，解散和破产是完全不同的，不得解散也不等于不得破产。抛开保险行业不谈，抛开法律层面不谈，单纯从经济的角度来说，如果强制性禁止任何一家商业性的机构破产，显然是不符合经济运行规律的。

最后，从《保险法》的第九十条的表述中也可以看出，法律层面是允许保险公司破产清算的，当然其破产清算程序相比一般性的商业机构来说，是要更严格一些。

因此，虽然人寿保险公司有其业务的特殊性，但我们千万不要再说人寿保险公司是不可以破产或者解散的了。

十二、《保险法》第九十二条　经营有人寿保险业务的保险公司被依法撤销或者被依法宣告破产的，其持有的人寿保险合同及责任准备金，必须转让给其他经营有人寿保险业务的保险公司；不能同其他保险公司达成转让协议的，由国务院保险监督管理机构指定经营有人寿保险业务的保险公司接受转让。

转让或者由国务院保险监督管理机构指定接受转让前款规定的人寿保险合同及责任准备金的，应当维护被保险人、受益人的合法权益。

解析：本条强调的是经营人寿保险业务的保险公司被依法撤销或者被

宣告破产后，其所持保单处置。

总体来说，人寿保险合同并不会因为保险公司的解散而受影响。

如果保险公司是因为分立或者合并而被撤销，则分立后的各保险公司或者合并后的保险公司，应当承接尚有效的人寿保险合同和准备金。若保险公司是被依法宣告破产的，则其所持有的人寿保险合同及其责任准备金，必须转让给其他有经营资质的保险公司，并且在此过程中，需要维护被保险人以及受益人的合法权益，这是保险法给与的强制性规定。这也和前面法条所描述的凡经营有人寿保险业务的保险公司，不得以分立或者合并以外的方式解散遥相呼应。

这几个法条，几乎构建了我国保险业务的“不破金身”，大家普遍认为保险基于其社会属性与合同属性，是完全能够得到如约履行的，国家对于保险合同的履行都是会兜底的。这话几乎是对的，但随着保险功能越来越多样化，保险产品越来越丰富，有些场景或者有些产品可能已经不再是保险最开始的样子了，因此要想让保险发挥一如既往的作用，就需要对保险的结构进行有针对性的完善。

此外，2024年3月，《财新周刊》发布了封面文章——“处置问题险企”，文中提道：

据财新了解，正在修订过程中的《保险法》草案中已新增提出：“若被接管的保险公司资产不足以清偿全部债务，或者依法进行保险业务转让的，经国务院批准，可以对保险合同进行合理变更。”

此文一出，瞬间引爆了整个市场，大家无不担心，若真如此，则意味着一旦保险公司破产且资不抵债，那么保险合同极有可能会被变更，虽然程序上需要国务院批准，但若真的到了这般境地，批准应该也仅仅是走流程而已。而变更的内容，首当其冲的一定是约定的利率或者保额，比如某些保险产品在购买时约定的保底利率为2%，一旦该保险公司破产且资不抵债，就极有可能将其变更为1%甚至更低，虽然对于整个行业的健康发展是有好处的，但对于个体来说，意味着产生实际的损失。因此，未来我们在配置保险的时候，更多的还是要综合考虑，不仅要关注保险产品本身的特征和属性，还要考察保险公司的经营风格和整体实力，并最终从金融消费者的选择角度来引导所有的保险公司稳健经营，共同促进市场的繁荣。

虽然，该文所描述的《保险法》修订草案目前还没有正式落地，但对于保险"打破刚兑"的事情,《保险保障基金管理办法》(2022)已经进行了先行尝试。

十三、《保险保障基金管理办法》(2022)第二十条　保险公司被依法撤销或者依法实施破产，其清算财产不足以偿付保单利益的，保险保障基金按照下列规则对财产保险、短期健康保险、短期意外伤害保险的保单持有人提供救助：

(一)保单持有人的保单利益在人民币5万元以内的部分，保险保障基金予以全额救助。

(二)保单持有人为个人的，对其保单利益超过人民币5万元的部分，保险保障基金的救助金额为超过部分金额的90%；保单持有人为机构的，对其保单利益超过人民币5万元的部分，保险保障基金的救助金额为超过部分金额的80%。

本办法所称保单利益，是指解除保险合同时，保单持有人有权请求保险人退还的保险费、现金价值；保险事故发生或者达到保险合同约定的条件时，被保险人、受益人有权请求保险人赔偿或者给付的保险金。

解析：本条是对保单持有人持有的财产保险、短期健康保险、短期意外伤害保险的救助规定。

当保险公司被依法撤销或者依法实施破产，其清算财产不足以偿付保单利益的，保险保障基金对上述保单持有的救助办法为：若保单持有人为个人，则5万元以内的保单利益，保险保障基金全额保障，超过5万元部分保障90%；若保单持有人为机构的，5万元以内的保单利益，保险保障基金不予保障，超过5万元的，保障超过部分的80%。

这里要强调两点：一是该救助对象为保单持有人；二是救助的保险产品仅为财产保险、短期健康保险、短期意外伤害保险。

十四、《保险保障基金管理办法》(2022)第二十一条　经营有长期人身保险业务的保险公司被依法撤销或者依法实施破产的，其持有的人寿保险合同，必须依法转让给其他经营有相应保险业务的保险公司；不能同其他保险公司达成转让协议的，由国务院保险监督管理机构指定经营有相应保险业务的保险公司接收。

除人寿保险合同外的其他长期人身保险合同，其救助方式依照法律、行政法规和国务院有关规定办理。

解析：该条是对人身保险业务的救助规定。

从法条上来说，对于长期人寿保险产品，从保单持有人的视角来说，可以理解为是全额保障的，不区分持有主体，也不区分金额大小。当然，其救助的方式并非是动用保险保障基金来直接救助，而是通过将此类保险合同转让给其他保险公司的方式，让保险合同继续有效，从而全额保障保单持有人的相关利益。

十五、《保险保障基金管理办法》（2022）第二十二条　被依法撤销或者依法实施破产的保险公司的清算资产不足以偿付人寿保险合同保单利益的，保险保障基金可以按照下列规则向保单受让公司提供救助：

（一）保单持有人为个人的，救助金额以转让后保单利益不超过转让前保单利益的90%为限；

（二）保单持有人为机构的，救助金额以转让后保单利益不超过转让前保单利益的80%为限；

（三）对保险合同中投资成分等的具体救助办法，另行制定。

除人寿保险合同外的其他长期人身保险合同，其救助标准按照人寿保险合同执行。

保险保障基金依照前款规定向保单受让公司提供救助的，救助金额应当以保护中小保单持有人权益以维护保险市场稳定，并根据保险保障基金资金状况为原则确定。

解析：本条是对人寿保险合同受让公司的救助规定。

在解决了保单持有人的利益后，保险保障基金就需要对受让的保险公司进行有针对性的救助，毕竟若不救助，受让公司将全盘接受来自转让公司的保单赔付压力，对于其后续经营来说，是个非常大的挑战，因此保险保障基金从三个方面对受让公司进行救助：

第一，若保单持有人为个人，则其救助金额为转让后保单利益不超过转让前保单利益的90%为限。

第二，若保单持有人为机构的，则其救助金额为转让后保单利益不超过转让前保单利益的80%为限。

第三，如果保险合同中有投资成分，则其救助办法，另行规定。

这里也需要强调两点：一是此处阐述的救助对象为受让公司，与保单持有人无关；二是救助对象仅为人寿保险合同中的非投资属性部分。

> 十六、第八次全国法院民事商事审判工作会议（民事部分）纪要
>
> （二）关于夫妻共同财产认定问题
>
> 4.婚姻关系存续期间以夫妻共同财产投保，投保人和被保险人同为夫妻一方，离婚时处于保险期内，投保人不愿意继续投保的，保险人退还的保险单现金价值部分应按照夫妻共同财产处理；离婚时投保人选择继续投保的，投保人应当支付保险单现金价值的一半给另一方。
>
> 5.婚姻关系存续期间，夫妻一方作为被保险人依据意外伤害保险合同、健康保险合同获得的具有人身性质的保险金，或者夫妻一方作为受益人依据以死亡为给付条件的人寿保险合同获得的保险金，宜认定为个人财产，但双方另有约定的除外。
>
> 婚姻关系存续期间，夫妻一方依据以生存到一定年龄为给付条件的具有现金价值的保险合同获得的保险金，宜认定为夫妻共同财产，但双方另有约定的除外。

解析：这是关于婚姻中保单财产性权益认定的相关规定。

首先，从逻辑上来说，用夫妻共同财产投保的保单，其财产性权益显然是属于夫妻共同财产范畴，不会因为财产形式的变化而发生性质的改变。但需要注意的是，用夫妻共同财产购买的保单，在离婚分割时，仅仅是分割现金价值，这就为婚姻财富的规划创造了一定的空间。毕竟从原理上来说，保单的现金价值在保单生效的初期一般都会要低于甚至是远低于保费的，因而可以通过保险的方式，合理合法地将夫妻共同财产变成自己个人财产。

当然，这么操作，也绝非鼓励大家在婚姻中用保险的方式来侵害对方的合法权益，而是说在一定的范围之内，以保险之名，做到进退有度的婚姻财富规划。比如，家庭总资产有1亿元，花1000万元配置保险，即便离婚的时候现金价值只有250万元，这也很难被认定为以合法的形式恶意转移夫妻共同财产。但若在总资产1亿元的情况下，花5000万元甚至更多来配置保险，继而规避离婚时候的分割，尤其是在配置完保险后很短时间内就离婚的，有可能会被对方主张恶意转移财产，因此，做任何规划，都要经得起合理性的推敲，切不可以损害他人合法利益为目的。

其次，若是婚后夫妻一方作为受益人领取的保险金，在没有特别约定的情况下，则依据不同类型的保险产品分别对待：

若夫妻一方作为被保险人依据意外伤害保险合同、健康保险合同获得的具有人身性质的保险金，或者夫妻一方作为受益人依据以死亡为给付条件的人寿保险合同获得的保险金，一般认定为个人财产；若夫妻一方依据以生存到一定年龄为给付条件的具有现金价值的保险合同获得的保险金，则一般认定为夫妻共同财产。

简单来说，不论投保人是谁，夫妻一方在婚内取得的意外伤害保险、健康保险和死亡保险的保险金为婚内个人财产，而年金保险的保险金为夫妻共同财产。因此，在采用保险的方式做婚姻财富规划，尤其是给子女做婚姻财富规划的时候，就需要特别注意保险类型的选择，以及保险结构的设计，比如保险金信托，无论何种类型的保险，若能够都进入信托，则其保险金由于成为信托财产，所以无须面临婚姻变更的影响。

第二节 | 信托相关法条解析

信托方面相关的法条解析依据的主要是《信托法》，本法从2001年颁布至今，尚未有任何的司法解释，实际工作中很多人也仅仅是从理财型信托的角度去理解《信托法》，保险金信托和家族信托与理财型信托完全不同，对于法理的理解与适用也需要更为全面和准确，方能在实际业务中更好地服务客户。

> 一、《信托法》第二条　本法所称信托，是指委托人基于对受托人的信任，将其财产权委托给受托人，由受托人按委托人的意愿以自己的名义，为受益人的利益或者特定目的，进行管理或者处分的行为。

解析：本条是对信托的定义，理解信托的定义，可以从以下三个方面把握其基本的特征：

1.信托是一种由他人进行财产管理、运用或处分的财产管理制度。

2.信托是以信任为前提的。

3.受托人以自己的名义持有并管理信托财产，但必须受信托目的的约束，而且由此产生的利益归受益人所有，这也是信托二元所有权结构的关键，即名义所有权归受托人，受益所有权归受益人。

需要特别注意的是，本条中对于信托财产转移的过程表示的是“委托给”，而国际通行的信托制度是建立在信托财产所有权转移的基础之上，即设立信托，委托人必须将其合法拥有的财产的所有权转移到受托人名下，这是信托历经数百年演变而始终不变的特点之一，也是信托在财富管理方面发挥巨大功能的根本性制度保障，但为何信托进入中国后，其“转移”关系怎么就变成了“委托给”的关系呢?

其实早在1996年全国人大财经委提交的《信托法（草案）》（一次审议稿）中，关于信托的定义是这样的：本法所称信托，是指委托人基于对受托人的信任，将其财产权转移给受托人，由受托人按委托人的意愿以自己的名义，为受益人的利益或者特定目的，进行管理或者处分的行为。但在

2001年正式通过这部法律时，却将“转移给”变换成了“委托给”，到底是何缘由呢？并且经此一改，为法律界和实务界都带来了一个巨大的问题，即这个“委托给”是只具有形式的法律意义还是具有实质的法律意义？而这样的争议，也成为国内家族信托三大制度性不足之一（另外两个分别为登记制度和税制制度）。

所谓的“形式的法律意义”是指只是形式上的用词不同而已，实际中并没有改变委托人需要将财产权转移给受托人的实质。所谓“实质的法律意义”是指不只是形式上的用词不同，实质上也与“转移给”不同，这就意味着在我国设立信托，仅有意思表示就够了，无须财产权的转移，甚至于信托设立后，信托财产的所有权仍然保留在委托人手中。

虽然单纯从这个条文上，我们很难得出具体的结论，但纵观整部《信托法》，笔者倾向性地认为这是仅仅一种“形式的法律意义”。因为从《信托法》随后的表述中，我们不难发现，信托财产完全能够实现能够独立于委托人、受托人和受益人的现实效果，依法设立的信托也不因委托人死亡、解散、被撤销或者破产而终止，并且除非符合法定的四种情形，否则任何机构都不得对信托财产进行强制执行。

因而，虽然从信托的概念上，对信托制度的独立性有所争议，但从实务上，我们又可以依据《信托法》的规定实现信托独立性的现实效果，也希望《信托法》的修订尽早提上议程，改变当前这种有争议的局面。

二、《信托法》第四条　受托人采取信托机构形式从事信托活动，其组织和管理由国务院制定具体办法。

《信托法》第二十四条　受托人应当是具有完全民事行为能力的自然人、法人。

《信托公司管理办法》第二条　本办法所称信托业务，是指信托公司以营业和收取报酬为目的，以受托人身份承诺信托和处理信托事务的经营行为。

解析：由于《信托法》允许自然人成为信托的受托人，因此实务中很多机构在探索自然人作为受托人的信托业务，也有这方面的实践落地。但自然人作为受托人有两个制度硬伤：

一个是当前国内缺乏信托的登记和公示制度，自然人作为受托人，很难区分个人财产与信托财产，存在非常大的混同风险以及侵占风险。

另一个是自然人受托人如果从信托中获取报酬，可能会被认定为是经营行为，如果被认定为是经营行为，就必须要以信托机构的名义从事信托活动，如此一来就需要获得专门的审批，即必须成立持牌的信托公司，而没有合规许可情况下的经营，很容易构成非法经营罪，实务中若非法经营数额在5万元以上不满50万元，或者违法所得数额在1万元以上不满10万元，就属于情节严重了，可会被处5年以下有期徒刑或者拘役，并处或者单处违法所得1倍以上5倍以下罚金；而如果非法经营数额在50万元以上或者违法所得数额在10万元以上的，或者非法经营数额或者违法所得数额接近上述数额标准且2年内因同种非法经营行为受过2次以上行政处罚，又进行同种非法经营行为的，就属于情节特别严重，可能会被处5年以上有期徒刑，并处违法所得1倍以上5倍以下罚金或者没收财产。

因此，自然人成为信托的受托人从法理上来说是没有问题，但只能是不以营业或者收取报酬为目的，短期内无偿地为一两个信托做受托人，相信还是有人可以做到的，但让一个人长期地无偿付出，并且为很多家庭付出，这不是件轻易能够做到的事情。

三、《信托法》第六条　设立信托，必须有合法的信托目的。

解析：美国哈佛大学斯考特教授说过，信托的运用范围可以和人类的想象力相媲美。这话的意思就是信托的目的可以多种多样，几乎没有边界限制。而我国的《信托法》在这方面其实也有着异曲同工之处，即只需要信托目的合法就可以了，至于是什么，只要不突破法律的红线，都是没有问题的。

合法，一方面是要符合法律的规定，受到法律、行政法规的强制性规范的限制，法律法规有禁止性规定的，信托目的不得违反；另一方面也必须是明确的，能够让受托人清晰地知晓其应该履行的职责和义务，语焉不详的信托目的，因其无法执行可能面临无效的风险。

比如，信托目的是逃避债务，损害债权人的合法权益，那基本就属于欺诈信托，债权人是有权依照法定程序撤销该信托的。

再比如，信托目的是照顾与自己没有任何不当关系的红颜知己，在不涉及财产的无权处分以及监管的“三反”规定的情况下，这个信托目的是可行的，但如果信托目的是照顾“小三”，则由于信托目的违反了社会公序良俗、不符合社会的基本价值观而不可行。

四、《信托法》第七条　设立信托，必须有确定的信托财产，并且该信托财产必须是委托人合法所有的财产。本法所称财产包括合法的财产权利。

《信托法》第十四条　受托人因承诺信托而取得的财产是信托财产。

受托人因信托财产的管理运用、处分或者其他情形而取得的财产，也归入信托财产。

法律、行政法规禁止流通的财产，不得作为信托财产。

法律、行政法规限制流通的财产，依法经有关主管部门批准后，可以作为信托财产。

《信托法》第二十六条　受托人除依照本法规定取得报酬外，不得利用信托财产为自己谋取利益。

受托人违反前款规定，利用信托财产为自己谋取利益的，所得利益归入信托财产。

解析：本条强调的是设立信托的必要条件之一。包含四个层面的意思：

一是信托财产必须能够在当下确定，也就是必须能够量化。比如终身寿险的理赔金，是个确定的事情，是个确定的财产权利，因此可以成为信托财产，可以设立保险金信托。公司股权也可以通过估值的方式来确定的价值，因此可以称为信托财产，但股权的分红权或者投票权等，因其存在不确定性或者无法量化，而不能成为信托财产。

二是信托财产必须是委托人自己合法拥有的财产。比如用夫妻共同财产以个人名义设立的信托，后续被配偶挑战的可能性非常大，因此实务中都需要签署配偶同意函或者个人财产申明。再比如用公司的钱为自己设立信托，也存在很大的问题，比如之前热议的贾先生设立生前不可撤销信托的事情，据传其资金来自法拉第公司的资金池，即便这个法拉第公司是贾先生控股，哪怕是100%控股，以法人的钱为自然人设立他益的家族信托，很明显一方面可能涉及税务问题，另一方面也可能存在挪用企业资金，侵害股东及债权人权益的可能。类似地，在电视剧《人民的名义》中，高小琴在香港所设立的信托基金，也存在这个问题，这被很多业内人士认为高小琴所设信托基金，艺术大于现实。

三是信托财产还必须是能够自由流通的，限制流通的财产需要获得主管部门的批准，而禁止流通的财产则不能成为信托财产。举例来说，商品房是可以自由流通，所以可以设立房产信托，采矿权是限制流通的财产权利，需要获得主管部门批准才可以设立信托，你家后院挖出来的兵马俑，由于是国家文物，属于禁止流通的国家财产，因此不能设立信托。

四是受托人在管理信托财产过程中，除获取信托文件约定的报酬之外，其他所得均为信托财产，若受托人因管理信托事务或者信托财产而获得了约定报酬以外的利益，该利益也属于信托财产范畴。进一步来说，若第三人因受托人管理信托事务或者信托财产的行为而从中受益，除非第三人有对等的付出，比如金钱或者服务等，否则该第三人所获得的利益也属于信托财产。比如在保险金信托3.0的信托直投模式下，因为受托人的投保行为，而让第三人（往往是保险代理人）获得了佣金，该佣金从法理上来说就应该属于信托财产，因为信托法规定受托人不能利用信托财产为自己谋取信托报酬以外的利益，自然也就不能为第三人谋取利益了。

五、《信托法》第九条　设立信托，其书面文件应当载明下列事项：

（一）信托目的；

（二）委托人、受托人的姓名或者名称、住所；

（三）受益人或者受益人范围；

（四）信托财产的范围、种类及状况；

（五）受益人取得信托利益的形式、方法。

除前款所列事项外，可以载明信托期限、信托财产的管理方法、受托人的报酬、新受托人的选任方式、信托终止事由等事项。

【释义】本条是对信托文件记载事项的规定。

依照本条的规定，并结合业务实践，信托文件记载的事项通常可以分为三个方面的内容：

一是信托文件的法定记载事项。比如，本条第一款列出了5项信托文件必须记载的事项，这些事项反映了设立信托应当明确的内容，要求委托人在设立信托的书面文件中作出明确的表示。

1.信托目的，这是指委托人设立该项信托所要达到的目的，包括私益目的和公益目的，结合前面的法条，信托目的只要合法就可以了。

2.委托人、受托人的姓名或者名称、住所。这是信托关系中的核心三个当事人主体，必须要明确。

3.受益人或者受益人范围。受益人可以是委托人自己，这种信托属于自益信托；受益人也可以是委托人指定的第三人，其中受托人也可以作为共同受益人，这种信托属于他益信托。如果信托文件不能确定受益人或受益人范围，意味着受托人将不知道该把信托利益分配给谁，该项信托的设立行为也就无效，不构成信托关系。

4.信托财产的范围、种类及状况。现存的、确定的、合法的信托财产，是设立信托必须具备的要件之一。

5.受益人取得信托利益的形式、方法。信托的目的在于使受益人享受信托利益，因此，受益人在设定的信托关系中处于非常重要的地位。受益人的受益权范围有多大，如何取得信托利益，都需要在信托文件中加以明确。

二是信托文件可以载明的其他事项。

1.信托期限。设立信托是否要约定信托期限，从各国的信托法律的规定来看，有不同的做法。多数国家对信托期限没有法定要求，可以由委托人作出选择。我国信托法将信托期限作为可以约定的事项，由委托人根据信托目的和受益人的实际情况自主地作出规定。如果需要规定信托期限的，在信托文件中可以加以约定。

2.信托财产的管理方法。由于设立信托的目的不同，信托财产的范围、种类不同，信托财产的管理、运用的方式也会不同。委托人可以按照自己确定的方式指示受托人，也可以对受托人提出一般的要求，这主要取决于如何满足受益人的利益。究竟如何使信托财产充分发挥其经济功能，以达到信托目的，委托人可以在信托文件中确定。

3.受托人的报酬。在一项信托关系中，受托人的管理活动是否是有偿的，由委托人在设立信托时加以明确。以信托合同形式设立信托的，对受托人的报酬，可以由委托人和受托人进行协商。

4.新受托人的选任方式。由于信托的种类不同、信托业务的内容不同，对受托人的条件要求也会不同。在发生受托人职责终止的情况下，如何选定新的受托人，可以事先在信托文件中加以约定。如果没有事先作出约定的，则按照信托法中的有关规定，依次由信托当事人来指定。

5.信托终止事由。委托人在设立信托时，可以就预想到的信托终止事由加以约定。

三是信托文件的其他任意记载事项。在信托文件中，委托人根据需要还可以约定其他事项。例如，受益人放弃受益权的情况下，被放弃的受益权的归属问题；受托人在发生严重违背信托义务的情形时，委托人可以解任受托人；信托终止时，信托财产的归属顺序问题，等等。在信托文件中，事先作出明确、具体的约定，有利于及时处理信托活动中发生的问题，防止出现不必要的纠纷。

六、《信托法》第十条　设立信托，对于信托财产，有关法律、行政法规规定应当办理登记手续的，应当依法办理信托登记。

未依照前款规定办理信托登记的，应当补办登记手续；不补办的，该信托不产生效力。

解析：本条是对信托登记的规定。

可以从以下三个方面来理解：

一是依据法律、行政法规规定需要办理登记的信托财产，才需要办理登记，而对于不需办理登记的信托财产，则可以不用登记。比如房产、土地使用权、汽车、飞机、商标、股权等，是明确需要登记的财产，将这些财产设立信托必须要进行登记，而比如货币等部分金融产品，以及部分动产，秉持的是“占有即所有”的基本原则，将这些财产设立信托则不需要专门的登记，只需要置于受托人名下即可。

二是需要办理登记而没有及时办理登记的信托财产，可以补办，只有在不补办的情况下，信托才不产生效力。信托当事人依法办理了信托财产的登记手续后，信托行为受法律保护，信托财产具备对抗第三人的法律效果，除信托法有特别规定外，其他人不得主张对该信托财产的权利。但是，如果信托当事人在设立信托时，对应当办理信托登记的财产未办理信托登记的，应当在规定的期限内补办信托登记；逾期仍不办理的，该信托行为不具有法律效力，不受法律的保护。

三是该法条并未具体规定信托财产该如何登记以及由哪个机构负责登记，这也是国内家族信托三大制度性不足之一，也即缺乏信托登记制度，这在很大程度上确实制约了家族信托业务的发展。

七、《信托法》第十一条　有下列情形之一的，信托无效：

（一）信托目的违反法律、行政法规或者损害社会公共利益；

（二）信托财产不能确定；

（三）委托人以非法财产或者本法规定不得设立信托的财产设立信托；

（四）专以诉讼或者讨债为目的设立信托；

（五）受益人或者受益人范围不能确定；

（六）法律、行政法规规定的其他情形。

解析：本条强调了从信托法的角度导致信托无效的六种情形，分别举例来说明：

1.如用夫妻共同财产设立信托，达到离婚时独占夫妻共同财产的目的，明显违反《民法典·婚姻编》的相关内容，应为无效；再比如，公司股东或者负责人将公司财产设立信托，但受益人却是自己，明显违反《公司法》的相关规定，也应为无效；还比如，丈夫用夫妻共同财产为小三设立信托，明显违反社会公共道德，助长社会不良风气，损害社会公共利益，因而也是无效的。

2.所谓信托财产不能确定，比如公司未来的分红，能不能有以及能有多少，都是不能确定的，因此以分红或者分红权为信托财产设立的信托，无效。

3.所谓非法财产，包括但不限于走私、盗窃、抢劫获得的非法财产以及其他非法侵占的公私财产等，如果允许委托人将其非法获得的财产设立信托，实际上就为不法分子“洗黑钱”开了方便之门，这是我国法律绝不允许的。

4.专以诉讼或者讨债为目的设立信托无效，这一规定是完整沿用日本和我国台湾地区信托法的相关内容，作出这一规定，主要是防止发生以盈利为目的而替代律师承揽诉讼的社会滥诉现象。同时，当事人的诉讼权利不能作为信托的标的，不属于财产管理的活动，而且当一些有特殊背景的个人或组织担当了“讨债公司”的角色，还会引发侵害债务人和债权人权益的其他问题。为此，不少国家的信托法都作出了基本相同的禁止性规定，这样有利于维护国家的司法秩序，维护诉讼当事人的合法权益。在我国诉讼并不是很常用的背景下，其实以诉讼为目的而设立信托本就是极低概率的事情，当然从法律的角度还是要加以规制。

5.所谓受益人范围不能确定，比如以某高校品学兼优的学生为受益人，这就是一个难以确定的范围，因为“品学兼优”的衡量标准不止一个，就注定了不同的人有不同的判断，因此很难有定论，但若是以综合成绩排名前10的学生为受益人，则是可以通过“综合”项下的考试或者评审来实现成绩的排名，是可以确定的范围。

6.法律、行政法规规定的其他情形，可以与《民法典·合同编》相衔接的。家族信托本质上也是合同行为，因此也需要遵循合同有效的基本情形。

八、《信托法》第十二条　委托人设立信托损害其债权人利益的，债权人有权申请人民法院撤销该信托。

人民法院依照前款规定撤销信托的，不影响善意受益人已经取得的信托利益。

本条第一款规定的申请权，自债权人知道或者应当知道撤销原因之日起一年内不行使的，归于消灭。

解析：这条是对信托撤销的一般规定。举个例子来理解：

2020年1月1日，张三向李四借款1000万元，借款期限4年，2020年3月1日找到A信托公司以该笔资金设立了家族信托，之后A信托公司分别向张三和不知情的张三未成年儿子张四分配了信托利益100万元和10万元，2023年12月，李四向张三催要还款时才得知张三将此笔资金用于设立信托，后因为张三还不起李四的该笔债务，李四遂向法院起诉。

第一，因为张三设立家族信托的资金是来源于对李四的举债，并且也因为设立信托后无力偿还李四的债务，明显损害了李四的权益，因此李四可以向法院申请撤销该信托。

第二，李四必须在2024年12月之前向法院申请该撤销，否则其撤销权就消灭，法院将不再受理其诉请。

第三，张三从信托中获取的100万元信托利益需要归还到信托。

第四，张四因为是未成年人，且并没有参与信托，因此其可以作为善意受益人不返还获取的10万元信托利益，但若其在短期内获取的信托利益金额过高，则存在被追索的可能。

九、《信托法》第十五条　信托财产与委托人未设立信托的其他财产相区别。设立信托后，委托人死亡或者依法解散、被依法撤销、被宣告破产时，委托人是唯一受益人的，信托终止，信托财产作为其遗产或者清算财产；委托人不是唯一受益人的，信托存续，信托财产不作为其遗产或者清算财产；但作为共同受益人的委托人死亡或者依法解散、被依法撤销、被宣告破产时，其信托受益权作为其遗产或者清算财产。

解析：该条强调的是信托财产独立性的第一个方面——独立于委托人。从三个层面来理解这个法条：

1.若委托人是唯一受益人，信托财产不独立于委托人，委托人身故或者负债时，信托财产作为其遗产或者债务清偿财产。

2.若委托人是受益人之一，那么其对应的受益权部分不能独立于委托人，委托人身故或者负债时，该受益权对应的信托财产成为其遗产或者债务清偿财产。

3.委托人不是受益人，此时信托财产才真正独立于委托人，不受委托人自身因素的影响，即便委托人身故或者负债，也不会影响到信托财产的独立性。

因此，在实务中，委托人若想做到信托财产独立于自己，最好的做法就是自己不能成为信托受益人，抑或者可以参考离岸信托，在自己是受益人之一的情况下，设立的是自由裁量权信托，也即未来能否获得信托利益以及获得多少信托利益，都由受托人依据届时的具体情况自主决定，如此一来，当委托人身故或者负债之时，受托人就可以自主地决定不向委托人分配信托利益或者分配极少数的信托利益，因为其信托受益人不确定，也就无法计算对应的信托财产份额。当然此种模式在中国的法治环境下是否可行，还有待于司法检验。

十、《信托法》第十六条　信托财产与属于受托人所有的财产（以下简称固有财产）相区别，不得归入受托人的固有财产或者成为固有财产的一部分。

受托人死亡或者依法解散、被依法撤销、被宣告破产而终止，信托财产不属于其遗产或者清算财产。

解析：该条强调的是信托财产独立性的第二个方面——独立于受托人。

理解信托财产独立于受托人只需要抓住关键的一点就可以了，即信托财产是信托公司的表外资产，既然是表外资产，自然就不会受其自身经营情况以及债务情况的波及。

举例来说，张三在A银行存款1000万元，从银行的视角来说，该1000万元就成了银行的资产，如果银行经营稳健，我们的存款是安全的，若银行经营出现危机，比如破产了，那么按照现行的法律来说，50万元以内的存款部分是可以得到保障的，50万元以上的部分，就要看最终银行还剩下多少资产了。

而信托完全不同，比如，张三在B信托公司设立了1000万元的家族信托，即便B信托公司经营不善破产倒闭了，该家族信托也不受影响。

需要注意的是，虽然信托财产独立于受托人有明确的法律依据，但实务中我们还需要合理设计家族信托架构，防止受托人的两个风险：第一是受托人挪用信托财产的风险，第二是受托人管理不善导致信托财产大幅亏损的风险，这两个方面都有可能在独立性之外，影响信托财产的安全性。

十一、《信托法》第四十七条　受益人不能清偿到期债务的，其信托受益权可以用于清偿债务，但法律、行政法规以及信托文件有限制性规定的除外。

《信托法》第四十八条　受益人的信托受益权可以依法转让和继承，但信托文件有限制性规定的除外。

解析：该条强调的是信托财产独立性的第三个方面——独立于受益人。与独立于委托人和受托人不同，信托财产独立于受益人是需要信托文件对此有明确说明。从法条的直接规定可以看出，受益人的信托受益权是可以用来清偿其到期债务，也是可以进行转让和继承的，但若信托文件对此有限制性的规定，则以信托文件的规定为准。换句话说，委托人和受托人在制定家族信托条款时，可以直接约定受益人享有信托利益的各项条件，并禁止受益人将受益权偿债、转让、抵押或者继承等，比如在受益人最有可能负债的时期不享有信托利益，或者当受益人游手好闲不务正业时不享有信托利益，抑或是信托受益人仅限于家族成员等，就能有效地避免信托财产被受益人债务所波及。

十二、《信托法》第十七条　除因下列情形之一外，对信托财产不得强制执行：

（一）设立信托前债权人已对该信托财产享有优先受偿的权利，并依法行使该权利的；

（二）受托人处理信托事务所产生债务，债权人要求清偿该债务的；

（三）信托财产本身应担负的税款；

（四）法律规定的其他情形。

对于违反前款规定而强制执行信托财产，委托人、受托人或者受益人有权向人民法院提出异议。

解析：本条是对信托财产可以强制执行的情形列举。换个角度来说，也就是除了这四种情况之外，任何人、任何机构都不能对信托强制执行。举例来说明：

张三向A银行借款10亿元新建了一栋大楼，建好后将该大楼作为信托财产设立家族信托，并由信托公司直接管理，信托公司管理该大楼的过程中因采购了B公司的设备尚未付款，与此同时由于大楼对外出租，产生了一些房产税尚未缴清，受疫情影响，该大楼出租率直线下降，现金流依然无法覆盖给B公司的欠款以及税款。此时A银行、B公司以及税务机关都可以向法院申请强制执行该栋大楼。

这就是该条法律规定的可强制执行的情形，设立信托前就有的债、管理信托过程中形成的债和税，税不太严谨的说也可以称之为欠国家的债，所以总结起来其实就是一个字——“债”。

至于第四种情形，法律规定的其他情形，当前还没有衔接的法律，因此暂时可以不用考虑。

十三、《信托法》第十八条　受托人管理运用、处分信托财产所产生的债权，不得与其固有财产产生的债务相抵销。

受托人管理运用、处分不同委托人的信托财产所产生的债权债务，不得相互抵销。

解析：本条是对信托财产上的债权债务抵销规则的规定。

抵销是消灭债权债务关系的方式之一，是一种单方民事行为，可因当事人一方的意思表示发生效力。信托财产是为信托目的而独立存在的财产，由受托人实际控制支配，但产生的收益却应由受益人享有，因而为保障信托财产的独立性和安全，对信托财产上债权的抵销应作严格的限制：

第一，受托人管理运用、处分信托财产所产生的债权，不得与其固有财产产生的债务相抵销。这是因为受托人承担为受益人的利益管理信托财产的义务，如果允许这两种财产上的债权债务抵销，则容易发生受托人以信托财产清偿自己债务的情况，这是有悖于信托目的的，禁止这两种债权债务相抵销，有利于保护信托目的的实现，保护受益人的利益。

第二，受托人管理运用、处分不同的信托财产所产生的债权债务，不得相互抵销。虽然从表面看受托人管理的这些财产都属于信托财产，但每一项信托财产所要达成的目的是不同的，信托财产利益归属的主体也不同，如果允许二者相互抵销，被减损的信托财产对实现信托目的的保障作用就会被削弱，从而使有些信托目的难以实现。

当然，同属于同一信托财产的债权与债务，可以相互抵销。属于信托财产的债务与不属于信托财产的债权，根据约定也可以相互抵销。

十四、《信托法》第十九条　委托人应当是具有完全民事行为能力的自然人、法人或者依法成立的其他组织。

解析：本条是对委托人资格的规定。

委托人是提供财产设立信托的人，由于信托的设立，必须是基于委托人自己的意愿，并且须由委托人为财产的处分，因此，委托人资格应受民法中有关民事行为能力规定的限制，也即必须是具有完全民事行为能力的人，可以是自然人，也可以是法人或者非法人组织。

但必须要特别注意的是，法人或者非法人组织设立的信托，从实务上来说，其受益人可以是符合条件的公司员工，不能是其他的人，并且还面临比自然人委托人更多的税务合规问题。

十五、《信托法》第二十五条　受托人应当遵守信托文件的规定，为受益人的最大利益处理信托事务。

受托人管理信托财产，必须恪尽职守，履行诚实、信用、谨慎、有效管理的义务。

解析：本条是对受托人处理信托事务的原则和义务的概括性规定。

受托人处理信托事务的基本原则有两个，一个是遵守信托文件，另一个是受益人最大利益原则。实务中若出现遵守信托文件与受益人利益最大原则相冲突，受托人该如何抉择？笔者认为，以信托文件规定为主，因为以受益人利益最大为原则，在现实中存在着很多的不确定性，比如存在多名受益人的情况下，到底是以哪位受益人利益最大化为标准？或者在不同的时期，受益人利益最大的标准可能有所不同，受托人又该如何抉择？事后是否会被受益人以没有为受益人最大利益为原则处理信托事务而索赔？这些都是不确定的，因而，受托人按照信托文件的规定处理信托事务，是最为安全的选择。

受托人管理信托财产所应该履行的义务，包括诚实、信用、谨慎、有效管理，诚实、信用还好评估，谨慎和有效管理有时候可能会充满着主观因素，因而不太好认定，无论是对于受托人还是委托人或者受益人来说，都是如此，因而最好的方式就是在信托文件中对信托财产的管理做出具体的规定。

如果受托人被认定违反上述原则和义务，就要承担故意或重大过失的责任，对这种责任，当事人不能约定免除。

十六、《信托法》第二十七条　受托人不得将信托财产转为其固有财产。受托人将信托财产转为其固有财产的，必须恢复该信托财产的原状；造成信托财产损失的，应当承担赔偿责任。

解析：本条是对受托人将信托财产转为其固有财产的禁止性规定。

信托财产与受托人的固有财产虽然都是由受托人直接控制支配的财产，但是这二者的性质是不同的，信托财产具有独立性，其收益由受益人享有，固有财产是属于受托人所有的财产，受托人对其拥有排他的、充分完整的支配权，产生的收益也由受托人享有。如果允许受托人将信托财产转为其固有财产，则将使受托人享有信托财产及其利益，违背了受托人忠实履行信托义务的职责，这与受益人的利益发生冲突，与信托本旨也是相违背的。因而，受托人必须严格遵守这项禁止性规则。如果违反本条禁止性规则，则其应当承担两项法律后果：一是恢复该信托财产的原状；二是造成信托财产损失的必须承担赔偿责任。

当然，也有三种例外情形：一是受托人依据信托合同的约定获取的信托报酬而转化为其固有财产；二是受托人作为共同受益人之一取得信托利益而转为其固有财产；三是受托人因继承、受赠等而取得信托财产转化为其固有财产。

十七、《信托法》第二十八条　受托人不得将其固有财产与信托财产进行交易或者将不同委托人的信托财产进行相互交易，但信托文件另有规定或者经委托人或者受益人同意，并以公平的市场价格进行交易的除外。

受托人违反前款规定，造成信托财产损失的，应当承担赔偿责任。

解析：本条是对受托人将信托财产进行交易的两种限制性规定。

第一种是受托人不得将其固有财产与信托财产进行交易。受托人以其固有财产与信托财产进行交易，在这样的交易中，受托人既是交易中的双方当事人，又要自己进行要约和承诺并承担交易双方的后果。从交易外在形式上看，是一种自我交易，似乎是一种无害的行为。但从信托本质上看，这种自我交易容易损害信托财产，并损害受益人的利益。比如买卖行为，在信托的情况下，是指用信托名义下的金钱购买固有财产或者相反用固有财产中的金钱部分去购买信托名义下的财物，由于交易的当事人只有受托人一个，没有磋商和讨价还价，没有真正的要约和承诺，而固有财产交易所得为受托人所有，信托财产的交易所得依信托文件规定受委托人的制约或为受益人设定利益，这样一种交易显然容易作弊，也与受托人为受益人的最大利益管理和处分信托财产这一原则要求不符，因而是被限制的。

第二种是受托人不得将不同委托人的信托财产进行相互交易。道理也很简单，因为受托人要为受益人的最大利益管理和处分信托财产，在两个以上的最大利益之间，受托人不可能也不应当有所偏向，所以本条禁止此类交易。

当然，原则都有例外，在符合两个前提条件下的上述两种交易，也是可以的：一是信托文件另有规定或者经委托人或受益人同意，二是以公平的市场价格进行交易，这两个条件缺一不可。如果受托人违反，则要承担赔偿责任。

十八、《信托法》第二十九条　受托人必须将信托财产与其固有财产分别管理、分别记账，并将不同委托人的信托财产分别管理、分别记账。

解析：本条是对信托财产的分别管理、分别记账的规定。

所谓分别管理、分别记账，是指单独地分别从事交易，受托人有分别管理的目录、单独立账、不与其他财产发生混同。其目的主要有五个：

一是为了便于明确受托人的责任，使其真正履行为受益人最大利益管理和处分信托财产的义务；

二是为了维护受益人的合法利益；

三是便于区分因信托财产发生之债或因固有财产发生之债的责任；

四是委托人、受益人及其代理人便于查阅、检查有关信托财产的管理和处分情况；

五是便于司法机关在处理相关问题时有据可查。

十九、《信托法》第三十条　受托人应当自己处理信托事务，但信托文件另有规定或者有不得已事由的，可以委托他人代为处理。

受托人依法将信托事务委托他人代理的，应当对他人处理信托事务的行为承担责任。

解析：本条是对受托人应当亲自处理信托事务的规定。

设立信托，是委托人基于信任关系委托受托人处理信托事务，这种信任，是委托人对受托人资质、能力、人品、见识、工作业绩等较为个性化的特质的了解基础上的信任，因而，除非信托文件另有规定或者有不得已的事由，受托人都应该亲自处理信托事务和管理处分信托财产，不能委托他人处理。

信托文件另有规定好理解，但是“不得已的事由”该如何理解呢？

所谓“不得已事由”，是我国法律体系中的专门法律用语，类似的法律用语还有不可抗力、意外事件、情况紧急、不可归责于自己的事由等。

“不得已的事由”，客观上比不可抗力、意外事件所造成的后果要小，事件的严重程度也不是很大，但对个人或机构组织作为受托人来说，足以构成无法亲自处理信托事务。“不得已的事由”有很多种情形，比如该机构组织发生合并、分立情况，被暂时限制从事某类活动，机构组织发生领导机构及人员的变化还未办完交接等，而信托事务的处理又不能拖延，受托人就可以委托他人代为办理。

而且，受托人无论在何时、基于何种原因、以何种形式、向何人委托信托事务，都需要对该委托的行为和委托的结果承担责任。

二十、《信托法》第三十三条　受托人必须保存处理信托事务的完整记录。

受托人应当每年定期将信托财产的管理运用、处分及收支情况，报告委托人和受益人。

受托人对委托人、受益人以及处理信托事务的情况和资料负有依法保密的义务。

解析：本条是对受托人保管有关记录、向委托人和受益人提出报告以及依法保密义务的规定。

处理信托事务的完整记录，指有关信托的财产和物品的收支情况，有关信托的金钱方面的收付情况，处理信托事务的方式，交易对方的情况等。完整是指与处理信托事务有关的全部合同、单据、凭证、账户资料等。

受托人应当每年定期将信托财产的管理运用、处分及收支情况报告委托人和受益人。一是有时间要求，二是有内容要求，三是有对象要求，信托法规定这样的报告义务，便于委托人和受益人对受托人处理信托事务进行监督检查，维护自己的法定权益，及时提出自己的意见，也便于分清责任。

受托人依法负有保密义务。保密的内容包括委托人、受益人以及处理信托事务的情况和资料。信托关系因为是当事人间的财产委托关系，牵涉到私人的商业秘密和个人隐私，也与相关人员有利害关系，为保证不因信托事务情况和资料的泄露造成不应有的损害，维护信托关系各方当事人的合法权益，受托人应依法负保密义务，诸如委托人、受益人的姓名、职业、身份证件、账户账号、设立信托的情况、受益情况等，处理信托事务的情况和资料等。保密应依法，在相关的国家机关和工作人员依照法定程序要求了解受托人处理信托事务及信托财产的情况时，应依法办理。

二十一、《信托法》第五十八条　信托终止的，受托人应当作出处理信托事务的清算报告。受益人或者信托财产的权利归属人对清算报告无异议的，受托人就清算报告所列事项解除责任。但受托人有不正当行为的除外。

解析：本条是对信托终止后信托事务清算及受托人责任解除的规定。

第一，信托事务的清算。信托终止后由受托人对因处理信托事务而产生的债权、债务进行清理的活动。信托事务的清算主要包括以下三个环节：（1）清理债权、债务；（2）核定并移交信托财产；（3）制作并提交清算报告。

第二，信托事务清算的法律后果。受益人或者信托财产的权利归属人对清算报告无异议的，受托人就清算报告所列事项解除责任。对于清算报告未列入的事项以及已列入清算报告但受益人或者信托财产的权利归属人提出异议的事项，受托人不能解除责任。

受托人采取欺骗手段、与他人恶意串通或者有其他不正当行为，以减少信托财产的价值，或者增加存在于信托财产上的债务，编制虚假的清算报告的，受益人或者信托财产的权利归属人虽未对清算报告提出异议，受托人的责任也并不因此解除。

二十二、《最高人民法院关于印发〈全国法院民商事审判工作会议纪要〉的通知》（2019年）（简称“九民纪要”）95.信托财产在信托存续期间独立于委托人、受托人、受益人各自的固有财产。委托人将其财产委托给受托人进行管理，在信托依法设立后，该信托财产即独立于委托人未设立信托的其他固有财产。受托人因承诺信托而取得的信托财产，以及通过对信托财产的管理、运用、处分等方式取得的财产，均独立于受托人的固有财产。受益人对信托财产享有的权利表现为信托受益权，信托财产并非受益人的责任财产。因此，当事人因其与委托人、受托人或者受益人之间的纠纷申请对存管银行或者信托公司专门账户中的信托资金采取保全措施的，除符合《信托法》第十七条规定的情形外，人民法院不应当准许。已经采取保全措施的，存管银行或者信托公司能够提供证据证明该账户为信托账户的，应当立即解除保全措施。对信托公司管理的其他信托财产的保全，也应当根据前述规则办理。

当事人申请对受益人的受益权采取保全措施的，人民法院应当根据《信托法》第四十七条的规定进行审查，决定是否采取保全措施。决定采取保全措施的，应当将保全裁定送达受托人和受益人。

解析：这是我国在司法领域第一次对信托财产的独立性进行具体的说明。

该条文是对《信托法》第十五条、第十六条、第十七条、第四十七条和第四十八条的概括性总结与继承，即信托设立后，信托财产独立于委托人、受托人和受益人，除非符合《信托法》第十七条的规定情形，否则人民法院不应当准许对信托资金采取保全措施。

需要特别说明的是，作为概括性的意见，该条文也有不足的地方，比如《信托法》第十五条说的是“信托财产与委托人未设立信托的其他财产相区别”，这是对于信托财产与委托人的其他财产的概括性规定，随后再从三个方面阐述了信托财产与委托人的关系，即如果委托人是唯一受益人，那么信托财产不独立于委托人，如果委托人是受益人之一，那么其对应的信托受益权并不独立于委托人，如果委托人不是受益人，则信托财产独立于委托人。由此可见，只有在委托人不是受益人的情况下，才具备分析信托财产独立于委托人的基础，而且从实务上来说，这也还仅仅只是需要满足的条件之一。

而上述“九民纪要”中的条文概括性提出的是“信托财产在信托存续期间独立于委托人、受托人、受益人各自的固有财产”，“相区别”与“独立”显然是两个不同的概念。因此，“九民纪要”直接将信托财产定性为独立于委托人，是有一定的瑕疵的。

当然，“九民纪要”并非正式的法律文件，虽然其具有一定的法理瑕疵，但其对于法官在审理相关案件时，依然具有非常重要的参考价值，对于我们理解和运用信托制度，也是具有非常重要的辅助价值，至少当保险金信托或者家族信托的设立符合法律的相关规定时，其独立性能够在司法层面得到认可。

二十三、《最高人民法院关于在执行工作中进一步强化善意文明执行理念的意见》3.合理选择执行财产。执行过程中，人民法院应当为被执行人及其扶养家属保留必需的生活费用。要严格按照中央有关产权保护的精神，严格区分企业法人财产与股东个人财产，严禁违法查封案外人财产，严禁对不得查封的财产采取执行措施，切实保护民营企业等企业法人、企业家和各类市场主体合法权益。要注意到，信托财产在信托存续期间独立于委托人、受托人各自的固有财产，并且受益人对信托财产享有的权利表现为信托受益权，信托财产并非受益人的责任财产。因此，当事人因其与委托人、受托人或者受益人之间的纠纷申请对存管银行或信托公司专门账户中的信托资金采取保全或执行措施的，除符合《中华人民共和国信托法》17.规定的情形外，人民法院不应准许。

解析：该法条是对法院在强制执行过程中涉及信托财产的具体规定。

这也是在执行层面，第一次针对信托财产有专门的意见，其基本的逻辑与前述“九民纪要”的逻辑是一致的，也具有相同的法理瑕疵，但是对于执行法官在民事强制执行方面，依然是有一定的参考价值，至少如果设立的保险金信托或者家族信托符合法律的规定，则其在执行层面的独立性，也是能够得到认可的。

以上就是《信托法》及其他文件中对于保险金信托影响较为关键的法条解析，熟悉这些法条内容，对于我们理解和运用保险金信托基本就足够了，至于《信托法》中的其他内容，比如委托人和受益人的权利义务、受托人的职责、信托终止后的处置等，本书其他章节也有所涉及，大家也可以详细阅读《信托法》。

第三节 | 《民法典》相关法条解析

编纂法典，是一个国家、一个民族走向繁荣强盛的象征和标志，是全面依法治国的前提和基础，是增进人民福祉、维护最广大人民根本利益的必然要求。《民法典》是新中国第一部法典，无论是对于社会主义法治建设还是日常生活，都具有深远的意义和影响。

《民法典》发布于2020年5月28日，自2021年1月1日起施行。《婚姻法》《继承法》《民法通则》《收养法》《担保法》《合同法》《物权法》《侵权责任法》《民法总则》同时废止，因此《民法典》也被称为“九法归一”。

本节我们将主要从《民法典》及其相关的司法解释角度进行解析。

一、《民法典》第二十七条　父母是未成年子女的监护人。

未成年人的父母已经死亡或者没有监护能力的，由下列有监护能力的人按顺序担任监护人：

（一）祖父母、外祖父母；

（二）兄、姐；

（三）其他愿意担任监护人的个人或者组织，但是须经未成年人住所地的居民委员会、村民委员会或者民政部门同意。

《民法典》第一千零七十五条　有负担能力的兄、姐，对于父母已经死亡或者父母无力抚养的未成年弟、妹，有扶养的义务。

解析：本条是对未成年人的监护及扶养的规定。

需要重点强调的是当直系的父母以及祖父母、外祖父母没有监护能力的时候，成年的兄、姐对未成年的弟、妹具有法律上的监护义务，且当兄、姐有负担能力的时候，还需要照顾因父母无力照顾的未成年弟、妹。

二、《民法典》第三十三条　具有完全民事行为能力的成年人，可以与其近亲属、其他愿意担任监护人的个人或者组织事先协商，以书面形式确定自己的监护人，在自己丧失或者部分丧失民事行为能力时，由该监护人履行监护职责。

解析：本条是对意定监护的具体规定。

随着我国人口不断老龄化，不同的家庭、不同的人，在其失去民事行为能力后，可能会面临不一样的监护需求，因此为了尊重并满足个性化的监护需求，成年人可以在自己具有完全民事行为能力的时候，按照自己的意愿与其近亲属、其他愿意担任监护人的个人或者组织事先协商，以书面形式确定自己的监护人。协商确定的监护人在该成年人丧失或者部分丧失民事行为能力时，履行监护职责。

通过意定监护协议设定成年人的监护人，具体办法是：

1.成年人通过监护协议约定自己丧失或者部分丧失民事行为能力时，由意定监护人进行监护。

2.意定监护的设置是通过协商确定意定监护人，本人与选定的监护人进行协商，达成合意后，通过签订监护协议，确定意定监护法律关系。

3.关于意定监护人的资格，凡是“近亲属或者其他与自己关系密切、愿意承担监护责任的个人或者有关组织”，均可被选定为意定监护人。

4.监护协议应当经过公证。意定监护对于被监护人的权利保护意义重大，我国没有规定监护的登记程序，可以借鉴公证方法，确认意定监护协议须经公证方为有效，有利于保护被监护人的权益。

三、《民法典》第一百四十四条　无民事行为能力人实施的民事法律行为无效。

《民法典》第二十条　不满八周岁的未成年人为无民事行为能力人，由其法定代理人代理实施民事法律行为。

《民法典》第二十一条　不能辨认自己行为的成年人为无民事行为能力人，由其法定代理人代理实施民事法律行为。

《民法典》第一百四十六条　行为人与相对人以虚假的意思表示实施的民事法律行为无效。

以虚假的意思表示隐藏的民事法律行为的效力，依照有关法律规定处理。

《民法典》第一百五十三条　违反法律、行政法规的强制性规定的民事法律行为无效。但是，该强制性规定不导致该民事法律行为无效的除外。

违背公序良俗的民事法律行为无效。

《民法典》第一百五十四条　行为人与相对人恶意串通，损害他人合法权益的民事法律行为无效。

《民法典》第一百五十五条　无效的或者被撤销的民事法律行为自始没有法律约束力。

解析：这几条规定了无效的民事法律行为的情形及其后果。

总结起来，无效的民事法律行为有五种：一是无民事行为能力人实施的民事法律行为无效；二是行为人与相对人以虚假的意思表示实施的民事法律行为无效；三是违反法律、行政法规的强制性规定的民事法律行为无效；四是违背公序良俗的民事法律行为无效；五是行为人与相对人恶意串通，损害他人合法权益的民事法律行为无效。而且无效的民事法律行为自始无效，相当于没有发生过一样。

四、《民法典》第一百四十七条　基于重大误解实施的民事法律行为，行为人有权请求人民法院或者仲裁机构予以撤销。

《民法典》第一百四十八条　一方以欺诈手段，使对方在违背真实意思的情况下实施的民事法律行为，受欺诈方有权请求人民法院或者仲裁机构予以撤销。

《民法典》第一百四十九条　第三人实施欺诈行为，使一方在违背真实意思的情况下实施的民事法律行为，对方知道或者应当知道该欺诈行为的，受欺诈方有权请求人民法院或者仲裁机构予以撤销。

《民法典》第一百五十条　一方或者第三人以胁迫手段，使对方在违背真实意思的情况下实施的民事法律行为，受胁迫方有权请求人民法院或者仲裁机构予以撤销。

《民法典》第一百五十一条　一方利用对方处于危困状态、缺乏判断能力等情形，致使民事法律行为成立时显失公平的，受损害方有权请求人民法院或者仲裁机构予以撤销。

《民法典》第一百五十二条　有下列情形之一的，撤销权消灭：

（一）当事人自知道或者应当知道撤销事由之日起一年内、重大误解的当事人自知道或者应当知道撤销事由之日起九十日内没有行使撤销权；

（二）当事人受胁迫，自胁迫行为终止之日起一年内没有行使撤销权；

（三）当事人知道撤销事由后明确表示或者以自己的行为表明放弃撤销权。

当事人自民事法律行为发生之日起五年内没有行使撤销权的，撤销权消灭。

解析：这几条规定了可撤销的民事法律行为的情形及撤销权的消灭的情形。

总结起来其实也是五种：分别是基于重大误解、当事人的欺诈行为、第三人的欺诈行为、胁迫以及显示公平。

撤销权的消灭情形反过来的解读就是行使撤销权的要求，即要想撤销基于上述五种情形所订立的民事法律行为，必须要满足三个条件：

一是在自知道可撤销事由之日起一年内行使，其中有两个特殊情形，一个是如果基于的是重大误解，那么该期限仅为90天，如果基于的是受胁迫，则从胁迫终止之日起算一年；

二是自可撤销行为发生之日起5年内行使，超过5年的，无论是基于什么原因，也无论当事人是否知道，该撤销权都灭失；

三是当事人并未以言行明确表示放弃该撤销权。

五、《民法典》第一百八十八条　向人民法院请求保护民事权利的诉讼时效期间为三年。法律另有规定的，依照其规定。

诉讼时效期间自权利人知道或者应当知道权利受到损害以及义务人之日起计算。法律另有规定的，依照其规定。但是，自权利受到损害之日起超过二十年的，人民法院不予保护，有特殊情况的，人民法院可以根据权利人的申请决定延长。

解析：本条是对普通诉讼时效、最长权利保护期间的规定。诉讼时效一般都有两个标准，一个是自知道该行为之日起，另一个是自该行为发生之日起。

民法典规定一般性的诉讼时效标准为，自知道该行为之日起3年或者自该行为发生之日起20年，超过这个日期，则法院将不会受理相关案件。

但在有些具体的民事法律活动中，可能会有专门的法律对此有规定，那么按照特别法优于一般法的原则，其诉讼时效就有要按照特别法的规定。

比如《保险法》中规定了受益人请求保险公司支付人寿保险金的诉讼时效为其知道或者应当知道保险事故发生之日起5年，就比《民法典》中规定的3年要长一些。但《保险法》并未规定自保险事故发生之日起20年的诉讼时效，因此此时就可以适用《民法典》的这一规定。

六、《民法典》第二百三十条　因继承取得物权的，自继承开始时发生效力。

解析：本条是对因继承而取得物权的时间点的规定。

实务中经常可以看到这样的案例，父母一方身故后，由于另一方还在，因此对于先身故一方的遗产并未作分割，甚至都没有进行遗产认定，待另一方身故后一并处理，尤其是涉及房屋的时候，由于另一方还在，因此为了让另一方更好地居住，一般都不会对该房屋进行分割，由此就会引起一些不必要的继承纠纷。因为在一方身故后，按照常理来说，家庭资产的一半将作为其遗产进行继承，继承人范围、遗产价值等都是按照一方身故的时间点进行确认的，但若此时并未进行遗产分割，而是等到另一方身故后再进行继承，一方面可能原先的继承人范围会发生变化，另一方面遗产价值也有可能发生变化，继而带来一些不必要的纠纷和麻烦。

七、《民法典》第三百一十一条　无处分权人将不动产或者动产转让给受让人的，所有权人有权追回；除法律另有规定外，符合下列情形的，受让人取得该不动产或者动产的所有权：

（一）受让人受让该不动产或者动产时是善意；

（二）以合理的价格转让；

（三）转让的不动产或者动产依照法律规定应当登记的已经登记，不需要登记的已经交付给受让人。

受让人依据前款规定取得不动产或者动产的所有权的，原所有权人有权向无处分权人请求损害赔偿。

当事人善意取得其他物权的，参照适用前两款规定。

解析：本条是对善意取得所有权的规定。

适用善意取得，必须满足三个基本条件：

一是取得时必须是善意的，比如明知是偷来的东西而购买，即便按照正常价格购买，也属于销赃行为，不属于善意。

二是必须支付合理的价格，以明显不合理的价格甚至是免费获得的东西，极有可能会被认定为通谋虚假或者不当得利。

三是必须做了登记或者完成了交付。比如不知情的第三人购买的二手车，支付了合理的价款后，在未完成过户登记之前，购买人不能按照善意取得该车的所有权。

八、《民法典》第二百四十九条　城市的土地，属于国家所有。法律规定属于国家所有的农村和城市郊区的土地，属于国家所有。

《民法典》第二百六十六条　私人对其合法的收入、房屋、生活用品、生产工具、原材料等不动产和动产享有所有权。

《民法典》第三百五十九条　住宅建设用地使用权期限届满的，自动续期。续期费用的缴纳或者减免，依照法律、行政法规的规定办理。

非住宅建设用地使用权期限届满后的续期，依照法律规定办理。该土地上的房屋以及其他不动产的归属，有约定的，按照约定；没有约定或者约定不明确的，依照法律、行政法规的规定办理。

解析：本条是对国家所有土地的范围、私有财产的范围以及建设用地使用权续期的规定。

由于我国城市土地的所有权是国家所有，国家通过出让城市土地使用权的方式来建设住宅和非住宅，而土地使用权又依据不同的用途有不同的期限，最长的为住宅用地，也仅为70年。因此很多人担心自己奋斗一辈子购买的房屋，70年后，可能因为土地的到期而面临很大的不确定性，比如土地使用权被国家收回，继而导致附着其上的建筑物被强拆或者面临其他风险，这一点其实是无须担心的。

首先，房屋是属于私人财产，受《民法典》的保护，而对于私人财产的所有权，严格来说是没有期限限制的。始于取得，终于财产灭失或者所有权人死亡或者破产。

其次，对于房屋依附的土地到期后的问题，《民法典》也是作了专门的规定，区分住宅和非住宅两种情形。对于住宅类的用地只要房屋还在，其土地使用权就会自动续期，所以对于拥有住宅家庭来说，完全不用担心，至于是否会涉及相关的费用，从目前的实际来看，还没有法律对此进行具体的规定，但既然规定了“自动续期”，那么可以推测，即便有费用，也是在大部分家庭能够承受的范围之内。

最后，早在《民法典》甚至是更早的《物权法》颁布实施以前的2004年，深圳市人民政府就发布了《深圳市到期房地产续期若干规定》，其中明确规定了到期房地产，业主需继续使用该土地的，在不改变用途的情况下，按有偿使用土地的原则延长土地使用年期，而补交地价数额为相应用途公告基准地价的35%并按约定年期修正。截至2024年12月31日，该规定依然是有效的法律文件。

九、《民法典》第三百六十六条　居住权人有权按照合同约定，对他人的住宅享有占有、使用的用益物权，以满足生活居住的需要。

《民法典》第三百六十八条　居住权无偿设立，但是当事人另有约定的除外。设立居住权的，应当向登记机构申请居住权登记。居住权自登记时设立。

《民法典》第三百六十九条　居住权不得转让、继承。设立居住权的住宅不得出租，但是当事人另有约定的除外。

《民法典》第三百七十条　居住权期限届满或者居住权人死亡的，居住权消灭。居住权消灭的，应当及时办理注销登记。

解析：这几条是对居住权的相关规定。

居住权是我国《民法典》中创新性的制度安排，需要注意的是居住权是一种用益物权，并非所有权。一旦在房屋中设立了居住权，则居住权人在占有、使用该房屋时具有优先性，除非居住权期限届满或者居住权人死亡，否则房屋的所有权人不得限制居住权人行使占有、使用房屋的权利。

但是居住权人不享有房屋的份额，除了能够按照约定可以对外出租之外，居住权人不具有房屋其他的处分权，也无法将其自身享有的居住权转让或由他人继承，其人身属性大于财产属性。

截至目前，除了《民法典》中的这几个条文之外，还没有其他全国性的规范性文件对居住权做进一步的规定，但不少地方政府部门却出台了一些登记办法。

比如2022年河北省石家庄市自然资源和规划局印发了《不动产居住权登记办法（试行）》，其中第三条阐述了设立居住权的方式，可以采用书面合同、遗嘱以及生效的法律文书三种形式设立居住权。

设立居住权在一定程度上解决了不同家庭的财富管理需求。

首先，对于养老者来说，可以在保证居住环境不变的情况下，提高资产的流动性，获取尽可能多的养老金。随着人口老年化的家居，以及房地产市场的发展，一方面越来越多的家庭面临严峻的养老压力，另一方面不少家庭都有着数套甚至是更多的不动产，而不动产在传统的持有模式下，无法对养老形成更多的助力，而反向按揭也没能得到市场的过多认可，采用者寥寥无几。而通过设立居住权之后再卖掉不动产的形式，则既可以满足当下的养老金需求，也能解决日常居住不受影响的问题，还能够避免未来烦琐的房屋继承手续，同时还可以以此来满足金融化养老方式的资金需求。

其次，对于继承者来说，所有权与居住权的分离，也满足了不同继承者对于不同权利的诉求，比如对于年长的继承者，可以为其设立居住权，保障居住无忧，而对于年幼的继承者，可以给其所有权，待年长的继承者过世后，就能够获得完整的控制权。

最后，对于有弱势子女的家庭来说，居住权制度也能解其燃眉之急。让弱势子女在熟悉的环境下居住，而将所有权变现为金融资产，通过各种方式保障其未来基本生活所需，是一个相对来说更为两全其美的办法。

十、《民法典》第五百三十三条　合同成立后，合同的基础条件发生了当事人在订立合同时无法预见的、不属于商业风险的重大变化，继续履行合同对于当事人一方明显不公平的，受不利影响的当事人可以与对方重新协商；在合理期限内协商不成的，当事人可以请求人民法院或者仲裁机构变更或者解除合同。

人民法院或者仲裁机构应当结合案件的实际情况，根据公平原则变更或者解除合同。

解析：本条是对情势变更的规定。

情势变更原则的意义，在于通过司法权力的介入，强行改变合同已经确定的条款或撤销合同，在合同双方当事人订约意志之外，重新分配交易双方在交易中应当获得的利益和风险，其追求的价值目标，是公平和公正。适用情势变更原则，有四个基本条件：

第一，必须要有变化的事实，且必须是重大的变化。比如政治、经济、法律以及经济上的种种客观上的情况发生异常显著的变化。当然，这些情况是否构成情势变更，则主要看是否会导致合同赖以成立的基础因此而丧失、是否会导致当事人的目的不能实现等为判断标准，如果只是一般性的变化，则不能适用情势变更，比如股市的日常小幅波动，不能将之定义为情势变更而要求变更合同。

第二，这些变化必须发生在合同订立之后、终止履行之前。道理也很简单，在合同订立之前，若情势发生了变化，则完全可以通过修改条款或者重新订立合同的形式或者干脆不订立合同的方式来保护自己的合法权益，而在合同终止之后，因为合同关系已经解除了，所以也就不存在需要修改合同条款的问题了。

第三，这些变化必须是当事人事先无法预见且不属于商业上的。如果当事人在订立合同时对于某种情势已有预见，则表明当事人考虑到这种因素并自愿承担该情势发生的风险，当然也就不能适用情势变更原则。但对于发生概率很低的某种情况，即便能够预测，如飞机失事等，也应该依情势变更原则处理。

第四，这些变化会导致继续履行原合同会带来显失公平的后果，这是适用情势变更原则的实质要件。

因此，若在合同订立之后、终止履行之前，发生过了重大的、不可预测的非商业性的风险，若不变更或者解除合同，极有可能会给当事人带来明显不公平的后果，此时，当事人可以“情势变更”为由，申请解除合同。

举例来说，在保险金信托或者家族信托业务中，由于委托人只有夫妻一方，另一方一般都是通过签署《配偶同意函》的方式来认可用夫妻共同财产设立保险金信托或者家族信托，而很多信托公司的《配偶同意函》是一揽子的同意，即不仅包含当前的设立信托同意，还包含未来变更信托的同意。于是就有人开始钻空子，认为先让配偶同意设立保险金信托或者家族信托，之后再通过变更信托条款的形式，来实现自己一些特殊目的，比如将受益人变更为非婚生子女，或者修改甚至取消配偶的受益权，如此来实现将夫妻共同财产“巧妙”地变成个人财产。

这种看着就很荒谬的做法，在实务中却也有不少，除非配偶在签署同意函时有明确的这方面的意思表示，否则配偶就完全可以通过“情势变更”的方式，来变更当初签署的《配偶同意函》，继而以财产所有权人的身份向信托财产发起挑战。

十一、《民法典》第五百三十五条　因债务人怠于行使其债权或者与该债权有关的从权利，影响债权人的到期债权实现的，债权人可以向人民法院请求以自己的名义代位行使债务人对相对人的权利，但是该权利专属于债务人自身的除外。

代位权的行使范围以债权人的到期债权为限。债权人行使代位权的必要费用，由债务人负担。

相对人对债务人的抗辩，可以向债权人主张。

《〈民法典〉合同编通则若干问题的解释》第三十四条　下列权利，人民法院可以认定为民法典第五百三十五条第一款规定的专属于债务人自身的权利：

（一）抚养费、赡养费或者扶养费请求权；

（二）人身损害赔偿请求权；

（三）劳动报酬请求权，但是超过债务人及其所扶养家属的生活必需费用的部分除外；

（四）请求支付基本养老保险金、失业保险金、最低生活保障金等保障当事人基本生活的权利；

（五）其他专属于债务人自身的权利。

解析：本条是对于债权人代位权的规定。

债权人的代位权不能及于专属于债务人自身的债权，在《合同法》时代下包含了基于“人寿保险”的相关债权，也因此人寿保险不被债务执行，一度被业内广泛宣传。然而，一方面这也仅仅是关于人寿保险债权的请求权不能被执行，并不代表人寿保险的保险金不能被执行，这是两回事。另一方面，在2023年12月5日开始实施的《最高人民法院关于适用〈中华人民共和国民法典〉合同编通则若干问题的解释》中，人寿保险的请求权没有被列入专属于债务人自身的权利范畴，即从当前的司法解释来看，人寿保险的请求权是可以被债权人代为行使的。

当然，未来是否会出台新的司法解释对此做规定，我们也拭目以待。但保险事故发生后，通过不申领保险金的方式来对抗债权人的执行，无论如何都不是一个好的方法。

十二、《民法典》第一千零六十二条　夫妻在婚姻关系存续期间所得的下列财产，为夫妻的共同财产，归夫妻共同所有：

（一）工资、奖金、劳务报酬；

（二）生产、经营、投资的收益；

（三）知识产权的收益；

（四）继承或者受赠的财产，但是本法第一千零六十三条第三项规定的除外；

（五）其他应当归共同所有的财产。

夫妻对共同财产，有平等的处理权。

《〈民法典〉婚姻家庭编的解释（一）》第二十五条　婚姻关系存续期间，下列财产属于民法典第一千零六十二条规定的其他应当归共同所有的财产：

（一）一方以个人财产投资取得的收益；

（二）男女双方实际取得或者应当取得的住房补贴、住房公积金；

（三）男女双方实际取得或者应当取得的基本养老金、破产安置补偿费。

《〈民法典〉婚姻家庭编的解释（一）》第二十六条　夫妻一方个人财产在婚后产生的收益，除孳息和自然增值外，应认定为夫妻共同财产。

解析：这几条是夫妻共同财产的规定。

法律规定属于夫妻共同财产的情形有很多，实务中也有不同的类型，但百变不离其宗的是，确定是否属于夫妻共同财产的一个粗略的原则是，该财产的取得是否利用夫妻共同的时间，若是则为夫妻共同财产，若不是，则为个人财产。举例来说，路边捡的100元钱，捡钱的时间是在婚内，属于夫妻共同的时间，则该100元钱为夫妻共同财产，但若是在婚前捡的，则该100元钱为个人财产。

比如，在婚姻关系存续期间，夫妻一方依据以生存到一定年龄为给付条件的具有现金价值的保险合同获得的保险金，没有特别说明的情况下，属于夫妻共同财产，“以生存到一定年龄为给付条件”可以理解为依据的是属于夫妻共同的时间，因此属于夫妻共同财产；而在婚姻关系存续期间，夫妻一方作为受益人依据以死亡为给付条件的人寿保险合同获得的保险金，没有特别说明的情况下，为个人财产，因为此时取得保险金的条件是被保险人身故，而夫妻一方仅为受益人，不属于利用夫妻共同的时间。

当然，这个原则也并非十分严谨，在有些场合下可能也会失灵，比如婚前入股的一家公司，婚后并没有直接经营，其取得的分红虽然没有利用属于夫妻共同的时间，但也有可能会基于“个人财产投资所得”而被认定为属于夫妻共同财产。

总体来说，依据以上法条的规定并结合审判实践，婚姻中归属于夫妻共同财产的情形主要有11种：（1）工资、奖金、劳务报酬；（2）生产、经营、投资的收益；（3）知识产权的收益；（4）未明确归属的继承或者受赠的财产；（5）以个人财产投资取得的收益；（6）实际取得或者应当取得的住房补贴、住房公积金；（7）实际取得或者应当取得的基本养老金、破产安置补偿费；（8）个人财产在婚后产生的除孳息和自然增值外的收益；（9）用夫妻共同财产购买的登记在一方名下的资产；（10）夫妻一方依据以生存到一定年龄为给付条件的具有现金价值的保险合同获得的保险金；（11）其他合法的偶尔所得，比如中彩票等。

十三、《民法典》第一千零六十三条　下列财产为夫妻一方的个人财产：

（一）一方的婚前财产；

（二）一方因受到人身损害获得的赔偿或者补偿；

（三）遗嘱或者赠与合同中确定只归一方的财产；

（四）一方专用的生活用品；

（五）其他应当归一方的财产。

《〈民法典〉婚姻家庭编的解释（一）》第三十条　军人的伤亡保险金、伤残补助金、医药生活补助费属于个人财产。

《〈民法典〉婚姻家庭编的解释（一）》第三十一条　民法典第一千零六十三条规定为夫妻一方的个人财产，不因婚姻关系的延续而转化为夫妻共同财产。但当事人另有约定的除外。

解析：本条规定的是婚姻中属于个人财产的范围。

从逻辑上来说，个人财产不因婚姻而自动地转变为共同财产。总结上述法条及相关的审判实务，婚姻中归属于个人财产的情形主要有7种情形：一是尚未混同的婚前个人财产；二是因受到人身损害获得的赔偿或者补偿；三是遗嘱或者赠与合同中确定只归一方的财产；四是专用的生活用品；五是军人的伤亡保险金、伤残补助金、医药生活补助费属于个人财产；六是个人财产在婚后因孳息和自然增值所产生的收益；七是作为受益人依据以死亡为给付条件的人寿保险合同获得的保险金；

十四、《民法典》第一千零六十四条　夫妻双方共同签名或者夫妻一方事后追认等共同意思表示所负的债务，以及夫妻一方在婚姻关系存续期间以个人名义为家庭日常生活需要所负的债务，属于夫妻共同债务。

夫妻一方在婚姻关系存续期间以个人名义超出家庭日常生活需要所负的债务，不属于夫妻共同债务；但是，债权人能够证明该债务用于夫妻共同生活、共同生产经营或者基于夫妻双方共同意思表示的除外。

《民法典》第一千零六十五条　男女双方可以约定婚姻关系存续期间所得的财产以及婚前财产归各自所有、共同所有或者部分各自所有、部分共同所有。约定应当采用书面形式。没有约定或者约定不明确的，适用本法第一千零六十二条、第一千零六十三条的规定。

夫妻对婚姻关系存续期间所得的财产以及婚前财产的约定，对双方具有法律约束力。

夫妻对婚姻关系存续期间所得的财产约定归各自所有，夫或者妻一方对外所负的债务，相对人知道该约定的，以夫或者妻一方的个人财产清偿。

《〈民法典〉婚姻家庭编的解释（一）》第三十三条　债权人就一方婚前所负个人债务向债务人的配偶主张权利的，人民法院不予支持。但债权人能够证明所负债务用于婚后家庭共同生活的除外。

《〈民法典〉婚姻家庭编的解释（一）》第三十四条　夫妻一方与第三人串通，虚构债务，第三人主张该债务为夫妻共同债务的，人民法院不予支持。

夫妻一方在从事赌博、吸毒等违法犯罪活动中所负债务，第三人主张该债务为夫妻共同债务的，人民法院不予支持。

《〈民法典〉婚姻家庭编的解释（一）》第三十五条　当事人的离婚协议或者人民法院生效判决、裁定、调解书已经对夫妻财产分割问题作出处理的，债权人仍有权就夫妻共同债务向男女双方主张权利。

一方就夫妻共同债务承担清偿责任后，主张由另一方按照离婚协议或者人民法院的法律文书承担相应债务的，人民法院应予支持。

《〈民法典〉婚姻家庭编的解释（一）》第三十六条　夫或者妻一方死亡的，生存一方应当对婚姻关系存续期间的夫妻共同债务承担清偿责任。

《〈民法典〉婚姻家庭编的解释（一）》第三十七条　民法典第一千零六十五条第三款所称相对人知道该约定的，夫妻一方对此负有举证责任。

解析：这几条是对夫妻共同债务认定的规定。

从逻辑上来说，在没有特别约定以及特殊的情况下，夫妻财产是共同的，那么债务也理应是共同的，当然在实践中，负债的情形非常多，如果一概而论显然也不利于维护各方当事人的合法权益，甚至有可能给别有用心之人以可乘之机，因此，区分到底是属于夫妻共同债务还是个人债务，就显得非常有必要，我们通过图10-1来了解。

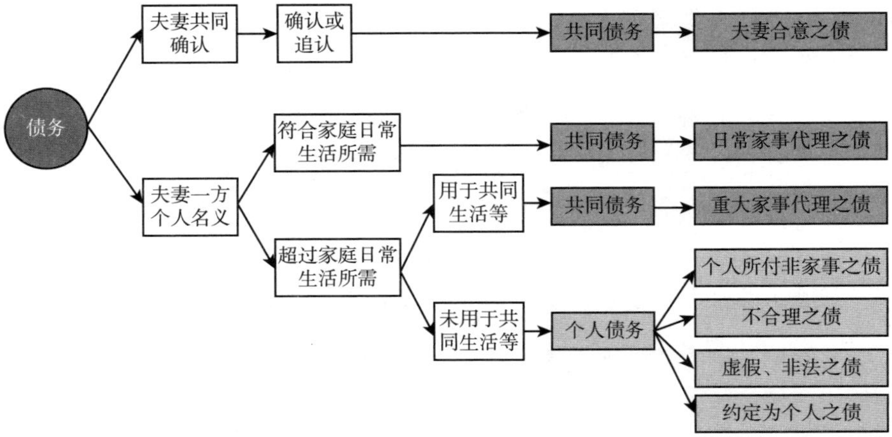

图10–1　夫妻共同债务与个人债务认定

通过图10–1，我们可以清晰地判断出什么债务属于夫妻共同债务，什么债务属于婚内个人债务了。

简而言之，如果是经夫妻双方合意的债务，无论负债大小，无论何时负债，也无论举债目的，都属于夫妻共同债务；若是一方单方面所负的债务，则主要看是否符合日常生活所需或者是否用于共同生活，若超过了家庭日常生活所需且没有用于共同生活，则认定为个人债务。

比如婚前负债20万元，用于装修婚房和用于置办彩礼，则该负债为夫妻共同债务。若婚后因赌博或者吸毒而负债20万元，则因属于非法债务而不属于夫妻共同债务的范畴；再比如婚后借款50万元，购买房产用于共同居住，属于夫妻共同财产，但若借款50万元只为购买名牌手表，则因明显超出了家庭日常生活所需而被认定为个人债务。

关于夫妻债务的举证责任，分为两种情形：

一是由债权人举证。夫妻一方在婚姻关系存续期间以个人名义超出家庭日常生活需要所负的债务，一般原则上属于个人债务，但若债权人能够证明该债务用于夫妻共同生活、共同生产经营或者基于夫妻双方共同意思表示的话，则该债务属于夫妻共同债务。

二是由配偶举证。比如夫妻之间有财产协议，并约定财产归各自所有，该婚内财产性协议对夫妻双方是有效力的，但对外并不必然具有效力，一般性的规定为此时若夫妻一方有负债，原则上该债务属于夫妻共同债务，但若配偶一方能够证明债权人知道夫妻之间的该财产约定，则该债务属于一方的个人债务。

十五、《民法典》第一千零七十七条　自婚姻登记机关收到离婚登记申请之日起三十日内，任何一方不愿意离婚的，可以向婚姻登记机关撤回离婚登记申请。

前款规定期限届满后三十日内，双方应当亲自到婚姻登记机关申请发给离婚证；未申请的，视为撤回离婚登记申请。

解析：本条规定的是离婚冷静期。

离婚的方式有两种，一种是诉讼离婚，另一种是协议离婚，而离婚冷静期只适用于协议离婚。这是《民法典》新增的规定，30天的冷静期之后，若双方依然要离婚，则必须同时且亲自到婚姻登记机关去办理离婚登记，若其中有一人没有亲临现场，则视为撤回离婚登记。

十六、《民法典》第一千零七十九条　夫妻一方要求离婚的，可以由有关组织进行调解或者直接向人民法院提起离婚诉讼。

人民法院审理离婚案件，应当进行调解；如果感情确已破裂，调解无效的，应当准予离婚。

有下列情形之一，调解无效的，应当准予离婚：

（一）重婚或者与他人同居；

（二）实施家庭暴力或者虐待、遗弃家庭成员；

（三）有赌博、吸毒等恶习屡教不改；

（四）因感情不和分居满二年；

（五）其他导致夫妻感情破裂的情形。

一方被宣告失踪，另一方提起离婚诉讼的，应当准予离婚。

经人民法院判决不准离婚后，双方又分居满一年，一方再次提起离婚诉讼的，应当准予离婚。

解析：本条规定的是诉讼离婚的程序与情形。

协议离婚有30天的冷静期，而诉讼离婚也有调解机制，也即法院在审理离婚案件时，要先进行调解，调解不成的，再进行判决。

同时本条也规定了调解无效后五种应当判离婚的情形，分别为重婚或者与他人同居；实施家庭暴力或者虐待、遗弃家庭成员；有赌博、吸毒等恶习屡教不改；因感情不和分居满二年；其他导致夫妻感情破裂的情形。

上述五种情形在司法实践中也有，但不是离婚中常见的原因，最为常见的原因是出轨。一两次的出轨并不直接构成判决离婚的原因，甚至在离婚财产分割中，一两次的出轨都不算是过错，不会因此少分夫妻共同财产，只是在诉讼离婚中，出轨可以被认定为是感情破裂的原因之一。

十七、《民法典》第一千零八十七条　离婚时，夫妻的共同财产由双方协议处理；协议不成的，由人民法院根据财产的具体情况，按照照顾子女、女方和无过错方权益的原则判决。

对夫或者妻在家庭土地承包经营中享有的权益等，应当依法予以保护。

《民法典》第一千零八十八条　夫妻一方因抚育子女、照料老年人、协助另一方工作等负担较多义务的，离婚时有权向另一方请求补偿，另一方应当给予补偿。具体办法由双方协议；协议不成的，由人民法院判决。

《民法典》第一千零九十条　离婚时，如果一方生活困难，有负担能力的另一方应当给予适当帮助。具体办法由双方协议；协议不成的，由人民法院判决。

《民法典》第一千零九十一条　有下列情形之一，导致离婚的，无过错方有权请求损害赔偿：

（一）重婚；

（二）与他人同居；

（三）实施家庭暴力；

（四）虐待、遗弃家庭成员；

（五）有其他重大过错。

《〈民法典〉婚姻家庭编的解释（一）》第八十八条　人民法院受理离婚案件时，应当将民法典第一千零九十一条等规定中当事人的有关权利义务，书面告知当事人。在适用民法典第一千零九十一条时，应当区分以下不同情况：

（一）符合民法典第一千零九十一条规定的无过错方作为原告基

于该条规定向人民法院提起损害赔偿请求的，必须在离婚诉讼的同时提出。

（二）符合民法典第一千零九十一条规定的无过错方作为被告的离婚诉讼案件，如果被告不同意离婚也不基于该条规定提起损害赔偿请求的，可以就此单独提起诉讼。

（三）无过错方作为被告的离婚诉讼案件，一审时被告未基于民法典第一千零九十一条规定提出损害赔偿请求，二审期间提出的，人民法院应当进行调解；调解不成的，告知当事人另行起诉。双方当事人同意由第二审人民法院一并审理的，第二审人民法院可以一并裁判。

《〈民法典〉婚姻家庭编的解释（一）》第八十九条　当事人在婚姻登记机关办理离婚登记手续后，以民法典第一千零九十一条规定为由向人民法院提出损害赔偿请求的，人民法院应当受理。但当事人在协议离婚时已经明确表示放弃该项请求的，人民法院不予支持。

《〈民法典〉婚姻家庭编的解释（一）》第九十条　夫妻双方均有民法典第一千零九十一条规定的过错情形，一方或者双方向对方提出离婚损害赔偿请求的，人民法院不予支持。

《民法典》第一千零九十二条　夫妻一方隐藏、转移、变卖、毁损、挥霍夫妻共同财产，或者伪造夫妻共同债务企图侵占另一方财产的，在离婚分割夫妻共同财产时，对该方可以少分或者不分。离婚后，另一方发现有上述行为的，可以向人民法院提起诉讼，请求再次分割夫妻共同财产。

《〈民法典〉婚姻家庭编的解释（一）》第八十四条　当事人依据民法典第一千零九十二条的规定向人民法院提起诉讼，请求再次分割夫妻共同财产的诉讼时效期间为三年，从当事人发现之日起计算。

解析：这几条规定的是离婚财产分割的具体情形以及所需要考虑的因素。

在离婚财产分割中，主要有八个原则：

一是男女平等的原则，即如果没有特殊的情况，离婚时夫妻共同财产按照一人一半的原则进行分割，或者按照男女双方自愿协商一致进行分割，充分尊重男女双方的真实意愿与处置共同财产的平等地位；

二是照顾子女及女方权益原则，从社会一般视角来看，子女主要是未成年子女以及女性一般会处于一个相对弱势的地位，因此在离婚财产分割时，要充分考虑到对于子女和女方的照顾问题。

三是照顾无过错方的权益原则，家庭是社会的基本单元，家庭幸福和稳定也是社会幸福和稳定的基础，对于在婚姻家庭中有过错的一方，虽然法律未必能够对其逢错必罚，但至少需要对没有过错的一方有原则性的保护，尤其是在离婚析产中，需要给忠于家庭的一方一定的照顾，这在很大程度上能够更好地引导社会风气。

四是有利于生产生活原则，夫妻共同财产的形态有时候可能是非常多样的，未必能够进行直接的分割，有时候也许夫妻双方都想获得该财产的所有权，比如北京的车牌号，是一种稀缺资源，如果夫妻之间只有一个车牌号，且是在婚姻存续期间获得的，那么车牌号到底归谁就需要结合是否有利于生产生活的原则了，如果孩子还小，需要用车来接送小孩上下学，那么获得孩子抚养权的一方就具有更大的可能性获得该车牌的所有权，再向另一方支付相应的折价款。

五是经济补偿原则，社会有分工，家庭也有分工，无论是生孩子还是照顾家人，都或多或少需要夫妻一方付出比另一方更多的时间和精力，也无形中让一方比另一方失去更多的职业机会，而没有承担更多家庭义务的一方，其赚钱的能力、职业发展的机遇，都是要更好的，因而在离婚财产分割过程中，负担家庭义务较少的一方就应该向负担家庭义务较多的一方进行合理的经济补偿。

六是经济帮助原则，这种经济帮助仅限于在离婚时。

七是损害赔偿原则，导致离婚的原因有很多种，其中有五种无过错方可以向法院请求过错方给与损害赔偿，包括重婚、与他人同居、实施家庭暴力、虐待遗弃家庭成员以及有其他重大过错。其中第五种其他重大过错的认定必须与前面四种在性质和伤害程度上比较类似，比如出轨，其过错程度或者伤害程度都远不如重婚或者与他人同居，因而出轨一般不会是离婚损害赔偿的原因，但若频繁地与同一人出轨，有可能被认定为与他人同居。对于损害赔偿的提出，如果是诉讼离婚，则法院在受理案件时需要书面告知当事人，如果无过错方是作为原告，则必须是在诉讼离婚的同时提出，离婚后在提出损害赔偿的，法院一般不会受理；如果无过错方是被告，则既可以在该诉讼中要求损害赔偿，也可以单独提起诉讼。如果是协议离婚，除非无过错方在离婚协议中已经明确表示放弃该项请求，否则无过错方也可以单独向人民法院提出损害赔偿的请求。而如果夫妻双方均有过错情形，一方或者双方向对方提出离婚损害赔偿请求的，人民法院不会支持。此外，需要注意的是，这种损害赔偿的金额在司法实践中如果是双方协商的，那遵循意思自治，若是经由法院判决，一般的赔偿金额也仅为数万元。

八是少分或者不分的原则，导致在离婚财产分割中一方少分或者不分的情形主要有两类五种，一类是基于财产，有五种情形，分别是隐藏、转移、变卖、毁损、挥霍夫妻共同财产，另一类是基于债务，主要是伪造夫妻共同债务企图侵占另一方财产的。司法实践中针对少分或者不分的情形审核相对比较严格，且一般的做法都是依据过错程度介于三七分与五五分之间的比例，甚少出现2∶8甚至更极端的分割比例。需要注意的是，若离婚后发现另一方有上述六种情形中的一种，一方自其知道之日起三年内可以向法院提出再次分割夫妻共同财产的请求。

十八、《〈民法典〉婚姻家庭编的解释（一）》第七十三条　人民法院审理离婚案件，涉及分割夫妻共同财产中以一方名义在有限责任公司的出资额，另一方不是该公司股东的，按以下情形分别处理：

（一）夫妻双方协商一致将出资额部分或者全部转让给该股东的配偶，其他股东过半数同意，并且其他股东均明确表示放弃优先购买权的，该股东的配偶可以成为该公司股东；

（二）夫妻双方就出资额转让份额和转让价格等事项协商一致后，其他股东半数以上不同意转让，但愿意以同等条件购买该出资额的，人民法院可以对转让出资所得财产进行分割。其他股东半数以上不同意转让，也不愿意以同等条件购买该出资额的，视为其同意转让，该股东的配偶可以成为该公司股东。

用于证明前款规定的股东同意的证据，可以是股东会议材料，也可以是当事人通过其他合法途径取得的股东的书面声明材料。

解析：本条是对于分割在有限责任公司中的出资额的规定。

需要特别注意的是，新修改的《公司法》将于2024年7月1日实施，其中对于股东向股东以外的人转让股权的规定，出现了一些新的变化。在新《公司法》之前，是需要征求其他股东同意，并且其他股东在同等条件下有优先购买权，这与《〈民法典〉婚姻家庭编的解释（一）》中规定的一致，但在新《公司法》实施以后，股东向股东以外的人转让股权的，不需要征得其他股东的同意，只需要通知其他股东即可，虽然其他股东在同等条件下依然享有优先购买权，但其他股东需要自接到通知之日起30日内作出明确的答复，若在此期间未答复，则视为放弃优先购买权。

所以本条与即将实施的新《公司法》存在一定的冲突。

十九、《〈民法典〉婚姻家庭编的解释（一）》第七十四条　人民法院审理离婚案件，涉及分割夫妻共同财产中以一方名义在合伙企业中的出资，另一方不是该企业合伙人的，当夫妻双方协商一致，将其合伙企业中的财产份额全部或者部分转让给对方时，按以下情形分别处理：

（一）其他合伙人一致同意的，该配偶依法取得合伙人地位；

（二）其他合伙人不同意转让，在同等条件下行使优先购买权的，可以对转让所得的财产进行分割；

（三）其他合伙人不同意转让，也不行使优先购买权，但同意该合伙人退伙或者削减部分财产份额的，可以对结算后的财产进行分割；

（四）其他合伙人既不同意转让，也不行使优先购买权，又不同意该合伙人退伙或者削减部分财产份额的，视为全体合伙人同意转让，该配偶依法取得合伙人地位。

解析：本条是对于分割在合伙企业的财产份额的规定。

二十、《〈民法典〉婚姻家庭编的解释（一）》第七十五条　夫妻以一方名义投资设立个人独资企业的，人民法院分割夫妻在该个人独资企业中的共同财产时，应当按照以下情形分别处理：

（一）一方主张经营该企业的，对企业资产进行评估后，由取得企业资产所有权一方给予另一方相应的补偿；

（二）双方均主张经营该企业的，在双方竞价基础上，由取得企业资产所有权的一方给予另一方相应的补偿；

（三）双方均不愿意经营该企业的，按照《中华人民共和国个人独资企业法》等有关规定办理。

解析：本条是对于分割在个人独资企业中的共同财产的规定。

二十一、《〈民法典〉婚姻家庭编的解释（一）》第七十八条　夫妻一方婚前签订不动产买卖合同，以个人财产支付首付款并在银行贷款，婚后用夫妻共同财产还贷，不动产登记于首付款支付方名下的，离婚时该不动产由双方协议处理。

依前款规定不能达成协议的，人民法院可以判决该不动产归登记一方，尚未归还的贷款为不动产登记一方的个人债务。双方婚后共同还贷支付的款项及其相对应财产增值部分，离婚时应根据民法典第一千零八十七条第一款规定的原则，由不动产登记一方对另一方进行补偿。

《〈民法典〉婚姻家庭编的解释（一）》第七十九条　婚姻关系存续期间，双方用夫妻共同财产出资购买以一方父母名义参加房改的房屋，登记在一方父母名下，离婚时另一方主张按照夫妻共同财产对该房屋进行分割的，人民法院不予支持。购买该房屋时的出资，可以作为债权处理。

解析：这两条是对于离婚房产分割的规定。

此处只针对两种情形有规定，一种是婚前只付首付婚后共同还贷且登记在一方名下，另一种是婚后出资购买一方父母名义的房改房且登记在一方父母名下，但实务中离婚房产分割的情形非常多，在2024年4月7日公布的《〈民法典〉婚姻家庭编的解释（二）》（征求意见稿）中，对此做了进一步的规定。

二十二、《民法典》第一千一百二十一条　继承从被继承人死亡时开始。

相互有继承关系的数人在同一事件中死亡，难以确定死亡时间的，推定没有其他继承人的人先死亡。

都有其他继承人，辈分不同的，推定长辈先死亡；辈分相同的，推定同时死亡，相互不发生继承。

解析：本条是对于继承开始的时间及死亡先后推定的规定。

首先，继承从被继承人死亡时就已经开始，并据此确定遗产的金额以及继承人的范围。尤其需要注意的是，在法定继承的情况下，由于继承的遗产属于夫妻共同资产，因此若在继承开始后遗产分割前离婚的，夫妻双方都有权主张继承份额的一半归自己所有。

其次，对于同时死亡的继承关系，虽然在《继承法》（已失效）中并无直接规定，但早在《继承法》（已失效）正式实施之前的1985年9月，最高人民法院在其印发的《关于贯彻执行〈中华人民共和国继承法〉若干问题的意见》（已失效）中有明确规定，而该规定被《民法典》完整地继承吸收。

总体来说，相互有继承关系的数人在同一事件中死亡，难以确定死亡时间的其继承规则分为三种情形：（1）推定没有继承人的人先死亡；（2）都有继承人且辈分不同的话，推定长辈先死，后辈拥有长辈遗产的继承权，长辈没有后辈的遗产继承权。举例来说，张三与李四结婚多年，双方父母均健在，独子王五13岁，一次外出旅游，张三和王五不幸遭遇车祸身亡，无法确定时间，此时认定为张三先身故，王五后身故，即王五能够继承张三的遗产，张三无法继承王五的遗产。王五继承张三的遗产之后，再由王五的继承人即李四继承。（3）都有继承人且辈分相同的话，推定同时死亡，相互不发生继承。

二十三、《民法典》第一千一百二十三条　继承开始后，按照法定继承办理；有遗嘱的，按照遗嘱继承或者遗赠办理；有遗赠扶养协议的，按照协议办理。

《民法典》第一千一百六十三条　既有法定继承又有遗嘱继承、遗赠的，由法定继承人清偿被继承人依法应当缴纳的税款和债务；超过法定继承遗产实际价值部分，由遗嘱继承人和受遗赠人按比例以所得遗产清偿。

《〈民法典〉继承编的解释（一）》第三条　被继承人生前与他人订有遗赠扶养协议，同时又立有遗嘱的，继承开始后，如果遗赠扶养协议与遗嘱没有抵触，遗产分别按协议和遗嘱处理；如果有抵触，按协议处理，与协议抵触的遗嘱全部或者部分无效。

解析：本条是对法定继承、遗嘱继承、遗赠和遗赠扶养协议的效力。

从效力上来说，遗赠扶养协议效力大于遗嘱遗赠，遗嘱遗赠的效力大于法定继承。

如果在同一继承中既有法定继承又有遗嘱继承、遗赠，且遗产之上负有应当缴纳的税务和债务，则其规则为首先由法定继承人在其继承范围内清偿，不足的部分，再由遗嘱继承人和受遗赠人按所得比例在所得范围内清偿。

而如果继承人生前与他人订有遗赠扶养协议，同时又立有遗嘱的，若内容没有抵触，则分别处理，若内容有抵触，则按照遗赠扶养协议的规定处理，遗嘱中与遗赠扶养协议相抵触的全部或者部分无效。

二十四、《民法典》第一千一百二十四条　继承开始后，继承人放弃继承的，应当在遗产处理前，以书面形式作出放弃继承的表示；没有表示的，视为接受继承。

受遗赠人应当在知道受遗赠后六十日内，作出接受或者放弃受遗赠的表示；到期没有表示的，视为放弃受遗赠。

解析：本条是对继承的接受和放弃。

需要先明确的是继承人和受遗赠人的区别。继承人是指法定继承人，主要有八类：（1）配偶；（2）子女；（3）父母；（4）兄弟姐妹；（5）祖父母；（6）外祖父母；（7）对公婆尽了主要赡养义务的丧偶儿媳；（8）对岳父母尽了主要赡养义务丧偶女婿。

除了上述法定继承人以外的、有权通过遗嘱获得遗产的人都是受遗赠人，包括孙子孙女、外孙子外孙女、侄子侄女、外甥外甥女以及其他不存在“三反”情形的任何人。

而不同的主体对于接受继承的规则也是不尽相同。继承人只要没有以书面形式作出明确的放弃继承的意思，就意味着其接受继承，而受遗赠人若在其知道受遗赠之日起60日内没有作出意思表示的，则意味着其放弃接受遗赠。

二十五、《民法典》第一千一百二十八条　被继承人的子女先于被继承人死亡的，由被继承人的子女的直系晚辈血亲代位继承。

被继承人的兄弟姐妹先于被继承人死亡的，由被继承人的兄弟姐妹的子女代位继承。

代位继承人一般只能继承被代位继承人有权继承的遗产份额。

《〈民法典〉继承编的解释（一）》第十六条　代位继承人缺乏劳动能力又没有生活来源，或者对被继承人尽过主要赡养义务的，分配遗产时，可以多分。

《〈民法典〉继承编的解释（一）》第十七条　继承人丧失继承权的，其晚辈直系血亲不得代位继承。如该代位继承人缺乏劳动能力又没有生活来源，或者对被继承人尽赡养义务较多的，可以适当分给遗产。

解析：本条是对代位继承的规定。

在《继承法》（已失效）时代下，代位继承人的范围只及于被继承人的子女的直系晚辈血亲，比如孙子女、曾孙子女、玄孙子女，而到了《民法典》时代，代位继承人的范围有所扩大，不仅包含了被继承人的子女的直系晚辈血亲，还包含了被继承人的兄弟姐妹的子女，也就是说侄子侄女外甥外甥女可以代位继承叔伯姑舅姨的遗产。

即便《民法典》对于代位继承人的范围做了扩大，但在现实中依然有漏洞，那就是叔伯姑舅姨无法代位继承侄子侄女外甥外甥女的遗产。

此外，代位继承人一般只能继承被代位继承人有权继承的遗产份额，但对于缺乏劳动能力又没有生活来源，或者对被继承人尽过主要赡养义务的代位继承人，分配遗产时，可以多分。

而如果继承人丧失继承权，那么他的晚辈直系血亲不得代位继承。如该代位继承人缺乏劳动能力又没有生活来源，或者对被继承人尽赡养义务较多的，可以适当分给遗产。

二十六、《民法典》第一千一百三十四条　自书遗嘱由遗嘱人亲笔书写，签名，注明年、月、日。

《民法典》第一千一百三十五条　代书遗嘱应当有两个以上见证人在场见证，由其中一人代书，并由遗嘱人、代书人和其他见证人签名，注明年、月、日。

《民法典》第一千一百三十六条　打印遗嘱应当有两个以上见证人在场见证。遗嘱人和见证人应当在遗嘱每一页签名，注明年、月、日。

《民法典》第一千一百三十七条　以录音录像形式立的遗嘱，应当有两个以上见证人在场见证。遗嘱人和见证人应当在录音录像中记录其姓名或者肖像，以及年、月、日。

《民法典》第一千一百三十八条　遗嘱人在危急情况下，可以立口头遗嘱。口头遗嘱应当有两个以上见证人在场见证。危急情况消除后，遗嘱人能够以书面或者录音录像形式立遗嘱的，所立的口头遗嘱无效。

《民法典》第一千一百三十九条　公证遗嘱由遗嘱人经公证机构办理。

《民法典》第一千一百四十条　下列人员不能作为遗嘱见证人：

（一）无民事行为能力人、限制民事行为能力人以及其他不具有见证能力的人；

（二）继承人、受遗赠人；

（三）与继承人、受遗赠人有利害关系的人。

《民法典》第一千一百四十二条　遗嘱人可以撤回、变更自己所立的遗嘱。

立遗嘱后，遗嘱人实施与遗嘱内容相反的民事法律行为的，视为对遗嘱相关内容的撤回。

立有数份遗嘱，内容相抵触的，以最后的遗嘱为准。

解析：这几条是对遗嘱及其效力顺序的规定。

遗嘱主要有六种情形，分别是自书遗嘱、代书遗嘱、打印遗嘱、录音录像遗嘱、口头遗嘱和公证遗嘱。除了自书遗嘱不需要见证人之外，其他遗嘱类型都需要有至少两个见证人见证，其中公证遗嘱需要的是两个专业的公证员，其他遗嘱的见证人范围宽泛一些，只要不是《民法典》规定的不得成为见证人的人，都可以作为见证人。

《民法典》中规定的不得成为见证人有三种：(1)无民事行为能力人、限制民事行为能力人以及其他不具有见证能力的人，(2)继承人、受遗赠人；(3)与继承人、受遗赠人有利害关系的人。其中，与继承人、受遗赠人有利害关系的人包括了其近亲属、债权人、债务人以及共同经营的合伙人等。

此外，在《继承法》(已失效)时代下，公证遗嘱的效力是最高的，但在《民法典》时代下，以最后一份遗嘱为最高效力，这对于尊重被继承人的真实意思具有重要的作用，但与此同时，也更容易引起遗嘱的继承纠纷。

二十七、《民法典》第一千一百四十五条　继承开始后，遗嘱执行人为遗产管理人；没有遗嘱执行人的，继承人应当及时推选遗产管理人；继承人未推选的，由继承人共同担任遗产管理人；没有继承人或者继承人均放弃继承的，由被继承人生前住所地的民政部门或者村民委员会担任遗产管理人。

解析：本条是对遗产管理人的规定。

遗产管理人制度，是《民法典》中新增的重要制度，对于遗产的管理和继承具有非常重要的作用。与遗嘱执行人可以有也可以没有不同，遗产管理人是必须要有的角色。

二十八、《民法典》第一千一百五十五条　遗产分割时，应当保留胎儿的继承份额。胎儿娩出时是死体的，保留的份额按照法定继承办理。

《民法典》第十六条　涉及遗产继承、接受赠与等胎儿利益保护的，胎儿视为具有民事权利能力。但是，胎儿娩出时为死体的，其民事权利能力自始不存在。

解析：本条是对胎儿利益的特殊保护。

在作家庭财富规划尤其是通过遗嘱的形式来传承家庭财富的时候，一定要考虑胎儿的权益，若遗嘱或者其他财富规划方式没有考虑胎儿的利益，则一定程度上会影响该遗嘱或者方案的有效性。

如果胎儿出生时为死体的，则其民事权利或者遗产的继承权自始没有，预留的财产分割也作为原被继承人的遗产，重新由原被继承人的继承人继承。

若胎儿出生后不久死亡的，哪怕出生一秒后死亡的，其民事权利能力也是存在的，其也是能够继承遗产的，之后该遗产作为胎儿的遗产，再由胎儿的继承人按照法律的规定继承。

工具指引篇

第十一章

KYC工具指引

一、客户面谈KYC-A表

客户面谈KYC-A表

填表日期：

（一）家庭基本情况分析

1.家庭结构

家庭成员分析表

家庭成员	关系	年龄	职业	收入	备注（特别事项）

2.家庭特征

家庭特征分析表

	本人	父母	子女1	子女2	子女3
婚姻状况					
身体状况					
身份状况					
需求状况					

续表

	本人	父母	子女1	子女2	子女3
性格状况					
受教育情况					
家庭地位					
与客户经理关系					

（二）家庭财务状况分析

1.家庭现金流量表

<table>
<tr><th colspan="4">收入</th><th colspan="4">支出</th></tr>
<tr><td colspan="2">收入类型</td><td>金额</td><td>占收入比例</td><td colspan="2">支出类型</td><td>金额</td><td>占支出比例</td></tr>
<tr><td rowspan="2">工资薪金收入</td><td>工资</td><td></td><td></td><td rowspan="2">房产</td><td>贷款</td><td></td><td></td></tr>
<tr><td>奖金</td><td></td><td></td><td>物业、维护</td><td></td><td></td></tr>
<tr><td colspan="2">自雇收入</td><td></td><td></td><td rowspan="2">教育</td><td>学费</td><td></td><td></td></tr>
<tr><td rowspan="5">投资性收入</td><td>利息</td><td></td><td></td><td>培训费</td><td></td><td></td></tr>
<tr><td>资本利得</td><td></td><td></td><td colspan="2">日常生活</td><td></td><td></td></tr>
<tr><td>分红</td><td></td><td></td><td colspan="2">休闲娱乐</td><td></td><td></td></tr>
<tr><td>租金收入</td><td></td><td></td><td colspan="2">商业保险</td><td></td><td></td></tr>
<tr><td>其他</td><td></td><td></td><td colspan="2">赡养支出</td><td></td><td></td></tr>
<tr><td colspan="2">其他收入</td><td></td><td></td><td colspan="2">其他</td><td></td><td></td></tr>
<tr><td colspan="2">合计</td><td colspan="2"></td><td colspan="2">合计</td><td colspan="2"></td></tr>
<tr><td colspan="2">结余</td><td colspan="6"></td></tr>
</table>

2.资产负债表

<table>
<tr><th colspan="5">资产</th><th colspan="4">负债</th></tr>
<tr><td colspan="3">资产类型</td><td>金额</td><td>占资产比例</td><td colspan="2">负债类型</td><td>金额</td><td>占负债比例</td></tr>
<tr><td rowspan="4">金融资产</td><td rowspan="4">现金类</td><td>现金</td><td></td><td></td><td rowspan="2">房贷</td><td>自住性房贷</td><td></td><td></td></tr>
<tr><td>活期存款</td><td></td><td></td><td>投资性房贷</td><td></td><td></td></tr>
<tr><td>定期存款</td><td></td><td></td><td colspan="2">汽车贷</td><td></td><td></td></tr>
<tr><td>货币基金</td><td></td><td></td><td colspan="2">信用卡</td><td></td><td></td></tr>
</table>

续表

资产					负债		
金融资产	其他金融资产	债券			连带债务		
		股票			或有债务		
		基金			其他负债		
		保险					
		银行理财					
		证券理财					
		信托理财					
		其他					
金融资产合计							
股权资产	直接股权						
	其他						
股权资产合计							
实物资产	自住房						
	投资型房产						
	黄金白银						
	其他						
实物资产合计							
资产合计					负债合计		
净资产							

（三）需求分析

需求分析

	本人	父母	子女1	子女2	子女3
资产保护					
婚财规划					
身份规划					
传承规划					
教育规划					
投资规划					
养老规划					
其他规划					
可规划资金					
规划期限					
规划周期					

二、客户面谈KYC-B表

客户面谈KYC-B表

客户姓名：　　　　性别：　　　　年龄：　　　　填表日期：

（一）家庭状况

1.您是否曾担心过自己的健康、意外、安全等问题？

2.您和配偶、父母的养老金准备充足吗？

3.您最关心/担忧的家人是谁？

4.如果没有您，家人生活会出现什么变化？

5.您的财产，家人是否都知悉并能找得到？

6.您最希望把财富给谁？给他/她之后，存在什么隐患吗？

7.您最不希望把财富给谁？按照法定继承，他能分到多少？

8.对于家族后代，您有哪些美好的期望？

（二）职业情况

1.您的收入是否稳定？未来出现变化的概率有多大？

2.您企业/职业近期的发展状况如何？对于未来的预期如何？

3.是否存在个人为企业/他人担保？

4. 您对企业/职业的未来是否有担忧？若有主要体现在哪些方面？

（三）财富状况

1. 您拥有财富的类型及大致分布？

2. 是否有资产代持情况？包括他人帮您代持以及您帮他人代持。

3. 是否与他人存在法律纠纷？是否有抵押融资？

4. 您对自己财富安全是否有信心？若没有信心，原因是什么？

5. 您对未来财富增长是否有信心以及期望的增长幅度如何？

（四）规划状况

1. 您计划财富规划的目的是什么？

（1）财富保护：□企业风险隔离　□债务风险隔离　□信息保密　□税务筹划　□婚前财产保护　□其他

（2）照顾家人：□基本生活　□抚养子女　□教育金　□养老金　□医疗保障　□紧急救助　□其他

（3）支持后代：□婚育　□置业　□创业　□其他

（4）激励后代：□学业奖励　□事业奖励　□家庭和谐奖励　□其他

（5）保护后代：□监护人道德风险　□防止挥霍　□防范婚变　□防止投资不善　□其他

（6）如愿传承：□给某些家人多分/少分　□防范继承纠纷　□实现跨代传承　□其他

（7）资产增值：□稳健性　□保守型　□积极型

2. 您准备规划的资金规模及类型？

（1）银行存款：

（2）保单：

（3）金融产品：

（4）不动产：

（5）企业股权：

（6）其他：

3.您对于后续财产分配的初步安排？

（1）受益人：

（2）受益比例：

（3）受益事由：

（4）受益期限：

（5）其他：

三、客户面谈KYC-C表

客户面谈KYC-C表

填表日期：

<table>
<tr><th colspan="6">客户信息表</th></tr>
<tr><td>姓名</td><td></td><td>性别</td><td></td><td>年龄</td><td></td></tr>
<tr><td>婚姻</td><td></td><td>家庭结构</td><td></td><td>学历</td><td></td></tr>
</table>

<table>
<tr><th colspan="4">规划方案初步信息采集表</th></tr>
<tr><th>序号</th><th>项目</th><th colspan="2">内容</th></tr>
<tr><td>1</td><td>客户身份及所属行业</td><td colspan="2"></td></tr>
<tr><td>2</td><td>家庭年总收入及收入的稳定性</td><td colspan="2"></td></tr>
<tr><td>3</td><td>家庭年总支出及支出的必要性</td><td colspan="2"></td></tr>
<tr><td>4</td><td>家庭总资产及总负债</td><td colspan="2"></td></tr>
<tr><td rowspan="2">5</td><td rowspan="2">家庭资产分布状况</td><td>境内资产</td><td>1.企业资产：
2.不动产：
3.金融资产：
4.其他资产：</td></tr>
<tr><td>境外资产</td><td>1.企业资产：
2.不动产：
3.金融资产：
4.其他资产：</td></tr>
<tr><td>6</td><td>家庭负债分布状况</td><td colspan="2">1.房贷及车贷
2.企业债务
3.担保债务
4.其他债务</td></tr>
</table>

续表

序号	项目	内容
7	客户当前的需求状况	
8	客户对于保险和信托的认知程度	
9	客户已配置的保险和信托情况	
10	计划给客户配置的重点方向	
11	当前与客户沟通存在的问题和困难描述，需要得到哪方面的帮助和支持	
12	客户的性格特征及综合素质	
13	客户婚姻及感情状况	
14	家庭成员情况	
15	客户及其家人的国籍和税籍情况	

续表

序号	项目	内容
16	客户及家人的健康状况	
17	客户是否在家庭财富规划中起主导地位	
18	客户及其家人对参加主题沙龙或者一对一咨询的态度及期望	
19	过去与客户沟通的方式、频次与重点	
20	客户和客户经理的关系程度	

第十二章

相关合同及协议范本指引

在私人财富管理的过程中，我们时常会面临客户复杂且个性化的财富需求，而要满足多样化的需求，单一的财富工具，无论是保险、家族信托还是保险金信托，显然都有其不足之处，因而需要多种工具的融合使用，其中包括各类金融工具，也包括法律工具。对于各类金融工具，财富管理者相对来说是比较熟悉的，但对于法律工具，尤其是法律工具的具体表现形式，比如各类法律文本，由于日常接触较少，往往都不是很熟悉。因此，本章我们将为大家展示在财富管理过程中所经常会面临的一些法律文本的范本，以帮助广大财富管理者更好地认知法律工具，提升自己的综合专业能力以及服务客户的视角，并最终更好地服务客户。

当然，需要提醒大家注意的是，本章所列示的各类合同及协议范本，仅仅是为了让大家更为直观地认识各类法律文本的基本样式，以及提供制作法律文本的模式和思路，并不是此类法律文本唯一的表现形式，也不是给大家服务客户的具体建议，更不是直接拿去就能用的万能钥匙，实践中需要结合所服务客户的具体情况，以及当下的法律和经济环境，进行个性化的设定，有必要的情况下，还需要专业的律师深度参与制定。

一、家族信托/保险金信托基本要素表范本

序号	类别	内容
委托人基本信息（个人/家庭）		
1	客户名称/外文名称	
2	性别	□男 □女
3	国籍/地区	
4	常住国家/地区	
5	居住地（户籍地）	______省______市______县
6	区域	
7	民族	
8	税收居民	□中国大陆 □美国 □其他______
9	有效证件类型	
10	有效证件号码及有效期	
11	婚姻情况	□未婚 □已婚 □离异 □丧偶
12	行业类别	□农、林、牧、渔业 □采矿业 □制造业 □电力、热力、燃气及水生产和供应业 □建筑业 □批发和零售业 □交通运输、仓储和邮政业 □住宿和餐饮业 □金融业 □房地产业 □教育业 □旅游业 □其他______
13	职业	□国家机关、党群组织、事业单位负责人 □国家机关、党群组织、事业单位工作人员 □企业负责人 □企业职员 □专业技术人员 □退休人员 □学生 □其他人员______
14	工作单位	
15	交付信托财产的借记卡信息	开户行（具体到支行） 账号 大额支付行号（如有）
16	委托人联系方式	手机号码： 电子邮箱： 联系地址：______省/直辖市/地区______ 邮编：______
17	媒体中是否有针对本人的负面报道	□是 □否
18	是否属于各类组织发布的洗钱高风险人员关注范畴	□是 □否

续表

序号	类别	内容
19	是否为外国政要、国际组织高级管理人员等特定自然人及其近亲属	□是 □否
20	配偶姓名	
21	配偶国籍	
22	配偶税收居民	□中国大陆 □美国 □其他______
23	配偶有效证件类型	
24	配偶有效证件号码及有效期	
	信托财产基本信息	
25	财产来源	□工薪收入 □投资收益 □获赠收入 □个体工商户的生产经营所得 □对企事业单位的承包经营、承租经营所得 □财产转让所得 □其他所得______
26	初始委托信托财产金额	________万元： 其中现金_________万元，产品受益权_________万元，保险金请求权________万元
27	是否为共有财产	□是（需共有人签字同意） □否（需提供个人财产证明）
28	财产上是否有债务	□有 □无
	信托基本框架	
29	信托目的（可多选）	□财富传承 □风险隔离 □隐私保护 □生活保障 □子女培养 □其他
30	信托期限	□10年 □20年 □30年 □50年 □100年 □固定年限____年（不低于3年） □无固定期限
31	投资管理方式	资金类：□全权委托受托人 □非全权委托 非资金类：☑非全权委托
32	信托费用	设立费____ 受托人服务报酬费率____%/年 保管费____%/年 资金类信托财产全委模式下，收取超额信托报酬：超出业绩比较基准的____%
33	其他费用	信托财产规模≥1000万元，每自然年度免费变更______次合同条款（含______次临时分配），超过后每次______元，受托人有权减免该费用

*仅供参考，绝非具体建议

二、信托利益分配范本

（一）受益人基本信息

序号	要素	内容
1	客户名称	
2	年龄	
3	性别	□男 □女
4	国籍/地区	
5	常住国家/地区	
6	居住地（户籍地）	
7	区域	______省______市______县
8	民族	
9	税收居民	□中国大陆 □美国 □其他______
10	证件类型	
11	证件号码	
12	证件有效期	
13	婚姻情况	□未婚 □已婚 □离异 □丧偶
14	行业类别	□农、林、牧、渔业 □采矿业 □制造业 □电力、热力、燃气及水生产和供应业 □建筑业 □批发和零售业 □交通运输、仓储和邮政业 □住宿和餐饮业 □金融业 □房地产业 □教育 □旅游 □其他______
15	职业	□国家机关、党群组织、事业单位负责人 □国家机关、党群组织、事业单位工作人员 □企业负责人 □企业职员 □专业技术人员 □退休人员 □学生 □其他人员______
16	工作单位	
17	与委托人关系	□夫妻 □父母 □子女 □其他亲属____
18	联系方式	手机号码： 联系地址： 电子邮箱：
19	信托利益分配账户	户名： 开户行： 账号： 大额支付行号（如有）：
20	民事行为能力类型	□完全 □限制 □无
21	媒体中是否有针对本人的负面报道	□是 □否

续表

序号	要素	内容
22	是否属于各类组织发布的洗钱高风险人员关注范畴	□是　□否
23	是否为外国政要、国际组织高级管理人员等特定自然人及其近亲属	□是　□否
24	监护人（如有）	姓名：　　手机号码： 证件类型：　　证件号码：

（二）基本信托利益分配方案

1. 固定分配　□无　□有

序号	要素	内容
1	分配起始日	□委托人身故之日 □______年______月______日 上述选项若早于委托人交付首笔现金类信托财产或首笔保险理赔资金进入信托专户之日，则自委托人交付首笔现金类信托财产或首笔保险理赔资金进入信托专户之日起开始分配，不追溯以往。
2	分配终止日	□信托终止日 □______年______月______日（分配起始日之后）
3	分配频率	□每月　□每季度　□每半年　□每年
4	拟分配金额	□固定金额：每人每期分配金额为人民币______元。 □非固定金额： □首期分配金额为人民币______元。首期分配后，每自然年度调整一次。调整后每期分配金额=调整前上一自然年度每期分配金额×______%
5	□个性化设置	客户按照自己需求列示上述未体现的分配条款，受托人确认可操作后列示到合同

2. 条件分配　□无　□有

序号	要素	内容
1	教育支出	□重点高中：人民币______元 □本科录取：人民币______元 □硕士研究生录取：人民币______元 □博士研究生录取：人民币______元
2	结婚礼金	□第一次婚姻一次性分配人民币______元 □第二次婚姻一次性分配人民币______元 □第三次婚姻一次性分配人民币______元

续表

序号	要素	内容
3	生育礼金	□婚内每生育一个孩子一次性分配人民币________元 □婚外每生育一个孩子一次性分配人民币________元
4	医疗费用	包括门急诊治疗费用和住院费用等，按当年票据实报实销，每自然年度限一次（当年费用超过____万元人民币时可申请）
5	特别提款	委托人身故后，受益人可向受托人书面申请____次特别提款，每次提取的金额应不超过____万元（如两次及以上，每次间隔不得少于____个自然年度）。
6	个性化设置	客户按照自己需求列示上述未体现的分配条款，受托人确认可操作后列示到合同

（三）特殊信托利益分配方案

1. 在信托终止时剩余信托财产的分配条款
2. 临时分配条款
3. 受益人若出现身故或放弃信托受益权时，信托利益分配条款

（四）保险合同信息

序号	要素	内容
1	保险合同名称	
2	险种名称	
3	保险单号	
4	投保人信息	姓名： 联系电话： 证件类型： 证件号码： 联系地址：
5	保险人	
6	保险合同生效日期	
7	被保险人信息	姓名： 联系电话： 证件类型： 证件号码： 联系地址：
8	总保费	
9	已缴保费	

续表

序号	要素	内容
10	基本保险金额	
11	是否变更投保人	
12	受益人享有的保险金等权利范围	指定受托人（代表本信托）为 □身故保险金唯一受益人 □生存保险金唯一受益人 □其他：
13	交付类型	□首次交付　　□追加交付

*仅供参考，绝非具体建议

三、家族信托及保险金信托协议范本

××信托【　　】号保险金信托/家族信托合同

信托登记系统产品编码:【　　　　】

信托合同编号:【　　　　　　】

（本模板仅供一般性参考，并不代表任何建议和意见，若欲设立保险金信托/家族信托，请进一步咨询专业人士）

鉴于

委托人是具有完全民事行为能力的自然人；受托人是一家经中国银行保险监督管理委员会批准成立并合法存续的信托公司。委托人基于对受托人的信任，愿将其合法拥有的财产信托给受托人；受托人愿为受益人的利益或信托合同约定的目的，以自己的名义，按照本合同的约定，对信托财产进行管理、运用和处分。委托人与受托人经过友好协商，本着平等自愿、诚实信用、真实合法的原则，根据《中华人民共和国信托法》《中华人民共和国民法典》《信托公司管理办法》及其他有关法律、法规和规章的规定，签订本合同，以资共同信守。

第一条　信托目的

委托人基于对受托人的信任，自愿将其合法所有的财产交付于受托人，由受托人按委托人的意愿，以受托人的名义，根据相关法律法规及信托文件的规定对信托财产进行管理、运用、处分和分配，以实现财富传承、资产保护、信托财产专业管理等目的。

第二条　信托当事人

1. 委托人

委托人在此确认，其具有完全民事行为能力，具备识别、判断和承担本信托相应风险的能力，亦愿意承担本信托相应风险。本合同项下委托人信息详见本合同签署页。

2. 受托人

（1）本信托的初始受托人为****信托有限公司。

（2）受托人根据本合同的约定可以进行解任、辞任和更换。

3.受益人

（1）本信托的受益人基本信息及各自的受益权范围详见本合同附件及对该等文件的任何有效修订和补充。受益人有权依照本合同的规定获得信托利益的分配，并根据本合同约定享有其他权利。

（2）本信托项下受益人分为原始受益人及新增受益人。

（3）如受益人任何信息发生变化，委托人应当立即通知受托人；如委托人丧失行使权利和履行义务能力、失联或在过渡期的，由受益人通知受托人。

（4）未经委托人和受托人同意：本信托受益权不得进行转让、赠与、质押，不得以信托受益权进行融资或提供担保；

第三条　信托财产

1.信托财产

（1）本信托的信托财产包括委托人交付给受托人的财产以及受托人管理、运用、处分信托财产而取得的财产，以及因前述一项或数项财产灭失、毁损或其他事由形成或取得的财产（含损失）。

（2）委托人在本合同项下交付的信托财产包括现金、保险金请求权、金融产品受（收）益权或委托人、受托人双方一致同意的其他财产类型中的一项或者数项，具体信托财产的类别详见本合同附件。委托人交付的信托财产应完全满足本合同附件中的内容。

（3）委托人交付信托资金的，应按约定期限由委托人在中国境内商业银行本人开设的自有银行账户支付至信托专户，则完成交付。

2.初始信托财产的交付

（1）本信托成立时，委托人交付的信托财产的总值以本合同附件为准。

（2）委托人须按本合同的约定将初始信托财产交付至受托人，并向受托人出具附件通知受托人，受托人确认信托财产全部交付后，向委托人发送确认回执。委托人提供的信托财产类型、范围、金额、价值、交付方式、交付时间等信息以受托人的确认为准。

（3）信托财产为保险金请求权的，委托人作为《保险合同》项下初始投保人，应变更受托人为《保险合同》项下的受益人（和投保人，如有）

（具体以本合同附件约定为准），并指定或变更《保险合同》项下保险金支付账户为本信托项下的信托专户，指定或变更《保险合同》项下支付保费的账户为本信托项下的信托专户（如需）；若本信托成立时信托专户未开立的，以信托存续期内受托人开立的信托专户为准。

第四条　信托的成立及期限

1.信托的成立

委托人已与受托人签署本合同、风险申明书及本合同附件中所需文件，同时已向受托人提交委托人、受益人及其他信托当事人（如有）的基础材料（包括但不限于身份证件、银行卡、关系证明等），并按照3.1、3.2条的约定完成初始信托财产交付后，受托人有权宣布本信托成立，信托成立日以受托人发布的成立通知书为准。

2.信托规模

本信托的初始信托财产总值不低于1000万元（但如本信托的初始财产包含保险金请求权的，初始信托财产的总值以受托人认定的实际交付数额为准），信托存续期间，委托人可追加交付信托财产，具体以委托人实际交付的信托财产规模为准，并不设上限。

3.信托期限

本信托的期限详见本合同附件，自信托成立日开始起算。

4.不可撤销信托

除非法律法规有明确规定，或信托合同另有约定的，否则本信托为不可撤销信托。

第五条　信托财产管理和运用

1.信托财产管理原则

（1）信托财产与受托人的固有财产分别管理、分别记账，受托人不得将信托财产归入其固有财产或使信托财产成为其固有财产的一部分；信托财产与受托人管理的其他信托财产分别管理、分别记账，受托人为信托设立专用账户，即信托专户。非现金类的信托财产，则根据财产的具体类型，由受托人进行分别管理、分别记账。

（2）受托人管理、运用、处分信托财产所产生的债权，不得与其固有财产产生的债务相抵销；受托人管理运用、处分不同委托人的信托财产所产生的债权债务，不得相互抵销。

2.信托财产的投资管理方式

（1）本信托项下信托财产的投资管理方式为全权委托或非全权委托，具体投资管理方式的选择详见本合同附件。

（2）委托人认可并由信托财产及受益人相应承担前述管理运作信托事务的结果及风险。

3.保险金请求权的管理

（1）委托人确认，除本信托合同另有约定外，受托人根据保险金请求权管理需要，提供或出具必要文件以对保险金请求权进行管理时，受托人仅承担保险金请求权财产对应的事务管理类责任。

（2）在发生《保险合同》项下的保险事故、保险金给付条件满足后，或受益人知晓上述情形发生后，受益人或其他相关主体应及时通知受托人并积极提供理赔所需的全部证明材料，受托人在收集完毕全部所需材料后，根据《保险合同》的约定向保险人递交相关材料，申领保险理赔资金。

（3）在保险理赔程序完成、理赔资金进入信托专户后，或者保险人审核后拒绝理赔的，受托人将根据本信托合同第8条约定进行披露。

4.信托财产运用范围

（1）根据委托人在本合同附件四《投资管理约定函》选择的资产配置方案，受托人可自主决定或依据委托人出具的投资指令将信托财产投资于各资产类别中的部分或全部。

（2）在本信托关系存续期间，受托人将依据当时有效的法律、法规及《信托业保障基金管理办法》，并根据本信托项下委托人交付/追加交付的信托资金与其他类型信托财产的具体情况来认购信托业保障基金。

5.信托财产的保管

（1）受托人必须开设信托专户对信托资金进行单独管理，本信托的一切资金往来均需通过信托专户进行。

（2）受托人不得假借本信托的名义开立其他账户，亦不得使用本信托项下的信托专户进行本信托以外的任何活动。

（3）聘用保管人对信托专户进行保管的，应根据与受托人签署的《资金保管协议》的约定对信托专户予以监督。

第六条　信托利益分配

1.信托利益的分配原则

（1）除受托人与委托人另行协商一致或信托文件另有约定外，信托存续期间，受托人仅以各信托利益分配日信托专户内扣除本信托合同约定的信托费用和负债后的现金类信托财产与现金管理类信托财产之和为限向受益人分配信托利益。信托终止时的分配方式按照本合同的约定执行。

（2）本信托信托利益的分配自委托人交付首笔信托资金或首笔保险理赔资金进入信托专户后（孰早）开始执行。

2.信托存续期间信托利益的分配方式

（1）信托存续期间，受托人根据届时信托财产的管理、运用情况及信托合同的约定确定具体的信托利益分配日，于每个信托利益分配日对当期信托利益进行核算。

（2）受托人按信托文件约定的信托分配频次、日期向受益人进行固定分配和条件分配，具体约定详见本合同附件。

（3）本信托存续期间，委托人可以变更分配方式。委托人变更分配方式的，委托人应向受托人发送新的《信托利益分配方案》，经受托人书面确认后代替原有《信托利益分配方案》。原分配方式于新的《信托利益分配方案》生效之日即行失效。

3.受益人身故或放弃受益权时的信托利益分配

（1）受益人身故后其受益权的归属

本信托存续期间受托人知悉受益人身故后，受托人有权将该身故受益人原享有的受益权按照本合同附件进行分配。

本信托存续期间受益人身故时该身故受益人原享有的信托受益权不属于该身故受益人的遗产，受托人应按照上述约定确认该部分信托受益权的归属。

（2）受益人放弃受益权的，应按照下列顺序确定被放弃的信托受益权的归属（受益人放弃受益权的，应当向受托人提交放弃受益权的书面文件）：

委托人于信托文件中指定的受益权归属，详见本合同附件；

本信托项下其他受益人，各受益人以其享有的信托受益权权重比例（放弃信托受益权的受益人的受益权除外）享有该部分受益权。

（3）如由上述方法确认的信托受益权归属的人选违反了相关法律法规的规定或信托合同的约定，则以法律法规的规定或信托合同的约定为准。

4. 若受益人收款账户的预留信息变更，委托人或受益人应及时通知受托人，且需及时向受托人提供变更后的收款账户必备信息。

第七条　信托财产承担的费用

1. 信托费用

除非本合同另有约定，受托人因处理信托事务发生的下述费用由信托财产承担。

（1）受托人信托报酬；

（2）保管费；

（3）为设立信托而发生的费用；

（4）信托财产管理、运用、处分而发生的全部税费和交易费用；

（5）信托财产管理、运用、处分而可能发生的其他费用，包括但不限于中介机构和专业服务机构服务费用等；

（6）受托人因受托或办理本信托而发生的业务规费（规费指行政机关收取的费用），及其他应由信托财产承担的费用。

2. 信托报酬及保管费的计算与支付

受托人收取的信托报酬及保管人收取的保管费的计算与支付详见本合同附件具体约定以及保管人与受托人签订的《资金保管协议》。

3. 其他费用的计算和提取

其他费用按照相应合同的约定提取，没有合同的按实际发生的金额于费用发生日后从信托财产中提取并支付，列入当期费用。

4. 信托税费

信托运作过程中的纳税主体应当依照法律、法规及规范性文件的规定履行纳税义务。

第八条　信息披露

1. 信息披露的对象

信托事项的“披露对象”为该信托合同的委托人、符合条件的受益人及其他信托文件约定或法律法规规定的其他主体。

2.信息披露的类型

（1）定期披露

信托成立后，受托人于每个自然季度最后一日后20个工作日内（如信托成立不满3个月的顺延至下一自然季度），将当个期间的《信托财产管理报告》发送给披露对象。

（2）临时披露

信托存续期间，根据届时受托人管理、运用信托财产的情况，可能出现需临时披露的信息。受托人将于获知情况后三个工作日内以临时报告书形式向披露对象披露；受托人需要采取应对措施的，将于披露之日起七个工作日内向披露对象报告受托人拟采取的应对措施。

3.信息披露方式

除本合同另有约定外，受托人在有关披露事项的报告、报表或通知制作完毕后，以下列方式之一报告委托人、符合条件的受益人及信托文件约定或法律法规规定的其他主体：

（1）受托人营业场所存放备查；

（2）电子邮件；

（3）短信；

（4）信函；

（5）传真；

（6）官方网站或其他受托人指定的电子渠道查询。

受托人通过以上任意一种信息披露方式进行披露即视为受托人履行完毕信息披露义务。

第九条　受托人的变更

1.受托人有下列情形之一的，其职责终止：

（1）被依法撤销或者被宣告破产；

（2）依法解散或者法定资格丧失；

（3）辞任或者被解任；

（4）法律、行政法规规定的其他情形。

2.受托人辞任的条件和程序

（1）经受托人与委托人协商一致，受托人可以提出辞任。

（2）委托人或受益人未根据信托文件的要求行使权利、履行义务或采取相关行动，致使受托人有合理理由认为加大了其继续作为受托人的风险的，受托人有权提出辞任并无须征得委托人的同意。

（3）受托人应当向委托人或各受益人（委托人身故后）提出辞任的书面文件并说明辞任的理由；受托人应当按照本条约定办理交接手续。

3.解任受托人的条件和程序

（1）受托人违反信托目的处分信托财产，或者管理运用、处分信托财产有重大过错，致使信托财产受到损失，受益人的利益遭受损害，委托人或全部受益人达成一致意见后（委托人身故后）可解任受托人。

（2）委托人或全部受益人达成一致意见认为受托人符合解任条件，要求解任受托人的，应当将解任的要求和理由书面通知受托人；受托人同意解除受托人职责的，受托人应办理交接手续。

4.变更受托人应遵守下列全部程序和条件：

（1）信托合同所约定的信托费用及信托税费已经全部结清；

（2）受益人已经支付信托财产和信托事务移交的全部费用；

（3）新受托人已经确定，且新受托人书面同意继任受托人；

（4）受托人变更时，受托人应向委托人或各受益人（委托人身故后）做出处理信托事务的报告，并向新受托人办理信托财产和信托事务的移交手续。自全部移交手续办理完毕之日起，原受托人在本合同项下的权利和义务终止；

（5）受托人变更时，新受托人由委托人选任或依法根据监管部门的有关规定确定。

第十条　信托终止和清算

1.有下列情形之一的，本信托终止：

（1）信托存续违反信托目的；

（2）受托人认为信托目的已经实现或由于不可抗力等原因已不能实现；

（3）信托存续不符合届时适用的法律法规或监管部门的规定通知、决定等要求；

（4）信托被委托人、受托人合意终止；

（5）信托被司法程序撤销；

（6）全体受益人放弃信托受益权，或全体受益人身故；

（7）信托期限届满；

（8）本信托项下信托文件约定及法律法规规定的其他信托终止的情形。

2. 信托财产的清算

信托终止后，受托人负责信托财产的清算和分配，并制作信托财产清算报告。

清算报告至少应当包括以下内容：

（1）信托的基本信息；

（2）信托财产的管理、运用及处分情况；

（3）信托收益情况及分配情况；

（4）清算报告异议期限及受托人解除责任声明；

（5）法律、行政法规、部门规章及其他规范性文件规定及信托文件约定应当披露的其他内容。

3. 信托终止时信托利益的分配

（1）除本合同另有约定外，本信托终止时，信托财产扣除尚未支付的信托费用及信托税费的余额，按本合同附件约定的分配方式分配给受益人。

（2）受益人指定的信托利益分配账户见本合同附件。

（3）本信托终止时，如存在非现金形式信托财产的，受托人有权根据本合同约定进行现状分配。

4. 现状分配

委托人、受托人及全体受益人确认并同意，受托人根据信托文件约定进行现状分配时按照约定操作。

5. 剩余信托财产的归属

除信托文件另有约定外，本信托终止时，受托人依以下顺序处置信托财产并确认信托终止时信托财产的归属：

（1）支付应由信托财产承担的各类税费；

（2）支付应由信托财产承担的各类信托费用及其他负债；

（3）按最新有效的《信托利益分配方案》中规定的信托财产分配方式分配。

第十一条　信托当事人的权利和义务

1.委托人的权利和义务

（1）委托人的权利

①委托人有权了解并知悉信托财产的管理、运用、处分及收支情况，并有权要求受托人做出说明。

②委托人有权查阅、抄录或复制与信托财产有关的信托账目以及处理信托事务的其他文件。

③委托人有权获取受托人按照本合同约定提供的信托事务管理报告。

④委托人有权向受托人发出《委托人投资指令》(非全权委托)。

⑤受托人违反信托文件处分信托财产或者因违背管理职责、处理信托事务不当致使信托财产受到损失的，委托人有权申请人民法院撤销该处分行为，并有权要求受托人恢复信托财产的原状或者予以赔偿。

⑥委托人有权对本信托项下的受益人及受益人的信托利益分配方案作出变更，但应确保变更后的信托利益分配方案符合法律法规和监管规定的要求。

⑦有权将其权利义务交由其他人行使和/或履行，具体参见授权确认书(如有)。

⑧受托人违反信托目的处分信托财产或者管理、运用、处分信托财产有重大过失的，委托人有权申请人民法院解任受托人。

⑨信托文件约定及法律法规规定的其他权利。

（2）委托人的义务

①委托人保证按信托文件的约定及时交付信托财产，并保证交付的财产来源合法且是其合法所有的具有完全支配权的财产。

②委托人承诺其知悉有关反洗钱相关法律法规的规定，并承诺将严格遵守上述规定，不会实施任何违反前述规定的非法行为。

③委托人资格：委托人应当为符合法律法规规定的合格投资者。

④委托人保证提供给受托人进行身份信息识别的信息和资料均真实、准确、完整、有效、合法。委托人身份信息资料发生变更时，应当及时书面告知受托人。

⑤委托人保证已就设立信托事项向其债权人（如有）履行了告知义务，设立该信托未损害其债权人的任何利益。

⑥委托人对受托人以及处理信托事务的情况和资料负有依法保密的义

务，未经受托人同意，不得向受托人和受益人以外的任何人透露任何相关信息，但法律法规规定或信托合同另有约定的除外。

⑦委托人保证其享有签署包括信托合同在内的信托文件的权利，承担自行尽调的风险，并保证就其签署行为已履行必要的审批、批准、授权手续或取得相关各方的同意和准许。

2. 受托人的权利和义务

（1）受托人的权利

①受托人有权根据信托文件约定的信托财产管理方式，以自己的名义管理、运用和处分信托财产。

②受托人有权以受托人名义开立信托专户，并享有包括根据信托文件的约定处置账户内现金资产、划拨资金、销户等一切账户名义所有人享有的权利。

③有权依照信托合同的约定按时足额收取信托报酬。

④受托人以其固有财产垫付因处理信托事务所支出的费用、对第三人所负债务的，受托人在信托财产中享有优先受偿的权利。

⑤有权依照本合同、保险合同的约定，以保险投保人（如有）和受益人的身份获取保险合同、保险单及其他与行使保险金请求权相关的全套保险凭证原件；有权依照本合同、保险合同的约定，以保险受益人的身份取得保险金，并根据本合同约定的对信托财产的管理、运用和处分方式管理所取得的保险金。

⑥发生法律法规及监管政策变动导致本信托的相关安排或约定不符合法律法规、监管政策的，受托人有权单方修改相关合同条款并且还有权决定提前终止本信托。

⑦如受托人在信托利益分配过程中，发现本信托项下信托财产的支付、分配等行为符合国家有权机构规定的可疑交易上报条件的，有权根据《金融机构大额交易和可疑交易报告管理办法》或届时有效的相关法律法规向有权机构报告。因此对信托财产造成损失的，受托人不承担责任。

⑧信托文件约定和法律法规规定的其他权利。

（2）受托人义务

①受托人应当遵守信托合同的约定，恪尽职守，履行诚实、信用、谨慎、有效管理的义务，为受益人的利益处理信托事务。

②受托人不得利用信托财产为自己谋取信托合同约定权益以外的利益。

③受托人必须将信托财产与其固有财产分别管理、分别记账，不得将信托财产转为其固有财产。

④受托人必须保存处理信托事务的完整记录，保存期限自本信托终止之日起不得少于十五年。按信托合同的约定向委托人、受益人报告信托财产管理、运用及收益情况。

⑤除受托人与委托人另行协商一致或信托文件另有约定外，信托存续期间，受托人应以届时信托专户内扣除本信托合同约定的信托费用和负债后的现金类信托财产与现金管理类信托财产之和为限按照信托文件的约定向受益人分配信托利益。

⑥受托人知道保险事故发生后，应当及时通知保险人。

⑦本信托设立后，如受托人作为保险金受益人在理赔时被保险人拒绝赔付的，受托人应及时通知委托人或受益人，并告知其保险人拒绝赔付的理由，经委托人、受托人协商一致，本信托可提前终止。

⑧受托人应当妥善保存本信托业务的全部资料。

⑨受托人对委托人、受益人以及处理信托事务的情况和资料负有依法保密的义务。未经委托人和受益人同意，不得向委托人和受益人以外的任何人透露。法律、行政法规规定、监管部门要求或信托合同另有约定的除外。

⑩受托人应按照信托合同的约定制作《信托财产管理报告》等文件，向委托人、受益人定期报告信托财产管理、运用及收益情况。

⑪信托文件约定及法律法规规定的其他义务。

3.受益人的权利和义务

（1）受益人的权利

①受益人有权依照本合同的规定获得信托利益的分配，并根据本合同的约定享有其他权利。

②受益人有权经委托人的同意或在委托人身故后有权经受托人许可，了解信托财产的管理、运用、处分及收支情况，并有权要求受托人做出说明。信托文件另有约定的，从其约定。

③受益人经委托人同意有权查阅、抄录或者复制与信托财产有关的信托账目以及处理信托事务的其他文件，接收《信托财产管理报告》等文件，

信托文件另有约定的，从其约定。

④受托人违反信托文件约定处分信托财产，或者因违背管理职责、处理信托事务不当，致使其享有信托受益权部分所对应的信托财产受到损失的，受益人有权申请人民法院撤销该处分行为，并有权要求受托人予以赔偿。

⑤受托人违反信托目的处分信托财产或者管理运用、处分信托财产有重大过失的，有权申请人民法院解任受托人。

⑥信托文件约定及法律法规规定的其他权利。

（2）受益人的义务

①受益人应尊重并接受本合同约定的委托人设立信托的全部意愿，受益人应遵守本合同约定，且应按照本信托合同的规定合理善意行使受益人的权利，不得损害其他方的合法权利和利益。

②按照法律法规和信托合同的约定承担有关税费。

③受益人应保证其提供的文件、资料、信息是真实合法的，信托运行期间，若相关内容发生变更，应及时书面通知受托人，并按照受托人的要求变更确认手续。

④除本合同另有约定或法律法规另有规定外，受益人不得转让、质押信托受益权，亦不得在信托受益权上设置任何权利限制或权利负担。

⑤当发生《保险合同》项下的理赔事件、保险金给付条件满足或部分满足的情形，或受益人知晓信托委托人、被保险人等情况发生变更时，须及时书面通知受托人并积极提供理赔所需的全部证明材料，并协助受托人办理理赔事宜。

⑥对委托人、受托人以及处理信托事务的情况和资料负有保密的义务，未经委托人和受托人同意，不得向委托人和受托人以外的人透露。但法律法规另有规定的除外。

⑦信托文件约定及法律法规规定的其他义务。

第十二条　风险揭示与承担

1.风险揭示

信托可能涉及风险，委托人在决定设立信托前，应谨慎衡量以下风险因素及承担方式，以及信托文件的所有其他资料。

（1）法律与政策风险

（2）信托财产独立性风险

（3）市场风险

（4）购买力风险

（5）受托人管理风险

（6）聘用机构风险

（7）税费风险

（8）流动性风险

（9）信托投资风险

（10）信托无效或被撤销的风险

（11）关联交易风险

（12）信托延期或提前终止的风险

（13）信息传递风险

（14）投资保障基金的特别风险

（15）信托财产中保险金请求权的特殊风险

（16）不可抗力及其他风险

2.风险承担

（1）委托人和受益人的风险承担

根据《信托法》规定，受托人管理和运用信托财产时，须恪尽职守，负有诚实、信用、谨慎、有效管理的义务，但并不意味着受托人向委托人和受益人承诺信托财产运用过程中无风险或无损失。

受托人根据信托文件的约定管理、运用、处分信托财产产生的风险，由信托财产或受益人承担。

（2）受托人的风险承担

受托人违背信托合同的约定管理、运用、处分信托财产，导致信托财产遭受损失的，由受托人负责赔偿。不足赔偿时，由信托财产或受益人承担。

第十三条　违约责任

1.违约责任

（1）合同各方应严格遵守本合同的约定，任何一方违反本合同的部分或全部约定，均应向守约方承担违约责任，并赔偿因其违约给对方造成的损失。

（2）违约方应赔偿因其违约而给守约方造成的全部损失，包括合同履行后可以获得的利益，但不得超过违约方订立合同时可以预见或应当预见的因违反合同可能造成的损失。

（3）因受益人的欺诈行为给本信托、本信托的其他受益人或第三方造成损失的，相应损失由该受益人承担。

（4）受托人因处理信托事务不当或者违反法律、行政法规或本合同的约定致使信托财产受到损失的，受托人应以固有财产予以赔偿，不足赔偿时，由信托财产承担。

2. 免责

发生下列情形时，当事人对于因下列原因而引起的损失可以免于承担相应责任：

（1）由于不可抗力，包括但不限于非任何一方的原因而导致通讯故障、电力供应暂停、计算机系统故障等事件，未履行本合同项下的义务；

（2）受托人对于按照当时有效的法律法规或监管机构的规定作为或不作为而造成的损失等；

（3）受托人对于按照信托文件的约定进行投资或不投资造成的损失或潜在损失等；

（4）若委托人已列入信托财产的保险金请求权因委托人违反国家法律法规及/或本合同约定的承诺及/或未履行本协议约定的义务及/或未履行保险合同项下义务，或因保险人拒绝赔付、部分赔付，或因其他第三方原因导致受托人无法行使保险金请求权及/或无法足额获得保险合同约定的保险金，或导致受托人以保险金请求权设立信托的行为被认定为无效或被撤销的，或给信托财产造成损失的，受托人不承担相应赔偿责任。

第十四条　通知和送达

1. 信托委托人、受托人、受益人的联系方式

（1）委托人的联系方式详见本合同签署页。

（2）受托人及其法定代表人、联系人的联系方式详见本合同签署页。

（3）受益人的联系方式详见本合同附件。

2.通讯地址或联系方式变更

委托人、受托人、受益人在信托文件中填写的地址（或住所）为信托当事人同意的通讯地址。一方通讯地址或联络方式发生变化，应自发生变化之日起10个工作日内以书面形式通知其他方。在信托期限届满前30个工作日内变更通讯地址或联络方式的，至迟应在信托期限届满3个工作日前通知其他方。

3.信托利益分配账户变更

在信托期限内，变更受益人的信托利益分配账户的，委托人或受益人应在信托利益分配日前3个工作日前书面形式通知受托人并按照受托人的要求办理信托利益分配账户变更确认手续。

如受益人、委托人变更信托利益分配账户的行为将导致受托人违反法律法规，受托人有权拒绝办理该等信托利益分配账户变更手续。

4.送达方式及送达地点

本条约定适用于本合同所有的需传递的通知、文件、资料等。

委托人和受益人向受托人的送达均采用直接送达的方式，受托人实际签收之日即视为送达。

受托人向委托人和受益人的送达根据信托合同约定的信息披露确定。

5.通讯地址或联系方式、信托利益分配账户等信息发生变动的一方（以下简称“变动一方”），未将有关变化按约定方式及时通知对方，除非法律另行规定，变动一方应对由此而造成的影响和损失负责。因委托人和受益人未及时通知受托人而导致的损失，由委托人和受益人自行承担，受托人不承担责任。

第十五条　法律适用与纠纷解决

信托合同的订立、生效、履行、解释、修改和终止等事项均适用中华人民共和国法律法规（为本合同之目的，不包括香港、澳门及台湾地区公布并实施的法律法规）。

信托合同项下的任何争议，各方应友好协商解决；若协商不成的，则应提交受托人住所地有管辖权的人民法院解决。

第十六条　其他事项

信托文件的解释和说明以国家相关法律法规为准，对于法律法规没有进行约定的，如条款描述等，最终解释和说明权归受托人。

除委托人、受托人另有明确约定外，本信托项下信托文件的效力相互独立，任一信托文件的生效或无效不对其他信托文件及本信托的效力造成影响。

委托人签署信托文件即表示已经详阅信托文件、交易文件及其他相关文件、协议，且受托人已就上述文件进行充分、完整、并无任何遗漏或误解的说明，委托人对所有条款无异议并愿意依法承担相应的信托风险。

若双方因本合同（含附件）履行产生纠纷的，均不得就本合同及/或附件的签署、保存方式及签署过程中产生的电子证据提出任何异议。

信托合同一式贰份，具有相同法律效力。委托人、受托人各执壹份。

四、委托人承诺函范本

本人作为××××信托【　　　】号保险金信托/家族信托合同项下的委托人，特作出以下承诺：

1.本人以自己合法拥有的财产设立本信托，不违反法律法规的规定，不侵害其他人的合法权利，无非法汇集他人财产参与本信托的行为，并对信托财产享有合法、完整的所有权和支配权。

2.本人承诺信托财产不包括在本人已设立遗嘱（如有）的遗产中，不与本人设立遗嘱（如有）分割的其他财产相冲突。如存在冲突，则该财产应按照信托文件的约定作为信托财产。

3.本人承诺不存在个人不良信用记录，以本人所交付的财产设立本信托，不会对本人的债权人的合法权益造成任何损害。如本人之债权人或其他权益人对信托资产进行主张，本人愿自行承担相应风险，由此导致受托人遭受损害的，本人应赔偿受托人的损失。

4.本人承诺在设立本信托时本人或本人作为控股股东的公司不存在正在进行的或潜在的诉讼、仲裁、或政府部门的调查。

5.本人承诺，作为本信托财产的保险金请求权所对应的保险合同项下不存在对指定和变更投保人、保险受益人予以限制的条款和情形，本人订立保险合同时已履行国家法律法规规定的投保人如实告知义务。同时，本人亦承诺，截至本人将保险合同项下权益凭证、法律文件交付给受托人之日，保险合同约定的保险人应给付保险金的情形尚未发生，将保险合同项下的投保人（如有）及保险受益人变更或指定为受托人后，在信托存续期间，未经受托人书面同意，本人不发生法律法规规定及/或保险合同所约定的任何可能不利于受托人行使保险金请求权及/或获得保险合同约定数额的保险金之情形。如因本人违反上述承诺导致信托无效或被撤销的，或者给信托财产造成损失的，本人承担由此造成的一切损失和法律责任，受托人不承担任何责任。

6.本人承诺本信托成立及存续期间，本人与受益人的关系是真实有效的，不存在非法利益输送；若因关系不真实或者与受益人之间存在非法利益输送，导致信托利益无法支付或信托无效被撤销，后果由本人及信托财产承担。因此给受托人造成损失的，由本人负责进行赔偿。

7.本人已认真阅读并理解所有的信托文件，知晓并理解本信托的全部风险，并愿意依法承担相应的信托投资管理风险。

8.本人对本信托相应风险具有相应的识别、判断、评估和承受能力，未依赖受托人或其任何关联机构，根据本人自身独立的审核以及其认为适当的专业意见，已经确定设立本信托符合本人需求和目标。

9.委托人承诺向受托人提供的所有资料、签署的任何调查文件及以上承诺均为真实有效的。因委托人虚假陈述、隐瞒导致信托财产出现损失、信托无效或被撤销等情况，受托人免责且不承担任何赔偿责任。

此承诺不可撤销，自委托人在本信托合同签署页签字之日起生效。

特此承诺！

委托人签字：

（仅供参考，绝非具体建议）

五、信托费用确认函范本

1.信托报酬收款账户：

户　　名：××××信托有限公司

银行账号：

开 户 行：

2.委托人确认，受托人的信托报酬安排为：受托人收取固定信托报酬及可能存在的超额信托报酬。

3.固定信托报酬的计算与支付

自委托人交付首笔非保险金请求权的信托财产或受托人收到首笔保险金之日（含）起，受托人按如下公式于每个信托报酬核算日核算当期固定信托报酬，并按【　】收取，固定信托报酬率为【　%】。

4.信托财产交付手续费

（1）若委托人设立时或追加交付的信托财产包含保险金请求权，受托人有权收取固定金额为【　　　】元的信托财产交付手续费；若委托人交付的信托财产仅包含保险金请求权，信托财产交付手续费由委托人自行缴付至受托人如下信托财产交付手续费账户：

户　　名：××××信托有限公司

账　　号：

开 户 行：

备　　注：××××信托××××【　　　　】号保险金信托/家族信托财产交付手续费

（2）若委托人交付的信托财产除保险金请求权外还包含现金资产，委托人同意可以由信托财产直接支付受托人信托财产交付手续费。若委托人交付保险金请求权完成后，非因受托人原因导致保险受益人再次发生变更或保险金请求权无效或灭失的，受托人已收取的信托财产交付手续费无须退还。

5.保管费的收取（以资金保管机构签署的协议为准）

自委托人交付首笔非保险金请求权的信托财产或受托人收到首笔保险金之日（含）起，保管人按如下公式于每个保管费核算日核算当期保管费，并按年收取，保管费率为【　%】。

6. 其他费用的收取事项

（1）信托受益人及信托利益分配方案变更服务费：

（2）委托人每自然年度享有贰次免费进行临时分配的权利，超过贰次的，对超出次数按次收取每次【　】元的服务费，受托人有权减免该项服务费。

上述费用于受托人办理服务事项时自信托财产收取，列入当期费用。

委托人确认并同意，如届时信托专户留存的现金形式信托财产不足以支付信托费用的，受托人有权选择将信托报酬延迟至信托专户内现金资产可以足额支付后任何时点收取，或者要求委托人向本信托另行支付资金，或者有权无须经过委托人同意自主将部分或全部信托财产变现以满足费用收取和缴纳的需要。

本函自本信托合同签署之日起生效。

*仅供参考，绝非具体建议

六、配偶同意函范本

配偶同意函

致：××××信托有限公司

本人________（身份证明文件及号码：__________________），与_________（身份证明文件及号码：______________________）系夫妻关系。

本人知悉，__________拟以贵司作为受托人设立****信托【 】号保险金信托/家族信托（以下简称“本信托”），并签署相关信托文件。本人作为其配偶，在此同意__________以夫妻共同财产设立本信托，并将相关财产转移至贵司作为本信托的信托财产。

本人在此确认本人明确知悉本信托的信托财产、受益人范围及受益比例及受益条件皆可变更，并在此基础上确认授予本人配偶_______根据信托文件的约定对信托财产中的夫妻共同财产进行处分的权利，认可本人配偶________签署的与信托文件中的条款及条件对夫妻共同财产的法律约束力及强制执行力。

本人知晓，本信托项下委托人在信托设立时交付及信托存续期期间追加交付至本信托项下的财产不再属于夫妻共同财产，而属于独立的信托财产，在本信托存续期间以及本信托终止时均应当根据信托文件的规定对信托财产进行管理、运用和处分，并按照信托文件确定或委托人变更的信托利益分配方案进行分配。

本人已仔细阅读并完全理解本同意函及本信托合同，尤其是风险提示条款，充分了解并清楚知晓本信托的投资风险，并愿意承担一切风险。

本同意函为不可撤销的和不可变更的同意和确认。本同意函于本人签字之日起生效。本同意函一经生效，即构成对本人合法的、有效的和有约束力的义务。本同意函构成《信托合同》不可分割的组成部分。

委托人配偶：（签字）

_____年_____月_____日

*仅供参考，绝非具体建议

七、单身承诺函范本

单身承诺函

致：××××信托有限公司

本人______（身份证明文件及号码：____________________），在此承诺截至本函签署之日处于单身状态。

本人承诺：在信托存续期间内如本人婚姻状况发生变化时，将及时书面告知贵司，并在追加信托财产前按照贵司的要求提交有效的《配偶同意函》等证明文件。

委托人：（签字）

_____年_____月_____日

*仅供参考，绝非具体建议

八、自书遗嘱范本

遗嘱人：______，户籍所在地：________，身份证号码：____________

我在此立遗嘱，对本人所有的财产，作如下处理：

（一）我自愿将下列归我所有的财产遗留给甲：

1. 房产：（写明权属证书号及房产地址、面积等详情）

2. 银行存款：（写明存款行及银行账号）

3. 汽车：（写明车型、车牌及车架号）

4. 其他：（均需详细写明）

我遗留给甲的上述财产，属于甲个人所有。

（二）我自愿将下列归我所有的财产遗留给乙：

1. 房产：（写明权属证书号及房产地址、面积等详情）

2. 银行存款：（写明存款行及银行账号）

3. 汽车：（写明车型、车牌及车架号）

4. 其他：（均需详细写明）

我遗留给乙的上述财产，属于乙个人所有。

本遗嘱委托丙（姓名、年龄、电话、身份证号码）为执行人。

本遗嘱一式两份，一份由本人收执，一份委托执行人丙保存。

本人确认在立遗嘱时精神正常、头脑清醒，未受到任何人的威胁或者诱导，本遗嘱为本人真实意思表示，请各位亲友遵照执行。

立遗嘱人：______（签名、按手印）

______年______月______日

*仅供参考，绝非具体建议

九、代书遗嘱范本

立遗嘱人：________；性别：________；民族：________；出生日期：______年____月____日；身份证号：________________________。

家庭住址：________________________。

遗嘱执行人姓名：______，性别：____，身份证号码：______________。

家庭住址：________________________。

见证人：__________；身份证号码：____________________。

家庭住址：________________________。

见证人：__________；身份证号码：____________________。

家庭住址：________________________。

为了预防遗产继承纠纷，本人于______年____月____日在______省______市______区/县特请××和××作见证人，并委托××代书遗嘱如下：

一、财产情况

本人目前拥有的主要财产和权益包括：

1.房产

本人名下目前共拥有房产____处，其具体情况如下：

（1）位于____省____市____区______路_____号______室的房产1处，房产证号：________，内部装修及物品情况________________。

（2）位于______省________市_______区________路______号______室的房产1处，房产证号：____________，内部装修及物品情况：________________________。

2.股权

本人目前拥有________________公司_____%的股权。（公司基本情况：企业法人营业执照注册号为________，注册资本人民币________万元）。

3.债权

债务人____________（身份证号：____________________，）因________于______年______月______日向本人借款人民币______元，并签订编号为________的借款合同，约定利息为_____%/年，约定于______年____月____日向本人连本带息一次性进行偿还，担保人为________。

4.债券

本人持有________发行的债券，持有总金额为人民币________元，债券类型：________，债券到期日为：________年_____月_____日，利息为_____%/年。

5.股票

本人目前持有股票代码为________的________公司股票_____股；股票代码为________的________公司股票_____股。

6.存款

本人目前在________银行开设账号为________的________账户，账户中共有存款人民币________元，年利息为_____%。

7.基金

本人目前持有代码为________的基金，持有份额为_____。

二、财产继承

本人去世之后，上述所列举的本人届时实际拥有的全部财产及权益均由________个人继承（性别：________；出生日期：______年______月______日；身份证号码__________________，与本人关系：__________）。继承人于本人去世后从本人处实际继承的财产、权益情况，以其继承时本人实际拥有的财产、权益情况为准。

如继承人继承遗产时有配偶的，继承人所继承财产和权益与其配偶无关，均为继承人的个人财产。

本人去世之后，本遗嘱前述列明的________作为遗嘱执行人，代为执行本遗嘱。执行人出于诚实、信用、勤勉义务执行本遗嘱且经继承人同意所发生的一切合理费用均由继承人承担。

本遗嘱一式______份，一份交__________，一份交__________。

本人在此明确，订立本遗嘱期间本人神智清醒且就订立该遗嘱未受到任何胁迫、欺诈，上述遗嘱为本人自愿作出，是本人内心真实意思的表示。本人其他亲属或任何第三人均不得以任何理由对继承人继承本人全部遗产及权益进行干涉。

立遗嘱人（签字）：________________

日期：________年________月________日

见证人（签字）：________________

见证人（签字）：________________

*仅供参考，绝非具体建议

十、意定监护协议范本

甲方（委托方、意定被监护人）：

身份证号：　　　　　　　　　联系方式：

乙方（受托方、意定监护人）：

身份证号：　　　　　　　　　联系方式：

丙方（意定监护监督人）：

身份证号：　　　　　　　　　联系方式：

根据《中华人民共和国民法典》及《中华人民共和国老年人权益保障法》等相关法律的规定，甲方拟委托乙方担任自己将来丧失或部分丧失民事行为能力时的监护人、选任丙方担任监护监督人，并按照财产管理不相容原则，分配乙、丙的职责。甲、乙、丙三方按照诚实信用原则，为最大限度维护甲方权益，经协商一致，立此合同，以资共同遵循履行：

一、委托代理事项

1. 乙方接受甲方的委托，在甲方将来丧失或部分丧失民事行为能力时担任甲方的监护人，行使监护职责、履行监护义务。具体包括人身监护、日常消费、财产收入、死后事务、财产继承及债务处理等事务。

（1）人身监护方面：①照顾甲方的生活起居，助餐、助浴，保证甲方身体及衣物的清洁；②代理参加护理合同、家政合同、福利机构入驻合同的缔结、变更和解除及费用的支付；③代理甲方缔结医疗服务合同、签署术前同意书、特殊治疗、特殊检查同意书；④代理甲方对其入住的养老机构的服务质量进行监督及提出改进建议等；⑤作为民事代理人，代理甲方参加诉讼、仲裁；⑥安排就医、疗养等事宜；⑦保管甲方的身份证、印鉴、社保卡老年证等证件；⑧其他关于人身监护方面的事项.

（2）财产管理方面：①代理甲方对退休金、租金、股权收益的收取②代理甲方对存款、基金、股票的收取；③代理甲方对房租、公共费用、住院医疗费用、入住养老机构费用的支付；④代理甲方支付生活费、日用品的花销；⑤代理甲方缔结保险合同以及保险金的受领和管理；⑥代理甲方处理小额债权债务事项，处理大额债权债务需会商丙方且取得丙方书面同意；⑦其他涉及财产监护管理的事项。

对以上财产管理，实行收支两条线，禁止坐支，将上述应归属于甲方的收入打入由丙方管理的甲方的账户，按实际需要向丙方申领。

在出现了危及甲方生命、生活的情形（如甲方重病，急需资金入院救治）时，且穷尽其他解决途径仍无法解决时，乙方经会商丙方且取得丙方书面同意的前提下，可代理甲方对不动产、车辆、收藏字画及其他重要财产进行管理和处分，且处分收入的款项须打入由丙方保管的甲方账户内。

（3）死后事务和财产继承事务：①火化遗体办理殡葬仪式并支付费用；②开具死亡证明、火化证明；③办理销户；④领取丧葬补助费和死亡抚恤金；⑤办理商业保险的赔偿事宜；⑥乙方将其管理的甲方的财产移交给甲方的继承人或遗嘱执行人（有遗嘱且有遗嘱执行人）或者遗产管理人；⑦协助继承人清理监护期间形成的债权债务等事宜。

2. 甲方选任丙方担任监护监督人，负责保管甲方的财产并监督乙方的监护行为。

（1）财产保管方面：①对甲方不动产、车辆、收藏字画及其他重要财产的保管；②对甲方存款、存折、银行卡、工资卡、基金、股票等金融财产进行保管；③对甲方房屋产权证书、股权证书、车船产权证等重大书面权利凭证的保管；④管理甲方日常收入账户，督促乙方维护甲方的利益并将相关收益转至甲方日常收入账户；⑤按乙方报告的甲方日常消费向乙方支付，重大消费情况经核实后向乙方支付；⑥记录好乙方经手开支的甲方消费账务，做到账实相符。

（2）监护监督方面：①在乙方侵占甲方财产或乙方重大过失行为致甲方财产损失时，代表甲方向法院起诉等方式向乙方追偿；②其他涉及财产监护管理的事项；③在乙方不积极履行职责时向乙方进行警示，经多次警示无效时，代表甲方向法院起诉恢复法定监护。

二、意定监护报酬及支付方式

1. 支付报酬：乙方的意定监护报酬为每月________元人民币（大写__________），丙方的监督报酬为每月__________元人民币（大写__________）。

2. 支付时间：监护开始后的每月______日。

3. 支付方式：丙方每月按照约定时间将双方的报酬一并从甲方的账户中转账给乙方，乙方再将丙方的监督报酬转给丙方，并将转账凭证记账保存。

三、乙方的权利和义务

1. 有获得报酬的权利。

2. 乙方履行其监护职责时，应当在法律允许的范围内行使监护权，并且要尊重甲方的意愿，同时还要照顾其身心状态及生活状况，保护甲方的生命和健康安全，维护其人格利益。

3. 为了及时履行监护义务，自本合同签订之日起，乙方须________日与甲方电话联系一次，________日见一次面，确保及时、准确地了解甲方的身体状态。

4. 积极、负责地为履行本合同约定的监护职责，依法切实保护甲方的人身、财产权益。

5. 乙方处理合同约定的监护事务时必须制作工作日志，详细记录处理事务的经过、日常开销费用及支出用途等，并保存票据，方便时及时通报丙方。

6. 乙方每季度末须向丙方提交本季度的工作日志及相关资料（包括金钱出纳账、存款明细、发票、转账凭证、存折等的复印件），重大支出及时提交。

7. 乙方应当亲自处理本合同约定的监护事务。经商请丙方同意，乙方可以转委托，转委托一事一商。转委托经同意的，乙方要对第三人的选任及其对第三人的指示承担责任。转委托未经同意的，乙方应当对转委托的第三人的行为承担责任，但在紧急情况下乙方为了维护甲方的利益需要转委托的除外。

8. 为了筹措护理、住院费用，并取得丙方同意的情形下处分甲方的不动产时，在交付或拆毁前，要对房屋内进行清查，整理甲方的财物。

9. 在处理涉及甲方人身重大医疗决定、处理放弃继承、放弃较大数额的债权等事务时，有向丙方报告并征得其书面同意的义务。

10. 将甲方的各项财产收入及时转入由丙方保存的甲方的指定账户。

四、丙方的权利和义务

1. 监督乙方的代理、管理行为，有查验乙方定期提交的记载事务处理状况的工作日志及相关资料的权利和义务。

2. 有权随时要求乙方向自己报告监护事务处理状况及财务收支状况。

3.丙方可以随时查阅乙方在监护过程中制作的监护记录、财产处置记录、日常开支单据等，调查甲方的财产状况。

4.对涉及甲方重要人身利益及财产利益的重大事项，享有批准权。这些事项包括但不限于：处分不动产、车辆、收藏字画、对继承权益的拒绝或放弃、重大疾病的治疗措施的选择、数额较大的债权的放弃、为甲方选择住所等。

5.在“紧急情况”下，在乙方的代理权限范围内，亲自作必要的处分。此处的“紧急情况”，是指乙方因客观原因（如生病、不在现场等）无法执行监护事务，不迅速采取措施就会给甲方带来损害的状况。

6.在乙方有对甲方人身、财产权益等重大侵权行为，或者乙方不依约履行监护职责，不宜继续担任甲方的监护人时，有权依法要求乙方赔偿其对甲方造成的损失，并有权要求终止监护协议。

7.按月将甲方日常生活所需开支打入乙方账户、重大开支按乙方提供的信息并经核实后打入相关的医院、养老机构等甲方实际消费的单位账户。

五、合同的生效

在甲方事实上丧失或部分丧失民事行为能力时起，本合同生效，乙方即根据本合同行使监护职责，丙方同时开始行使监督职责。

此处的“丧失或部分丧失民事行为能力”，是指甲的身体机能衰退，记忆能力和判断能力下降，事理辨识能力不足。

六、合同的解除和终止

1.意定监护合同生效前，合同解除的情形：

（1）甲方在见证人的见证下随时可以解除合同。

（2）乙方死亡。

2.意定监护合同生效后，出现下列情形之一，合同解除或终止：

（1）因乙方年老、疾病或迁居外地等原因，无法继续履行意定监护事务的。

（2）乙方因与甲方或其亲属间发生矛盾，不适合继续执行意定监护事务的。

（3）因乙方不履行监护职责，或滥用职权侵占甲方的财产、私自挪用甲方财产，侵害甲方的合法权益的。

（4）甲方死亡后，乙方已按照合同约定处理完毕死后事务及财产继承事务的。

（5）作为意定监护人的乙方死亡或丧失民事行为能力的。

（6）甲方恢复民事行为能力的。

因上述第（1）、（2）种情形导致合同解除时，乙方应为甲方申请法定监护。乙方出现第（3）种情形时，丙方应向法院申请解除意定监护合同。因第（5）种情形引起的合同终止时，丙方须通知甲方的亲属或直接为甲方申请法定监护。

七、违约责任

1. 乙方不履行监护职责或履行职责不当，侵害甲方合法权益，给甲方造成财产损害的，乙方应承担赔偿责任。

2. 由于乙方消极怠慢疏于管理，甲方给第三人造成损害的，乙方应当承担相应的民事责任，如果能够证明自己确实无过错的，可以免责。

八、其他条款

1. 本合同未尽事宜，在合同生效之前，甲、乙、丙三方可以协商签订补充协议，补充协议与本合同具有同等法律效力。

2. 本合同一式三份，甲乙丙各执一份。

签署时间:______年_____月_____日

甲方（签名）:

乙方（签名）:

丙方（签名）:

见证人（签名）:

*仅供参考，绝非具体建议

十一、婚前财产协议范本

甲方：____________，身份证号：____________

乙方：____________，身份证号：____________

甲、乙双方根据《民法典》的有关规定，自愿对各自婚前财产作如下约定：

一、房产

甲方拥有坐落于______路______小区______号楼______室房产一处，面积______平方米，为______权房，由______方式取得。（已付______元，贷款______元，月付______元，______年还清）。

乙方拥有坐落于______路______小区______号楼______室房产一处，面积______平方米，为______权房，由______方式取得。（已付_______元，贷款______元，月付______元，______年还清）。

婚后若对该房产进行处置，重置财产中如包含该部分财产价值，仍属原产权人，不视作夫妻共同财产。

婚后若对该房产另行添附，其增值部分视作夫妻共同财产。

二、动产

1. 货币存款

甲方拥有货币存款人民币______元，外币______元，股票市值______元。

乙方拥有货币存款人民币______元，外币______元，股票市值______元。

婚后，货币存款不因存单到期另行转存而视作共同财产，因存款取得的利息收益仍归原存款人所有，购买的股票在婚后交易中的取得的收益或亏损均视作婚后夫妻共同财产，而不归原股票持有人，双方另有约定的除外。

2. 贵重物品

甲方拥有________________________，乙方拥有______________________，婚后若对该部分财产变现，现金归原所有人。

三、婚后所得

甲、乙婚后所得收入中，甲每月拿出______元、乙每月拿出______元，为双方共同生活所用，其余的分属各自所有，不属共同财产。

四、债务

甲、乙婚前或婚后各自所产生的债务，由各自独立承担，另一方不负清偿责任。

五、其他约定

1.婚后因婚前取得的知识产权或股权而取得的收益归知识产权人或股权人所有；

2.婚后双方继承或接受的赠与归各自所有，被继承人和赠与人有明示的遵照明示。

六、双方确认，本协议为双方自愿签署且均知晓本协议的所有内容，不存在任何欺诈、胁迫、重大误解等情形，知晓并自愿承担本协议签署后的全部法律后果。

七、本协议执行中发生的争议，双方本着友好互利的原则协商解决，协商不成的，任何一方均可向人民法院起诉。

八、本协议一式两份，双方各执一份，自双方领取结婚证之日起生效。

甲方：____________ 乙方：____________

时间：____________ 时间：____________

*仅供参考，绝非具体建议

十二、婚内财产协议范本

甲方：

乙方：

甲乙双方系夫妻关系，于______年______月______日在中国______民政局缔结婚姻关系。现双方经过平等协商，依据《民法典》等相关法律规定，就甲、乙双方婚姻关系存续期间的财产之权利义务自愿达成如下协议，以便共同遵守：

一、甲乙双方婚姻财产范围及归属：

经双方共同清点和协商，对于双方婚姻关系存续期间财产及归属约定如下：

1.存款、收入及有价证券：甲乙双方当前名下的存款及有价证券归各自所有，在婚姻存续期间取得的工资收入、存款、股票、债券、基金证券、投资收益及其它所得的财产归各自所有。

2.房屋：甲乙双方当前名下的房屋归各自所有，日后用自有财产购入的房屋以及对该房屋的转让、出租所产生的收益归出资方所有，不属于夫妻共同财产。

3.其他物品及资产：甲乙双方当前名下的汽车等归各自所有，日后各自购入的车辆、珠宝首饰、皮具、手表等均归为各自所有。但一方明确给付或赠与给另一方的物品，属于接受方所有。

4.赠与、继承财产：甲乙双方各自接受或继承的财产或遗产归接受方各自所有，不属于夫妻的共同财产。

二、债权债务条款：

1.婚姻关系存续期间，双方各自名下的债务由各自承担。因甲或乙单方行为产生的任何债务均不得归为共同债务，共同债务必须有甲乙双方签字认可的书面证明。

2.个人债务仅以负债方所有财产为限清偿，不得涉及另一方财产。因一方负债致另一方财产损失的，负债方应予赔偿。

3.债权债务关系形成前，负债方应将上述债务约定告知债权人或第三人，债权人或第三人以不知该约定为由要求甲乙共同偿还，并致另一方损失的，负债方应予赔偿。

4.婚姻关系存续期间，甲乙双方以各自财产对外借贷产生的债权，各自独立享有债权，由负债方归还的本金及利息均归各自所有。

三、忠诚条款：

婚姻关系存续期间，夫妻应当互相忠诚、互相尊重。如发生下列情形，过错方需向无过错方赔偿人民币______万元整/(或将其名下的______财产，归无过错方所有)：

1.重婚或者与他人同居的；

2.婚内出轨或者与他人有暧昧行为经劝解仍不改正的；

3.实施家庭暴力的；

4.有赌博、吸毒等恶习屡教不改；

5.影响夫妻感情、导致婚姻破裂的其他情形。

四、争议条款：

1.因执行或履行本协议，以及因本协议产生的任何争议，由各方在互谅互让的基础上共同友好协商解决，如协议解决不成，任何一方均可向甲方住所地人民法院提起诉讼。

2.违约方应承担守约方为维权而支付的诉讼费、律师费、公证费、评估费、鉴定费、保全费等费用。

五、其他条款：

1.各方均在平等、自愿情况下签署本协议，不存在任何胁迫的情形，各方均已充分阅读并理解协议的内容，系各方真实的意思表示。

2.本协议一式二份，双方各持一份，具有同等法律效力。

甲方(签字)： 身份证号码：

签署日期： 协议签订地：

乙方(签字)： 身份证号码：

签署日期： 协议签订地：

*仅供参考，绝非具体建议

十三、离婚协议范本（无子女）

男方：__________；________族，出生_________年_________月_________日，住址：_________________________，身份证号：___________________________

女方：__________；________族，出生_________年_________月_________日，住址：_________________________，身份证号：___________________________

男女双方于_______年_____月_____日在中国_______民政局登记结婚，婚后无子女。由于双方性格严重不合，无法继续共同生活，感情完全破裂，已无和好可能。为此，双方本着平等、自愿的原则，依据《民法典》的相关规定，经协商一致，自愿达成如下离婚协议，由双方共同遵照执行：

一、男女双方自愿离婚

1. 男女双方在婚姻存续期间均无过错，双方自愿解除婚姻关系，自愿签订本离婚协议。

2. 双方签订本协议时，无智力及精神异常，意思表示真实、合法、有效。

3. 本协议由男女双方自愿签订，无任何强迫和威胁等违法行为与情形存在。

二、男女双方名下财产归各自所有，双方各自的私人生活用品及首饰归各自所有，双方均不以任何理由提出异议并进行权利主张。

三、婚后无夫妻共同债权，双方确认在婚姻关系存续期间没有发生任何共同债务，任何一方若对外负有债务的，由负债方自行承担。

四、双方承诺离婚后不以任何形式诋毁对方，不以任何形式泄露对方的隐私。

五、本离婚协议书一式三份，双方各执一份，婚姻登记机关存档一份，经双方签字后即合法成立，经婚姻登记机关登记即具有法律效力。

男方：_________________　　　　女方：_________________

______年______月______日　　　　______年______月______日

*仅供参考，绝非具体建议

十四、离婚协议范本（有子女）

男方：________；________族，出生________年________月________日，住址：________________________，身份证号：________________________

女方：________；________族，出生________年________月________日，住址：________________________，身份证号：________________________

男方与女方于_____年_____月_____日在中国______民政局登记结婚，于_____年____月____日生育一子（女），姓名：_________；性别_____；出生______年____月____日，身份证号：________________________。

婚后双方常因琐事吵架，长期感情不和，致使夫妻感情破裂，已无和好可能，现双方自愿协商达成一致意见，订立离婚协议如下：

一、男女双方自愿离婚

1. 男女双方在婚姻存续期间均无过错，双方自愿解除婚姻关系，自愿签订本离婚协议。

2. 双方签订本协议时，无智力及精神异常，意思表示真实、合法、有效。

3. 本协议由男女双方自愿签订，无任何强迫和威胁等违法行为与情形存在。

二、子女抚养、抚养费及探望权：

1. 孩子________由女方/男方抚养，随同女方/男方生活，由女方/男方负责孩子抚养和日常生活起居。

2. 孩子的生活费、教育费、医疗费等相关抚养费用全部由双方共同承担，男方/女方每月支付孩子生活费____元，直至孩子年满十八周岁。教育、医疗、保险等大笔资金支出由男女双方按照__：__的方式承担。

3. 在不影响孩子学习、女方/男方正常生活的情况下，男方/女方可随时探望孩子。抚养方不得无故阻挠，也不得无故拒绝男方/女方的探望。

三、夫妻共同财产的处理：

1. 存款：双方现在各自名下所有的一切银行存款，归各自所有，不予分割。

2. 房屋：（1）由夫妻婚后共同出资购买的位于____省____市____县/区____路____小区____号楼____单元____号住房一套的所有权归女方/男方所有。

（2）作为夫妻共同所有的此部分房产，女方/男方为取得该房屋所有权需一次性现金补偿男方/女方________万元（大写：________万元整），作为分割此部分财产的补偿金。

（3）男方/女方必须协助女方/男方办理变更的一切手续，过户费用由女方/男方负责。如男方/女方没有按时协助女方/男方办理相关手续，男方/女方应当承担违约责任，并赔偿女方/男方的损失。

3.汽车

（1）夫妻共同出资购买的登记在________名下的汽车基本情况以行驶证登记为准：车牌号码________、车辆类型________、车辆登记所有人________、品牌型号________、车辆发动机号________。

（2）该辆车所有权归女方/男方所有，男方/女方不要求女方/男方进行现金补偿，女方/男方享有基于车辆的所有权而享有的使用权、收益权等一切权利。

（3）基于女方/男方对该车辆的使用、支配、收益、债务等一切事宜由女方/男方负责，交通违章、交通事故处理、还款义务等一切事宜均由女方/男方负责处理，男方/女方一概不负责。

4.男女双方各自名下的其他财产归各自所有，私人用品、首饰及其他日常生活用品归各自所有。

5.除上述财产外，男女双方再无其他重大共同财产，双方承诺均未转移、隐匿属于共同的财产。

四、债权债务的处理：

1.债权处理：双方承诺在婚姻关系存续期间没有产生任何债权。

2.债务处理：双方确认在婚姻关系存续期间没有发生任何共同债务，任何一方若对外负有债务的，由负债方自行承担。

五、双方承诺离婚后不以任何形式诋毁对方，不以任何形式泄露对方隐私。

六、本离婚协议书一式三份，双方各执一份，婚姻登记机关存档一份，具有同等效力，经双方签字后即合法成立，经婚姻登记机关登记并颁发《离婚证》即具有法律效力。

男方：________________　　　　女方：________________

_____年_____月_____日　　　　_____年_____月_____日

*仅供参考，绝非具体建议

十五、赠与协议范本

赠与人：________________，身份证号：___________________________

受赠人：________________，身份证号：___________________________

本人自愿立此合同。

赠与人根据自己的意愿，在没有任何外界干扰的情况下，决定将属于自己所有的下列财产赠与受赠人：

1. 坐落于__________省_______市______区_______大街________小区________栋________单元________室商品房一套，房产权证号为：______________________。

2.________品牌汽车，车牌号码________、车辆类型________、品牌型号________、车辆发动机号________。

3. 本人所创办的__________企业股份。本人拥有该企业的股份共_____万股，占该企业全部股份的_____%。这些股份全部归其所得。本人所担任的董事长一职，由其担任至届满。届满之后是否继续担任，由董事会决定。

以上条款，在本人正式签字并公证之后生效。

在本合同生效之后，由受赠人办理相关的登记手续。本人给予应有的协助。登记费用由受赠人自行承担。

赠与人：__________________　　受赠人：____________________

日期：_____年_____月_____日　　日期：______年____月_____日

签订地点：_________________　　签订地点：_________________

*仅供参考，绝非具体建议

十六、定向赠与协议范本

甲方:________，身份证号:____________，住址:________________

乙方:________，身份证号:____________，住址:________________

丙方:________，身份证号:____________，住址:________________

甲、乙双方系婚姻关系，丙方系甲乙双方婚生子女。现三方在自愿平等的基础上，根据《民法典》等法律法规的规定，自愿达成赠与协议如下:

一、房产情况:

1.房产位于____________________________，登记在甲、乙双方名下，房产证号:____________________，房屋面积:____________。

2.上述房产总价____________元(大写:______________________圆整)，首付款为________元(大写:________________圆整)，占总价款的________%，房贷期限为____个月(从____年__月__日至____年__月__日)，每月还贷本息共计________元。

3.上述房屋是由甲、乙双方在丙方婚前出资购买的，登记在甲方名下。

二、权利义务:

1.甲、乙双方自愿将上述房产赠与丙方，赠与部分归丙方个人所有，不受丙方婚姻关系影响。

2.丙方自愿接受甲、乙双方的赠与。

3.丙方承诺，如若丙方因意外而离世且先于甲方或者乙方，上述房产作为丙方的遗产，指定由甲方和/或乙方继承。

三、其他

1.三方均认可，签订本协议内容是自己的真实意思表示，知晓签订本协议的法律后果;在签订本协议时甲、乙均双方身体健康、神智清楚，具备完全民事行为能力。

2.签订本协议后，若有未尽事宜，三方可另行协商，签订补充协议。

3.协议在履行过程中，如有一方认为需要修改，需向另外两方提出修改建议和理由，三方协商同意后方可修改，并形成本协议的附件。如未达成新的修改意见，则原协议继续有效。

4.若本协议部分条款被认定为无效，不影响其他部分的效力。

5.本协议一式叁份，协议各方各执壹份。各份协议文本具有同等法律效力，本协议经各方签署后生效。

甲方赠与人1:____________ _____年_____月_____日

乙方赠与人2:____________ _____年_____月_____日

丙方受赠人:____________ _____年_____月_____日

*仅供参考，绝非具体建议

十七、附条件赠与协议范本

赠与人（甲方）：______________身份证号：______________

赠与人（乙方）：______________身份证号：______________

受赠人（丙方）：______________身份证号：______________

甲乙双方为夫妻关系，丙方系甲乙双方婚生子女。现三方在自愿平等的基础上，根据《民法典》等法律法规的规定，自愿达成赠与协议如下：

一、赠与标的物

位于________________________________的房产一套，登记在甲、乙双方名下，房产证号：______________________，房屋面积：___________。

二、赠与生效的条件

赠与行为在上述两个条件都满足的情况下生效：

1.房屋权证上所有权人仅为丙方一人；

2.丙方在____周岁之前登记结婚。

三、赠与的撤销。

1.所赠房屋房权证上以赠与形式出现丙方以外的人，本赠与合同撤销；

2.丙方不得为了获取甲、乙所房屋而采用不正当手段促成条件成就，否则视为条件未成就，本赠与合同撤销；

四、赠与的收回。若丙方出现植物人、脑萎缩等丧失意识及死亡情形时，赠与标的物由甲方或乙方全部收回。

五、本协议一式三份，甲、乙、丙各执一份，具有同等法律效力。

甲方：________________　　　_____年____月____日

乙方：________________　　　_____年____月____日

丙方：________________　　　_____年____月____日

*仅供参考，绝非具体建议

十八、附义务赠与协议范本

赠与人（甲方）:________________ 身份证号:______________

受赠人（乙方）:________________ 身份证号:______________

甲乙双方为________关系，就赠与事宜经双方协商一致达成以下协议：

一、赠与标的物

甲方赠与乙方的是_____________公司____%股权，标的物上没有设置任何他项义务。_____________公司成立于_______年，注册资本金为_______元，实缴资本为________元，法定代表人为_______，甲方在该公司的职务为__________。

二、乙方受赠的义务

1. 乙方须在__________公司服务满5年；

2. 乙方须承担甲方的全部赡养义务；

三、甲方的履约期限

甲方应于乙方达成第二条第一项约定义务后的_____日内向乙方交付上述股权。

四、赠与的撤销

1. 乙方有下列情形之一的，甲方有权撤销赠与：

（1）在____________公司服务未满5年而主动离职；

（2）对甲方有赡养义务而不履行；

2. 甲方在赠与股权变更登记之前可以撤销赠与。

五、乙方在赡养义务未完全履行前，非经甲方同意不得将受赠股权处分、设定典权、抵押、任何债权的担保等。

六、本合同一式两份，甲、乙双方各执一份为凭。

甲方:_________日期:_________ 乙方:_________日期:_________

*仅供参考，绝非具体建议

十九、遗赠扶养协议范本

甲方（遗赠人、被扶养人）：
住址：
身份证号：
乙方（受赠人、扶养人）：
住址：
身份证号：

甲、乙双方就乙方为甲方养老、甲方将约定的财产于身故后赠与乙方一事，在双方平等自愿基础上经友好协商，达成如下协议，双方共同遵守：

第一条　甲方愿意将以下个人财产遗赠给乙方，并由乙方承担扶养甲方的义务；乙方愿意承担扶养甲方义务，并愿意接受甲方遗赠的财产：

（1）房产：

（2）机动车：

（3）存款：

（4）其他财产：

第二条　乙方扶养义务的约定

乙方负责甲方的吃、穿、住、行、医疗、养老等扶养义务，扶养义务是指在生活上照顾、经济上给予帮助、精神上给予慰藉。具体为：

饮食安排：乙方负责甲方一日三餐，饮食上应照顾甲方年纪和习惯。

生活安排：保证甲方四季穿衣保障，衣物、被褥整洁、常洗常换。同时乙方应于每月十日前给付甲方生活费________元。

医疗安排：甲方生病应及时安排治疗，住院等医疗费用由乙方承担。同时乙方应于每月十日前给付甲方医疗补助费________元。

休闲娱乐：甲方每周安排乙方各类休闲娱乐活动不少于2次，每月安排乙方省内旅游不少于1次，每年安排乙方省外旅游不少于1次，此安排一直持续到乙方年满______周岁或失去行为能力，乙方有权口头通知甲方取消上述安排。

其他安排:____。

第三条　遗赠财产所有权的转移

乙方在甲方生前不得转移、处置甲方个人财产，乙方应在甲方去世之后30日内办理遗赠财产的所有权转移手续。不需办理财产所有权转移手续的，乙方占有即视为已取得遗赠财产。

第四条　遗赠财产的保管、管理和维护责任

遗赠的财产损坏或者甲方单方处置给第三方，乙方有权要求甲方修理、更换或收回；甲方拒不修理、更换或收回的，乙方有权终止协议。

第五条　丧葬事务办理及费用承担

甲方过世后的丧葬事务由乙方负责，乙方应当按照当地政策和风俗办妥甲方丧葬事务。办理甲方丧葬事务的费用首先由甲方去世后留下的财物支付，不足部分由乙方承担。

第六条　监督执行

甲乙双方一致同意指定__________________村民委员会/居民委员会/甲方近亲属或好友（注明具体的身份证号、地址、联系人及联系电话）负责监督本协议书的履行。

第七条　本协议的解除

1.双方协商一致可以解除本协议；

2.一方当事人无正当理由拒绝履行协议内容，另一方可以解除本协议。

3.如果乙方在甲方生前未经甲方同意处置（包括但不限于赠与、买卖、设置抵押等）甲方的个人财产，甲方有权解除该协议。

第八条　违约责任

1.甲方单方处置遗赠的财产导致本协议解除，乙方有权要求甲方退还已支付的扶养费；

2.乙方无故不履行扶养义务导致本协议解除，不得享有受遗赠的财产，已支付的扶养费也不予退回。

第九条　本协议自签订之日成立，自公证之日起生效。

第十条　本协议一式四份，具有同等法律效力；甲乙双方各执一份，公证处、__________________村民委员会/居民委员会各留存一份。

第十一条　本协议其他未尽事宜，由双方协商解决。

甲方（签字）：

___________年_____月_____日

乙方（签字）：

___________年_____月_____日

*仅供参考，绝非具体建议

二十、放弃继承权声明范本

声明人：______________，性别：____，身份证号：______________，联系电话：______________，现住______________________________。

被继承人______于____年____月____日在________（地点）死亡，死亡后遗留有如下遗产：

一、房产：坐落于……，不动产权证号：

二、股权：

三、汽车：车牌号/车架号

四、银行存款：

五、保险：

六、其他：

本人与被继承人的亲属关系是______________。根据《中华人民共和国民法典》的规定，本人是被继承人的合法继承人之一，对被继承人死亡时遗留的上述遗产享有合法继承权。

现本人郑重声明，本人自愿无条件放弃对上述遗产的继承权。

以上情况均真实无误，如有虚假，本人愿意承担由此而引起的一切经济和法律责任。

特此声明。

声明人签字：　　　　　　　　摁留指纹：

时间：　　　年　　　月　　　日

见证人（登记部门工作人员）签字：

见证时间：　　　年　　　月　　　日

*仅供参考，绝非具体建议

反侵权盗版声明